U0920610

济南统计年鉴

JINAN STATISTICAL YEARBOOK

2013

(总第31期 NO.31)

济 南 市 统 计 局
国家统计局济南调查队 编

中国统计出版社
China Statistics Press

图书在版编目(C I P)数据

济南统计年鉴. 2013 / 济南市统计局, 国家统计局济南调查队编.
-- 北京 : 中国统计出版社, 2013.8
ISBN 978-7-5037-6921-4

Ⅰ.①济…
Ⅱ.①济… ②国…
Ⅲ.①统计资料—济南市—2013—年鉴
Ⅳ. ①C832.521-54

中国版本图书馆CIP数据核字(2013)第196105号

济南统计年鉴—2013

作　　者/ 济南市统计局　国家统计局济南调查队
责任编辑/ 陈越月　明　磊
出版发行/ 中国统计出版社
地　　址/ 北京市丰台区西三环南路甲6号
邮政编码/ 100073
办公地址/ 北京市丰台区西三环南路甲6号
电　　话/ 邮购(010)63376909　书店(010)68783171
网　　址/ http://csp.stats.gov.cn
印　　刷/ 济南市委机关文印中心
经　　销/ 新华书店
开　　本/ 890×1240毫米　1/16
字　　数/ 930千字
印　　张/ 28印张
印　　数/ 1-2000册
版　　别/ 2013年8月第1版
版　　次/ 2013年8月第1次印刷
定　　价/ 280.00元

如有印装差错，由本社发行部调换。

《济南统计年鉴—2013》编辑委员会

编辑说明

一、《济南统计年鉴－2013》是一部全面反映济南市国民经济和社会发展情况的资料性统计年刊。本书收录了济南市及所辖县(市)、区2012年经济和社会发展各方面大量的统计数据，以及历史重要年份的主要统计数据，是认识和研究济南市情，经济和社会发展，制定宏观政策、指导工作的重要工具书。

二、本年鉴以丰富、翔实的统计资料为主，辅以直观的统计图、特载，全面反映了济南市国民经济和社会发展状况。全书统计资料分为二十个部分，即：1. 行政区划及自然资源；2. 人口；3. 综合；4. 国民经济核算；5. 劳动就业；6. 固定资产投资；7. 城市公用事业和环境保护；8. 财政金融保险；9. 物价；10. 人民生活；11. 农业；12. 工业；13. 建筑业；14. 运输与邮电；15. 国内贸易；16. 对外经济贸易与国际旅游；17. 科技；18. 教育与文化；19. 卫生教育；20. 民政，司法和其它。各篇末附有《主要统计指标解释》，对主要统计指标的含义、统计范围，统计方法以及历史变动情况作了简要说明。

三、本年鉴主要经济指标(包括生产总值及三次产业等)总量及增长速度均按全国第二次经济普查结果对历史数据进行了调整。

四、本年鉴中使用的度量衡均采用国际统一标准计量单位，统计口径除特别注明外，均包括济南市区，章丘市，平阴县、济阳县、商河县、高新区。资料取自济南市统计局、国家统计局济南调查队及有关部门的统计报表。

五、本年鉴部分数据合计数或相对数不等于分项数之和，是由于单位取舍和不同产业的计算误差，部分指标未做机械调整。

六、本年鉴表中的符号使用说明：

“空格”表示该项统计指标数据不详；

“…”表示数据不足本表最小单位数；

“－”表示无此项事实；

“#”表示其中的主要项；

“*”或“①”表示本表下有注解。

《济南统计年鉴》自出版以来，受到了社会各界的关心、支持，在此我们深表感谢。同时，欢迎使用《济南统计年鉴－2013》，敬请广大读者提出宝贵意见。

谢谢！

编　者

2013年8月

目　　录

特　载

特载-1　济南概况 …… 2
特载-2　2012年济南市国民经济和社会发展统计公报 …… 3
特载-3　中华人民共和国统计法 …… 8
特载-4　统计违法违纪行为处分规定 …… 12
特载-5　统计制图 …… 15

一　行政区划及自然资源

1-1　行政区划 …… 32
1-2　县(市)、区所辖乡镇、办事处(2012年末) …… 33
1-3　分地区气象情况(2012年) …… 34
1-4　历年气象情况 …… 34
1-5　分月份气象情况(2012年) …… 35
主要统计指标解释 …… 36

二　人　口

2-1　主要年份总户数、总人口(户籍人口) …… 38
2-2　主要年份市区总户数、总人口(户籍人口) …… 40
2-3　主要年份人口自然变动情况 …… 41
2-4　分地区户数、人口数(2012年)(户籍人口) …… 42
2-5　计划生育情况(2012年) …… 42
2-6　分地区人口机械变动情况(2012年) …… 43
2-7　分地区人口自然变动情况(2012年) …… 43
2-8　结婚情况 …… 44
2-9　离婚情况 …… 44
主要统计指标解释 …… 45

三　综　合

3-1　国民经济和社会发展总量指标 …… 48
3-2　国民经济和社会发展比例和效益指标 …… 52
3-3　平均每天主要社会经济活动 …… 54
3-4　国民经济人均指标 …… 55

3-5　国民经济主要指标及占全国、全省比重(2012年) …… 56
3-6　济南市高新技术开发区国民经济主要指标 …… 57
主要统计指标解释 …… 58

四　国民经济核算

4-1　各时期生产总值(按当年价格计算) …… 62
4-2　各时期生产总值环比指数(以上年为100) …… 63
4-3　资本形成总额(按当年价格计算) …… 64
4-4　最终消费支出(按当年价格计算) …… 65
4-5　实际最终消费(按当年价格计算) …… 66
4-6　生产总值分布 …… 67
4-7　生产总值(分行业、按当年价格计算) …… 68
4-8　生产总值贡献率(分行业、按不变价格计算) …… 70
4-9　生产总值行业比重(按当年价格计算) …… 72
4-10　县(市)区生产总值(2012年) …… 74
4-11　地区生产总值收入法构成(2012年) …… 75
4-12　重点服务业企业分行业主要经济指标(2012年) …… 77
主要统计指标解释 …… 78

五　劳动就业

5-1　按三次产业分从业人员及构成 …… 82
5-2　法人单位从业人员和劳动报酬 …… 83
5-3　主要年份职工工资 …… 84
5-4　城镇单位从业人员人数(2012年) …… 85
5-5　城镇单位从业人员工资总额(2012年) …… 88
5-6　城镇单位从业人员平均工资(2012年) …… 91
5-7　国有单位从业人员和报酬(2012年) …… 94
5-8　城镇集体单位从业人员和报酬(2012年) …… 95
5-9　城镇其他单位从业人员和报酬(2012年) …… 96
5-10　城乡劳动力资源(2012年) …… 97
5-11　社会保障基本情况 …… 98
主要统计指标解释 …… 98

六　固定资产投资

6-1　固定资产投资 …… 102
6-2　固定资产投资分类(2012年) …… 103
6-3　市区固定资产投资主要指标(2012年) …… 105
6-4　章丘市固定资产投资主要指标(2012年) …… 106
6-5　平阴县固定资产投资主要指标(2012年) …… 107

6-6　济阳县固定资产投资主要指标(2012年) …… 108
6-7　商河县固定资产投资主要指标(2012年) …… 109
6-8　固定资产投资资金来源(2012年) …… 110
6-9　新增主要生产能力和效益(2012年) …… 111
6-10　重点建设项目一览表(2012年) …… 112
6-11　历年房地产开发建设情况 …… 114
6-12　历年房地产开发公司经营情况 …… 115
6-13　房地产开发公司经营情况(2012年) …… 116
主要统计指标解释 …… 117

七　城市公用事业和环境保护

7-1　城市道路与公共交通 …… 122
7-2　水、电、气、热供应情况 …… 123
7-3　环境状况及污染治理情况 …… 124
7-4　城市园林绿化、环境卫生及其他 …… 125
主要统计指标解释 …… 126

八　财政和金融保险

8-1　各时期地方财政收支及指数 …… 130
8-2　财政收入(2012年) …… 131
8-3　各区财政收入(2012年) …… 132
8-4　各县(市)财政收入(2012年) …… 133
8-5　地方财政支出(2012年) …… 134
8-6　各区地方财政支出(2012年) …… 135
8-7　各县(市)地方财政支出(2012年) …… 136
8-8　金融机构本外币各项存、贷款期末余额 …… 137
8-9　金融机构人民币各项存、贷款期末余额 …… 138
8-10　保险业务情况 …… 149
8-11　证券机构及证券交易情况 …… 140
主要统计指标解释 …… 141

九　物　价

9-1　主要年份物价指数(以上年价格为100) …… 144
9-2　主要年份物价指数(以1950年价格为100) …… 145
9-3　分月居民消费价格指数(2012年,以上年同期价格为100) …… 146
9-4　主要年份零售商品和服务项目年平均价格 …… 150
9-5　鲜菜价格指数(以上年价格为100) …… 154
9-6　房地产价格指数(2012年) …… 155
9-7　工业生产者购进价格指数(2012年,以上月价格为100) …… 156

9-8 工业生产者购进价格指数(2012年,以上年价格为100) …… 157
9-9 工业生产者出厂价格总指数(2012年,以上月价格为100) …… 158
9-10 工业生产者出厂价格总指数(2012年,以上年同期价格为100) …… 160
9-11 住宅销售价格指数(2012年,以上年同期价格为100) …… 162
9-12 住宅销售价格指数(2012年,以上月价格为100) …… 163
9-13 主要年份工业生产者出厂、购进价格指数(以上年价格为100) …… 164
主要统计指标解释 …… 164

十 人民生活

10-1 人民物质文化生活提高情况 …… 166
10-2 各时期城市居民生活情况 …… 167
10-3 城市不同收入层次居民家庭基本情况[样本数](2012年) …… 168
10-4 城市不同收入层次居民家庭人均现金收入(2012年) …… 170
10-5 城市不同收入层次居民家庭收支构成(2012年) …… 172
10-6 城市不同收入层次居民家庭总支出(2012年) …… 174
10-7 城市不同收入层次居民家庭人均消费性支出(2012年) …… 176
10-8 主要年份城市居民消费性支出构成 …… 184
10-9 城市居民家庭人均全年购买商品数量 …… 185
10-10 城市不同收入层次居民家庭每百户耐用消费品拥有量(2012年) …… 186
10-11 每百户城市居民家庭主要耐用消费品拥有量 …… 188
10-12 主要年份农村居民生活 …… 189
10-13 分地区农村居民家庭基本情况(2012年) …… 190
10-14 农村居民家庭基本情况 …… 192
10-15 农村居民人均总收入和总支出 …… 193
10-16 农村居民人均生活消费现金支出 …… 195
10-17 农村每百户居民家庭主要耐用消费品拥有量 …… 197
10-18 农村居民人均购买商品情况 …… 198
10-19 农村居民人均现金收支 …… 206
10-20 农村不同收入层次居民家庭收支(2012年) …… 209
10-21 农村居民家庭人均主要食品消费量 …… 210
主要统计指标解释 …… 211

十一 农 业

11-1 各时期农业主要经济指标 …… 214
11-2 农村基层组织和农业基本情况 …… 215
11-3 分地区农村基层组织和农业基本情况(2012年) …… 216
11-4 各时期农林牧渔业增加值(按当年价格计算) …… 218
11-5 各时期农林牧渔业总产值(按当年价格计算) …… 219
11-6 各时期农林牧渔业总产值定基指数(以1952年为100) …… 220

11-7　主要农作物播种面积及产量 …… 221
11-8　林、牧、渔业生产情况 …… 223
11-9　分地区主要农作物播种面积及产量（2012年） …… 224
11-10　分地区林、牧、渔业生产情况（2012年） …… 228
11-11　农业“四化”情况（2012年） …… 230
11-12　主要农副产品产量与上年和历史最高年份比较 …… 230
11-13　农户积累的生产用固定资产 …… 231
主要统计指标解释 …… 232

十二　工　业

12-1　各时期全部工业基本情况 …… 236
12-2　各时期规模以上工业基本情况 …… 237
12-3　各时期规模以上工业总产值、增加值环比指数（以上年为100） …… 238
12-4　各时期主要工业产品产量 …… 239
12-5　规模以上工业主要经济指标（2012年） …… 240
12-6　规模以上国有及国有控股工业主要经济指标（2012年） …… 242
12-7　国有工业主要经济指标（2012年） …… 244
12-8　规模以上工业主要经济指标比重（2012年） …… 245
12-9　规模以上国有及国有控股工业主要经济指标比重（2012年） …… 247
12-10　国有工业主要经济指标比重（2012年） …… 249
12-11　规模以上工业资产结构（2012年） …… 251
12-12　规模以上国有及国有控股工业资产结构（2012年） …… 253
12-13　国有工业资产结构（2012年） …… 255
12-14　分隶属关系规模以上工业主要经济指标（2012年） …… 257
12-15　规模以上工业主要经济指标（2010-2012年） …… 258
12-16　规模以上工业资产实力（2012年） …… 260
12-17　规模以上国有及国有控股工业资产实力（2012年） …… 264
12-18　国有工业资产实力（2012年） …… 268
12-19　规模以上工业损益及分配（2012年） …… 270
12-20　规模以上国有及国有控股工业损益及分配（2012年） …… 274
12-21　国有工业损益及分配（2012年） …… 278
12-22　规模以上工业主要经济效益指标（2012年） …… 280
12-23　规模以上国有及国有控股工业主要经济效益指标（2012年） …… 282
12-24　国有工业主要经济效益指标（2012年） …… 284
12-25　分地区规模以上工业主要经济指标（2012年） …… 286
12-26　规模以上大中型工业企业经营情况（2012年） …… 288
12-27　规模以上大中型工业企业一览表（2012年） …… 292
12-28　主要工业产品生产量（2012年） …… 297
12-29　工业企业能源购进、消费及库存（2012年） …… 300
12-30　工业分行业主要能源消费量（2012年） …… 301
主要统计指标解释 …… 302

十三　建筑业

13–1　建筑业主要指标 …… 306
13–2　建筑业增加值构成（2012年） …… 307
13–3　建筑业施工企业设备及主要经济效益指标（2012年） …… 308
13–4　建筑企业资产实力（2012年） …… 310
13–5　建筑业施工产值构成（2012年） …… 312
13–6　建筑企业损益及分配（2012年） …… 313
13–7　施工工程个数及施工面积（2012年） …… 314
13–8　济南市建筑业特级、一级资质企业一览表（2012年） …… 315
主要统计指标解释 …… 318

十四　运输与邮电

14–1　邮电业务量 …… 320
14–2　邮电通信设备拥有量 …… 321
14–3　交通运输业基本情况 …… 322
14–4　独立核算公路交通运输企业财务指标（2012年） …… 323
14–5　分地区公路交通（2012年） …… 324
主要统计指标解释 …… 324

十五　国内贸易

15–1　各时期分行业社会消费品零售总额 …… 326
15–2　各时期分经济类型社会消费品零售总额 …… 327
15–3　限额以上批发零售贸易法人企业商品销售情况（2012年） …… 328
15–4　限额以上批发零售贸易企业资产实力（2012年） …… 332
15–5　限额以上批发零售贸易企业损益及分配（2012年） …… 340
15–6　限额以上餐饮业主要经济指标（2012年） …… 348
15–7　限额以上住宿业主要经济指标（2012年） …… 350
15–8　商品交易市场分类情况（2012年） …… 352
15–9　销售过亿元的商品交易市场一览表（2012年） …… 353
15–10　限额以上住宿业和餐饮业法人企业经营情况（2012年） …… 354
主要统计指标解释 …… 356

十六　对外贸易与国际旅游

16–1　海关进出口商品总值 …… 360
16–2　主要国别（地区）海关进出口商品总值 …… 361
16–3　海关进出口商品分类金额 …… 362

16-4　按企业性质分海关进出口商品总值(2012年) …… 366
16-5　历年海关进出口总额 …… 366
16-6　利用外资情况 …… 367
16-7　对外经济技术合作 …… 367
16-8　出口1000万美元以上企业一览表(2012年) …… 368
16-9　涉外宾馆接待国际旅游者 …… 369
16-10　济南与国外结成友好城市一览表(2012年末) …… 370
16-11　济南与各友好城市交流 …… 370
主要统计指标解释 …… 371

十七　科　技

17-1　科技综合情况 …… 374
17-2　科技投入情况(2011年) …… 375
17-3　规模以上工业企业科技活动情况(2012年) …… 376
17-4　规模以上工业企业技术改造及引进吸收(2012年) …… 378
17-5　规模以上工业企业技术资源(2012年) …… 380
17-6　规模以上工业企业科技活动项目(2012年) …… 382
17-7　规模以上工业企业R&D经费情况(2012年) …… 384
17-8　规模以上工业企业办科技机构情况(2012年) …… 388
17-9　规模以上工业企业自主知识产权及相关情况(2012年) …… 390
主要统计指标解释 …… 392

十八　教育与文化

18-1　教育事业基本情况 …… 394
18-2　普通高等院校一览表(2012年) …… 396
18-3　中等专业学校一览表(2012年) …… 397
18-4　分县(市)区儿童学前教育基本情况(2012年) …… 397
18-5　图书及出版事业 …… 398
18-6　文化事业机构和人员 …… 399
主要统计指标解释 …… 400

十九　体育卫生

19-1　体育事业 …… 402
19-2　各时期卫生事业情况 …… 403
19-3　卫生事业机构及床位 …… 404
19-4　分地区卫生事业机构及床位(2012年) …… 405
19-5　分地区卫生技术人员分类情况(2012年) …… 406
19-6　医院、卫生院工作情况 …… 407
19-7　医疗机构收入与支出(2012年) …… 408
主要统计指标解释 …… 408

二十　民政、司法和其它

20-1　社会治安主要指标 …… 410
20-2　分地区社会治安主要指标(2012年) …… 411
20-3　分地区社会保障和救济(2012年) …… 412
20-4　社会办福利企业情况(2012年) …… 414
20-5　社会保障和救济 …… 416
20-6　律师、公证、司法基本情况(2012年) …… 417
主要统计指标解释 …… 418

附　录

附录一　十五副省级城市资料(2012年) …… 420
附录二　二十六省会城市主要经济指标(2012年) …… 422
附录三　山东省十七城市主要经济指标(2012年) …… 424

CONTENTS

SPECIAL REPORT

1. INTRODUCTION OF JINAN ········· 2
2. STATISTICAL COMMUNIQUE ON NATIONAL AND SOCIAL DEVELOPMENT OF JINAN IN 2012········· 3
3. STATISTICAL LAW OF THE PEOPLE'S REPUBLIC OF CHINA ········· 8
4. STATISTICS REGULATION VIOLATIONS OF LAW ········· 12
5. STATISTICAL CHART ········· 15

Chapter 1 DIVISIONS OF ADMINISTRATIVE AREAS AND NATURAL RESOURCES

1-1 DIVISIONS OF ADMINISTRATIVE AREAS ········· 32
1-2 TOWNSHIP AND SUB-BRANCHES AT COUNTY LEVEL(END OF 2012) ········· 33
1-3 METEOROLOGICAL DATA BY REGION(2012) ········· 34
1-4 METEOROLOGICAL DATA BY YEAR ········· 34
1-5 MONTHLY METEOROLOGICAL DATA(2012) ········· 35
EXPLANATORY NOTES ON MAIN STATISTICAL INDICATORS ········· 36

Chapter 2 POPULATION

2-1 TOTAL HOUSEHOLD AND POPULATION IN MAJOR YEARS ········· 38
2-2 TOTAL HOUSEHOLD AND POPULATION OF URBAN IN MAJOR YEARS ········· 40
2-3 NATURAL CHANGE OF POPULATION IN MAJOR YEARS ········· 41
2-4 HOUSEHOLD AND POPULATION BY REGION(2012) ········· 42
2-5 BASIC STATISTICS OF FAMILY PLANNING(2012) ········· 42
2-6 UN-NATURAL CHANGES OF POPULATION BY REGION(2012)········· 43
2-7 NATURAL CHANGES OF POPULATION BY REGION(2012) ········· 43
2-8 NUMBER OF MARRIAGES ········· 44
2-9 NUMBER OF DIVORCES ········· 44
EXPLANATORY NOTES ON MAIN STATISTICAL INDICATORS ········· 45

Chapter 3 GENERAL SURVEY

3-1 PRINCIPAL AGGREGATE INDICATORS ON NATIONAL ECONOMIC AND SOCIAL DEVELOPMENT ········· 48
3-2 INDICATORS ON PROPORTIONS AND EFFICIENCY IN NATIONAL ECONOMIC AND SOCIAL DEVELOPMENT ··· 52
3-3 SELECTED INDICATORS ON AVERAGE DAILY SOCIAL AND ECONOMIC ACTIVITIES ········· 54

3-4 PER INDICAORS OF NATIONAL ECONOMIC ··· 55
3-5 MAIN INDICATORS OF NATIONAL ECONOMY AND THEIR PROPORTION IN CHINA AND SHANDONG PROVINCE (2012) ··· 56
3-6 MAIN INDICATORS OF NATIONAL ECONOMY OF HI-TECHDEVELOPMENT ZONE OF JINAN ··· 57
EXPLANATORY NOTES ON MAIN STATISTICAL INDICATORS ··· 58

Chapter 4 NATIONAL ACCOUNTS

4-1 GROSS DOMESTIC PRODUCT IN EACH PERIOD ··· 62
4-2 CIRCLE INDICES OF GROSS DOMESTIC PRODUCT ··· 63
4-3 BASIC STATISTICS ON GROSS CAPITAL FORMATION ··· 64
4-4 FINAL CONSUMPTION EXPENDITURE ··· 65
4-5 BASIC STATISTICS ON FINAL REAL CONSUMPTION EXPENDITURE ··· 66
4-6 DISTRIBUTION OF GROSS DOMESTIC PRODUCT ··· 67
4-7 VALUE OF GROSS DOMESTIC PRODUCT ··· 68
4-8 DISTRIBUTION RATE OF GROSS DOMESTIC PRODUCT(CALCULATED AT CURRENT PRICES) ··· 70
4-9 RATIO OF GROSS DOMESTIC PRODUCT(CALCULATED AT CURRENT PRICES) ··· 72
4-10 VALUE AND COMPOSITION OF GROSS DOMESTIC PRODUCT BY REGION(2012) ··· 74
4-11 COMPOSITION OF GROSS DOMESTIC PRODUCT(2012) ··· 75
4-12 MAIN INDICATORS OF ENTERPRIESE IN SERVICE INDUSTRY BY SECTOR(2012) ··· 77
EXPLANATORY NOTES ON MAIN STATISTICAL INDICATORS ··· 78

Chapter 5 EMPLOYMENT AND WAGES

5-1 NUMBER OF EMPLOYED PERSONS AND STRUCTURE BY TYPE OF INDUSTRY ··· 82
5-2 NUMBER AND WAGE OF EMPLOYED PERSONS IN VARIOUS UNITS ··· 83
5-3 WAGE OF STAFF AND WORKERS IN MAJOR YEARS ··· 84
5-4 NUMBER OF EMPLOYED PERSONS IN URBAN UNITS(2012) ··· 85
5-5 TOTAL WAGE OF EMPLOYED PERSONS IN URBAN UNITS(2012) ··· 88
5-6 AVERAGE WAGE OF EMPLOYED PERSONS IN URBAN UNITS(2012) ··· 91
5-7 NUMBER AND WAGE OF EMPLOYED PERSONS IN STATE－OWNED UNITS(2012) ··· 94
5-8 NUMBER AND WAGE OF EMPLOYED PERSONS IN URBAN COLLECTIVE－OWNED UNITS(2012) ··· 95
5-9 NUMBER AND WAGE OF EMPLOYED PERSONS IN OTHER URBAN UNITS(2012) ··· 96
5-10 LABOUR RESOURSES OF URBAN AND RURAL(2012) ··· 97
5-11 BASIC CONDITIONS OF SOUAL SEWRITY ··· 98
EXPLANATORY NOTES ON MAIN STATISTICAL INDICATORS ··· 98

Chapter 6 INVESTMENT IN FIXED ASSETS

6-1 TOTAL INVESTMENT IN FIXED ASSETS ··· 102
6-2 INVESTMENT IN FIXED ASSETS (2012) ··· 103
6-3 MAIN INDICATORS OF URBAN INVESTMENT(2012) ··· 105
6-4 MAIN INDICATORS OF INVESTMENT IN ZHANGQIU (2012) ··· 106

6-5 MAIN INDICATORS OF INVESTMENT IN PINGYIN (2012) 107
6-6 MAIN INDICATORS OF INVESTMENT IN JIYANG(2012) 108
6-7 MAIN INDICATORS OF INVESTMENT IN SHANGHE(2012) 109
6-8 INVESTMENT BY SOURCE OF FUNDS(2012) 110
6-9 NEWLY INCREASED PRODUCTION CAPACITY AND ADMINISTRATIVE(2012) 111
6-10 SUMMARY OF MAJOR PROJECTS(2012) 112
6-11 BASIC SITUATIONS OF REAL ESTATE DEVELOPMENT IN MAJOR YEARS 114
6-12 REAL ESTATE DEVELOPMENT AND MANAGMENT IN MAJOR YEARS 115
6-13 REAL ESTATE DEVELOPMENT AND MANAGEMENT(2012) 116
EXPLANATORY NOTES ON MAIN STATISTICAL INDICATORS 117

Chapter 7 URBAN PUBLIC UNILITIES AND ENVIRONMENTAL PROTECTION

7-1 BASIC STATISTICS ON MUNCIPAL ENGINEERING AND PUBLIC TRANSPORTATION 122
7-2 BASIC STATISTICS ON WATER、ELECTRICITY、GAS AND HEATING IN CITIES 123
7-3 BASIC STATISTICS ON ENVIRONMENT AND TREATMENT OF POLLUTION 124
7-4 BASIC STATISTICS ON PARKS、GARDENS、GREEN AREAS AND URBAN SANITATION IN CITIES 125
EXPLANATORY NOTES ON MAIN STATISTICAL INDICATORS 126

Chapter 8 GOVERNMENT FINANCE、BANKING AND INSURANCE

8-1 LOCAL GOVERNMENT REVENUE、EXPENDITURES AND INDICES OF MAJOR YEARS 130
8-2 FINANCIAL REVENUE(2012) 131
8-3 FINANCIAL REVENUE BY DISTRICT(2012) 132
8-4 FINANCIAL REVENUE BY COUNTRY(2012) 133
8-5 LOCAL FINANCIAL EXPENDITURES(2012) 134
8-6 LOCAL FINANCIAL EXPENDITURES BY DISTRICT(2012) 135
8-7 LOCAL FINANCIAL EXPENDITURES BY DISTRICT(2012) 136
8-8 BALANCE OF THE DEPOSITS AND LOANS OF INSURANCE INSTITUTES 137
8-9 BALANCE OF THE DEPOSITS AND LOANS OF INSURANCE INSTITUTES 138
8-10 INSURANCE BUSINESS 139
8-11 INSTITUTION AND TRADING SUMMARY FOR STOCKS 140
EXPLANATORY NOTES ON MAIN STATISTICAL INDICATORS 141

Chapter 9 PRICE

9-1 PRICE INDICES OF MAJOR YEARS(Preceding last year=100) 144
9-2 PRICE INDICES OF MAJOR YEARS(Preceding 1950=100) 145
9-3 CONSUMER PRICE INDICES BY MONTH(2010, Preceding last year=100) 146
9-4 PER RETAIL AND SERVICES PRICE OF MAJOR YEARS 150
9-5 VEGETABLE PRICE INDICES(Preceding last year=100) 154
9-6 PRICE INDICES OF REAL ESTATE(2012) 155

9-7 PURCHASING PRICE INDEX FOR INDUSTRIAL PRODUCERS(2012,PRECEDING LAST MONTH=100) ………… 156
9-8 PURCHASING PRICE INDEX FOR INDUSTRIAL PRODUCERS(2012,PRECEDING LAST YEAR=100) …………… 157
9-9 PRODUCER PRICE INDEX FOR MANUFACTURED GOODS(2012,PRECEDING LAST MONTH=100) …………… 158
9-10 PRODUCER PRICE INDEX FOR MANUFACTURED GOODS (2012,PRECEDING LAST YEAR=100) …………… 160
9-11 SALES PRICE OF RESIDENTIAL BUILDINGS(2012,PRECEDING LAST YEAR=100) ……………………………… 162
9-12 SALES PRICE OF RESIDENTIAL BUILDINGS(2012,PRECEDING LAST MONTH=100) ……………………………… 163
9-13 PURCHASING PRICE INDEX FOR INDUSTRIAL PRODUCERS AND RODUCER PRICE INDEX FOR MANUFACTURED GOODS IN MAIN YEARS(Preceding last year=100) ……………………………………………………… 164
EXPLANATORY NOTES ON MAIN STATISTICAL INDICATORS ……………………………………………………… 164

Chapter 10 PEOPLE'S LIVELIHOOD

10-1 IMPROVEMENT IN PEOPLE'S MATERIAL AND CULTURAL LIFE ………………………………………………… 166
10-2 BASIC CONDITIONS OF URBAN HOUSEHOLDS IN EACH PERIOD……………………………………………… 167
10-3 BASIC CONDITIONS OF URBAN HOUSEHOLDS BY LEVEL OF INCOME[DATA OF SAMPLING SURVEY](2012) ……………………………………………………………………………………………………… 168
10-4 BASIC CAPITA CASH INCOME OF URBAN HOUSEHOLDS BY LEVEL OF INCOME(2012) ……………………… 170
10-5 COMPOSITION OF INCOME AND EXPENDITURE OF URBAN HOUSEHOLDS(2012) ……………………………… 172
10-6 BASIC CAPITA CASH EXPENDITURE OF URBAN HOUSEHOLDS BY LEVEL OF INCOME(2012) ……………… 174
10-7 CAPITAL LIVING EXPENDITURE OF URBAN HOUSEHOLDS BY LEVEL OF INCOME(2012)…………………… 176
10-8 CAPITA LIVING EXPENDITURE COMPISITION OF URBAN HOUSEHOLDS IN MAJOR YEARS ………………… 184
10-9 NUMBER OF PER CAPITA PURCHASE OF GOODS IN URBAN HOUSEHOLDS ……………………………………… 185
10-10 NUMBER OF DURABLE CONSUMER GOODS OWNED PER 100URBAN HOUSEHOLDS BY LEVEL OF INCOME10-(2012) ……………………………………………………………………………………………… 186
10-11 NUMBER OF DURABLE CONSUMER GOODS OWNED PER 100URBAN HOUSEHOLDS IN MAJOR YEARS…… 188
10-12 BASIC CONDITIONS OF RURAL HOUSEHOLDS IN MAJOR YEARS ……………………………………………… 189
10-13 BASIC CONDITIONS OF RURAL HOUSEHOLDS BY REGION(2012)……………………………………………… 190
10-14 BASIC CONDITIONS OF RURAL HOUSEHOLDS ………………………………………………………………… 192
10-15 GROSS EXPENDITURE AND NET INCOME OF RURAL HOUSEHOLDS PER CAPITA ………………………… 193
10-16 LIVING CONSUMER EXPENDITURE OF PEASANT HOUSEHOLD PER CAPITAL ……………………………… 195
10-17 NUMBER OF MAJOR DURABLE CONSUMER GOODS OWEND PER 100RURAL HOUSEHOLDS ……………… 197
10-18 AVERAGE GOODS PURCHASING OF PEASANT HOUSEHOLD ………………………………………………… 198
10-19 AVERGE CASH INCOME AND EXPERDITURE OF PEASANT HOUSEHOLD PER CAPITAL …………………… 206
10-20 INCOME AND EXPERDITURE OF PEASANT HOUSEHOLD BY LEVEL OF INCOME(2012) …………………… 209
10-21 AVERGE CASH INCOME AND EXPERDITURE OF PEASANT HOUSEHOLD PER CAPITAL …………………… 210
EXPLANATORY NOTES ON MAIN STATISTICAL INDICATORS ……………………………………………………… 211

Chapter 11 AGRICULTURE

11-1 MAJOR ECONOMIC INDICATORS OF AGRICULTURE IN EACH PERIOD ………………………………………… 214
11-2 BASIC CONDITIONS OF RURAL GRASSROOTS UNITS AND AGRICULTURE………………………………………… 215
11-3 BASIC CONDITIONS OF RURAL GRASSROOTSUNITS AND AGRICULTURE BY REGION(2012) ……………… 216
11-4 ADDED VALUE OF FARMING,ANIMAL HUSBANDRY AND FISHERY IN EACH PERIOD ……………………… 218

11-5 GROSS OUTPUT VALUE OF FARMING、FORESTRY、ANIMAL HUSBANDRY IN EACH PER IOD ······ 219
11-6 GROSS OUTPUT VALUE AND INDICES OF FARMING、FORESTRY、ANIMAL HUSBANDRY IN EACH PERIOD (Preceding 1952=100) ······ 220
11-7 SOWN AREAS AND OUTPUT OF MAIN FARM CROPS ······ 221
11-8 BASIC STATISTICS ON FORESTRY、ANIMAL HUSBANDRY AND FISHERY ······ 223
11-9 SOWN AREAS AND OUTPUT OF MAIN FARM CROPS BY REGION(2012) ······ 224
11-10 BASIC STATISTICS ON FORESTRY、ANIMALHUSBANDRY AND FISHERY BY REGION(2012) ······ 228
11-11 BASIC STATISTICS ON FOUR MODERNIZATION OF AGRICULTURE(2012) ······ 230
11-12 OUTPUT OF MAJOR AGRICULTRAL PRODUCTS IN COMPARISION WITH LAST YEAR AND PERK YEAR ······ 230
11-13 PRODUCTIVE FIXED ASSETS OF RURAL HOUSEHOLDS ······ 231
EXPLANATORY NOTES ON MAIN STATISTICAL INDICATORS ······ 232

Chapter 12 INDUSTRY

12-1 BASIC STATISTICS OF TOTAL INDUSTRY IN EACH PERIOD ······ 236
12-2 BASIC STATISTICS OF INDUSTRIAL ENTERPRISES ABOVE DESIGNATED SIZE IN EACH PERIOD ······ 237
12-3 GROSS OUTPUT AND INDICES OF INDUSTRIAL ENTERPRISES ABOVE DESIGNATED SIZE IN EACH PERIOD (Preceding last year=100) ······ 238
12-4 OUTPUT OF MAJOR INDUSTRIAL PRODUCTS IN EACH PERIOD ······ 239
12-5 MAIN ECONOMIC INDICATORS OF INDUSTRIAL ENTERPRISES ABOVE DESIGNATED SIZE(2012) ······ 240
12-6 MAIN ECONOMIC INDICATORS OF STATE-OWNED AND STATE-CONTROLLED INDUSTRIAL ENTERPRISES ABOVE DESIGNATED SIZE(2012) ······ 242
12-7 MAIN ECONOMIC INDICATORS OF STATE-OWNED INDUSTRIAL ENTERPRISES(2012) ······ 244
12-8 MAIN NDICATORS' STRUCTURE ON ECONOMIC BENIFIT OF INDUSTRIAL ENTERPRISES ABOVE DESIGNATED SIZE (2012) ······ 245
12-9 MAIN INDICATORS' STRUCTURE ON ECONOMIC BENIFIT OF STATE-OWNED AND STATE-CONTROLLED INDUSTRIAL ENTERPRISES ABOVE DESIGNATED SIZE(2012) ······ 247
12-10 MAIN INDICATORS'STRUCTURE ON ECONOMIC BENIFIT OF STATE-OWNED INDUSTRIAL ENTERPRISES(2012) ······ 249
12-11 CAPITAL STRUCTURE OF INDUSTRIAL ENTERPRISES ABOVE DESIGNATED SIZE(2012) ······ 251
12-12 CAPITAL STRUCTURE OF STATE-OWED AND STATE-CONTROLLED INDUSTRIAL ENTERPRISES ABOVE DESIGNATED SIZE(2012) ······ 253
12-13 CAPITAL STRUCTURE OF STATE-OWNED INDUSTRIAL ENTERPRISES(2012) ······ 255
12-14 MAIN ECONOMIC INDICATORS OF INDUSTRIAL ENTERPRISES ABOVE DESIGNATED SIZE(2012) ······ 257
12-15 MAIN ECONOMIC INDICATORS OF INDUSTRIAL ENTERPRISES ABOVE DESIGNATED SIZE(2010-2012) ······ 258
12-16 CAPITAL POWER OF INDUSTRIAL ENTERPRISES ABOVE DESIGNATED SIZE(2012) ······ 260
12-17 CAPITAL POWER OF STATE-OWNED AND STATE-CONTROLLED INDUSTRIAL ENTERPRISES ABOVE DESIGNATED SIZE(2012) ······ 264
12-18 CAPITAL POWER OF STATE-OWNED INDUSTRIAL ENTERPRISES(2012) ······ 268
12-19 PROFIT LOSS AND DISTRIBUTION OF INDUSTRIAL ENTERPRISES ABOVE DESIGNATED SIZE(2012) ······ 270
12-20 PROFIT LOSS AND DISTRIBUTION OF STATE-OWNED AND STATE-CONTROLLED INDUSTRIAL ENTERPRISES ABOVE DESIGNATED SIZE(2012) ······ 274

12-21 PROFIT LOSS AND DISTRIBUTION OF STATE-OWNED INDUSTRIAL ENTERPRISES(2012) 278
12-22 MAIN INDICATORS ECONOMIC BENEFIT OF INDUSTRIAL ENTERPRISES ABOVE DESIGNATED SIZE(2012) ... 280
12-23 MAIN INDICATORS ON ECONOMIC BENEFIT OF STATE-OWNED AND STATE-CONTROLLED INDUSTRIAL ENTERPRISES ABOVE DESIGNATED SIZE(2012) 282
12-24 MAIN INDICATORS ON ECONOMIC BENEFIT OF STATE-OWNED INDUSTRIAL ENTERPRISES(2012) 284
12-25 MAIN ECONOMIC INDICATORS OF INDUSTRIAL ENTERPRISES ABOVE DESIGNATED SIZE(2012) 286
12-26 MAIN INDICATORS OF LARGE AND MEDIUM-SIZED ENTERPRISES(2012) 288
12-27 SUMMARY OF LARGE AND MEDIUM-SIZED ENTERPRISES(2012) 292
12-28 OUTPUT OF MAJOR INDUSTRIAL PRODUCTS(2012) 297
12-29 PURCHASES,CONSUMPTION AND INVETORY OF MAIN ENERGY SOURCE IN INDUSTRIAL ENTERPRISES(2012) 300
12-30 CONSUMPTION OF MAIN ENERGY SOURCE IN INDUSTRIAL ENTERPRISES BY SECTOR(2012) 301
EXPLANATORY NOTES ON MAIN STATISTICAL INDICATORS 302

Chapter 13 CONSTRUCTION

13-1 MAIN INDICATORS OF CONSTRUCTION ENTERPRISES 306
13-2 VALUE ADDED OF CONSTRUCTION BY STRUCTURE(2012) 307
13-3 POWER OF MACHINERY AND MAIN ECONOMIC INDICATORS OF CONSTRUCTION(2012) 308
13-4 ASSETS OF CONSTRUCTION ENTERPRISE(2011) 310
13-5 OUTPUT VALUE OF CONSTRUCTION BY STRUCTURE(2012) 312
13-6 PROFIT LOSS AND DISTRIBUTION OF CONSTRUCTION ENTETPTISES(2012) 313
13-7 NUMBER OF PROJECTS AND SPACE UNDER CONSTRUCTION(2012) 314
13-8 SUMMARY OF CONSTRUCTION ENTERPRISES ABOVE GRADE Ⅰ QUALIFICATION(2012) 315
EXPLANATORY NOTES ON MAIN STATISTICAL INDICATORS 318

Chapter 14 TRANSPORTATION POST AND TELECOMMUNICATION SERVICES

14-1 POSTAL AND TELECOMMUNICATIONS SERVICES 320
14-2 TELECOMMUNICATIONS FACILITIES 321
14-3 BASIC CONDITIONS OF TRANSPORTATION 322
14-4 MAIN INDICATORS OF ROAD ENTERPRISES WITH INDEPENDENT ACCOUNTING SYSTEM(2012) 323
14-5 ROAD TRANSPORTATION BY REGION(2012) 324
EXPLANATORY NOTES ON MAIN STATISTICAL INDICATORS 324

Chapter 15 DOMESTIC TRADE

15-1 TOTAL RETAIL SALES OF CONSUMER GOODS BY SECTION IN EACH PERIOD 326
15-2 TOTAL RETAIL SALES OF CONSUMER GOODS BY OWNERSHIP IN EACH PERIOD 327
15-3 TOTAL PURCHASE SALES AND INVENTORY BY SECTOR ABOVE DESIGNATED SIZE(2012) 328
15-4 CAPITAL POWER OF WHOLESALES AND RETAIL SALES TRADE ABOVE DESIGNATED SIZE (2012) 332

15-5 PROFIT LOSS AND DISTRIBUTION OF WHOLESALES AND RETAIL SALES TRADE ABOVE DESIGNATED SIZE(2012) ······ 340
15-6 MAIN ECONOMIC INDICATORS OF ENTERPRISES IN CATARING TRADES ABOVE DESIGNATED SIZE(2012) ······ 348
15-7 MAIN ECONOMIC INDICATORS OF ENTERPRISES IN QUARTERING TRADES ABOVE DESIGNATED SIZE (2012) ······ 350
15-8 FREE MARKETS IN URBAN AND RURAL AREAS (2012) ······ 352
15-9 SUMMARY OF CONSUMER GOODS MARKETS WITH ANNUAL TRANSACTION VALUE ABOVE RMB 100 MILLION YUAN(2012) ······ 353
15-10 MAIN ECONOMIC INDICATORS OF ENTERPRISES IN QUARTERING TRADES AND CATARING TRADES ABOVE DESIGNATED SIZE(2012) ······ 354
EXPLANATORY NOTES ON MAIN STATISTICAL INDICATORS ······ 356

Chapter 16 FOREIGN ECONOMY TRADE AND INTERNATIONAL TOURISM

16-1 TOTAL VALUE OF IMPORTS AND EXPORTS BY CATEGORY OF COMMODITIES ······ 360
16-2 TOTAL VALUE OF IMPORTS AND EXPORTS OF MAIN COUNTRIES OR TERRITORIES BY CATEGOTY OF COMMODITIES ······ 361
16-3 VALUE OF IMPORTS AND EXPORTS BY CATEGORY OF COMMODITIES ······ 362
16-4 IMPORT AND EXPORT VALUE OF COMMODITIES BY OWNERSHIP(2012) ······ 366
16-5 TOTAL IMPORTS AND EXPORTS BY CATEGORY(CUSTOMS STATISTICS) ······ 366
16-6 UTILIZATION OF FOREIGN CAPITAL ······ 367
16-7 TECHNOLOGICAL COOPERATION WITH FOREIGN COUNTRIES OR TERRITORIES ······ 367
16-8 SUMMARY OF ENTERPRISES WITH ANNUAL EXPORTS VALUE ABOVE 10MILLION DOLLAR(2012) ······ 368
16-9 FOREIGN TOURISTS RECEIVED BY TOURIST HOTELS ······ 369
16-10 FOREIGN FRIENDLY CITIES OF JINAN(END OF 2012) ······ 370
16-11 BASIC STATISTICS OF TRANSMISSION BETWEEN FOREIGN FRIENDLY CITIES AND JINAN ······ 370
EXPLANATORY NOTES ON MAIN STATISTICAL INDICATORS ······ 371

Chapter 17 SCIENCE AND TECHNOLOGY

17-1 BASIC STATISTICS ON SCIENCE AND TECHNOLOGY ······ 374
17-2 BASIC STATISTICS ON SCIENCE AND TECHNOLOGICAL ITEMS(2010) ······ 375
17-3 MAIN INDICATORS OF INDUSTRIAL ENTERPRISES ABOVE DESIGNATED SIZE(2012) ······ 376
17-4 INNOVATION AND RESORB OF INDUSTRIAL ENTERPRISES ABOVE DESIGNATED SIZE(2012) ······ 378
17-5 TECHNICAL RESOURCES OF INDUSTRIAL ENTERPRISES ABOVE DESITNATED SIZE(2012) ······ 380
17-6 TECHNOLOGY PROJECT ACTIVITIES OF INDUSTRIAL ENTERPRISES ABOVE DESIGNATED SIZE (2012) ··· 382
17-7 R&D FUNDS OF INDUSTRIAL ENTERPRISES ABOVE DESIGNATED SIZE(2012) ······ 384
17-8 SCIENCE AND TECHNOLOGY INSTITUTIONS OF INDUSTRIAL ENTERPRISES ABOVE DESIGNATED SIZE (2012) ······ 388
17-9 INDEPENDENT INTELLECTUAL PROPERTY RIGHTS OF INDUSTRIAL ENTERPRISES ABOVE DESIGNATED SIZE (2012) ······ 390

EXPLANATORY NOTES ON MAIN STATISTICAL INDICATORS 392

Chapter 18 EDUCATION AND CULTURE

18-1 BASIC STATISTICS ON EDUCATION 394
18-2 BASIC STATISTICS ON INSTITUTIONS OF HIGHER EDUCATION(2012) 396
18-3 BASIC STATISTICS ON SPECIALIZED SECONDARY SCHOOLS (2012) 397
18-4 STUDENT ENROLLMENT IN ADULT SCHOOLS BY TYPE(2012) 397
18-5 BASIC STATISTICS ON BOOKS AND PUBLISHING 398
18-6 NUMBER OF INSTITUTIONS AND PERSONS IN CULTURE 399
EXPLANATORY NOTES ON MAIN STATISTICAL INDICATORS 400

Chapter 19 SPORTS AND PUBLIC HEALTH

19-1 STATISTICS OF SPORTS INSTITUTIONS 402
19-2 STATISTICS OF HEALTH INSTITUTIONS IN MAJOR YEARS 403
19-3 NUMBER OF HEALTH INSTITUTIONS AND BEDS 404
19-4 NUMBER OF HEALTH INSTITUTIONS AND BEDS BY DISTRICT(2012) 405
19-5 MEDICAL TECHNICAL PERSONNEL BY REGION(2012) 406
19-6 BASIC STATISTICS ON HOSPITALS AND HEALTH INSTITUTIONS IN RURAL AREAS 407
19-7 REVENUE AND EXPENDITURE IN HEALTH INSITITUTIONS(2012) 408
EXPLANATORY NOTES ON MAIN STATISTICAL INDICATORS 408

Chapter 20 SOCIAL WELFARE,CIVIL ADMINISTRATION AND OTHERS

20-1 MAIN INDICATORS OF SOCIAL OFFENSE 410
20-2 MAIN INDICATORS OF SOCIAL OFFENSE BY DISTRICT (2012) 411
20-3 BASIC STATISTICS ON SOCIAL SECURITY AND RECEIVING RELIEF FLINDS BY DISTRICT(2012) 412
20-4 BASIC STATISTICS ON SOCIAL WELFARE INSTITUTIONS(2012) 414
20-5 BASIC STATISTICS ON SOCIAL SECURITY AND RECEIVING RELIEF FLINDS 416
20-6 BASIC STATISTICS ON LAW,NOTARIZATIONS AND MENDIATION(2012) 417
EXPLANATORY NOTES ON MAIN STATISTICAL INDICATORS 418

APPENDIX

1.MAIN STATISTICAL INDICATORS OF 15 LARGEST CITIES(2012) 420
2.MAIN STATISTICAL INDICATORS OF 26 CITIES(2012) 422
3.MAIN STATISTICAL INDICATORS OF 17 CITIES IN SHANDONG(2012) 424

特　载

SPECIAL REPORT

特载–1

济 南 概 况

INTRODUCTION OF JINAN

济南市位于山东省中部，地理位置介于北纬36°01′ 至37°32′ 、东经116°11′ 至117°44′ 之间，面积8177平方公里。南部为泰山山地，北部为黄河平原，地势南高北低，地形复杂多样。境内河流较多，主要有黄河、小清河两大水系。还有南北大沙河、玉符河等河流。湖泊有大明湖、白云湖等。济南属于暖温带大陆性气候，春季干燥少雨，多西南风；夏季炎热多雨，秋季天高气爽：冬季严寒干燥，多东北风。年平均气温13.5℃–15.5℃，全年无霜期230天左右，降水量600–900毫米。

济南矿产资源丰富，主要有铁、煤、花岗石、耐火粘土以及铜、钾、铂、钴等多种有色金属、稀有金属和非金属。特别是石灰岩品位高、储量大。花岗石中的黑色花岗石，质地纯正，为国内独有。林木资源分乔木、灌木两大类，共有60多科300多种。南部山区盛产苹果、黄梨、柿子、核桃、山楂、板栗等，并产有远志、丹参，野菊、香附等多种药材。北部沿黄河的平原地带，大枣也有很高的产量。济南种植和养殖资源也相当丰富，有多种粮食作物、经济作物以及家禽、家畜、水产品等。这些资源为济南城乡建设和经济发展储备了一定的物质基础。

济南自然景色秀丽，名胜古迹众多，是中国历史文化名城之一。尤以泉水遍布、清冽甘美而闻名于世，有“济南泉水甲天下”和“泉城”之美誉。主要风景名胜有趵突泉、黑虎泉、珍珠泉、五龙潭、百脉泉五大泉群，大明湖、千佛山，龙洞、灵岩寺、五峰山、华山、城子崖龙山文化遗址，孝堂山汉代郭氏祠、隋代四门塔、唐代龙虎塔、九顶塔以及抢救挖掘的洛庄汉墓，新建的野生动物世界，红叶谷生态旅游区等，供人们观赏游览。

济南现在共辖历下、市中、槐荫、天桥、历城、长清六区和平阴、济阳、商河三县以及章丘市。2012年末，全市户籍总人口609.21万人，人口密度为745人／平方公里。济南又是一个多民族聚居的城市，除汉族外，主要有回、满、苗、蒙古、壮、朝鲜等49个少数民族。

济南是一座有着悠久历史的古城。据史学家考证，早在公元前45世纪之前，已有人类在此繁衍，生息。传说东夷族的首领舜，曾躬耕于济南历山(今千佛山)之下。2600多年前，就建有城廓，最早出现史册上的名称为“泺”(《春秋左传》)，系因济南诸泉汇为泺水，故名。春秋战国时代，济南为齐国之泺邑。随后，齐国又把泺邑改为历下。2100多年前的汉代改称济南(《史记》)。因处于济水之南，故名。公元前164年设立济南国。公元前154年又废国改郡。到了宋代至道三年(公元997年)，分全国为15路，济南属京东路，为齐州(《宋史》)。微宋政和六年(公元1116年)，齐州升为济南府，辖历城等五县，治所设历城，为府治之始。自明代以来、一直是山东省的省会。1929年7月设济南市至今。1928年4月至1937年底，日本帝国主义先后二次侵占了济南，济南人民深受暴虐的民族压迫和经济掠夺，致使大部分工厂倒闭，无辜同胞惨遭杀戮。1945年8月，日寇投降后，国民党反动派又进行强盗式的劫收，城市又遭到了摧残蹂躏，民生凋敝，物价飞涨，古城一片萧条。1948年9月24日，济南获得解放，这座古城终于回到了人民的怀抱，开始了她新的历史时期。

新中国建立后，济南市始终是中国东部沿海经济大省——山东省省会，是全国副省级城市和特大城市之一，是全省的政治，经济和科技、教育、文化中心。济南是全国区域性金融中心。2012年年末金融机构人民币各项存款余额达9799亿元，各项贷款余额7406亿元。

济南是山东省铁路、公路，航空的交通枢纽，京沪，胶济铁路在市区交汇，北连北京，天津，南接南京、上海、福州，东达港口城市青岛、烟台。济南机场是经国家批准的国际空港，有通往香港、北京，哈尔滨、上海，广州，深圳、福州、厦门、西安、武汉、珠海、海口等城市的几十余条空中航线，通航城市达到53个，并开通了济南至俄罗斯的国际货运包机。“济青高速”，“济聊高速”与“京福高速”在济南交汇，从而形成了辐射全省、连接全国的高速公路系统省内中心、全国区域性枢纽的格局。济南基本形成了铁路、航空，公路立体构造，联结全省，全国和海外的现代交通网络。

2012年济南市
国民经济和社会发展统计公报[1]

STATISTICAL COMMUNIQUE ON NATIONAL AND SOCIAL DEVELOPMENT OF JINAN IN 2012

济 南 市 统 计 局
国家统计局济南调查队

2012年，在市委、市政府的坚强领导下，全市上下深入学习贯彻党的“十八大”精神，坚持以科学发展为主题，以加快转变经济发展方式为主线，紧紧围绕市第十次党代会确定的“率先建成更高水平小康社会，奋力开启现代化建设新征程”的奋斗目标，认真落实全市“加快科学发展、建设美丽泉城”的各项工作任务，以群众为根本，以实践为标准，解放思想，振奋精神，锐意进取，真抓实干，克服了复杂严峻经济形势带来的困难，全市呈现出经济运行逐季回升、平稳向好，社会事业健康发展、和谐稳定的良好局面。

一、综 合

初步核算，2012年全市生产总值4812.68亿元，比上年增长9.5%[2]。分产业看：第一产业增加值252.92亿元，增长4.7%；第二产业增加值1938.14亿元，增长9.2%；第三产业增加值2621.62亿元，增长10.1%。按常住人口[3]计算，人均生产总值69574元，增长8.4%，折合11022美元。三次产业增加值比例由上年的5.4:41.5:53.1调整为5.2:40.3:54.5。

2012年主要经济指标累计增幅(%)

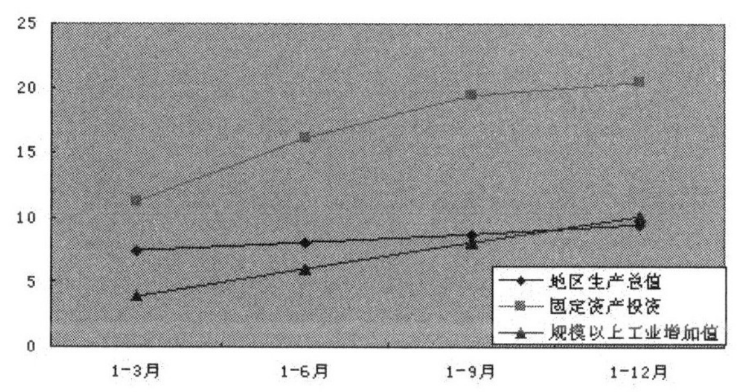

全市全部税收收入709.3亿元，增长8.5%；地方公共财政预算收入380.8亿元，增长17.0%。全年城市居民人均可支配收入32570元，增长12.7%；农民人均纯收入11786元，增长13.2%。

城市居民消费价格比上年上涨2.4%。分类别看：食品类上涨3.6%；烟酒类上涨2.8%；衣着类上涨1.9%；家庭设备用品及维修服务类上涨1.8%；医疗保健和个人用品类上涨4.4%；交通和通信类下降0.8%；娱乐教育文化用品及服务类下降0.1%；居住类上涨3.2%。

工业生产者出厂价格下降1.6%。分类别看：生产资料出厂价格下降2.1%；生活资料出厂价格上涨1.1%。

工业生产者购进价格下降0.6%。

2012年各月主要价格指数
(以上年同期为100)

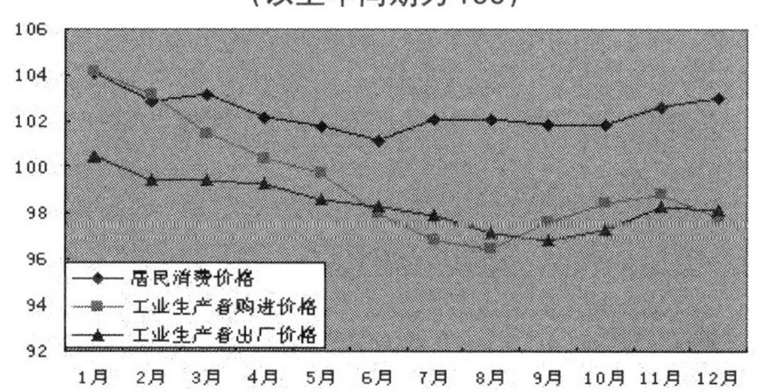

年末全市从业人员379.3万人。其中：第二产业从业人员123.1万人；第三产业从业人员181.9万人。全年新增城镇就业22.3万人，新增农村劳动力转移就业7.4万人。年末城镇登记失业率3.08%，比上年末降低0.52个百分点。

全年刑事案件立案50680件，下降5.7%，破获刑事案件44239件，提高14.0%，受理社会治安案件139252件，下降21.5%。全市共发生各类安全生产事故2042起，死亡296人，重伤1714人，未发生重大及以上事故。

二、农 业

全年粮食种植面积[4]706.7万亩，比上年增加4.0万亩；棉花种植面积33.1万亩，减少4.7万亩；油料种植面积22.4万亩，减少0.5万亩；蔬菜种植面积148.9万亩，增加2.1万亩。

全年粮食产量304万吨，增产2.8%。其中：夏粮产量133.5万吨，增产3.5%；秋粮产量170.5万吨，增产2.2%。全年棉花产量2.7万吨，减产4.5%；油料产量5.7万吨，增产3.5%；蔬菜产量633.6万吨，增产2.6%。

全年肉类总产量39.8万吨，增长2.5%。其中，猪肉产量22.5万吨，增长4.2%；牛肉产量6.7万吨，减少0.5%；羊肉产量2.3万吨，增长2.8%；禽肉产量7.9万吨，增长0.2%。禽蛋产量36.1万吨，增长2.6%。牛奶产量33.2万吨，增长5.8%。水产品产量4.5万吨，增长3.4%。全年生猪出栏304.0万头，增长3.3%；年末生猪存栏205.2万头，比上年末增长1.8%。

全年完成造林21.5万亩，新育苗2.9万亩；年末森林覆盖率32.3%。

全年新增有效灌溉面积18.5万亩，新增节水灌溉面积17.1万亩。

农业机械总动力538.7万千瓦，农作物机耕率、机播率和机收率分别为75.9%、97.8%和91.4%。

年末全市已建成都市农业园区和特色品牌基地165个，比上年末新增38个。农业龙头企业366家，新增77家。农民专业合作社3818家，新增1006家。畜牧业标准化生产场区110处，国家级示范场区17处，省级示范场区33处。

三、工业、建筑业

全年实现规模以上工业[5]增加值1357.4亿元，增长10.1%。其中：公有制经济增加值712.1亿元，增长2.3%；非公有制经济增加值645.2亿元，增长20.8%。轻工业增加值351.0亿元，增长10.6%；重工业增加值1006.4亿元，增长9.9%。

全市规模以上工业142种大类产品中，82种产品产量增长。

2012年规模以上工业企业主要产品产量

产品名称	单位	2012年	比上年±%
重工业产品			
原煤	万吨	214.9	−15.1
原油加工量	万吨	562.7	0.2
化肥	万吨	55.2	6.2
耐火材料	万吨	95.2	26.6
石墨及炭素制品	万吨	152.3	25.9
钢	万吨	694.5	−17.0
钢材	万吨	785.6	−14.7
水泥	万吨	776.0	−1.9
变压器	万千伏安	6530.4	27.1
工业锅炉	蒸发量吨	5444.0	44.8
金属切削机床	万台	4.1	25.7
电子元件	亿只	1.4	42.3
发电量	亿千瓦时	156.6	1.0
轻工业产品			
饲料	万吨	41.4	50.6
鲜、冷藏肉	万吨	10.3	27.1
乳制品	万吨	36.9	21.3
纱	万吨	10.7	24.4
布	亿米	1.5	39.7
摩托车整车	万辆	55.8	−19.5
塑料制品	万吨	17.6	35.7

全年规模以上工业主营业务收入[6]5032.4亿元，增长9.6%；实现利税420.6亿元，下降2.4%；实现利润176.9亿元，下降9.8%。其中：食品制造业利润9.5亿元，增长90.6%；医药制造业利润19.6亿元，增长2.1%；金属制品业利润24.7亿元，增长28.9%；电气机械和器材制造业利润19.6亿元，增长49.5%。

全年新增高新技术企业61家，年末累计达到392家。规模以上工业高新技术产业产值1702.0亿元，增长13.0%，占规模以上工业总产值的比重为39.55%。

年末全市八家省级及以上经济开发区规模以上工业企业542家，比上年末增加34家；全年工业增加值367.0亿元，增长14.2%；实现利税140.8亿元，增长9.3%。

全年建筑业增加值335.1亿元，增长6.8%。年末资质内建筑业企业492家，实现总产值1192.4亿元，增长5.8%。其中，在省外完成的建筑业产值425亿元，增长4.2%。签订合同额2725亿元，增长19.5%，其中，本年新签合同额1288亿元，增长12.7%。

四、现代服务业[7]

全年现代服务业实现增加值1273.0亿元，增长10.5%；占全市服务业的比重为48.6%。

全年金融业增加值411.3亿元，增长22.6%。年末全市本外币各项存款余额9893.8亿元，比上年末增长18.3%。其中：人民币各项存款余额9798.5亿元，增长18.4%；本外币储蓄存款余额2909.9亿元，增长18.9%。本外币各项贷款余额8632.8亿元，增长7.8%。其中，人民币各项贷款余额7406.2亿元，增长7.4%。全年保险业保费收入122.5亿元，增长11.0%；累计赔款与给付35.2亿元，增长26.9%。有价证券交易成交总量5346.6亿元，下降21.0%。

全年房地产业增加值273.5亿元，增长5.9%。房地产开发投资663.3亿元，增长25.8%。房屋施工面积3815.5万平方米，增长8.4%。其中，住宅施工面积2692.0万平方米，增长3.2%。房屋新开工面积1242.4万平方米，增长1.8%。商品房销售面积658.0万平方米，增长10.8%。其中，住宅销售面积558.3万平方米，增长4.0%。

全年接待国内外游客4667.9万人次，增长16.5%。其中：接待国内游客4636.3万人次，增长16.5%；接待入境游客31.6万人次，增长9.0%。实现旅游总收入461.8亿元，增长20.6%。其中：国内旅游收入451.7亿元，增长20.9%；入境旅游收入1.6亿美元，增长12.7%。

全年举办会展155场，比上年增加14场；直接营业收入3.7亿元，增长13.4%；参观人数833万人次，增长11.8%；展会交易额1221.0亿元，增长10.0%。

五、国内贸易、对外经济

全年社会消费品零售总额2323.6亿元，增长14.9%。分城乡看：城镇社会消费品零售总额2136.6亿元，增长15.1%；

乡村社会消费品零售总额187.0亿元，增长11.9%。

2012年限额以上批发和零售业主要商品零售额

商品类别	零售额(亿元)	增幅(%)
粮油、食品、饮料、烟酒类	132.7	14.7
服装、鞋帽、针纺织品类	91.1	13.1
化妆品类	15.2	18.4
金银珠宝类	24.6	13.2
日用品类	39.9	17.2
体育、娱乐用品类	6.1	50.7
书报杂志类	6.7	10.3
家用电器和音像器材类	66.4	18.7
文化办公用品类	29.1	61.0
家具类	21.6	10.9
通讯器材类	24.3	28.5
石油及制品类	177.7	32.0
建筑及装潢材料类	12.4	72.8
汽车类	223.1	7.0

全年新签外商投资项目84个，实现合同外资额16.2亿美元，增长14.6%；实际到账外资12.2亿美元，增长10.9%。

全年货物进出口总额91.5亿美元，下降12.1%。其中：进口34.3亿美元，下降21.3%；出口57.2亿美元，下降5.4%。在出口产品中：机电产品出口39.5亿美元，下降6.0%；高新技术产品出口6.4亿美元，增长26.6%。

全年对外承包工程完成营业额24亿美元，增长11.3%；新设境外企业42家，中方协议投资额5.3亿美元，增长117.7%；外派劳务人员6187人，比上年下降31.3%。

六、交通、通讯

年末公路通车里程12297公里，增长3.0%。其中，高级次高级路面里程11997公里，增长2.8%。境内高速公路347公里，与上年持平。年末拥有民用机动车139.6万辆，其中，民用汽车105.9万辆。年末公交线路235条，线路长度4226公里；公交营运车辆4701辆，全年旅客运输量8.7亿人次，增长0.9%。始发航空线路68条，全年航空旅客吞吐量766.4万人次，减少2.7%；货邮吞吐量7.4万吨，下降4.6%。

2012年主要运输工具运输量

指　　标	单位	运输量	比上年±%
客运量	万人	17334.0	16.0
铁路	万人	3824.0	14.5
公路	万人	13084.0	17.2
民航	万人	426.0	−1.6
客运周转量	亿人公里	642.4	7.3
铁路	亿人公里	344.0	10.3
公路	亿人公里	140.3	−2.7
民航	亿人公里	158.1	10.7
货运量	万吨	26029.5	5.7
铁路	万吨	10103.6	0.5
公路	万吨	15922.0	9.2
民航	万吨	3.8	2.3
货物周转量	亿吨公里	1367.5	−0.4
铁路	亿吨公里	1090.3	−2.5
公路	亿吨公里	275.4	8.6
民航	亿吨公里	1.9	9.4

全年邮电通信业营业收入70.6亿元，增长5.6%。年末邮政局所203处；固定电话用户193.3万户；移动电话用户978.0万户，增长5.0%；宽带网用户173.6万户，增长33.9%。

七、固定资产投资

全年固定资产投资2186.1亿元，增长20.4%。分类别看：第一产业投资62.4亿元，增长28.3%；第二产业投资733.7亿元，增长22.0%；第三产业投资1390.0亿元，增长19.8%。全市民间投资1290.0亿元，增长23.5%。

年末全市固定资产投资项目3087个，增加115个。其中：亿元及以上投资项目633个，增加120个；新开工项目2315个，增加52个，新开工亿元及以上投资项目214个，同比增加61个。

全年完成工业投资701.8亿元，增长21.8%。其中，高新技术产业投资276.2亿元，增长22.1%。在建工业投资项目1318个，增加53个，其中，新开工工业投资项目1129个，增加35个。

八、教育和科学技术

年末各类学校在校学生151.0万人，增长4.1%。学龄儿童入学率100%，小学毕业生升学率100%。

教育事业基本情况[8]

	单位	2011年	2012年
学校所数	所	1010	996
普通高校	所	40	40
中等职业学校	所	70	67
技工学校	所	20	28
普通中学	所	205	206
小学	所	631	613
特殊教育	所	12	12
在校生	万人	145.2	151.0
普通高校	万人	50.9	50.5
中等职业学校	万人	9.2	9.1

	单位	2011年	2012年
技工学校	万人	2.4	5.8
普通中学	万人	30.5	30.9
小学	万人	39	39
特殊教育	人	2172	1805
专任教师	人	84697	86359
普通高校	人	27957	29649
中等职业学校	人	4195	3956
技工学校	人	1988	2781
普通中学	人	23767	22280
小学	人	23584	24678
特殊教育	人	411	402

年末国家级创新型企业2家，省级48家，市级160家。新认定国家级企业技术中心3家，总数达到18家。新增省级工程技术研究中心18家、省级工程研究中心2家。全市获得国家科技进步二等奖1项，省科技进步一等奖2项，二等奖23项，三等奖19项，省技术发明三等奖1项。全年专利申请量23094件，增长24.4%，其中发明专利申请量8603件，增长67.9%。专利授权量14367件，增长26.8%，其中发明专利授权量2123件，增长30.8%。

高新技术产业开发区实现生产总值437.0亿元，增长11.3%。其中：第二产业增加值256.7亿元，增长10.4%；第三产业增加值180.3亿元，增长12.6%。新签合同利用外资项目23个，实际使用外资2.4亿美元，增长12.9%。实施科技计划项目157项，其中国家级火炬项目5项。

九、文化、卫生和体育事业

年末各种艺术表演团体14个；文化馆（站）及群众艺术馆153个；城市电影院22家，全年放映22.6万场，增长32.2%，观众482.2万人次，增长38.1%，票房收入1.4亿元，增长33.3%；博物馆12个；档案馆14个；公共图书馆12个；市级以上文物保护单位156处，其中，国家级12处。年末广播人口混合覆盖率和电视人口混合覆盖率均为100%。有线广播电视用户65.3万户，数字电视用户98.3万户。

年末拥有卫生机构5239个，增长1.6%。其中医院、卫生院243个，增长21.5%。卫生机构床位3.9万张，增长11.4%。各类卫生技术人员4.4万人，增长5.1%；执业（助理）医师1.9万人，增长6.1%。按常住人口计算，每千人拥有病床6.4张，增长10.9%；每千人拥有医生3.2人，增长5.6%。

济南运动员在省级以上比赛中获得金牌186枚，银牌187枚，铜牌134枚。其中：在世界级比赛中获金牌10枚，银牌3枚，铜牌2枚；在全国比赛中获金牌42枚，银牌32枚，铜牌32枚。举办较大规模全民健身活动127次，参与人数100多万人次。共培训社会体育指导员2018人，其中，一级334人，二级638人，三级1046人。

十、城市建设、环境保护

年末城市建成区[9]面积363.3平方公里，增加7.9平方公里。建成区新建绿地330万平方米，年末绿地覆盖率为38.0%，人均公园绿地面积10.3平方米。建成区液化石油气供应量5.1万吨，增长20.7%；天然气供气量3.5亿立方米，增长18.2%；管道煤气供气量4300万立方米，下降7.7%。集中供热面积8760万平方米，增长5.5%。自来水供水量2.6亿吨，增长4.0%。

环境空气中可吸入颗粒物、二氧化硫、二氧化氮年均浓度分别为0.154毫克/立方米、0.082毫克/立方米和0.049毫克/立方米，分别下降1.3%、3.5%和7.5%。全年空气质量良好以上天数208天，减少7天。每月对地下水监测的24项指标中，总硬度、硝酸盐氮、氨氮年均浓度分别为332毫克/升、6.66毫克/升和0.047毫克/升。区域环境噪声昼间平均等效声级为52.0分贝，下降1.2分贝；市区道路交通噪声平均等效声级为69.1分贝，下降0.4分贝。

十一、社会保障、社会福利事业

全年教育、社会保障和就业、医疗卫生、农林水事务、住房保障等民生和社会重点事业支出合计268.2亿元，增长23.2%，占公共财政预算支出的比重为57.6%，提高了2.2个百分点。

年末城镇职工基本养老保险参保人数175.0万人，增加10.3万人；职工医疗保险参保人数173.6万人，增加6.0万人；城镇居民医疗保险参保人数110.2万人，增加2.6万人；失业保险参保人数111.1万人，增加7.4万人；工伤保险参保人数133.9万人，增加2.3万人；生育保险参保人数103.0万人，增加13.0万人。

城市最低生活保障标准由上年人均每月400元提高到450元；农村最低生活保障标准由年人均不低于1800元提高到2300元。农村五保集中供养标准由每人每年不低于3600元提高到4200元，分散供养标准由每人每年2300元提高到2600元。新型农村合作医疗参加人数313.9万人，受益709.2万人次。享受城镇最低生活保障的城镇居民2.1万户、4.0万人，发放最低生活保障金及各类补贴1.7亿元；享受农村最低生活保障的农村居民4.4万户、7.6万人，发放最低生活保障金及各类补贴1.3亿元。开工建设各类保障性安居工程住房19033套。其中：公共租赁住房15524套；经济适用住房（企业集资建房）3416套。保障性安居工程住房竣工7637套。

全年培训残疾人6731人次，1894名残疾人实现就业再就业。投入734.8万元，帮扶救助9591名贫困重度残疾人，以及844名贫困残疾学生、贫困残疾人家庭子女。为残疾人供应辅助器具26714件，其中免费配发25291件。残疾人有

11.26万人次得到康复服务。

十二、人口、人民生活

年末常住人口695.0万人；户籍总人口609.2万人，年人口增长率4.24‰。全年人口自然增长率3.67‰，下降0.67个千分点；人口出生率11.75‰，提高0.75个千分点；人口死亡率8.08‰，提高1.42个千分点。人口机械增长率1.99‰，提高1.56个千分点。城市化率达到65.71%，比上年提高0.66个百分点。

全年城市居民人均消费性支出20032元，增长11.0%。农民人均生活消费支出6932元，增长17.4%。城市居民人均食品支出6162元，增长7.7%；人均衣着支出2341元，增长6.3%；人均交通和通信支出3476元，增长22.8%。农村居民人均食品支出2465元，增长14.8%；人均衣着支出412元，增长14.7%；人均交通通讯支出1003元，增长31.2%。城市居民恩格尔系数[10]30.8%，下降0.9个百分点；农村居民恩格尔系数35.6%，下降0.8个百分点。

2012年末每百户居民家庭主要耐用消费品拥有量

指　　标	单位	拥有量	比上年±%
城市居民家庭			
彩电	台	116.33	-1.7
电冰箱	台	100.17	-0.2
洗衣机	台	97	0.2
空调器	台	152.33	8.9
家用电脑	台	87	-2.4
移动电话	部	206.33	5.0
家用汽车	辆	27.83	9.9
农村居民家庭			
电冰箱	台	91.2	3.9
空调器	台	39.45	15.5
洗衣机	台	86.04	4.6
彩电	台	118.05	1.5
摩托车	台	62.46	2.3
家用电脑	台	39.3	8.9
移动电话	部	186.03	6.0

注释：

[1]2012年统计数据为统计快报数或初步核算数，正式数据以出版的《济南统计年鉴－2013》为准。

[2]全市生产总值、各产业增加值绝对数按现价计算，增长速度按不变价格计算。

[3]常住人口包括：居住在本乡镇街道且户口在本乡镇街道或户口待定的人；居住在本乡镇街道且离开户口登记地所在的乡镇街道半年以上的人；户口在本乡镇街道且外出不满半年或在境外工作学习的人。

[4]粮食种植面积和产量数据未经国家统计局山东调查总队反馈。

[5]规模以上工业企业指年主营业务收入2000万元及以上的工业法人企业。

[6]主营业务收入、利税、利润总量数据含山东电力、山东中烟省反馈部分。

[7]现代服务业包括：信息传输、计算机服务业和软件业，金融业，房地产业，商务服务业，研究与试验发展，专业技术服务，科技交流与技术推广服务业，教育，卫生，体育，娱乐业。

[8]本表2011年数据和2012年数据统计口径不同，2011年技工学校的相关数据不包括省属驻济技工学校部分。

[9]本段中的相关指标为市内六区建成区口径。

[10]恩格尔系数是指食品支出在消费支出中的比重。

中华人民共和国统计法

STATISTICAL LAW OF THE PEOPLE'S REPUBLIC OF CHINA

（1983年12月8日第六届全国人民代表大会常务委员会第三次会议通过　根据1996年5月15日第八届全国人民代表大会常务委员会第十九次会议《关于修改〈中华人民共和国统计法〉的决定》修正　2009年6月27日第十一届全国人民代表大会常务委员会第九次会议修订）

第一章 总 则

第一条 为了科学、有效地组织统计工作，保障统计资料的真实性、准确性、完整性和及时性，发挥统计在了解国情国力、服务经济社会发展中的重要作用，促进社会主义现代化建设事业发展，制定本法。

第二条 本法适用于各级人民政府、县级以上人民政府统计机构和有关部门组织实施的统计活动。

统计的基本任务是对经济社会发展情况进行统计调查、统计分析，提供统计资料和统计咨询意见，实行统计监督。

第三条 国家建立集中统一的统计系统，实行统一领导、分级负责的统计管理体制。

第四条 国务院和地方各级人民政府、各有关部门应当加强对统计工作的组织领导，为统计工作提供必要的保障。

第五条 国家加强统计科学研究，健全科学的统计指标体系，不断改进统计调查方法，提高统计的科学性。

国家有计划地加强统计信息化建设，推进统计信息搜集、处理、传输、共享、存储技术和统计数据库体系的现代化。

第六条 统计机构和统计人员依照本法规定独立行使统计调查、统计报告、统计监督的职权，不受侵犯。

地方各级人民政府、政府统计机构和有关部门以及各单位的负责人，不得自行修改统计机构和统计人员依法搜集、整理的统计资料，不得以任何方式要求统计机构、统计人员及其他机构、人员伪造、篡改统计资料，不得对依法履行职责或者拒绝、抵制统计违法行为的统计人员打击报复。

第七条 国家机关、企业事业单位和其他组织以及个体工商户和个人等统计调查对象，必须依照本法和国家有关规定，真实、准确、完整、及时地提供统计调查所需的资料，不得提供不真实或者不完整的统计资料，不得迟报、拒报统计资料。

第八条 统计工作应当接受社会公众的监督。任何单位和个人有权检举统计中弄虚作假等违法行为。对检举有功的单位和个人应当给予表彰和奖励。

第九条 统计机构和统计人员对在统计工作中知悉的国家秘密、商业秘密和个人信息，应当予以保密。

第十条 任何单位和个人不得利用虚假统计资料骗取荣誉称号、物质利益或者职务晋升。

第二章 统计调查管理

第十一条 统计调查项目包括国家统计调查项目、部门统计调查项目和地方统计调查项目。

国家统计调查项目是指全国性基本情况的统计调查项目。部门统计调查项目是指国务院有关部门的专业性统计调查项目。地方统计调查项目是指县级以上地方人民政府及其部门的地方性统计调查项目。

国家统计调查项目、部门统计调查项目、地方统计调查项目应当明确分工，互相衔接，不得重复。

第十二条 国家统计调查项目由国家统计局制定，或者由国家统计局和国务院有关部门共同制定，报国务院备案；重大的国家统计调查项目报国务院审批。

部门统计调查项目由国务院有关部门制定。统计调查对象属于本部门管辖系统的，报国家统计局备案；统计调查对象超出本部门管辖系统的，报国家统计局审批。

地方统计调查项目由县级以上地方人民政府统计机构和有关部门分别制定或者共同制定。其中，由省级人民政府统计机构单独制定或者和有关部门共同制定的，报国家统计局审批；由省级以下人民政府统计机构单独制定或者和有关部门共同制定的，报省级人民政府统计机构审批；由县级以上地方人民政府有关部门制定的，报本级人民政府统计机构审批。

第十三条 统计调查项目的审批机关应当对调查项目的必要性、可行性、科学性进行审查，对符合法定条件的，作出予以批准的书面决定，并公布；对不符合法定条件的，作出不予批准的书面决定，并说明理由。

第十四条 制定统计调查项目，应当同时制定该项目的统计调查制度，并依照本法第十二条的规定一并报经审批或者备案。

统计调查制度应当对调查目的、调查内容、调查方法、调查对象、调查组织方式、调查表式、统计资料的报送和公布等作出规定。

统计调查应当按照统计调查制度组织实施。变更统计调查制度的内容，应当报经原审批机关批准或者原备案机关备案。

第十五条 统计调查表应当标明表号、制定机关、批准或者备案文号、有效期限等标志。

对未标明前款规定的标志或者超过有效期限的统计调查表，统计调查对象有权拒绝填报；县级以上人民政府统计机构应当依法责令停止有关统计调查活动。

第十六条 搜集、整理统计资料，应当以周期性普查为基础，以经常性抽样调查为主体，综合运用全面调查、重点调查等方法，并充分利用行政记录等资料。

重大国情国力普查由国务院统一领导，国务院和地方人民政府组织统计机构和有关部门共同实施。

第十七条 国家制定统一的统计标准，保障统计调查采用的指标涵义、计算方法、分类目录、调查表式和统计编码等的标准化。

国家统计标准由国家统计局制定，或者由国家统计局和国务院标准化主管部门共同制定。

国务院有关部门可以制定补充性的部门统计标准，报国家统计局审批。部门统计标准不得与国家统计标准相抵触。

第十八条 县级以上人民政府统计机构根据统计任务的需要，可以在统计调查对象中推广使用计算机网络报送统计资料。

第十九条 县级以上人民政府应当将统计工作所需经费列入财政预算。

重大国情国力普查所需经费，由国务院和地方人民政府共同负担，列入相应年度的财政预算，按时拨付，确保到位。

第三章 统计资料的管理和公布

第二十条 县级以上人民政府统计机构和有关部门以及乡、镇人民政府，应当按照国家有关规定建立统计资料的保存、管理制度，建立健全统计信息共享机制。

第二十一条 国家机关、企业事业单位和其他组织等统计调查对象，应当按照国家有关规定设置原始记录、统计台账，建立健全统计资料的审核、签署、交接、归档等管理制度。

统计资料的审核、签署人员应当对其审核、签署的统计资料的真实性、准确性和完整性负责。

第二十二条 县级以上人民政府有关部门应当及时向本级人民政府统计机构提供统计所需的行政记录资料和国民经济核算所需的财务资料、财政资料及其他资料，并按照统计调查制度的规定及时向本级人民政府统计机构报送其组织实施统计调查取得的有关资料。

县级以上人民政府统计机构应当及时向本级人民政府有关部门提供有关统计资料。

第二十三条 县级以上人民政府统计机构按照国家有关规定，定期公布统计资料。

国家统计数据以国家统计局公布的数据为准。

第二十四条 县级以上人民政府有关部门统计调查取得的统计资料，由本部门按照国家有关规定公布。

第二十五条 统计调查中获得的能够识别或者推断单个统计调查对象身份的资料，任何单位和个人不得对外提供、泄露，不得用于统计以外的目的。

第二十六条 县级以上人民政府统计机构和有关部门统计调查取得的统计资料，除依法应当保密的外，应当及时公开，供社会公众查询。

第四章 统计机构和统计人员

第二十七条 国务院设立国家统计局，依法组织领导和协调全国的统计工作。

国家统计局根据工作需要设立的派出调查机构，承担国家统计局布置的统计调查等任务。

县级以上地方人民政府设立独立的统计机构，乡、镇人民政府设置统计工作岗位，配备专职或者兼职统计人员，依法管理、开展统计工作，实施统计调查。

第二十八条 县级以上人民政府有关部门根据统计任务的需要设立统计机构，或者在有关机构中设置统计人员，并指定统计负责人，依法组织、管理本部门职责范围内的统计工作，实施统计调查，在统计业务上受本级人民政府统计机构的指导。

第二十九条 统计机构、统计人员应当依法履行职责，如实搜集、报送统计资料，不得伪造、篡改统计资料，不得以任何方式要求任何单位和个人提供不真实的统计资料，不得有其他违反本法规定的行为。

统计人员应当坚持实事求是，恪守职业道德，对其负责搜集、审核、录入的统计资料与统计调查对象报送的统计资料的一致性负责。

第三十条 统计人员进行统计调查时，有权就与统计有关的问题询问有关人员，要求其如实提供有关情况、资料并改正不真实、不准确的资料。

统计人员进行统计调查时，应当出示县级以上人民政府统计机构或者有关部门颁发的工作证件；未出示的，统计调查对象有权拒绝调查。

第三十一条 国家实行统计专业技术职务资格考试、评聘制度，提高统计人员的专业素质，保障统计队伍的稳定性。

统计人员应当具备与其从事的统计工作相适应的专业知识和业务能力。

县级以上人民政府统计机构和有关部门应当加强对统计人员的专业培训和职业道德教育。

第五章 监督检查

第三十二条 县级以上人民政府及其监察机关对下级人民政府、本级人民政府统计机构和有关部门执行本法的情况，实施监督。

第三十三条 国家统计局组织管理全国统计工作的监督检查，查处重大统计违法行为。

县级以上地方人民政府统计机构依法查处本行政区域内发生的统计违法行为。但是，国家统计局派出的调查机构组织实施的统计调查活动中发生的统计违法行为，由组织实施该项统计调查的调查机构负责查处。

法律、行政法规对有关部门查处统计违法行为另有规定的，从其规定。

第三十四条 县级以上人民政府有关部门应当积极协助本级人民政府统计机构查处统计违法行为，及时向本级人民政府统计机构移送有关统计违法案件材料。

第三十五条 县级以上人民政府统计机构在调查统计违法行为或者核查统计数据时，有权采取下列措施：

(一)发出统计检查查询书，向检查对象查询有关事项；

(二)要求检查对象提供有关原始记录和凭证、统计台账、统计调查表、会计资料及其他相关证明和资料；

(三)就与检查有关的事项询问有关人员；

(四)进入检查对象的业务场所和统计数据处理信息系统进行检查、核对；

(五)经本机构负责人批准，登记保存检查对象的有关原始记录和凭证、统计台账、统计调查表、会计资料及其他相关证明和资料；

(六)对与检查事项有关的情况和资料进行记录、录音、录像、照相和复制。

县级以上人民政府统计机构进行监督检查时，监督检查人员不得少于二人，并应当出示执法证件；未出示的，有关单位和个人有权拒绝检查。

第三十六条 县级以上人民政府统计机构履行监督检查职责时，有关单位和个人应当如实反映情况，提供相关证明和资料，不得拒绝、阻碍检查，不得转移、隐匿、篡改、毁弃原始记录和凭证、统计台账、统计调查表、会计资料及其他相关证明和资料。

第六章 法律责任

第三十七条 地方人民政府、政府统计机构或者有关部门、单位的负责人有下列行为之一的，由任免机关或者监察机关依法给予处分，并由县级以上人民政府统计机构予以通报：

(一)自行修改统计资料、编造虚假统计数据的；

(二)要求统计机构、统计人员或者其他机构、人员伪造、篡改统计资料的；

(三)对依法履行职责或者拒绝、抵制统计违法行为的统计人员打击报复的；

(四)对本地方、本部门、本单位发生的严重统计违法行为失察的。

第三十八条 县级以上人民政府统计机构或者有关部门在组织实施统计调查活动中有下列行为之一的，由本级人民政府、上级人民政府统计机构或者本级人民政府统计机构责令改正，予以通报；对直接负责的主管人员和其他直接责任人员，由任免机关或者监察机关依法给予处分：

(一)未经批准擅自组织实施统计调查的；

(二)未经批准擅自变更统计调查制度的内容的；

(三)伪造、篡改统计资料的；

(四)要求统计调查对象或者其他机构、人员提供不真实的统计资料的；

(五)未按照统计调查制度的规定报送有关资料的。

统计人员有前款第三项至第五项所列行为之一的，责令改正，依法给予处分。

第三十九条 县级以上人民政府统计机构或者有关部门有下列行为之一的，对直接负责的主管人员和其他直接责任人员由任免机关或者监察机关依法给予处分：

(一)违法公布统计资料的；

(二)泄露统计调查对象的商业秘密、个人信息或者提供、泄露在统计调查中获得的能够识别或者推断单个统计调查对象身份的资料的；

(三)违反国家有关规定，造成统计资料毁损、灭失的。

统计人员有前款所列行为之一的，依法给予处分。

第四十条 统计机构、统计人员泄露国家秘密的，依法追究法律责任。

第四十一条 作为统计调查对象的国家机关、企业事业单位或者其他组织有下列行为之一的，由县级以上人民政府统计机构责令改正，给予警告，可以予以通报；其直接负责的主管人员和其他直接责任人员属于国家工作人员的，由任免机关或者监察机关依法给予处分：

（一）拒绝提供统计资料或者经催报后仍未按时提供统计资料的；

（二）提供不真实或者不完整的统计资料的；

（三）拒绝答复或者不如实答复统计检查查询书的；

（四）拒绝、阻碍统计调查、统计检查的；

（五）转移、隐匿、篡改、毁弃或者拒绝提供原始记录和凭证、统计台账、统计调查表及其他相关证明和资料的。

企业事业单位或者其他组织有前款所列行为之一的，可以并处五万元以下的罚款；情节严重的，并处五万元以上二十万元以下的罚款。

个体工商户有本条第一款所列行为之一的，由县级以上人民政府统计机构责令改正，给予警告，可以并处一万元以下的罚款。

第四十二条 作为统计调查对象的国家机关、企业事业单位或者其他组织迟报统计资料，或者未按照国家有关规定设置原始记录、统计台账的，由县级以上人民政府统计机构责令改正，给予警告。

企业事业单位或者其他组织有前款所列行为之一的，可以并处一万元以下的罚款。

个体工商户迟报统计资料的，由县级以上人民政府统计机构责令改正，给予警告，可以并处一千元以下的罚款。

第四十三条 县级以上人民政府统计机构查处统计违法行为时，认为对有关国家工作人员依法应当给予处分的，应当提出给予处分的建议；该国家工作人员的任免机关或者监察机关应当依法及时作出决定，并将结果书面通知县级以上人民政府统计机构。

第四十四条 作为统计调查对象的个人在重大国情国力普查活动中拒绝、阻碍统计调查，或者提供不真实或者不完整的普查资料的，由县级以上人民政府统计机构责令改正，予以批评教育。

第四十五条 违反本法规定，利用虚假统计资料骗取荣誉称号、物质利益或者职务晋升的，除对其编造虚假统计资料或者要求他人编造虚假统计资料的行为依法追究法律责任外，由作出有关决定的单位或者其上级单位、监察机关取消其荣誉称号，追缴获得的物质利益，撤销晋升的职务。

第四十六条 当事人对县级以上人民政府统计机构作出的行政处罚决定不服的，可以依法申请行政复议或者提起行政诉讼。其中，对国家统计局在省、自治区、直辖市派出的调查机构作出的行政处罚决定不服的，向国家统计局申请行政复议；对国家统计局派出的其他调查机构作出的行政处罚决定不服的，向国家统计局在该派出机构所在的省、自治区、直辖市派出的调查机构申请行政复议。

第四十七条 违反本法规定，构成犯罪的，依法追究刑事责任。

第七章 附 则

第四十八条 本法所称县级以上人民政府统计机构，是指国家统计局及其派出的调查机构、县级以上地方人民政府统计机构。

第四十九条 民间统计调查活动的管理办法，由国务院制定。

中华人民共和国境外的组织、个人需要在中华人民共和国境内进行统计调查活动的，应当按照国务院的规定报请审批。

利用统计调查危害国家安全、损害社会公共利益或者进行欺诈活动的，依法追究法律责任。

第五十条 本法自2010年1月1日起施行。

特载–4

统计违法违纪行为处分规定

STATISTICS REGULATION VIOLATIONS OF LAW

中华人民共和国监察部
中华人民共和国人力资源和社会保障部　令
国家统计局

第18号

《统计违法违纪行为处分规定》已经监察部2009年2月9日第一次部长办公会议、人力资源社会保障部2008年12月30日第十六次部务会议、国家统计局2008年11月6日第十八次局务会议审议通过。现予公布，自2009年5月1日起施行。

监察部部长　马　馼
人力资源社会保障部部长　尹蔚民
国家统计局局长　马建堂
二〇〇九年三月二十五日

统计违法违纪行为处分规定

第一条 为了加强统计工作，提高统计数据的准确性和及时性，惩处和预防统计违法违纪行为，促进统计法律法规的贯彻实施，根据《中华人民共和国统计法》、《中华人民共和国行政监察法》、《中华人民共和国公务员法》、《行政机关公务员处分条例》及其他有关法律、行政法规，制定本规定。

第二条 有统计违法违纪行为的单位中负有责任的领导人员和直接责任人员，以及有统计违法违纪行为的个人，应当承担纪律责任。属于下列人员的（以下统称有关责任人员），由任免机关或者监察机关按照管理权限依法给予处分：

（一）行政机关公务员；

（二）法律、法规授权的具有公共事务管理职能的事业单位中经批准参照《中华人民共和国公务员法》管理的工作人员；

（三）行政机关依法委托的组织中除工勤人员以外的工作人员；

（四）企业、事业单位、社会团体中由行政机关任命的人员。

法律、行政法规、国务院决定和国务院监察机关、国务院人力资源社会保障部门制定的处分规章对统计违法违纪行为的处分另有规定的，从其规定。

第三条 地方、部门以及企业、事业单位、社会团体的领导人员有下列行为之一的，给予记过或者记大过处分；情节较重的，给予降级或者撤职处分；情节严重的，给予开除处分：

（一）自行修改统计资料、编造虚假数据的；

（二）强令、授意本地区、本部门、本单位统计机构、统计人员或者其他有关机构、人员拒报、虚报、瞒报或者篡改统计资料、编造虚假数据的；

（三）对拒绝、抵制篡改统计资料或者对拒绝、抵制编造虚假数据的人员进行打击报复的；

（四）对揭发、检举统计违法违纪行为的人员进行打击报复的。

有前款第（三）项、第（四）项规定行为的，应当从重处分。

第四条 地方、部门以及企业、事业单位、社会团体的领导人员，对本地区、本部门、本单位严重失实的统计数据，应当发现而未发现或者发现后不予纠正，造成不良后果的，给予警告或者记过处分；造成严重后果的，给予记大过或者降级处分；造成特别严重后果的，给予撤职或者开除处分。

第五条 各级人民政府统计机构、有关部门及其工作人员在实施统计调查活动中，有下列行为之一的，对有关责任人员，给予记过或者记大过处分；情节较重的，给予降级或者撤职处分；情节严重的，给予开除处分：

（一）强令、授意统计调查对象虚报、瞒报或者伪造、篡改统计资料的；

（二）参与篡改统计资料、编造虚假数据的。

第六条 各级人民政府统计机构、有关部门及其工作人员在实施统计调查活动中，有下列行为之一的，对有关责任人员，给予警告、记过或者记大过处分；情节较重的，给予降级处分；情节严重的，给予撤职处分：

（一）故意拖延或者拒报统计资料的；

（二）明知统计数据不实，不履行职责调查核实，造成不良后果的。

第七条 统计调查对象中的单位有下列行为之一，情节较重的，对有关责任人员，给予警告、记过或者记大过处分；情节严重的，给予降级或者撤职处分；情节特别严重的，给予开除处分：

（一）虚报、瞒报统计资料的；

（二）伪造、篡改统计资料的；

（三）拒报或者屡次迟报统计资料的；

（四）拒绝提供情况、提供虚假情况或者转移、隐匿、毁弃原始统计记录、统计台账、统计报表以及与统计有关的其他资料的。

第八条 违反国家规定的权限和程序公布统计资料，造成不良后果的，对有关责任人员，给予警告或者记过处分；情节较重的，给予记大过或者降级处分；情节严重的，给予撤职处分。

第九条 有下列行为之一，造成不良后果的，对有关责任人员，给予警告、记过或者记大过处分；情节较重的，给予降级或者撤职处分；情节严重的，给予开除处分：

（一）泄露属于国家秘密的统计资料的；

（二）未经本人同意，泄露统计调查对象个人、家庭资料的；

（三）泄露统计调查中知悉的统计调查对象商业秘密的。

第十条 包庇、纵容统计违法违纪行为的，对有关责任人员，给予记过或者记大过处分；情节较重的，给予降级或者撤职处分；情节严重的，给予开除处分。

第十一条 受到处分的人员对处分决定不服的，依照《中华人民共和国行政监察法》、《中华人民共和国公务员法》、《行政机关公务员处分条例》等有关规定，可以申请复核或者申诉。

第十二条 任免机关、监察机关和人民政府统计机构建立案件移送制度。

任免机关、监察机关查处统计违法违纪案件，认为应当由人民政府统计机构给予行政处罚的，应当将有关案件材料移送人民政府统计机构。人民政府统计机构应当依法及时查处，并将处理结果书面告知任免机关、监察机关。

人民政府统计机构查处统计行政违法案件，认为应当由任免机关或者监察机关给予处分的，应当及时将有关案件材料移送任免机关或者监察机关。任免机关或者监察机关应当依法及时查处，并将处理结果书面告知人民政府统计机构。

第十三条 有统计违法违纪行为，应当给予党纪处分的，移送党的纪律检查机关处理。涉嫌犯罪的，移送司法机关依法追究刑事责任。

第十四条 本规定由监察部、人力资源社会保障部、国家统计局负责解释。

第十五条 本规定自2009年5月1日起施行。

生产总值(亿元)

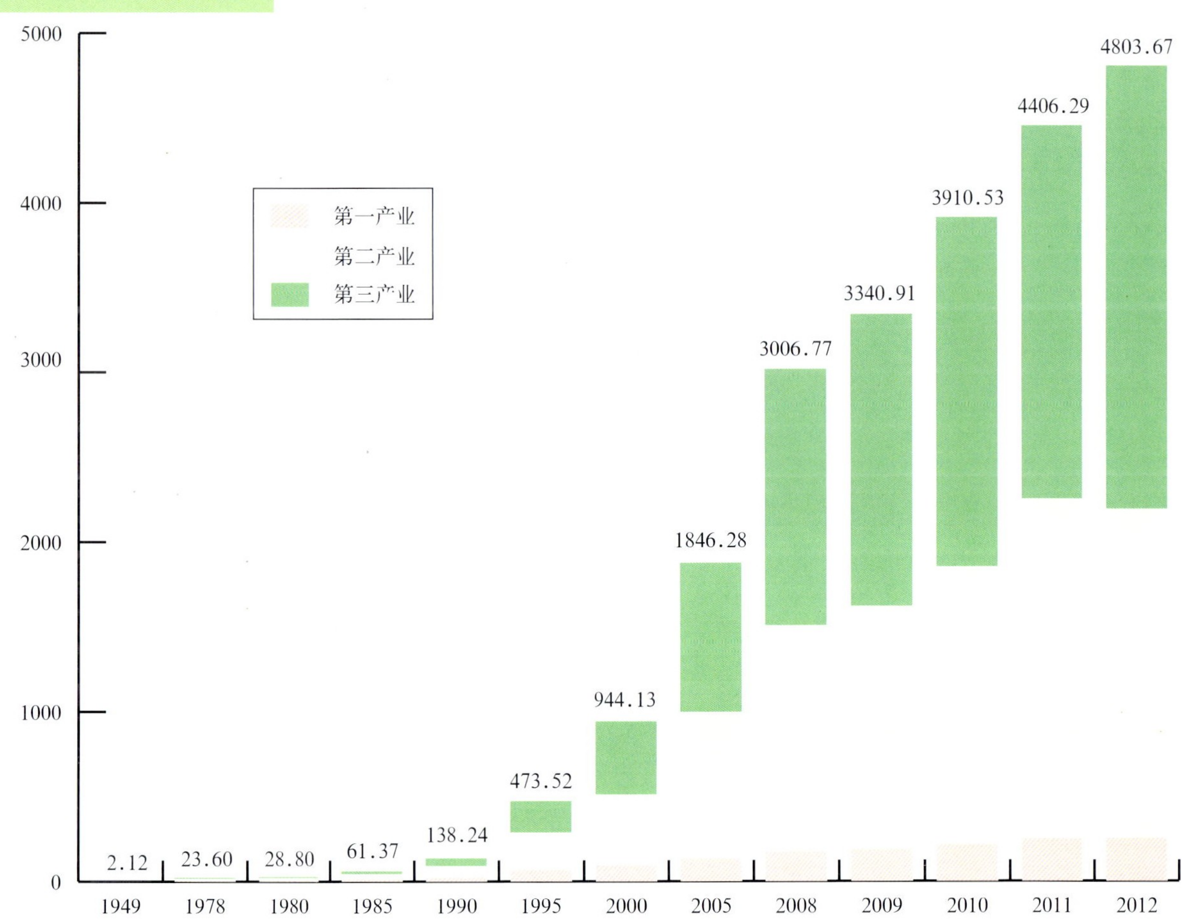

人均生产总值（元）

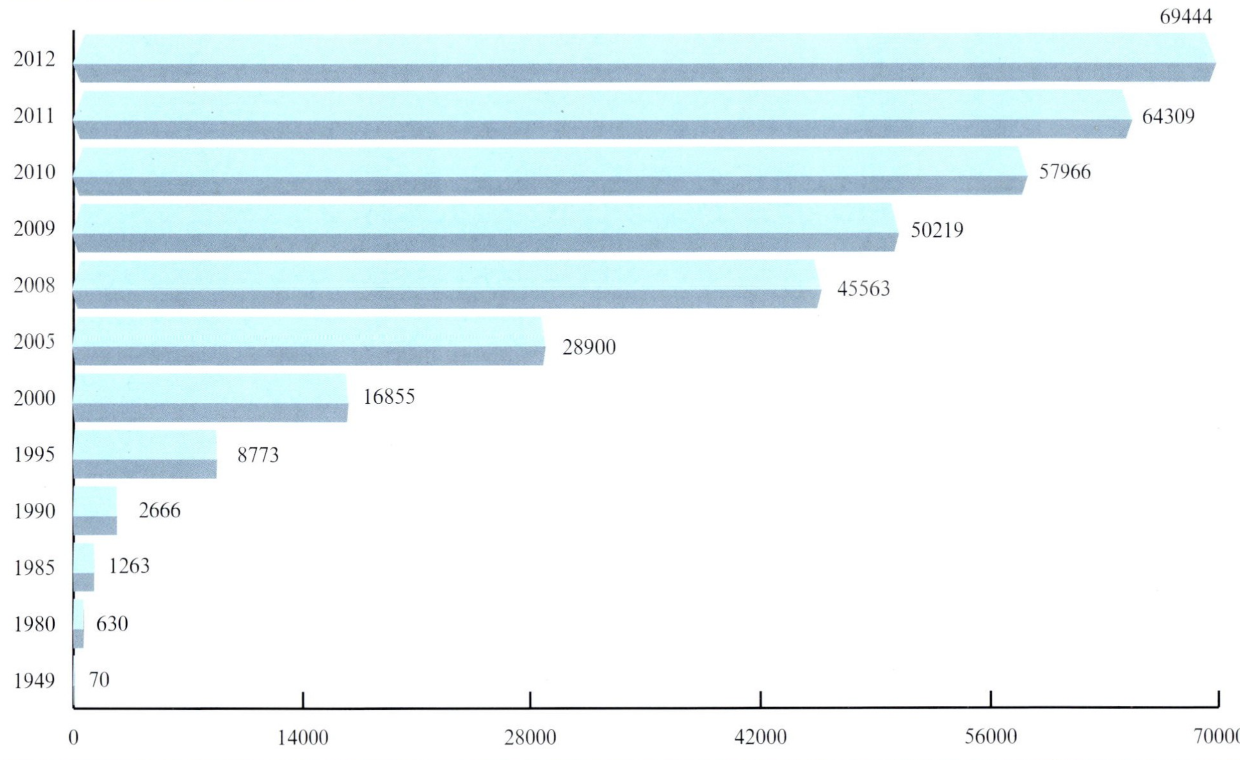

全社会从业人员（万人）

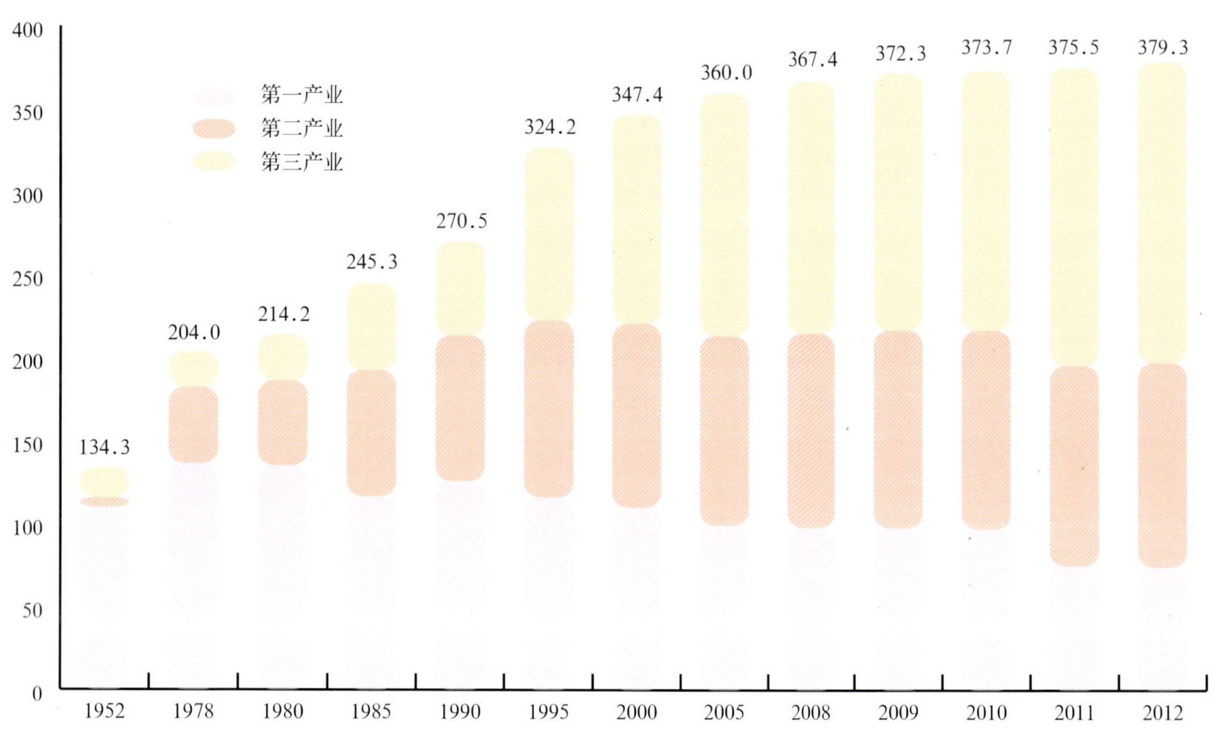

400
350
300
250
200
150
100
50
0
第一产业
第二产业
第三产业
134.3
204.0
214.2
245.3
270.5
324.2
347.4
360.0
367.4
372.3
373.7
375.5
379.3
1952
1978
1980
1985
1990
1995
2000
2005
2008
2009
2010
2011
2012

在岗职工平均工资(元)

45000
36000
27000
18000
9000
0
Credit Card
0000 1234 5678 9000
267
578
776
1104
2211
5851
10422
20866
26317
29883
31096
35435
40179
1949
1978
1980
1985
1990
1995
2000
2005
2008
2009
2010
2011
2012

注：2006年后数据为法人单位在岗职工口径。

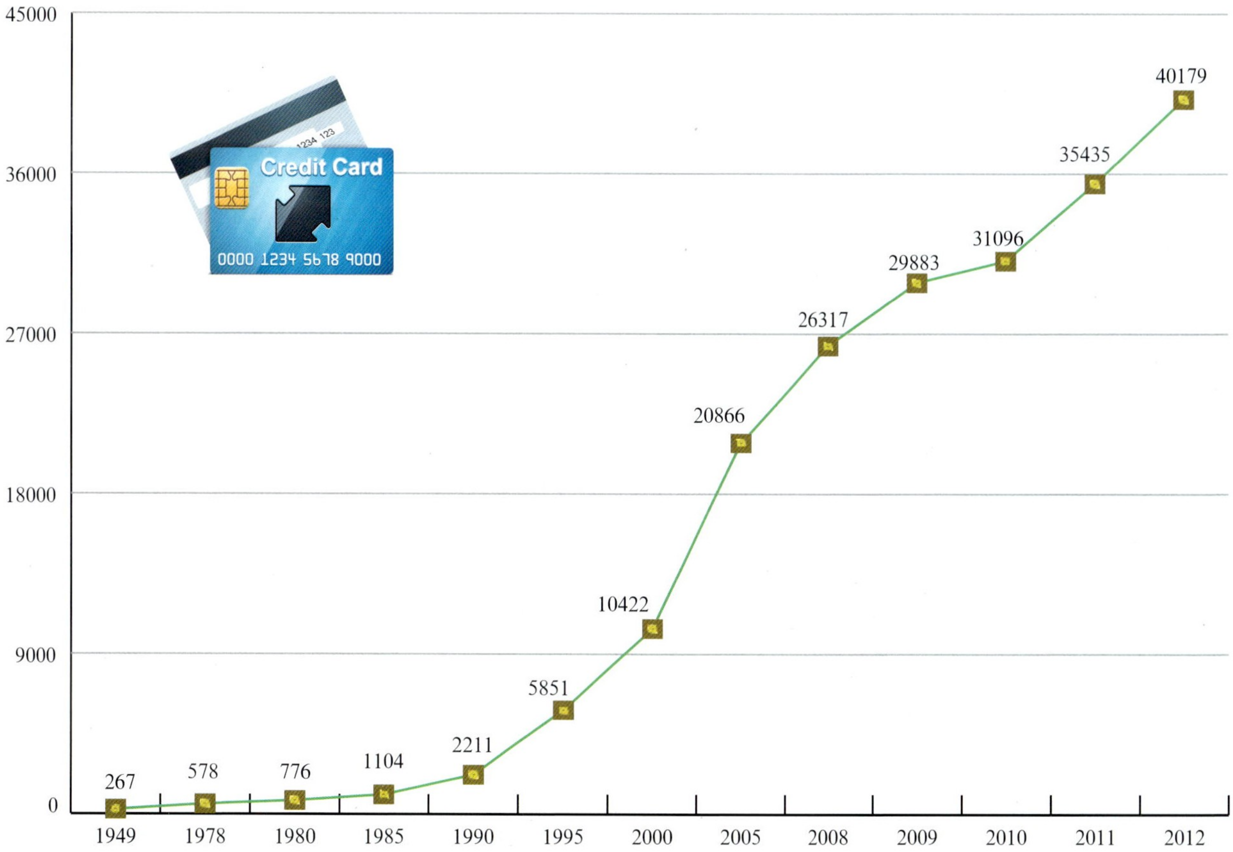

年末户籍总人口（万人）

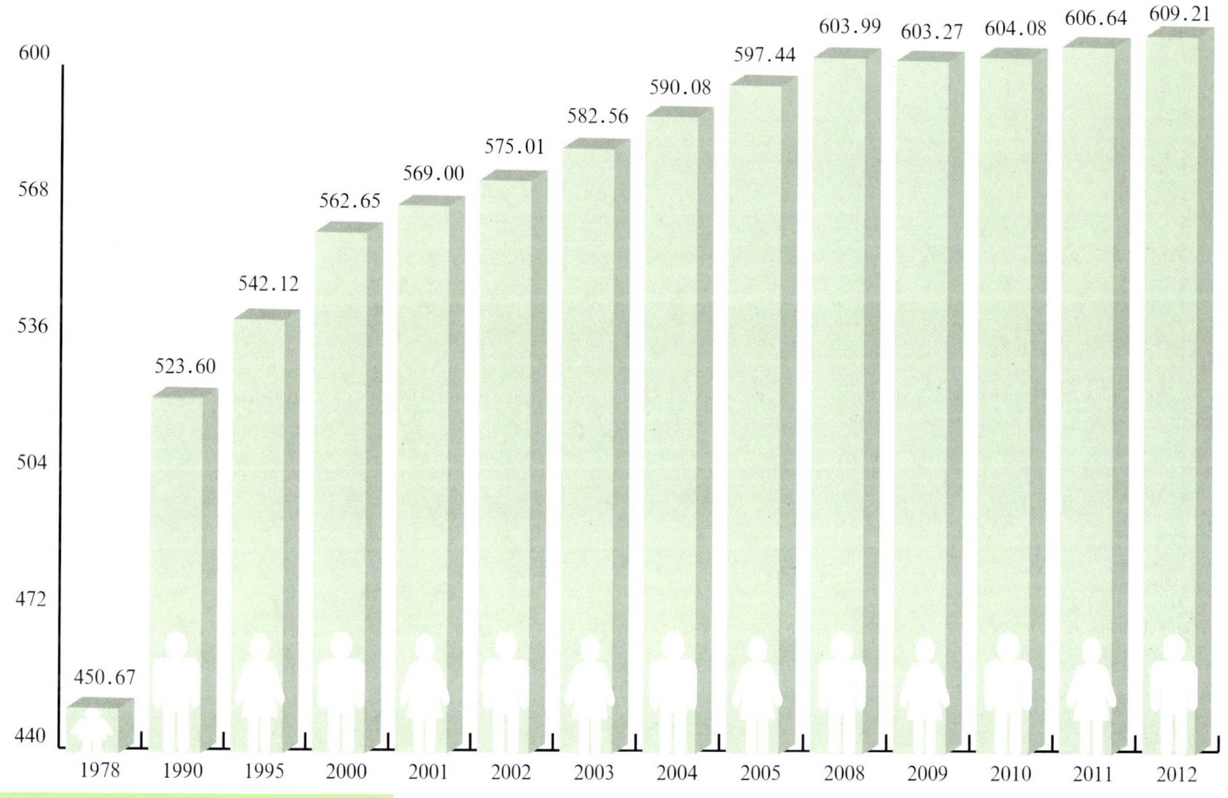

人口自然变动情况（‰）

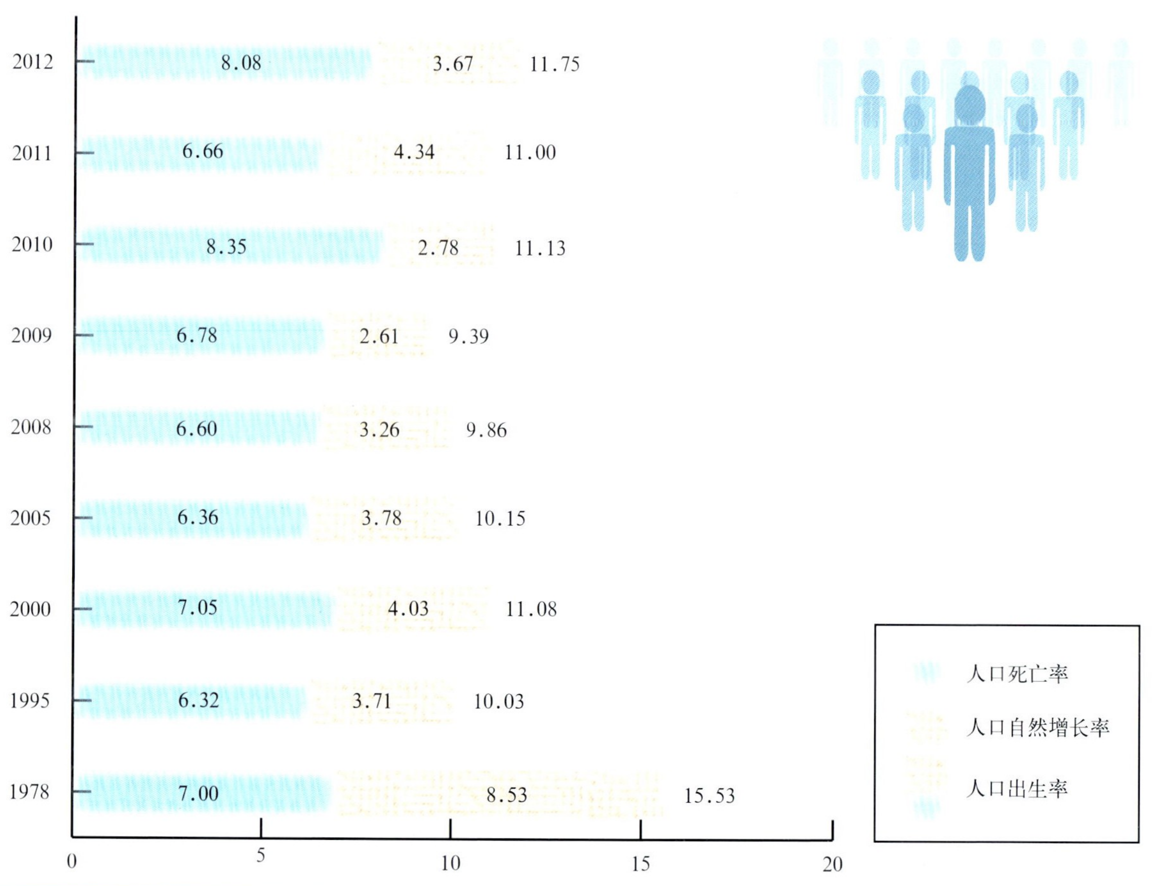

地方公共财政预算收支（亿元）

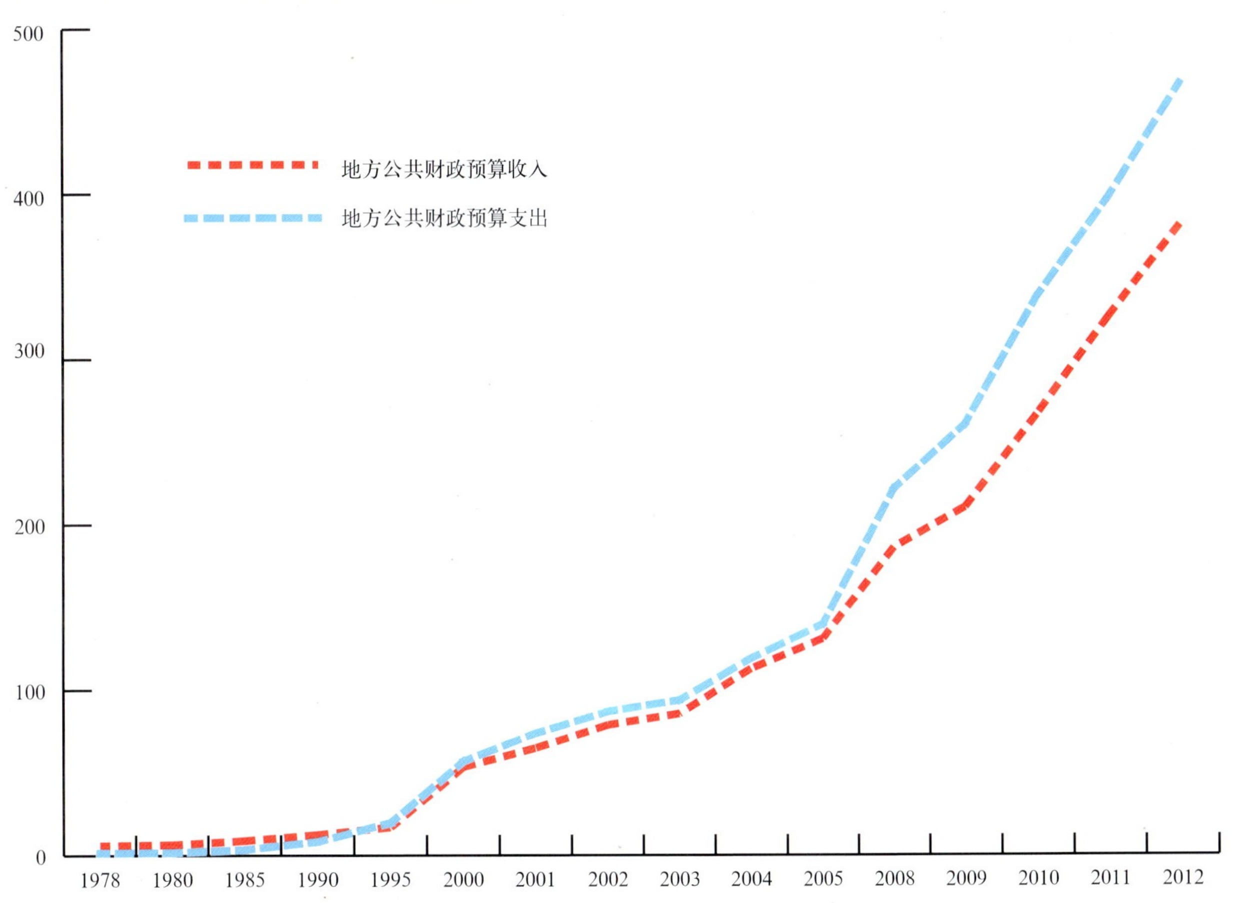

金融机构人民币存、贷款余额（亿元）

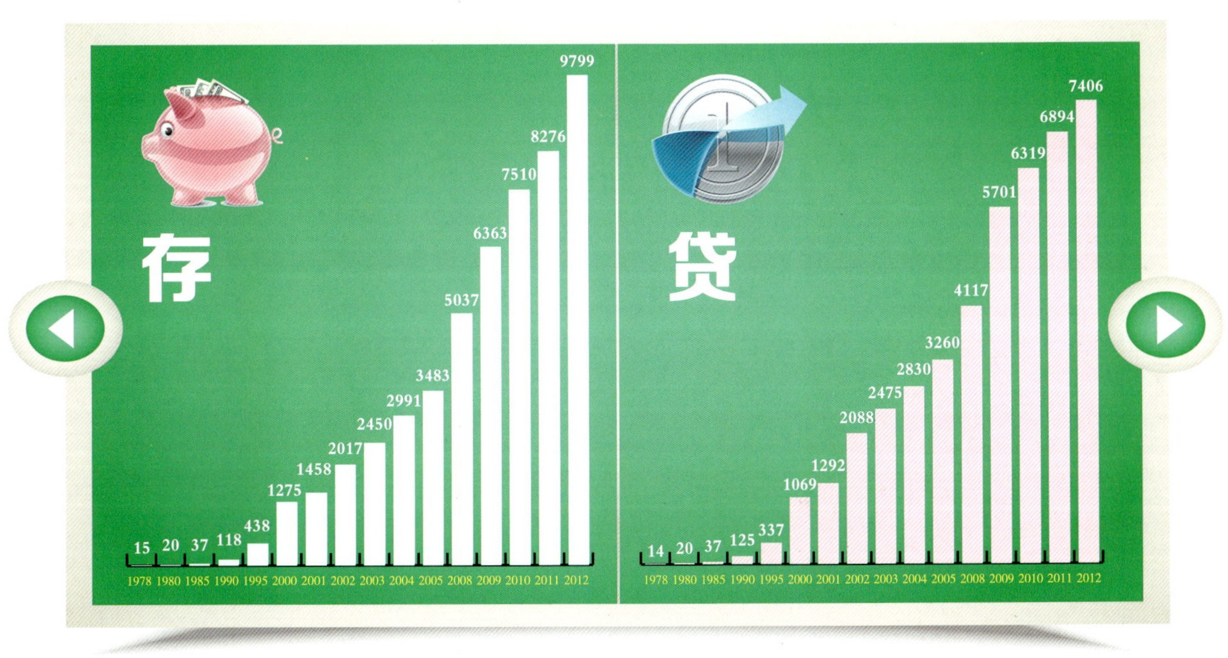

城市居民人均可支配收入和农民人均纯收入（元）

城市居民人均消费性支出和农民人均生活费支出（元）

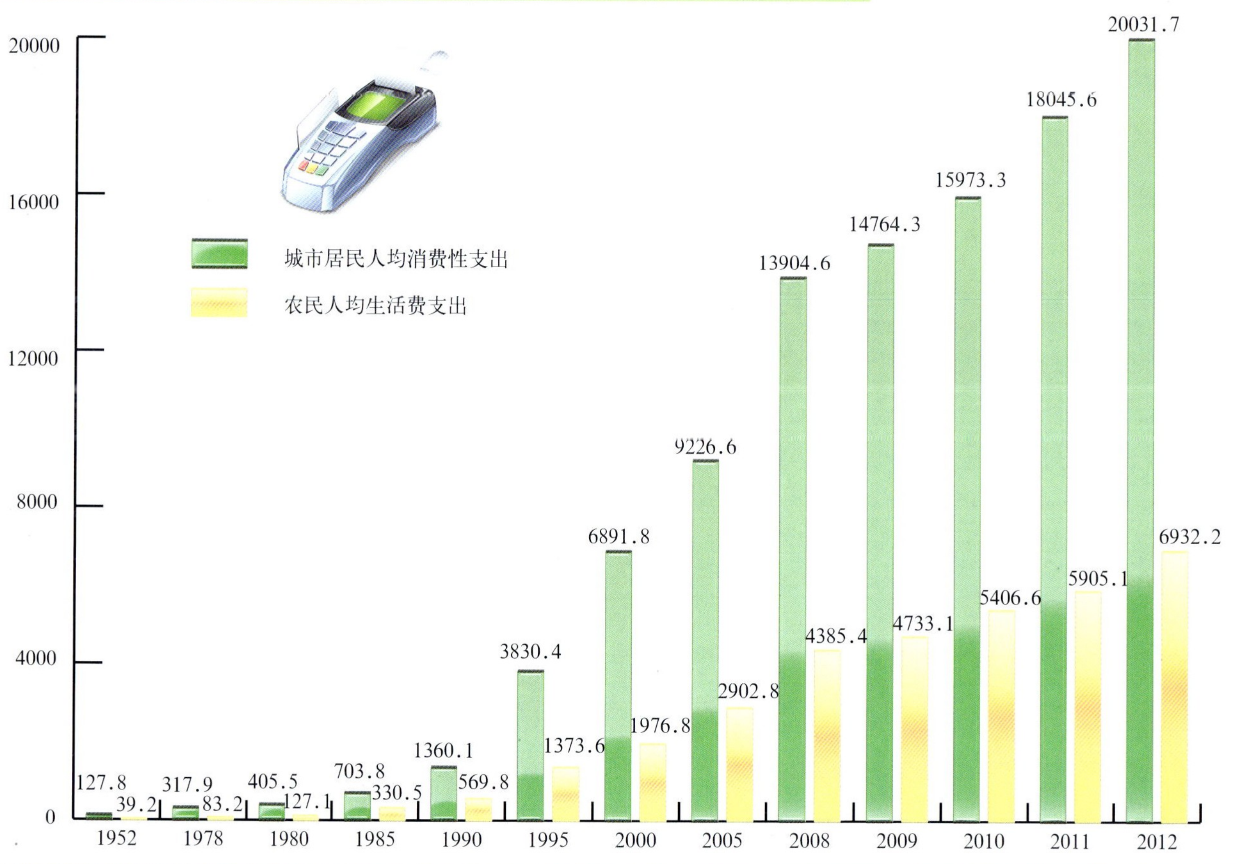

城市居民与农村居民恩格尔系数（%）

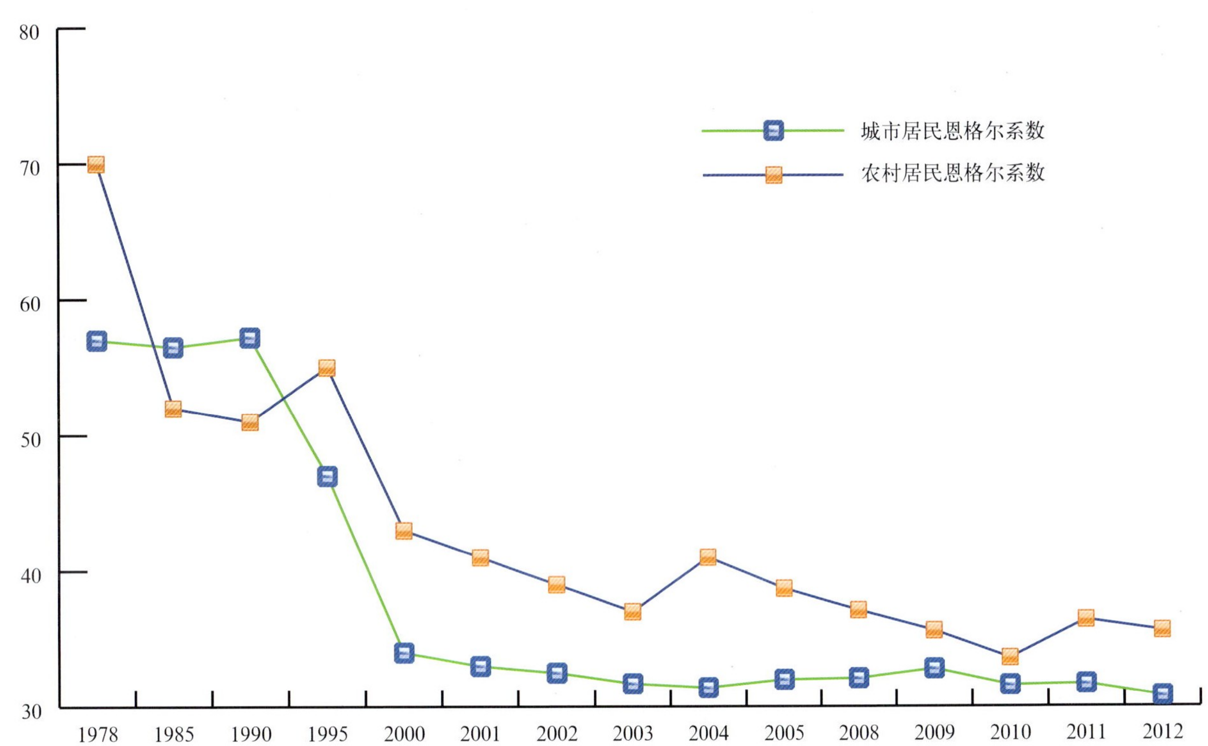

城市居民与农村居民基尼系数

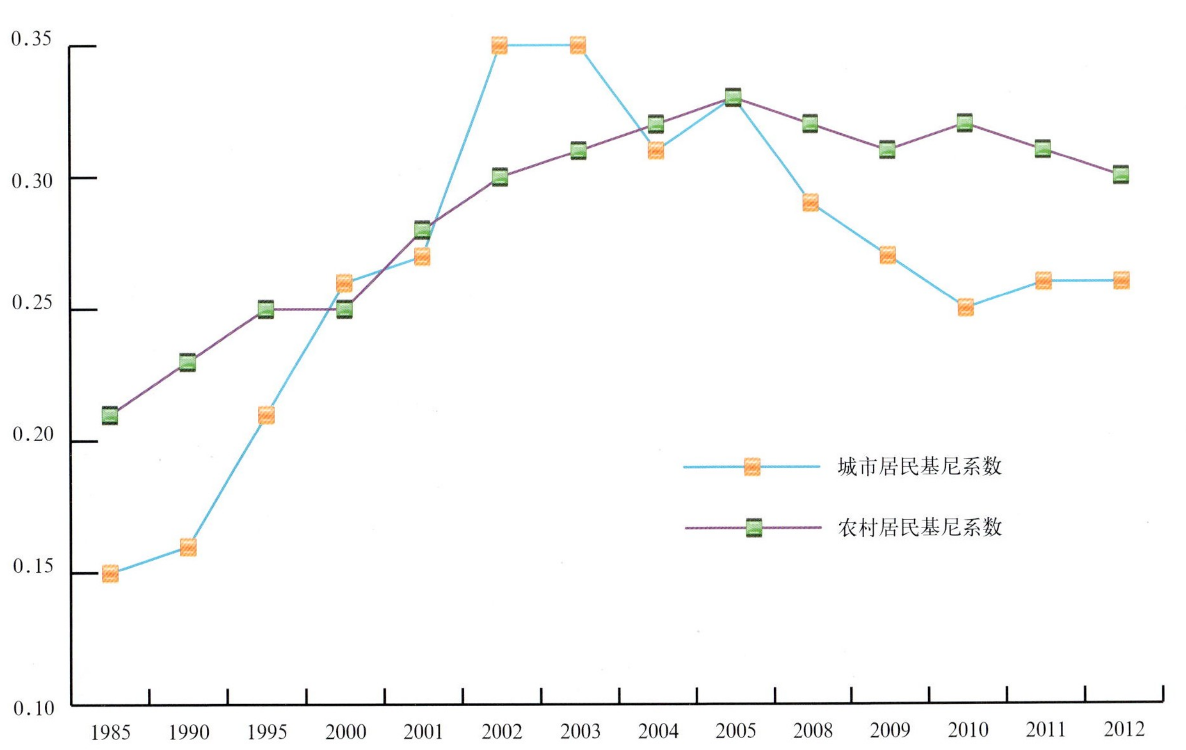

居民消费价格指数与商品零售价格指数（以上年为100/%）

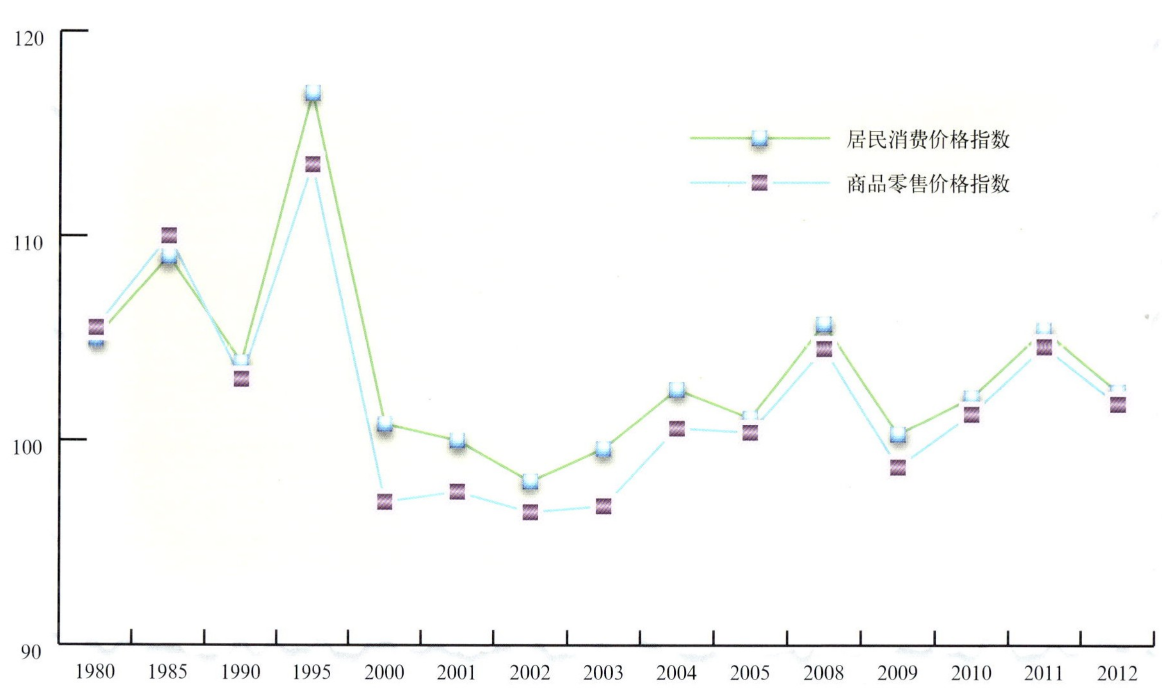

工业生产者出厂价格指数与工业生产者购进价格指数（以上年为100/%）

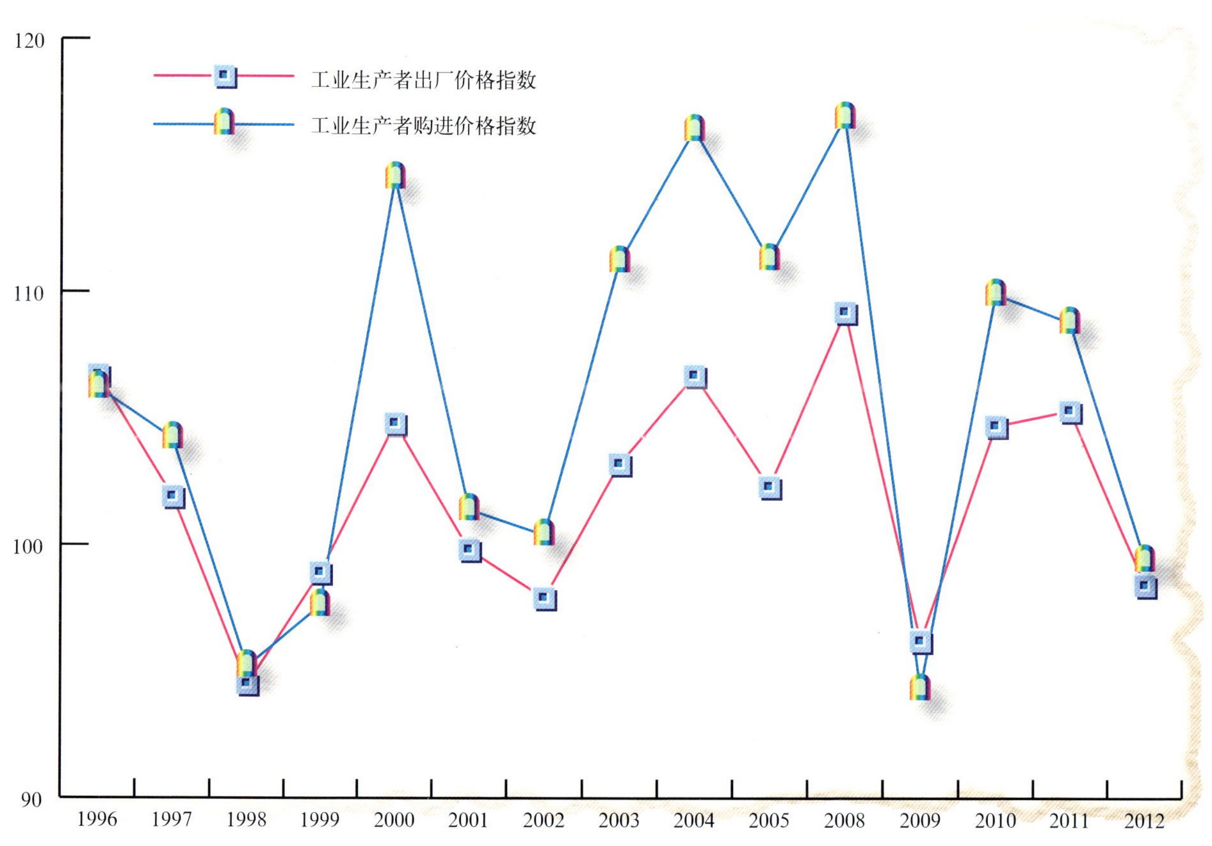

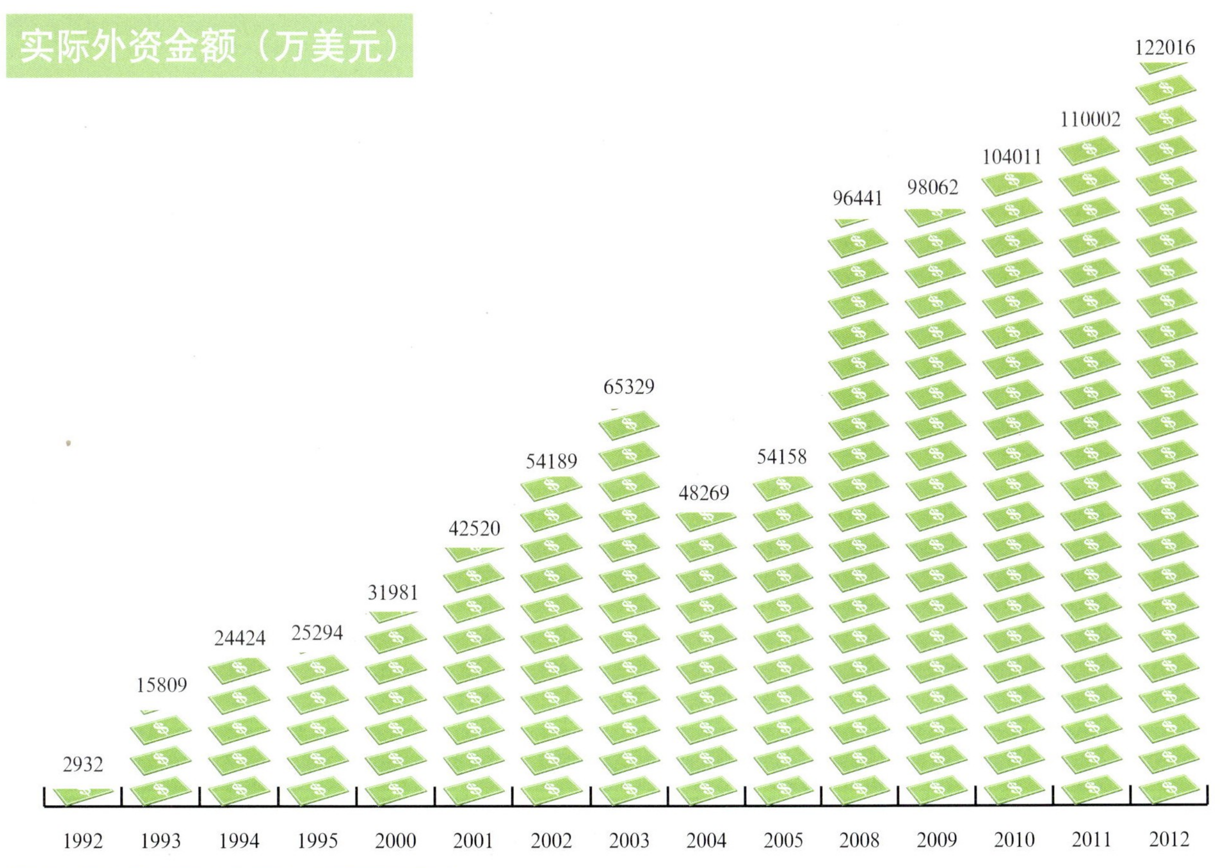
实际外资金额（万美元）
2932
15809
24424
25294
31981
42520
54189
65329
48269
54158
96441
98062
104011
110002
122016
1992
1993
1994
1995
2000
2001
2002
2003
2004
2005
2008
2009
2010
2011
2012

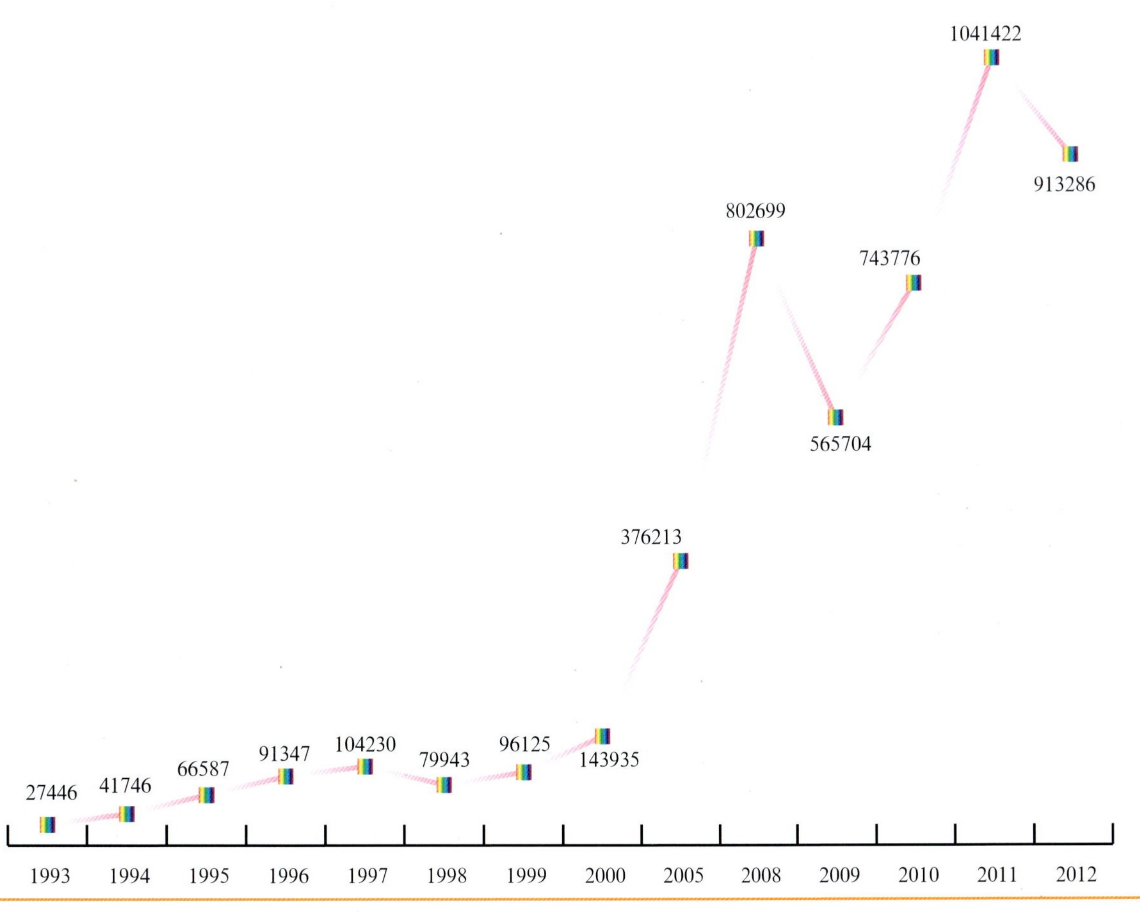
海关进出口总值（万美元）
27446
41746
66587
91347
104230
79943
96125
143935
376213
802699
565704
743776
1041422
913286
1993
1994
1995
1996
1997
1998
1999
2000
2005
2008
2009
2010
2011
2012

农林牧渔业增加值（亿元）

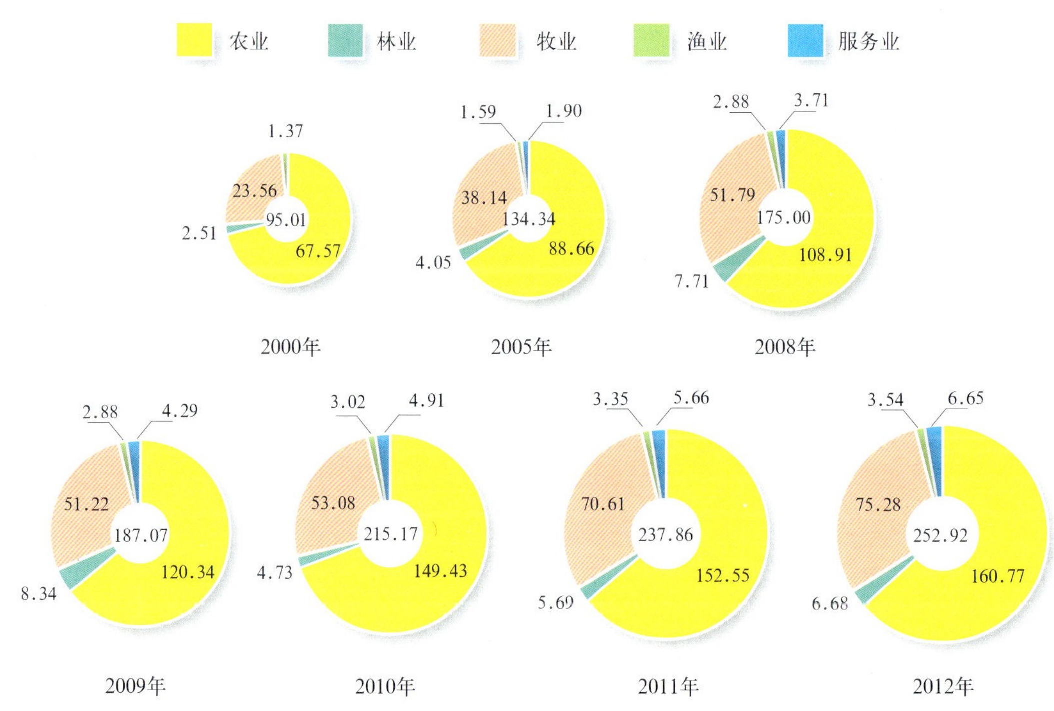

主要农产品产量（万吨）

规模以上工业主营业务收入（亿元）

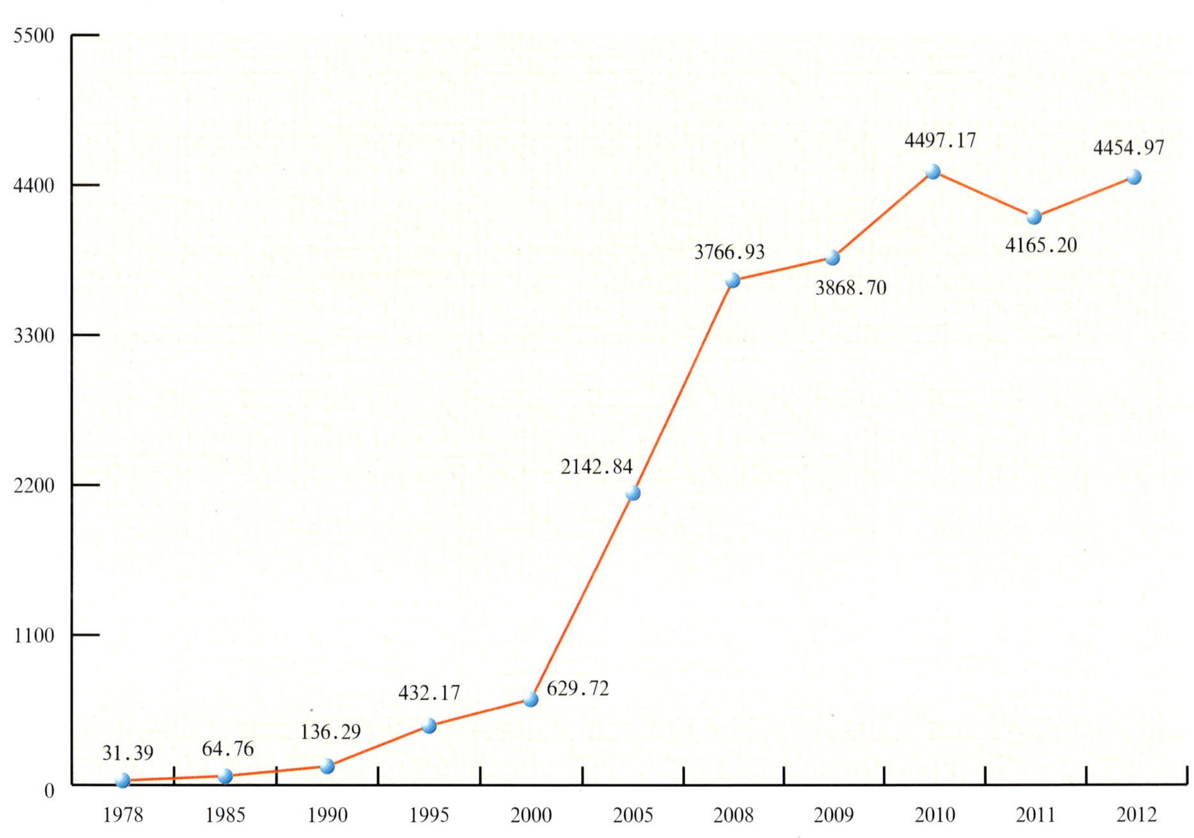

规模以上工业利税总额（亿元）

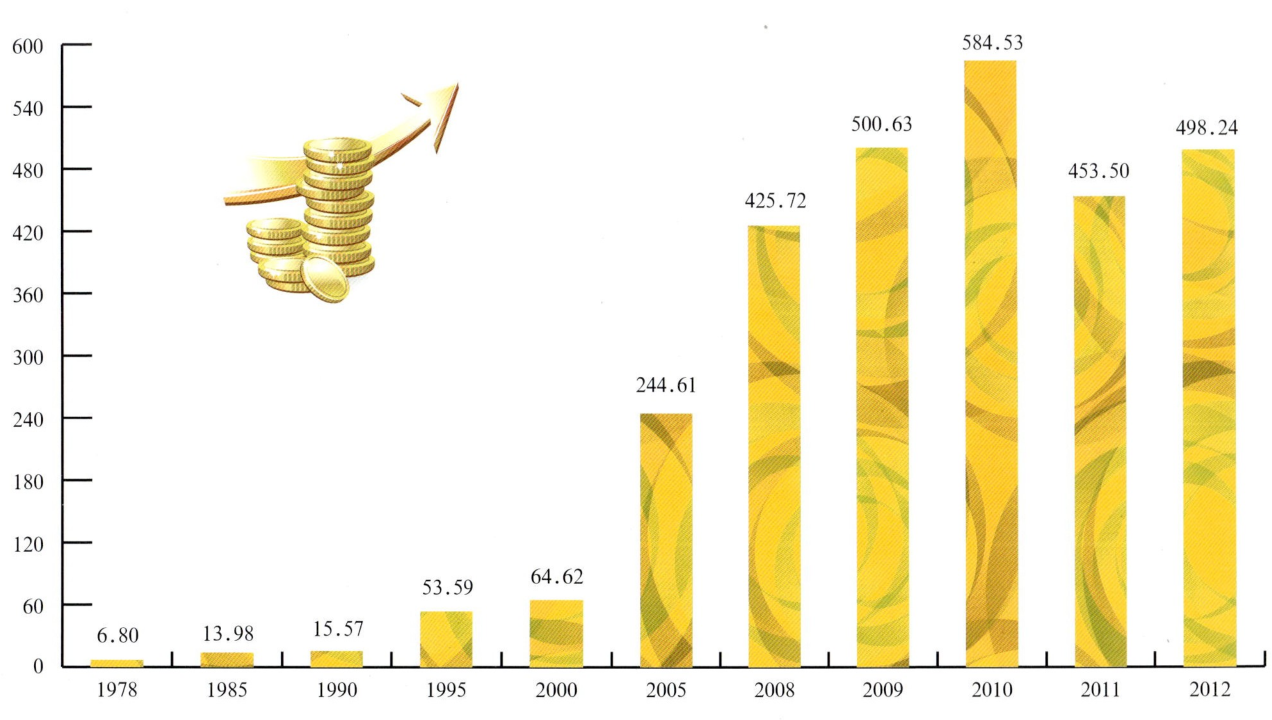

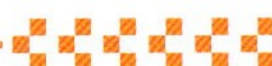

规模以上工业利润总额（亿元）

400
320
240
160
80
0
3.88
7.62
3.23
16.30
21.69
131.30
220.79
275.85
339.76
242.63
253.06
1978
1985
1990
1995
2000
2005
2008
2009
2010
2011
2012

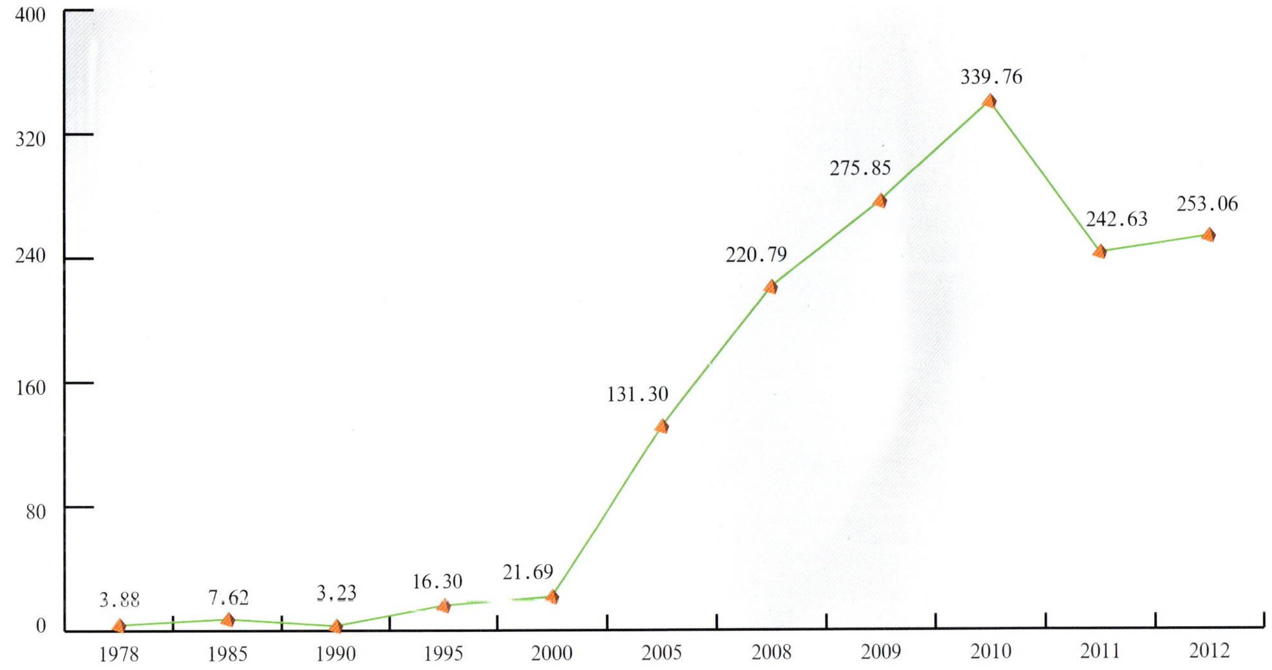

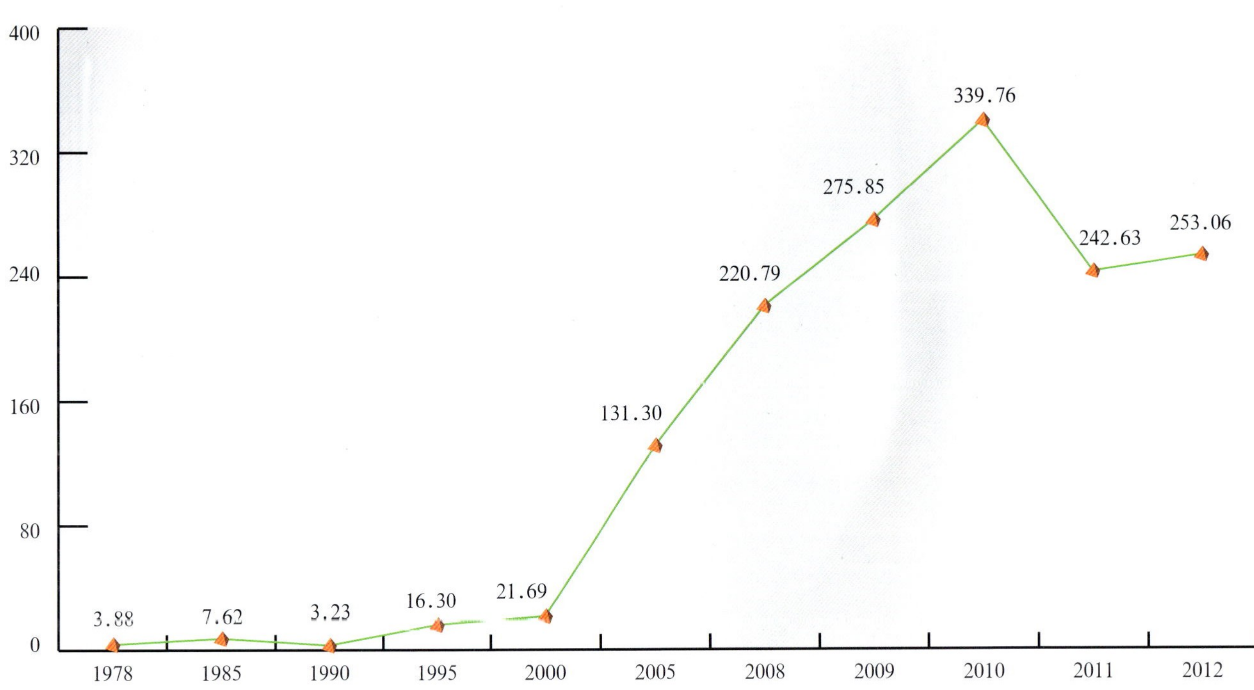

主要工业产品产量

发电量（亿千瓦时）
12.7
44.7
68.8
69.3
90.8
128.8
131.5
154.5
156.6
1978 1990 1995 2000 2005 2009 2010 2011 2012

彩色电视机（万台）
0.5
13.9
19.7
41.5
31.7
25.3
26.5
67.8
33.6
1978 1990 1995 2000 2005 2009 2010 2011 2012

原油加工量（万吨）
81.5
137.6
211.6
277.1
466.5
489.3
496.5
561.3
562.7
1978 1990 1995 2000 2005 2009 2010 2011 2012

化肥（万吨）
18.0
14.4
14.0
28.4
28.9
57.8
49.1
44.2
55.2
1978 1990 1995 2000 2005 2009 2010 2011 2012

水泥（万吨）
87.6
211.6
425.0
485.1
1595.7
761.7
729.8
824.7
776.0
1978 1990 1995 2000 2005 2009 2010 2011 2012

啤酒（万千升）
0.7
10.6
14.9
16.6
17.9
27.9
24.8
25.2
22.8
1978 1990 1995 2000 2005 2009 2010 2011 2012

汽车（辆）
4025
6239
5657
3078
42214
129900
212047
170717
141269
1978 1990 1995 2000 2005 2009 2010 2011 2012

钢材（万吨）
34.5
87.7
172.7
277.0
1046.6
917.6
980.3
935.5
785.6
1978 1990 1995 2000 2005 2009 2010 2011 2012

服务器（万台）
8.27
9.68
9.93
13.00
14.70
2008 2009 2010 2011 2012

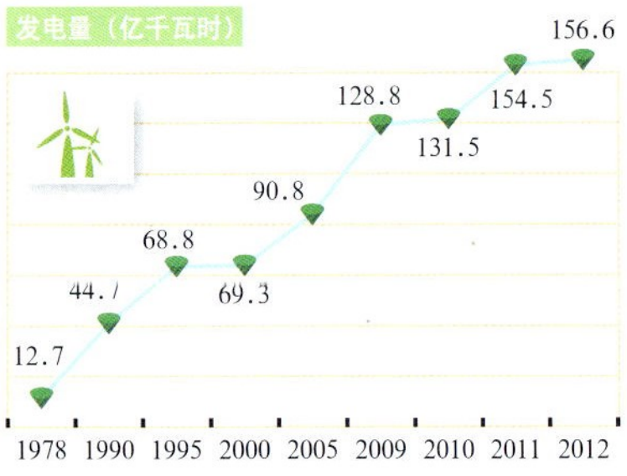

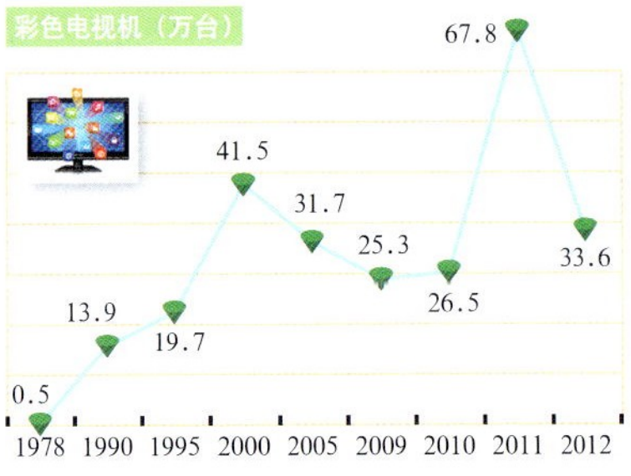

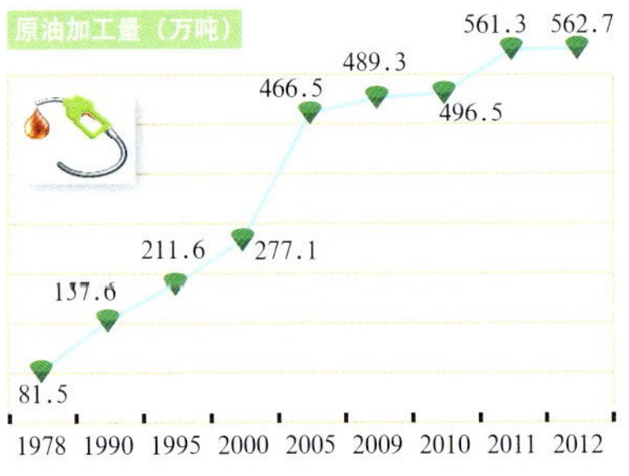

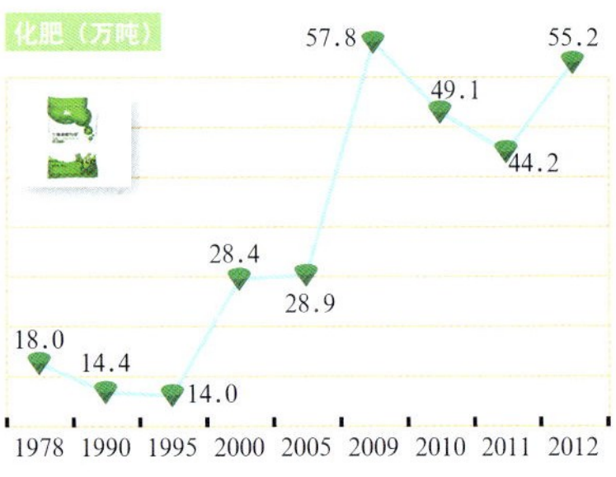

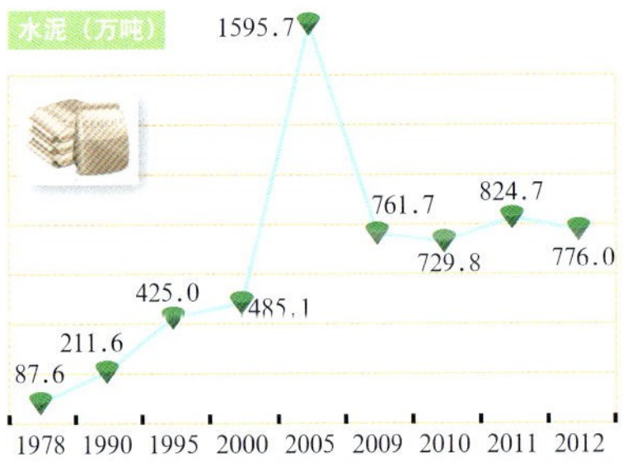

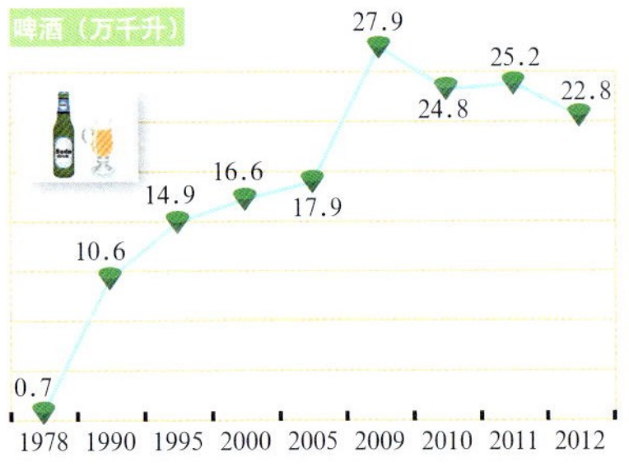

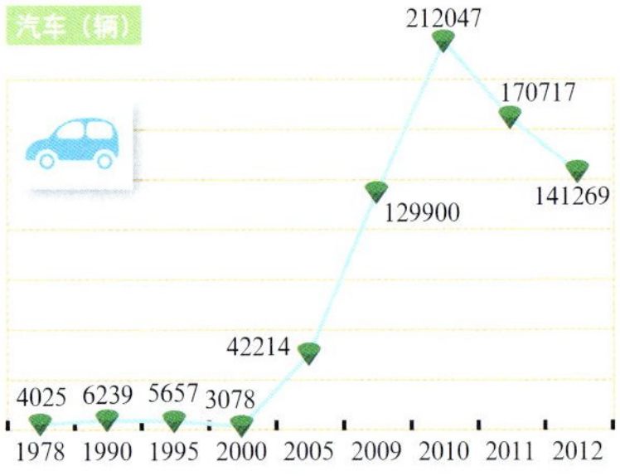

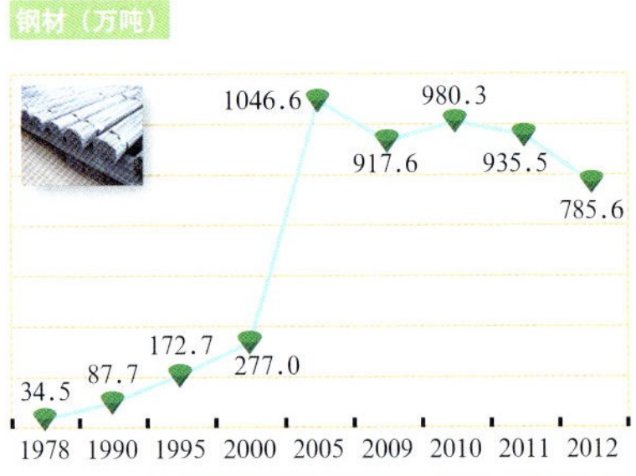

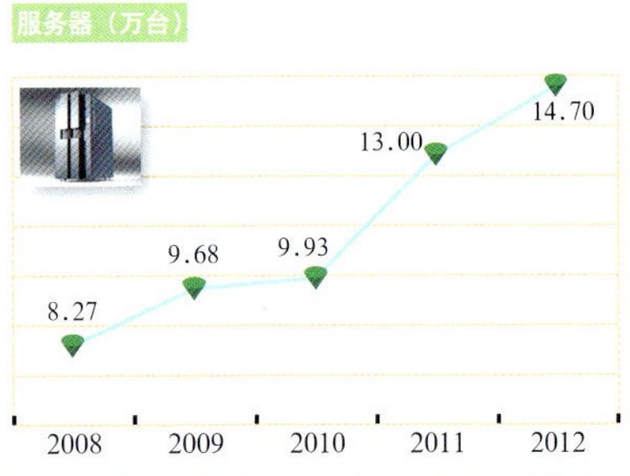

社会消费品零售总额及构成（亿元）

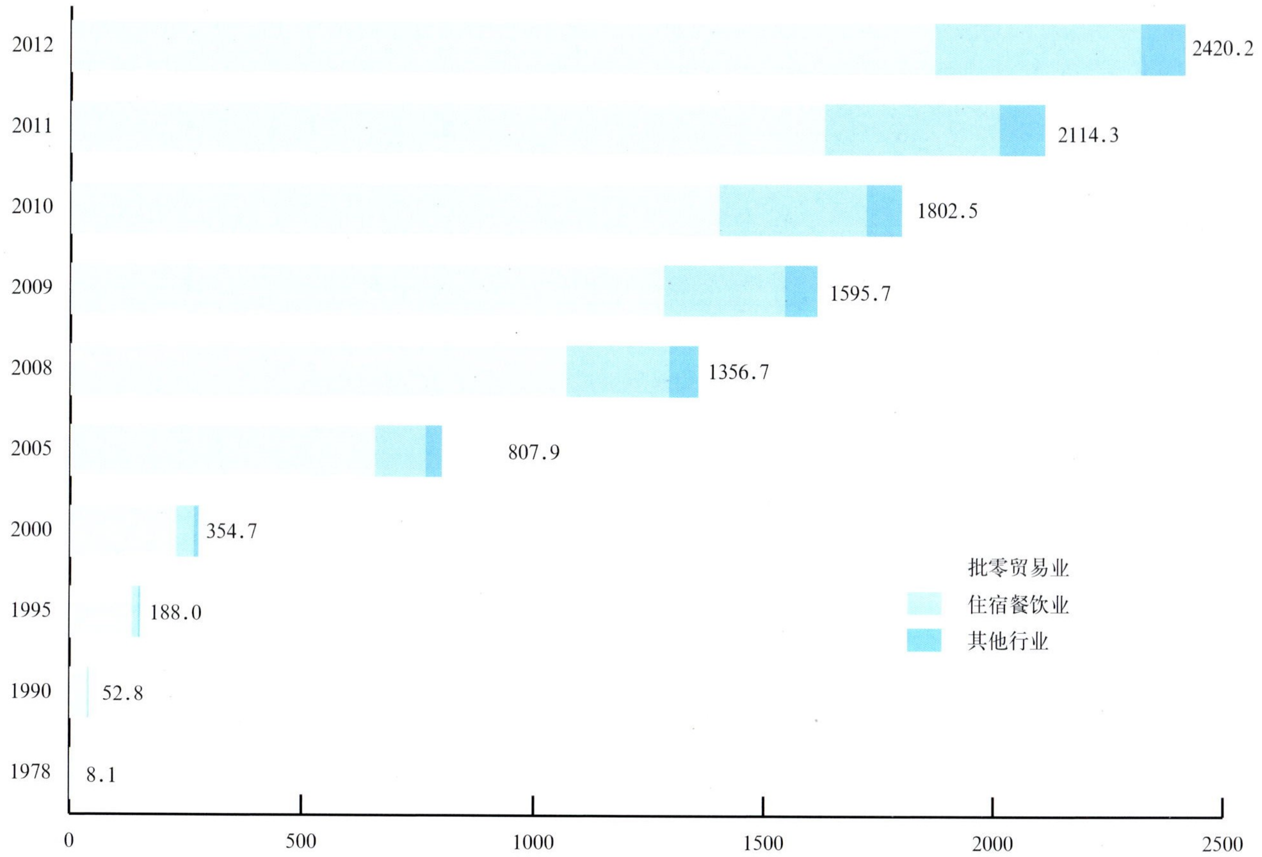

2012
2420.2
2011
2114.3
2010
1802.5
2009
1595.7
2008
1356.7
2005
807.9
2000
354.7
1995
188.0
1990
52.8
1978
8.1
0
500
1000
1500
2000
2500
批零贸易业
住宿餐饮业
其他行业

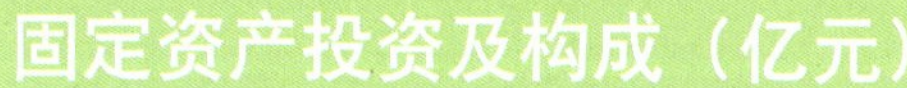

固定资产投资及构成（亿元）

第一产业
第二产业
第三产业
112.76
305.95
857.00
1995年
2000年
2005年
1987.44
1934.34
2186.08
2010年
2011年
2012年

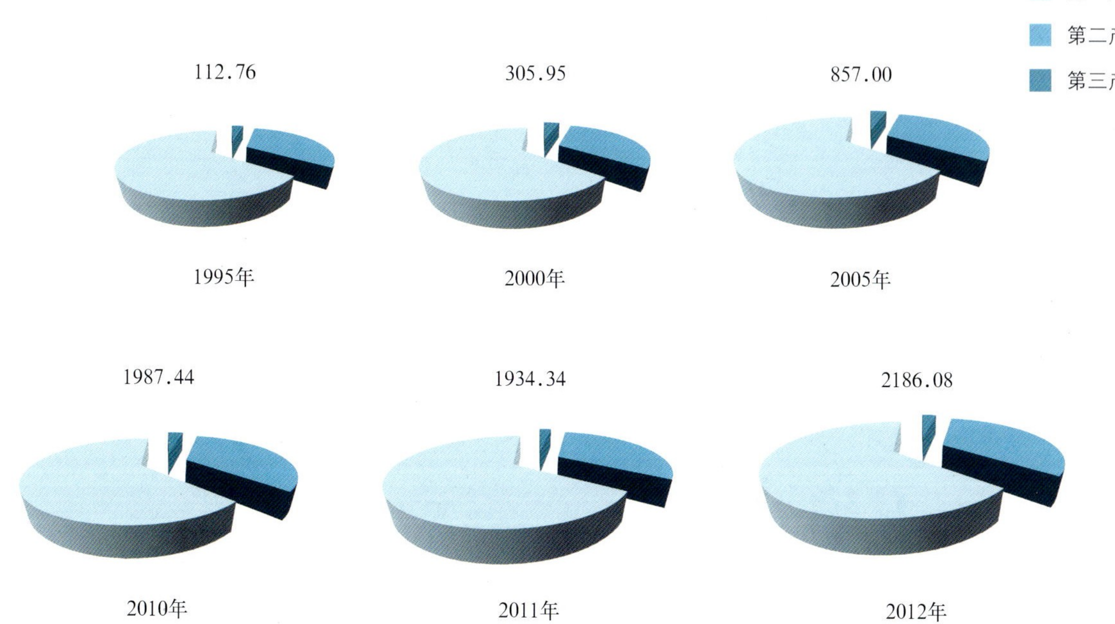

注：从2011年开始固定资产投资项目统计的起点标准从计划总投资50万元以上提高到500万元以上。

移动电话用户、宽带及互联网拨号注册电话用户（万户）

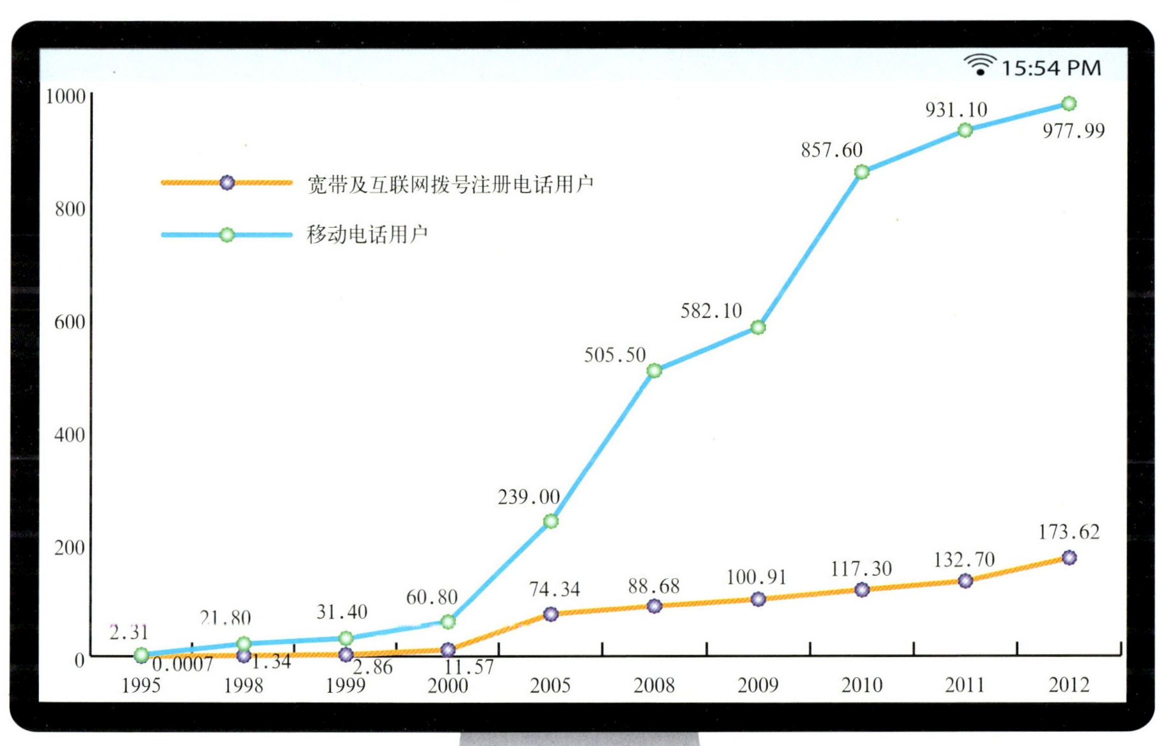

客运量（万人）　货运量（万吨）

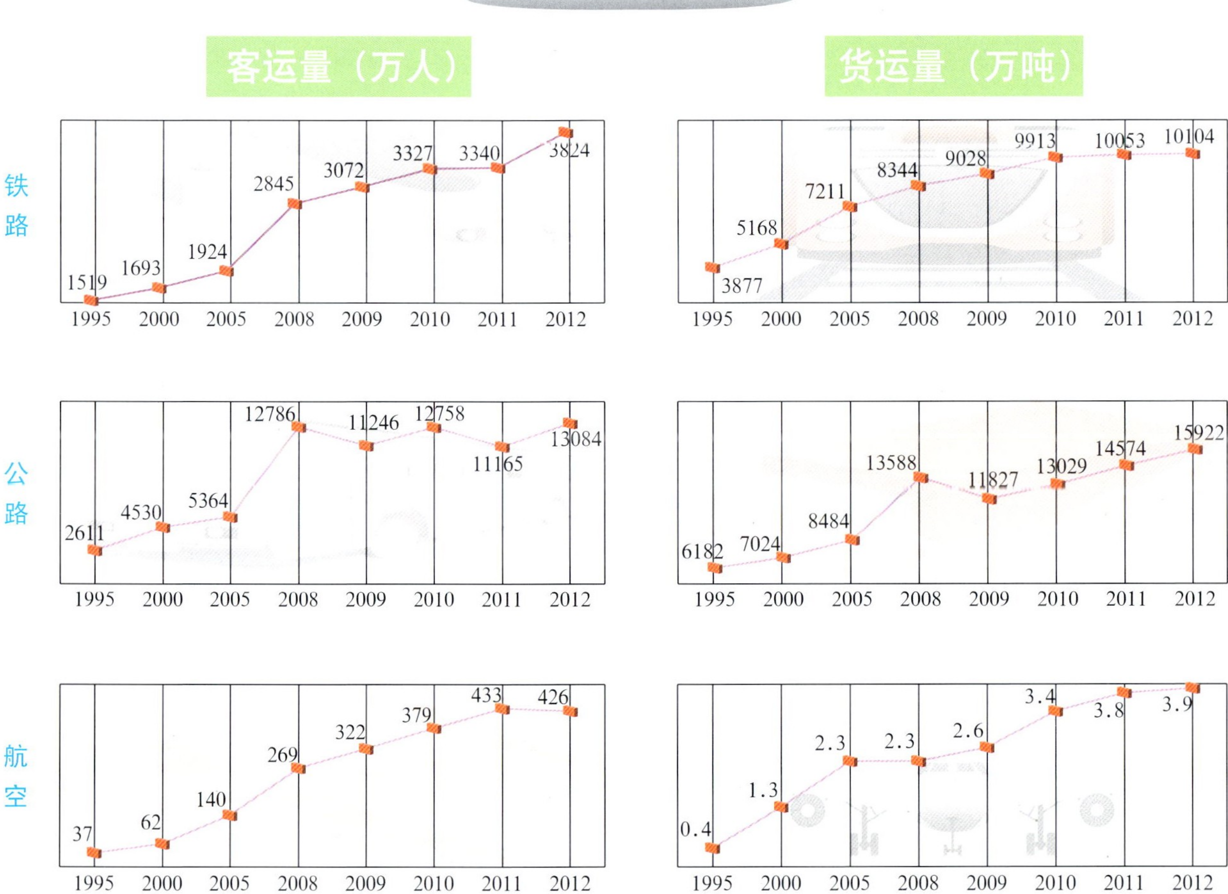

全社会用电量（万千瓦时）

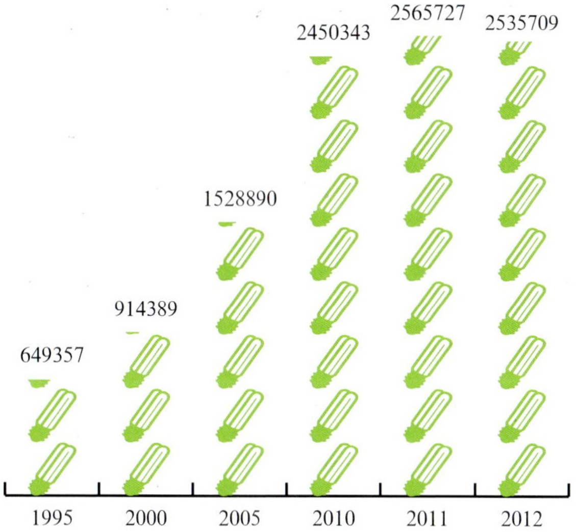

年份	1995	2000	2005	2010	2011	2012
全社会用电量	649357	914389	1528890	2450343	2565727	2535709

全社会供气量

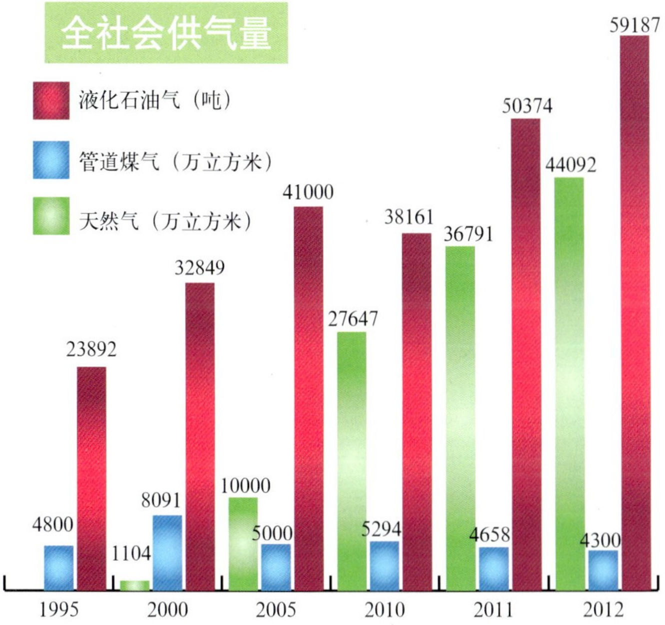

年份	1995	2000	2005	2010	2011	2012
液化石油气（吨）	23892	32849	41000	38161	50374	59187
管道煤气（万立方米）	4800	8091	5000	5294	4658	4300
天然气（万立方米）		1104	10000	27647	36791	44092

公共交通客运量（万人次）

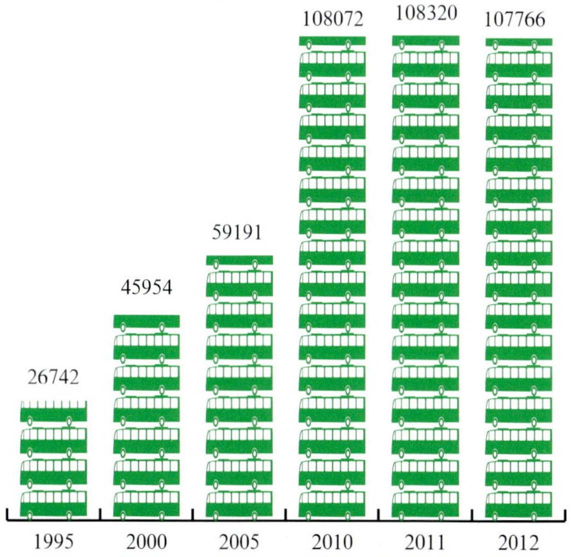

年份	1995	2000	2005	2010	2011	2012
公共交通客运量	26742	45954	59191	108072	108320	107766

供热面积（万平方米）

年份	1995	2000	2005	2008	2009	2010	2011	2012
供热面积	1100	2089	3325	5516	6274	7081	7629	9374

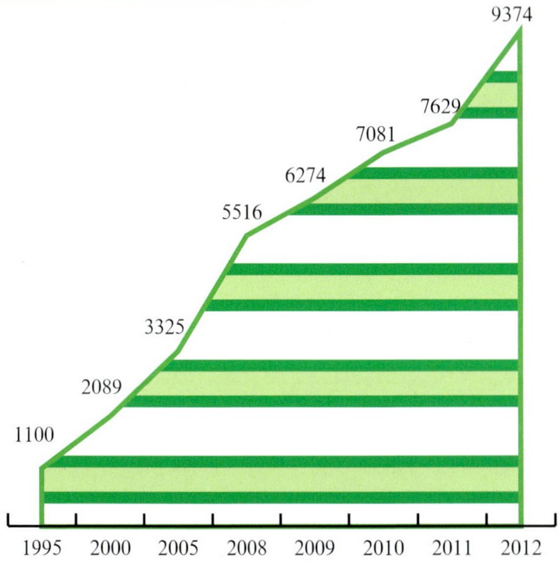

人均公园绿地面积（平方米/人）

年份	1995	2000	2005	2009	2010	2011	2012
人均公园绿地面积	5.0	7.2	9.0	10.8	11.3	10.9	11.2

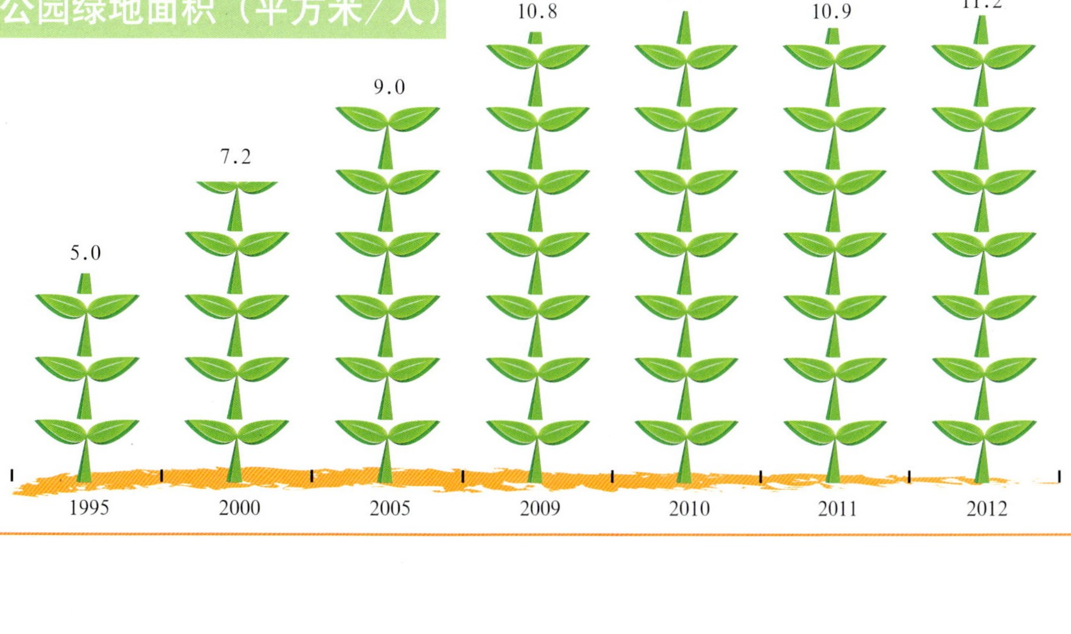

专利申请量（件）

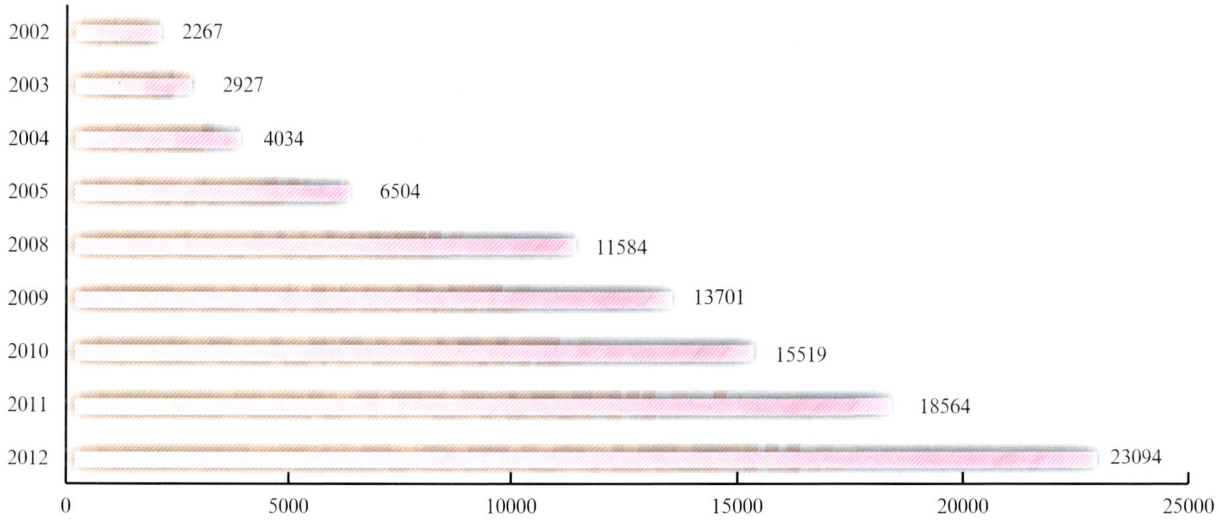

年份	专利申请量（件）
2002	2267
2003	2927
2004	4034
2005	6504
2008	11584
2009	13701
2010	15519
2011	18564
2012	23094

注：此数据为地域口径。

各类学校专任教师（人）

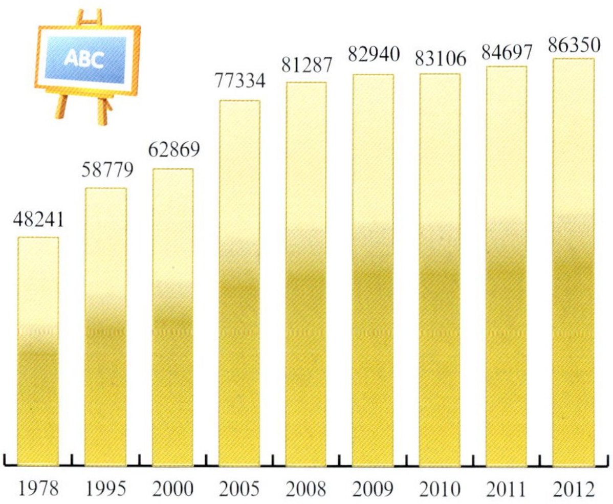

年份	1978	1995	2000	2005	2008	2009	2010	2011	2012
人数	48241	58779	62869	77334	81287	82940	83106	84697	86350

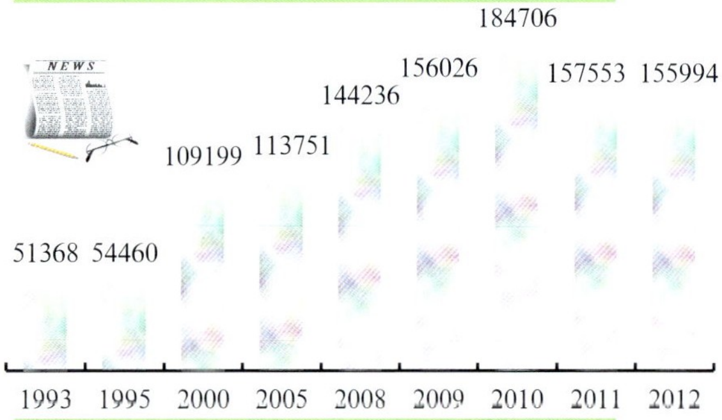

各类学校在校学生（万人）

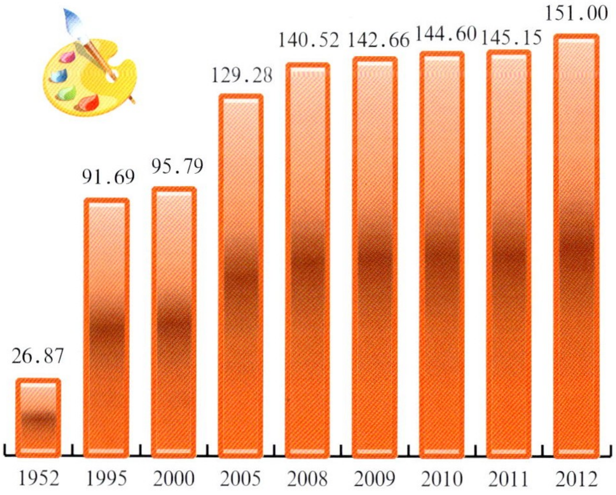

年份	1952	1995	2000	2005	2008	2009	2010	2011	2012
万人	26.87	91.69	95.79	129.28	140.52	142.66	144.60	145.15	151.00

各类出版物—杂志（万册）

年份	1993	1995	2000	2005	2008	2009	2010	2011	2012
万册	3795	4579	11177	7195	7281	6697	6995	8284	8158

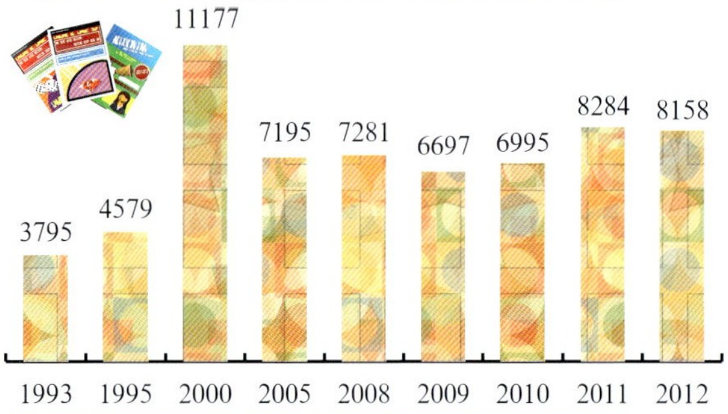

各类出版物—报纸（万份）

年份	1993	1995	2000	2005	2008	2009	2010	2011	2012
万份	51368	54460	109199	113751	144236	156026	184706	157553	155994

各类出版物—图书（万册）

年份	1993	1995	2000	2005	2008	2009	2010	2011	2012
万册	34950	39025	38471	27919	21607	23810	26603	31087	28693

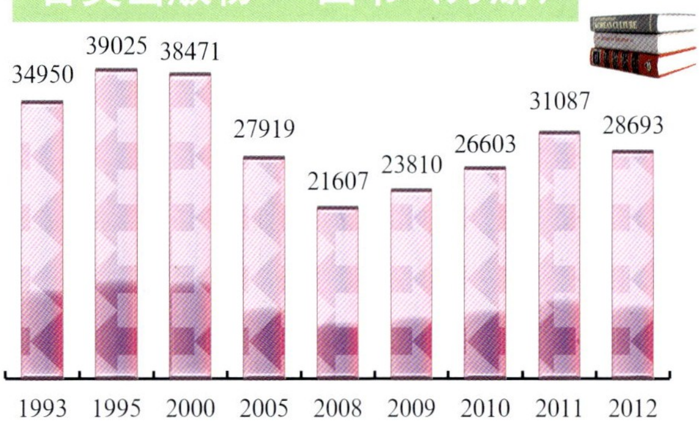

济南的一天

出生195人

死亡134人

迁入165人
迁出131人

结婚170对

供水83.8万吨

用电6928万千瓦时

交通事故4.0件

火灾0.7起

1

行政区划及自然资源

DIVISIONS OF ADMINISTRATIVE AREAS AND NATURAL RESOURCES

1-1 行 政 区 划

DIVISIONS OF ADMINISTRATIVE AREAS

年 份 地 区	乡（个）	镇（个）	街道（个）	村（个）	居委会（个）	土地面积（平方公里）
全市主要年份						
1989	57	54	53	4710	702	8227
1990	57	54	48	4752	669	8227
1991	57	54	48	4752	670	8227
1992	57	54	48	4759	670	8227
1993	56	55	48	4756	670	8227
1994	55	56	48	4759	670	8227
1995	48	63	49	4723	721	8227
1996	42	68	49	4704	685	8154
1997	42	68	50	4696	616	8154
1998	42	69	50	4711	505	8154
1999	42	69	50	4714	468	8154
2000	42	69	50	4702	416	8154
2001	28	64	54	4677	417	8177
2002	27	65	54	4657	487	8177
2003	27	61	58	4657	487	8177
2004	27	61	58	4657	487	8177
2005	12	53	64	4628	400	8177
2006	11	53	64	4604	487	8177
2007	11	50	73	4563	500	8177
2008	11	50	73	4551	521	8177
2009	11	50	75	4553	522	8177
2010	6	49	86	4552	532	8177
2011	4	51	86	4538	556	8177
2012	4	51	86	4532	586	8177
2012年分地区						
市 区		16	75	1541	496	3257
历下区			13	19	78	101
市中区			17	77	102	280
槐荫区		2	12	92	70	151
天桥区		2	13	120	137	249
历城区		6	13	592	55	1298
长清区		6	4	585	38	1178
高新区			3	56	16	
平阴县		6	2	337	15	827
济阳县		8	2	812	46	1076
商河县	4	7	1	948	15	1162
章丘市		14	6	894	14	1855

1-2 县(市)、区所辖乡镇、办事处(2012年末)

TOWNSHIP AND SUB-BRANCHES AT COUNTY LEVEL(END OF 2012)

县(市)、区	乡、镇、街道(个)	乡、镇、街道名称
历下区	13	解放路街道、千佛山街道、趵突泉街道、泉城路街道、大明湖街道、东关街道、文东街道、建筑新村街道、甸柳街道、燕山街道、姚家街道智远街道、龙洞街道
市中区	17	大观园街道、杆石桥街道、四里村街道、魏家庄街道、二七街道、七里山街道、六里山街道、舜玉路街道、泺源街道、王官庄街道、舜耕街道、白马山街道、七贤街道、党家街道、陡沟街道、十六里河街道、兴隆街道
槐荫区	14	振兴街道、中大槐树街道、道德街街道、西市场街道、五里沟街道、营市街街道、青年公园街道、南辛庄街道、段店北路街道、张庄路街道、匡山街道、美里湖街道、吴家堡镇、段店镇
天桥区	15	无影山街道、天桥东街道、北村街道、南村街道、堤口街道、北坦街道、制锦市街道、宝华街道、官扎营街道、纬北路街道、药山街道、北园街道、泺口街道、桑梓店镇、大桥镇
历城区	19	山大路街道、洪家楼街道、东风街道、全福街道、遥墙街道、王舍人街道、华山街道、港沟街道、荷花路街道、鲍山街道、唐冶街道、临港街道、郭店街道、唐王镇、董家镇、仲宫镇、彩石镇、柳埠镇、西营镇
长清区	10	文昌街道、崮云湖街道、平安街道、五峰山街道、归德镇、孝里镇、万德镇、张夏镇、马山镇、双泉镇
平阴县	8	榆山街道、锦水街道、洪范池镇、东阿镇、孔村镇、孝直镇、玫瑰镇、安城镇
济阳县	10	济阳街道、济北街道、回河镇、垛石镇、孙耿镇、曲堤镇、仁风镇、崔寨镇、太平镇、新市镇
商河县	12	许商街道、殷巷镇、怀仁镇、龙桑寺镇、郑路镇、贾庄镇、玉皇庙镇、白桥镇、孙集乡、沙河乡、韩庙乡、张坊乡
章丘市	20	明水街道、双山街道、龙山街道、枣园街道、埠村街道、圣井街道、普集镇、绣惠镇、相公庄镇、垛庄镇、水寨镇、文祖镇、刁镇、曹范镇、白云湖镇、高官寨镇、宁家埠镇、辛寨镇、官庄镇、黄河镇
高新区	3	巨野河街道、孙村街道、舜华路街道

1-3 分地区气象情况(2012年)

METEOROLOGICAL DATA BY REGION(2012)

指　标	单位	全市	市区	长清	平阴	济阳	商河	章丘
年平均气温	℃	13.6	14.3	14.2	13.8	13.0	12.7	13.5
极端最高气温	℃	38.7	37.5	38.6	38.4	38.7	38.2	36.5
出现日期	月.日	6.13	6.13	6.13	6.13	6.13	6.13	6.13
极端最低气温	℃	-15.8	-11.8	-12.3	-11.4	-15.2	-15.8	-15.2
出现日期	月.日	2.2	12.23	12.24	12.24	12.24	2.2	12.24
全年降水量	毫米	560.6	569.1	610.2	563.4	618.2	713.6	589.2
日最大降水量	毫米	194.6	63.4	68.7	63.2	101.2	194.6	108.6
出现日期	月.日	7.31	7.8	8.1	4.24	8.2	7.31	7.8
年降水日数(≥0.1mm)	天	72	77	66	66	72	70	81
全年日照时数	小时	2241.4	2146.0	2201.5	2404.5	2140.3	2587.3	1968.5
年平均相对湿度	%	61	55	58	60	66	68	59
年平均风速	米/秒	2.7	2.6	3.9	3.7	1.8	2.0	2.4
年平均气压	百帕	1006.3	996.2	1004.5	1006.7	1014.2	1014.7	1001.8
无霜期天数	天	223	261	222	216	210	216	216

1-4 历年气象情况

METEOROLOGICAL DATA BY YEAR

指　标	单位	1985年	1990年	1995年	2000年	2005年	2010年	2011年	2012年
年平均气温	℃	12.8	13.8	14.0	14.0	13.6	13.6	13.4	13.6
最高气温	℃	36.9	36.7	36.5	37.8	41.2	39.6	36.9	38.7
出现日期	月.日	6.8	6.13	6.19	7.1	6.23	7.6	7.1、7.9	6.13
最低气温	℃	-26.8	-21.1	-12.6	-15.5	-14.9	-18.1	-16.2	-15.8
出现日期	月.日	12.8	1.31	12.25	1.25	2.2	1.5	1.16	2.2
全年降水量	毫米	593.2	844.9	636.2	636.7	720.6	762.2	615.8	560.6
日最大降水量	毫米	87.5	112.4	88.3	101.3	167.4	155.6	95.9	194.6
出现日期	月.日	7.29	8.29	8.7	7.22	9.19	8.9	8.11	7.31
年降水日数(≥0.1mm)	天	82	88	65	71	62	75	79	72
全年日照时数	小时	2356.3	2424.0	2501.8	2400.3	2378.8	2198.9	2197.5	2241.4
年均相对湿度	%	68	69	61	65	58	60	60	61
年平均风速	米/秒	2.5	2.5	2.5	2.6	2.8	3.1	2.8	2.7
年平均气压	百帕	1010.8	1011.0	1009.7	1008.5	1008.6	1006.3	1007.7	1006.3
无霜期天数	天	210	208	214	206	226	236	224	223

1-5 分月份气象情况(2012年)

MONTHLY METEOROLOGICAL DATA(2012)

月　　份	平均气温（℃）	降水量（mm）	气压（hpa）	日照时数（小时）	相对湿度（%）	平均风速（m/s）
全市全年	13.6	560.6	1006.3	2241.4	61	2.7
一　月	-2.0	1.2	1018.9	123.4	65	2.5
二　月	0.0	0.1	1016.1	175.8	43	2.8
三　月	6.5	12.0	1011.6	169.5	51	3.3
四　月	16.6	61.8	1001.2	241.1	56	3.7
五　月	22.9	7.3	1000.0	265.4	56	2.7
六　月	26.4	48.9	994.0	214.2	54	3.0
七　月	27.8	216.3	992.9	193.8	74	2.6
八　月	24.7	120.2	998.5	147.6	83	2.0
九　月	20.2	58.8	1005.3	184.1	74	2.0
十　月	16.0	10.6	1009.1	210.0	57	2.7
十一月	6.2	24.1	1011.2	175.5	57	2.8
十二月	-2.0	25.5	1017.4	142.1	63	2.5
市区全年	14.3	569.1	996.2	2146.0	55	2.6
一　月	-1.1	2.4	1008.0	123.7	58	2.4
二　月	0.9	0.5	1005.3	166.0	37	2.7
三　月	7.1	16.6	1001.1	164.6	46	2.8
四　月	17.6	63.4	991.3	250.2	48	3.4
五　月	23.8	13.1	990.4	265.3	47	2.6
六　月	27.0	44.6	984.5	219.2	46	2.8
七　月	28.1	175.9	983.5	177.0	68	2.5
八　月	24.7	149.2	988.8	125.7	84	1.9
九　月	20.9	40.9	995.4	153.4	69	2.2
十　月	17.3	11.2	999.1	194.6	49	2.6
十一月	7.1	22.0	1000.9	168.0	51	2.8
十二月	-1.3	29.3	1006.5	138.3	59	2.2

主要统计指标解释

EXPLANATORY NOTES ON MAIN STATISTICAL INDICATORS

行政区划　指国家对行政区域的划分。根据宪法规定，我国的行政区域划分如下：⑴全国分为省、自治区、直辖市；⑵省、自治区分为自治州、县、自治县、市；⑶自治州分为县、自治县、市；⑷县、自治县分为乡、民族乡、镇；⑸直辖市和较大的市分为区、县；⑹国家在必要时设立的特别行政区。

国土　指一个主权国家管辖下的领土、领海和领空。

气候　指地球与大气之间长期能量交换与质量交换所形成的一种自然环境状态，它是多种因素综合作用的结果。气候既是人类生活和生产的环境要素之一，又是供给人类生活和生产的重要资源。气温、降水、湿度等气象要素的多年平均值是用来描述一个地区气候状况的主要参数，而各种气象要素某年、某月的平均值（或总量）则可以反映出该时期天气气候状况的重要特征。

自然资源　指人类可以直接从自然界获得，并用于生产和生活的物质资源。自然资源一般可以分成可再生资源和非再生资源两大类。可再生资源指在较短时间内可以再生、可以循环利用的资源，包括土地资源、水资源、气候资源、生物资源和海洋资源等。非再生资源指在使用后不能再生的资源，包括矿产资源和地热能源。

土地　指陆地的表层部分，它主要由岩石、岩石的风化物和土壤构成。土地资源按利用类型可以分为农用地、建筑用地和未利用地。农用地包括耕地、园地、林地、牧草地和水面。建筑用地包括居民点及工矿用地、交通用地和水利设施用地。未利用地指农用地和建筑用地以外的土地，包括滩涂、荒漠、戈壁、冰川和石山等等的总体。

水资源　水在自然界中以固体、液体和气态三种聚集状态存在，分布于海洋、陆地（包括土壤）以及大气之中，通过水循环形成水资源。水资源包括经人类控制并直接可供灌溉、发电、给水、航运、养殖等用途的地表水和地下水，以及江河、湖泊、井、泉、潮汐、港湾和养殖水域等。水资源是发展国民经济不可缺少的重要自然资源。

气温　指空气的温度，我国一般以摄氏度（℃）为单位表示。气象观测的温度表是放在离地面约1.5米处通风良好的百叶箱里测量的，因此，通常说的气温指的是离地面1.5米处百叶箱中的温度。其统计计算方法为：

月平均气温是将全月各日的平均气温相加，除以该月的天数而得。

年平均气温是将12个月的月平均气温累加后除以12而得。

相对湿度　指空气中实际水气压与当时气温下的饱合水气压之比。其统计方法与气温相同。

降水量　指从天空降落到地面的液态或固态（经融化后）水，未经蒸发、渗透、流失而在地面上积聚的深度。其统计计算方法为：

月降水量是将全月各日的降水量累加而得。

年降水量是将12个月的月降水量累加而得。

日照时数　指太阳实际照射地面的时间。其统计方法与降水量相同。

人 口

POPULATION

2-1 主要年份总户

TOTAL HOUSEHOLD AND

年份	年末总户数(万户)	年末总人口(万人)	按农业、非农业户口分(万人)		非农比(%)
			非农业	农业	
1952	70.19	318.66	61.65	256.51	19.35
1957	76.44	346.38	79.24	267.15	22.88
1962	81.45	351.44	85.83	265.61	24.42
1965	83.01	373.22	91.55	281.67	24.53
1970	89.48	407.50	87.49	320.00	21.47
1975	96.54	437.73	95.14	342.59	21.73
1976	98.63	442.09	96.63	345.47	21.86
1977	100.60	445.05	97.71	347.35	21.95
1978	102.93	450.67	103.69	346.97	23.00
1979	105.34	456.37	107.81	348.56	23.60
1980	106.83	458.61	112.36	346.25	24.50
1981	110.52	467.93	117.28	350.65	25.06
1982	112.51	474.23	120.90	353.32	25.49
1983	114.92	479.38	125.38	354.00	26.15
1984	116.92	483.85	135.01	348.83	27.90
1985	120.19	488.39	141.43	346.96	28.96
1986	122.67	494.06	140.96	353.10	28.53
1987	125.43	501.03	146.12	354.91	29.16
1988	130.32	507.18	152.04	355.04	29.98
1989	134.77	513.39	157.79	355.60	30.73
1990	140.36	523.60	160.67	362.93	30.69
1991	143.42	527.43	163.29	364.14	30.96
1992	147.50	530.70	166.01	364.69	31.28
1993	149.42	533.53	169.31	364.22	31.73
1994	153.60	537.31	180.28	357.03	33.55
1995	156.45	542.12	186.04	356.08	34.32
1996	156.42	543.45	190.97	352.48	35.14
1997	157.66	549.20	194.23	354.97	35.37
1998	160.93	553.54	199.29	354.25	36.00
1999	163.52	557.63	202.47	355.16	36.31
2000	166.63	562.65	207.68	354.97	36.91
2001	168.46	569.00	222.24	343.14	39.06
2002	170.10	575.01	285.83	285.17	49.71
2003	172.18	582.56	297.21	283.58	51.02
2004	173.24	590.08	307.96	281.64	52.19
2005	177.69	597.44	330.26	267.18	55.28
2006	179.48	603.35	338.61	264.74	56.12
2007	181.88	604.85			
2008	184.63	603.99			
2009	187.70	603.27			
2010	190.65	604.08			
2011	193.61	606.64			
2012	195.79	609.21			

数、总　人　口(户籍人口)

POPULATION IN MAJOR YEARS

按性别分(万人)		性别比	年平均人口(万人)	比上年增长(‰)	人口密度
男　性	女　性	(女=100)			(人/平方公里)
157.68	160.98	97.95	315.94	3.30	387
170.30	176.09	96.71	343.25	17.40	421
174.55	176.89	98.68	350.18	-4.60	427
186.08	187.14	99.43	370.24	19.50	454
203.16	204.34	99.42	404.17	16.60	495
217.82	219.91	99.05	435.15	9.90	532
220.89	221.20	99.86	439.91	10.90	537
222.46	222.59	99.94	443.57	8.30	541
226.31	224.36	100.87	447.86	9.70	548
228.57	227.80	100.34	453.52	12.60	555
230.47	228.15	101.02	457.49	8.80	557
235.35	232.58	101.19	463.27	12.60	569
238.99	235.26	101.59	471.08	16.80	576
242.02	237.36	101.54	476.81	12.20	583
244.32	239.53	102.00	481.62	10.10	588
246.86	241.53	102.21	486.12	9.30	594
250.09	243.97	102.51	491.23	10.50	601
253.95	247.08	102.78	497.55	12.90	609
257.22	249.86	102.95	504.11	13.20	616
260.79	252.61	103.24	510.29	12.30	624
265.91	257.69	103.19	518.50	16.10	636
267.78	259.65	103.13	525.52	13.50	641
269.46	261.25	103.14	529.07	6.70	645
270.77	262.76	103.05	532.12	5.80	649
272.76	264.54	103.11	535.42	6.20	653
274.98	267.14	102.93	539.72	8.00	656
275.59	267.86	102.89	542.79	5.70	666
278.30	270.90	102.73	546.33	6.50	674
279.91	273.63	102.30	551.37	9.20	679
281.71	275.93	102.09	555.59	7.70	684
284.19	278.46	102.06	560.14	8.20	690
287.39	281.61	102.06	565.83	10.20	696
290.58	284.43	102.16	572.00	10.90	703
294.04	288.52	101.91	578.78	11.90	712
297.25	292.82	101.51	586.32	13.03	722
300.42	297.02	101.15	593.76	12.69	731
302.72	300.63	100.70	600.39	11.17	738
302.87	301.98	100.29	604.10	6.17	740
302.00	301.99	100.00	604.42	0.53	739
301.26	302.01	99.75	603.63	-1.30	738
301.28	302.80	99.50	603.68	0.08	739
302.19	304.44	99.26	605.36	2.78	742
303.30	305.91	99.15	607.92	4.23	745

2-2 主要年份市区总户数、总人口(户籍人口)

TOTAL HOUSEHOLD AND POPULATION OF URBAN IN MAJOR YEARS

年份	年末总户数(万户)	年末总人口(万人)	按农业、非农业户口分(万人)		按性别分(万人)		年平均人口(万人)
			非农业	农业	男性	女性	
1952	26.46	124.96	58.21	66.75	63.95	61.01	123.83
1957	29.13	143.17	74.52	68.65	72.05	71.13	140.11
1962	32.25	153.35	81.14	72.21	78.52	74.83	154.18
1965	34.03	162.82	85.86	76.96	83.20	79.62	161.90
1970	37.21	167.82	81.22	86.60	85.61	82.21	168.51
1975	40.67	178.78	86.07	92.71	90.83	87.95	177.74
1976	41.59	180.99	87.12	93.87	91.83	89.16	179.88
1977	42.34	181.49	88.05	93.45	91.92	89.57	181.24
1978	43.79	186.43	93.28	93.15	94.70	91.73	183.96
1979	45.33	189.26	96.86	92.40	96.22	93.04	187.84
1980	46.12	190.01	100.88	89.13	97.22	92.79	189.63
1981	48.64	194.05	104.22	89.83	99.37	94.69	192.03
1982	50.60	201.31	106.95	94.35	101.44	99.87	197.68
1983	52.32	205.48	110.93	94.55	103.42	102.07	203.39
1984	54.30	209.55	115.21	94.34	105.57	103.99	207.52
1985	56.88	213.28	120.15	93.13	107.96	105.33	211.42
1986	58.65	216.98	122.70	94.28	111.54	105.43	215.13
1987	60.54	221.49	126.05	95.44	113.79	107.70	219.23
1988	63.03	225.00	132.60	92.40	115.51	109.39	223.25
1989	65.29	228.88	134.70	94.18	117.49	111.39	226.94
1990	81.22	283.66	141.07	142.59	145.29	138.36	
1991	83.30	286.20	143.07	143.13	146.55	139.65	284.93
1992	85.87	288.52	147.74	140.78	145.19	143.33	287.36
1993	88.02	291.24	147.99	143.26	149.07	142.17	289.88
1994	90.10	294.60	153.26	141.34	150.75	143.85	292.92
1995	92.04	299.20	158.19	141.00	152.97	146.23	296.90
1996	93.12	302.78	162.50	140.28	154.58	148.20	300.99
1997	93.90	306.98	169.35	137.63	156.54	150.44	304.88
1998	96.65	309.90	169.20	140.70	157.58	152.32	308.44
1999	97.74	313.18	171.81	141.37	159.19	153.99	311.54
2000	99.25	317.20	176.04	141.16	161.03	156.17	315.19
2001	100.53	322.45	185.00	133.84	163.73	158.72	319.83
2002	101.62	327.55	234.60	88.97	166.43	161.12	325.00
2003	102.71	334.80	243.29	89.73	169.84	164.96	331.18
2004	102.68	341.73	251.69	89.56	172.91	168.82	338.27
2005	104.87	347.87	272.64	75.22	175.41	172.45	344.80
2006	106.19	352.29	277.02	75.27	177.10	175.19	350.08
2007	107.55	352.71			176.70	176.01	352.50
2008	109.26	350.23			175.08	175.15	351.47
2009	111.07	348.24			173.71	174.53	349.24
2010	112.91	348.02			173.19	174.83	348.13
2011	114.75	349.44			173.51	175.93	348.73
2012	116.49	352.17			174.55	177.62	350.81

注：1990年以前的数据中不包括长清区。

2-3 主要年份人口自然变动情况

NATURAL CHANGE OF POPULATION IN MAJOR YEARS

年 份	出生人口(人)	人口出生率(‰)	死亡人口(人)	人口死亡率(‰)	人口自然增长(人)	人口自然增长率(‰)
1952	72861	23.06	29949	9.48	42912	13.58
1957	108432	31.59	38082	11.09	70350	20.50
1962	108029	30.85	44464	12.70	63565	18.15
1965	121364	32.78	39355	10.63	82009	22.15
1970	111861	27.68	29965	7.41	81896	20.27
1975	82939	19.06	33837	7.78	49102	11.28
1976	70065	15.93	34693	7.89	35372	8.04
1977	67413	15.20	33723	7.60	33690	7.60
1978	69541	15.53	31343	7.00	38198	8.53
1979	72596	16.01	30205	6.66	42391	9.35
1980	60336	13.19	32004	7.00	28332	6.19
1981	70327	15.18	31671	6.84	38656	8.34
1982	74147	15.74	28679	6.09	45468	9.65
1983	56454	11.84	30080	6.31	26374	5.53
1984	61156	12.70	32277	6.70	28879	6.00
1985	55386	11.39	31678	6.52	23708	4.87
1986	69901	14.23	30790	6.27	39111	7.96
1987	86752	17.44	30007	6.03	56745	11.41
1988	78922	15.66	32850	6.52	46072	9.14
1989	76380	14.97	30721	6.02	45659	8.95
1990	66806	12.88	33916	6.54	32890	6.34
1991	59374	11.30	32675	6.20	26699	5.10
1992	52825	9.98	34969	6.61	17856	3.37
1993	46007	8.65	35317	6.64	10690	2.01
1994	49940	9.30	35308	6.60	14632	2.70
1995	54132	10.03	34107	6.32	20025	3.71
1996	58254	10.73	36452	6.71	21802	4.02
1997	62245	11.39	35768	6.55	26477	4.84
1998	62490	11.33	36497	6.64	25893	4.69
1999	55931	10.07	34956	6.29	20975	3.78
2000	62059	11.08	39499	7.05	22560	4.03
2001	55536	9.82	33816	5.98	21720	3.84
2002	57317	10.02	36234	6.33	21083	3.69
2003	54599	9.43	42539	7.35	12060	2.08
2004	60670	10.35	38158	6.51	22512	3.84
2005	60240	10.15	37782	6.36	22458	3.78
2006	57706	9.61	39040	6.50	18666	3.11
2007	58367	9.66	39752	6.58	18615	3.08
2008	59600	9.86	39887	6.60	19713	3.26
2009	56694	9.39	40911	6.78	15783	2.61
2010	67162	11.13	50380	8.35	16782	2.78
2011	66563	11.00	40310	6.66	26253	4.34
2012	71449	11.75	49148	8.08	22301	3.67

2-4 分地区户数、人口数(2012年)(户籍人口)

HOUSEHOLDANDPOPULATIONBYREGION(2012)

地　区	户数(万户)	人口数(万人)	按性别分(万人)	
			男　性	女　性
全　市	195.79	609.21	303.30	305.91
市　区	116.49	352.17	174.55	177.62
历下区	17.73	55.08	27.40	27.68
市中区	20.21	58.42	28.63	29.79
槐荫区	13.63	38.85	19.06	19.78
天桥区	18.35	50.98	25.24	25.73
历城区	30.03	93.30	46.44	46.86
长清区	16.53	55.54	27.78	27.77
平阴县	13.67	37.09	18.60	18.49
济阳县	16.44	55.67	28.10	27.58
商河县	18.50	62.47	31.65	30.81
章丘市	30.69	101.82	50.41	51.41

2-5 计划生育情况(2012年)

BASIC STATISTICS OF FAMILY PLANNING(2012)

地　区	合法生育(人)		合法生育率%	违法生育(人)		
	一　孩	二　孩		一　孩	二　孩	多　孩
总　计	51741	11902	95.3	260	2265	612
市　区	32400	5679	97.4	60	826	141
历下区	4756	395	99.1	0	42	5
市中区	5258	768	98.1	4	100	11
槐荫区	3550	512	98.8	0	46	3
天桥区	4886	486	97.3	6	126	19
历城区	7985	1931	97.2	15	224	44
长清区	4135	1308	93.7	34	273	56
高新区	1830	279	99.1	1	15	3
平阴县	3040	916	94.6	45	155	25
济阳县	4834	1209	88.9	99	510	145
商河县	4978	1718	89.6	29	523	227
章丘市	6489	2380	96.2	27	251	74

2-6 分地区人口机械变动情况(2012年)

UN-NATURAL CHANGES OF POPULATION BY REGION(2012)

地区	迁入人口(人)	迁入率(‰)	迁出人口(人)	迁出率(‰)	人口机械增长(人)	人口机械增长率(‰)
全市	60208	9.90	48110	7.91	12098	1.99
市区	38724	11.04	27697	7.90	11027	3.14
历下区	10694	19.56	8418	15.40	2276	4.16
市中区	7232	12.47	4960	8.55	2272	3.92
槐荫区	4518	11.69	1984	5.13	2534	6.56
天桥区	5866	11.54	2081	4.09	3785	7.45
历城区	8035	8.64	6608	7.10	1427	1.53
长清区	2379	4.28	3646	6.55	-1267	-2.28
平阴县	2969	7.98	3873	10.41	-904	-2.43
济阳县	9530	17.14	7802	14.03	1728	3.11
商河县	4840	7.74	4681	7.49	159	0.25
章丘市	4145	4.07	4057	3.99	88	0.09

2-7 分地区人口自然变动情况(2012年)

NATURAL CHANGES OF POPULATION BY REGION(2012)

地区	出生人口(人)	出生率(‰)	死亡人口(人)	死亡率(‰)	人口自然增长(人)	人口自然增长率(‰)
全市	71449	11.75	49148	8.08	22301	3.67
市区	41540	11.84	25082	7.15	16458	4.69
历下区	6476	11.85	2764	5.06	3712	6.79
市中区	6909	11.92	3463	5.97	3446	5.94
槐荫区	4848	12.55	2652	6.86	2196	5.68
天桥区	5483	10.79	3647	7.17	1836	3.61
历城区	11956	12.85	7061	7.59	4895	5.26
长清区	5868	10.55	5495	9.88	373	0.67
平阴县	3543	9.52	3538	9.51	5	0.01
济阳县	8212	14.77	5010	9.01	3202	5.76
商河县	8818	14.11	6579	10.53	2239	3.58
章丘市	9336	9.17	8939	8.78	397	0.39

2-8 结 婚 情 况

NUMBER OF MARRIAGES

单位:对

地　　区	2007年	2008年	2009年	2010年	2011年	2012年
总　计	48354	54628	66782	55735	65338	62281
市　直	77	89	97	77	112	92
历下区	5337	6099	7664	6481	8384	8401
市中区	5370	6002	7339	5839	7260	7032
槐荫区	3920	4648	5765	4397	5160	4801
天桥区	4494	5205	6335	4987	6383	6018
历城区	7871	8393	10017	8288	9440	8529
长清区	3717	3789	4788	4328	5039	4705
平阴县	2818	2974	3386	3191	3621	3553
济阳县	4533	4718	6143	5970	6357	5821
商河县	4767	6085	6763	5477	5950	5671
章丘市	5450	6626	8485	6700	7632	7658

2-9 离 婚 情 况

NUMBER OF DIVORCES

单位:对

地　　区	2007年	2008年	2009年	2010年	2011年	2012年
总　计	13301	13922	14832	18395	19066	22633
法院数	5128	5631	5420	6658	6698	7399
民政数	8173	8291	9412	11737	12368	15234
市　直	19	12	12	14	17	15
历下区	1374	1378	1520	1999	2027	3083
市中区	1469	1411	1591	1726	1865	2096
槐荫区	919	915	931	1238	1178	1281
天桥区	1292	1239	1386	1624	1522	1717
历城区	1133	1350	1496	1802	2006	2395
长清区	383	410	484	646	752	1022
平阴县	347	343	404	517	571	681
济阳县	230	291	409	634	680	894
商河县	375	224	274	334	390	471
章丘市	632	718	905	1203	1360	1579

主要统计指标解释

EXPLANATORY NOTES ON MAIN STATISTICAL INDICATORS

人口统计资料主要有三个来源 人口普查、人口抽样调查和人口经常性登记。

人口普查 是在国家规定的统一时间内,用统一的方法,统一的调查项目,对全国或某一地区的人口进行的一种专门调查。

人口抽样调查 是从所要研究的总人口中,随机抽取部分人口,并根据对这些人口调查所得到的数据来推算该人口总体相应指标的方法。

人口经常性登记 是指对人口出生、死亡、婚姻、迁移等事件进行连续的、持久的、强制的全面登记制度。

人口数 指一定时点、一定地区范围内的有生命的个人的总和。

年度统计的年末人口数 指每年12月31日24时的人口数。

出生率(又称粗出生率) 指在一定时期内(通常为一年)平均每千人所出生的人数的比率,一般用千分率表示。计算公式为:

出生率=年出生人数/年平均人数×1000‰

式中:出生人数指活产婴儿,即胎儿脱离母体时(不管怀孕月数),有过呼吸或其他生命现象。

出生人数 是指活产婴儿,即胎儿脱离母体时(不管怀孕月数),有过呼吸或其他生命现象。

年平均人数 是指年初、年底人口数的平均数,也可用年中人口数代替。

死亡率(又称粗死亡率) 指在一定时期内(通常为一年)一定地区的死亡人数与同期平均人数(或期中人数)之比,一般用千分率表示。计算公式为:

死亡率=年死亡人数/年平均人数×1000‰

人口自然增长率 指在一定时期内(通常为一年)人口自然增加数(出生人数减死亡人数)与该时期内平均人数(或期中人数)之比,一般用千分率表示。计算公式为:

人口自然增长率=(本年出生人数-本年死亡人数)/年平均人数×1000‰

人口自然增长率=人口出生率-人口死亡率

机械增长率 是反映迁移变动的一个相对指标。它表明一个地区在一定时间内迁入人口数与迁出人口数相抵后的差额与总人口数的比率,一般用千分率表示。计算公式为:

机械增长率=一定时期的迁入迁出人口差额/该时期的平均人口×100%

人口密度 指一定时点,一定地区的人口数与该时点、该地区的面积之比,即一定时点的单位土地面积上的人口数,通常以每平方公里的居民人数来表示:

$$人口密度=\frac{该地区人口数}{该地区土地面积}\times 100\%$$

性别比 反映两性人口间比例的指标,指在总人口中或各年龄组人口中,男性人数与女性人数之比。通常以每100个女性人口相对应的男性人口数。计算公式:

$$性别比=\frac{男性人口}{女性人口}\times 100\%$$

综　合

GENERAL SURVEY

3-1 国民经济和社会发展总量指标

PRINCIPAL AGGREGATE INDICATORS ON NATIONAL ECONOMIC AND SOCIAL DEVELOPMENT

指　　标	单位	1978	1990	1995	2000	2005	2010	2011	2012
人　口									
建成区面积	平方公里	85	103	114	120	295	347	355	363
年末总户数	万户	102.93	140.36	156.45	166.63	177.69	190.65	193.61	195.79
年末户籍总人口	万人	450.67	523.60	542.12	562.65	597.44	604.08	606.64	609.21
#市区	万人	186.43	232.30	247.57	317.20	347.87	348.02	349.44	352.17
#男性	万人	226.31	265.91	274.98	284.19	300.42	301.28	302.19	303.30
年末常住总人口							681.80	688.51	694.96
就　业									
全社会从业人员	万人	204.04	270.54	324.22	347.37	360.00	373.70	375.50	379.30
第一产业	万人	136.30	125.73	116.13	109.98	99.10	76.66	74.95	74.30
第二产业	万人	46.06	87.75	106.68	110.81	114.20	120.20	120.70	123.10
第三产业	万人	21.68	57.06	101.41	126.58	146.70	176.84	179.85	181.90
职工平均工资	元	578	2211	5851	10422	20866	31096	35435	40179
城镇登记失业人员数	万人			2.45	3.90	5.75	5.97	5.65	5.57
城镇登记失业率	%			2.30	3.70	3.86	3.84	3.61	3.08
国民经济核算									
生产总值	亿元	23.60	138.24	473.52	944.13	1846.28	3910.53	4406.29	4803.67
#非公有制经济	亿元				238.32	768.50	1664.43	1946.20	2143.58
第一产业	亿元	4.16	23.93	67.64	96.02	134.34	215.17	237.86	252.92
第二产业	亿元	13.32	67.36	220.37	414.74	847.47	1637.45	1828.97	1938.14
#工业	亿元	12.89	60.43	194.16	336.61	715.87	1352.42	1507.88	1603.08
第三产业	亿元	6.12	46.95	185.51	433.38	864.47	2057.90	2339.46	2612.61
人均生产总值	元	527	2666	8773	16855	31095	57966	64309	69444
固定资产投资									
全社会固定资产投资	亿元	3.19	30.60	112.76	305.95	857.00	1987.44	1934.34	2186.08
第一产业	亿元	0.55	0.52	3.24	13.57	38.28	68.08	48.65	62.41
第二产业	亿元	1.15	14.62	46.26	73.14	362.05	677.28	607.32	733.70
#工业	亿元	0.75	2.05	45.35	67.72	352.27	667.35	576.74	701.85
第三产业	亿元	1.29	13.94	63.27	219.24	456.67	1242.08	1278.37	1389.96
#房地产投资	亿元	0.00	2.18	16.46	50.53	121.09	484.50	527.16	663.32
城镇投资	亿元	3.03	20.55	88.11	251.47	724.42	1297.93	1305.93	1400.57
农村投资	亿元	0.17	10.04	24.65	54.48	132.58	205.01	101.25	122.19

注:“职工工资总额”及“职工平均工资”2006年以前为在岗职工口径,2006年及以后为法人单位在岗职工口径。

3-1续1

指　　标	单位	1978	1990	1995	2000	2005	2010	2011	2012
财政税收									
地域财政收入	亿元			58.60	169.80	380.76	1285.06	1387.40	1610.30
地方财政收入	亿元	5.95	12.38	16.99	53.30	130.78	595.59	622.28	793.68
#公共财政预算收入	亿元	5.90	12.40	16.99	49.05	106.15	266.13	325.42	380.82
地方财政支出	亿元	1.48	8.19	19.63	56.67	139.38	659.72	668.13	920.33
#公共财政预算支出	亿元	1.50	8.20	19.63	54.72	120.66	336.80	396.88	465.67
各项税收收入	亿元			53.49	112.35	231.34	527.70	653.47	709.27
国税税收收入	亿元			39.55	72.54	144.20	309.87	361.43	375.03
地税税收收入	亿元			13.94	39.80	87.14	217.82	292.04	334.24
金融保险									
金融机构人民币存款余额	亿元	15.43	117.95	438.01	1274.96	3483.34	7510.44	8275.80	9798.50
#城乡储蓄	亿元	1.14	51.08	222.06	463.04	1024.42	2187.68	2427.48	2888.74
金融机构人民币贷款余额	亿元	14.08	124.76	337.26	1069.31	3259.86	6319.09	6893.70	7406.22
#工业贷款	亿元	7.63	49.86	104.95	156.95	445.87	–	–	–
金融机构现金收入	亿元	8.86	110.73	627.69	2295.64	4716.28	7402.89	–	–
金融机构现金支出	亿元	8.35	105.71	596.03	2191.43	4630.37	7282.23	–	–
保险承保额	亿元				2169	5295	16802	26747	39166
保险业务收入	万元				124982	415338	1223791	1122605	1152405
保险业务支出	万元				59618	141353	437708	392821	465245
农　业									
农林牧渔业总产值	亿元	6.57	36.92	114.07	154.30	230.46	378.43	422.99	451.86
农用机械总动力	万千瓦	69.70	183.40	241.20	349.47	426.76	509.68	527.39	538.66
年末实有耕地面积	千公顷	373.19	347.56	339.30	333.72	324.84	362.30	361.25	361.08
粮食总产量	万吨	115.38	181.47	252.48	240.27	260.11	289.43	295.84	286.03
蔬菜总产量	万吨	49.19	126.09	253.54	405.95	529.37	601.44	617.82	633.62
肉类总产量	万吨	2.50	11.38	28.68	31.82	37.93	38.08	38.85	39.80
奶类总产量	万吨	0.40	1.87	3.48	7.09	19.61	31.20	31.40	33.23
棉花总产量	万吨	0.51	5.00	2.91	2.73	3.55	2.94	2.84	2.72
规模以上工业									
单位数	个	1319	2007	2648	1038	1670	2021	1417	1647
工业总产值	亿元	37.67	174.89	526.48	680.04	2237.51	4485.61	4028.49	4248.29
工业增加值	亿元	9.94	41.63	130.88	219.19	722.11	1313.00	–	–
主营业务收入	亿元	31.39	136.29	432.17	629.72	2142.84	4497.17	4165.19	4454.97
利税总额	亿元	6.80	15.57	53.59	64.62	244.61	584.53	453.47	498.24
利润总额	亿元	3.88	3.23	16.30	21.69	131.30	339.76	242.63	253.06
资产总计	亿元	25.68	125.25	578.55	958.10	1868.06	3904.42	3932.90	4109.29
所有者权益	亿元	7.47	36.82	180.86	363.37	630.06	1481.75	1407.89	1582.77

3-1续2

指　　标	单位	1978	1990	1995	2000	2005	2010	2011	2012
建筑业									
资质以上企业个数	个	10	46	141	569	737	739	488	492
建筑业总产值	万元	6785	125572	587769	1419160	4626493	8943039	11291079	12094163
施工面积	万平方米		269	1030	1611	3298	4655	5805	6556
竣工面积	万平方米	49	170	306	701	1400	1306	1185	1638
其中：住宅	万平方米		77	141	396	884	773	693	1081
交通运输									
货运量	万吨	3967	7436	10059	12193	15697	22946	25403	26030
铁路	万吨	2191	3416	3877	5168	7211	9913	10825	10104
公路	万吨	1670	3970	6182	7024	8484	13029	14574	15922
航空	万吨			0.4	1.3	2.0	3.4	3.8	3.9
客运量	万人	1807	3242	4169	6285	7428	16465	15225	17334
铁路	万人	1302	1438	1519	1693	1924	3327	3627	3824
公路	万人	505	1801	2611	4530	5364	12758	11165	13084
航空	万人		2.6	37.0	62.0	140.0	379.2	433.0	426.0
民用汽车拥有量	辆	1684	39748	86766	129204	347687	807378	928553	1059056
#载客	辆	1353	26032	33968	68625	196415	627849	755966	897092
#载货	辆	224	12141	47790	56627	71588	117994	126250	126393
邮电通信									
邮电业务总收入	亿元	0.09	0.88	6.73	24.97	51.82	63.80	–	–
电话交换机总容量	万门	1.4	6.4	50.2	173.7	254.0	151.0	–	–
固定电话	万户	2.68	9.87	39.18	106.34	258.90	213.30	186.80	193.30
#城市	万户	2.27	9.12	36.48	83.08	206.30	177.40	152.10	161.10
移动电话	万户			2.3	60.8	239.0	857.6	931.1	978.0
互联网用户	万户				11.57	74.34	117.30	132.70	173.60
国内贸易									
社会消费品零售总额	亿元	8.13	52.82	188.02	354.71	807.88	1802.46	2114.29	2420.25
#国有经济	亿元	5.26	19.43	46.10	51.26	59.98	318.03	–	–
集体经济	亿元	2.81	23.53	45.71	69.13	29.82	159.08	–	–
个体私营经济	亿元	0.02	6.05	52.45	139.27	540.39	1247.64	–	–
对外经济和国际旅游									
进出口总额	万美元			66587	143935	376213	743776	1041422	913286
进口总额	万美元			29812	86827	198370	338888	436966	341844
出口总额	万美元			36775	57108	177843	404888	604456	571442
实际外资	万美元			25294	31981	54158	104011	110002	122016
合同外资	万美元			47449	44074	112072	120903	141440	162081
国际旅游人数	人		20583	54468	103990	120164	230985	289953	315949
外国人	人		12705	30011	40990	69762	153327	193963	205606
港澳台同胞	人		7878	24457	63000	50402	77658	95990	110343
旅游外汇收入	亿美元		0.15	0.19	0.32	0.42	1.14	1.42	1.60

3-1续3

指标	单位	1978	1990	1995	2000	2005	2010	2011	2012
教育									
普通高等教育在校生	万人	1.09	3.73	5.66	9.30	38.04	50.53	50.93	50.47
普通高等教育专任教师	人	2947	7245	7500	8267	18434	26870	27957	29649
中等专业学校在校生	万人	0.68	2.51	4.79	5.75	4.79	2.12	3.04	2.98
中等专业学校专任教师	人	1020	2890	2890	2916	1578	1334	1035	1079
普通中学在校生	万人	30.61	22.45	27.15	33.82	30.91	30.18	30.47	30.92
普通中学专任教师	人	19275	16065	17621	20585	21915	21943	23767	22280
小学在校生	万人	60.91	47.57	49.23	41.40	37.88	38.4	38.97	39.00
小学专任教师	人	24926	26922	27417	27417	25201	24801	23584	24678
文化									
图书馆藏书量	万册	341.0	476.0	524.6	591.7	725.1	941.2	989	1076.4
图书出版种数	种	389	2001	2603	3851	5389	6586	8305	8490
图书量	万册	20166	31685	39025	38471	27919	26603	31087	28693
报纸量	万份	25055	46930	54460	109199	113751	184706	157553	155994
杂志量	万份	2209	3321	4579	11177	7195	6995	8284	8158
卫生									
卫生机构数	个	1017	1300	1185	1414	2138	5086	5159	5239
#医院及卫生院	个	148	178	216	231	246	277	262	243
卫生机构床位数	张	11496	18214	20747	21698	24695	31947	34920	38834
#医院及卫生院	张	9856	17216	19534	20830	23524	29844	31545	35194
卫生工作人员	人	24949	41444	43648	45166	41499	54711	58590	60426
#卫生技术人员	人	19198	31130	32848	35669	34129	39366	42116	44331
人民生活									
城市居民人均可支配收入	元	337.8	1619.5	4720.6	8471.3	13578.5	25321.1	28892.0	32569.8
城市居民人均消费性支出	元	317.9	1360.1	3830.4	6891.8	9226.6	15973.3	18045.6	20031.6
#食品	元	181.6	781.6	1823.6	2387.1	3046.9	5051.2	5722.7	6162.2
农民人均纯收入	元	110.5	731.1	1812.7	3046.8	4812.3	8903.3	10411.8	11786.2
农民人均生活费支出	元	83.2	569.8	1373.6	1976.8	2902.8	5406.6	5905.1	6932.2
#食品支出	元	58.2	287.7	770.8	860.0	1134.8	1818.3	2147.3	2465.4
农民人均住宅居住面积	平方米	9.6	22.5	24.7	28.6	33.8	40.2	41.2	42.9
社会治安									
交通事故起数	起		509	1231	1306	911	774	762	1453
交通事故死伤人数	人		518	1345	1364	1186	1121	838	1713
交通事故损失折款	万元		64	369	357	316	189	247	632
火灾事故起数	起		309	110	1281	1071	791	571	246
火灾事故死伤人数	人		67	87	26	3	9	1	2
火灾事故损失折款	万元		166	925	471	76	462	773	395

3-2 国民经济和社会发展比例和效益指标

INDICATORS ON PROPORTIONS AND EFFICIENCY IN NATIONAL ECONOMIC AND SOCIAL DEVELOPMENT

指　　标	单位	1978年	1985年	1990年	1995年	2000年	2010年	2011年	2012年
人　口									
出生率	‰	15.53	11.39	12.88	10.03	11.08	11.13	11.00	11.75
死亡率	‰	7.00	6.52	6.54	6.32	7.05	8.35	6.66	8.08
自然增长率	‰	8.53	4.87	6.34	3.71	4.03	2.78	4.34	3.67
就　业									
就业者负担人口	人	2.21	1.99	1.94	1.67	1.62	1.62	1.62	1.61
三次产业从业者比例									
第一产业	%	66.8	47.5	46.5	35.8	31.7	20.5	19.96	19.6
第二产业	%	22.6	31.0	32.4	32.9	31.9	32.2	32.14	32.5
第三产业	%	10.6	21.5	21.1	31.3	36.4	47.3	47.9	47.9
城镇登记失业率	%				2.45	3.70	3.84	3.61	3.08
国民经济核算									
三次产业增加值比例									
第一产业	%		21.1	17.3	14.3	10.0	5.5	5.4	5.3
第二产业	%		51.8	48.7	46.5	43.9	41.9	41.5	40.3
第三产业	%		27.1	34.0	39.2	46.1	52.6	53.1	54.4
人均生产总值	元		1263	2666	8773	16999	57966	64309	69444
资本形成率（投资率）	%			39.1	39.5	40.2	52.6	53.6	50.3
最终消费率（消费率）	%			37.8	41.9	56.9	46.9	48.5	51.0
固定资产投资									
全社会固定资产投资占生产总值比重	%		23.7	22.1	23.8	32.1	50.8	43.9	45.5
财　政									
地方财政收入占生产总值比重	%	25.2	14.5	9.0	3.6	5.2	15.2	14.1	16.5
地方财政支出占生产总值比重	%	6.3	5.6	5.9	4.1	5.8	16.9	15.2	19.2
农　业									
人均耕地面积	亩	1.24	1.10	1.00	0.94	0.88	0.90	0.90	0.89
每公顷耕地化肥施用量(折纯)	公斤		225	330	569	641	645.7	653.4	645.0
每公顷播种面积粮食产量	公斤	2475	3864	4273	5512	5354	6192	6315	6285
机耕地占耕地的比重	%	61.1	58.2	72.4	78.6	78.6	98.3	88.9	83.9

3-2续

指　　标	单位	1978年	1985年	1990年	1995年	2000年	2010年	2011年	2012年
规模以上工业									
产品销售率	%				97.12	98.24	98.71	98.52	98.15
总资产贡献率	%				12.25	8.45	15.98	13.05	13.56
增加值率	%				29.41	32.23	26.43		
流动资产周转次数	次				1.69	1.52	2.11	1.92	1.97
建筑业									
建筑业企业技术装备率	元/人			3283	3858	4862	5051	13247	10167
产值利税率	%		8.41	4.27	3.50	4.26	8.91	6.30	7.67
全员劳动生产率(按总产值计算)	元	3783	6828	16234	42423	60449	180800	309259	342046
邮电通讯业									
每百人拥有电话机	部	0.60	1.26	1.89	7.23	18.98	35.31	33.05	31.73
国内商业									
人均消费品零售总额	元	182	500	1009	3468	6332	28563	34926	39812
教　育									
学龄儿童入学率	%		99.44	99.03	99.40	99.93	100.00	100.00	100.00
学校教师负担人数	人	21.28	16.75	14.20	15.60	15.24	17.40	17.14	17.49
高等学校	人	2.47	6.55	5.15	7.55	11.25	21.76	20.8	20.43
中等学校	人	16.65	14.46	12.99	15.30	16.78	14.72	14.07	15.79
小学学校	人	34.99	20.33	17.67	18.20	15.10	15.48	16.52	15.79
卫　生									
每万人拥有医院卫生院数	个	0.33	0.34	0.34	0.40	0.41	0.46	0.45	0.40
每万人拥有医生数	人	23.3	26.3	29.2	27.9	29.5	29.1	30.3	32.0
每万人拥有医院床位数	张	22.0	28.2	32.9	36.0	38.6	52.9	57.7	64.0
市政建设									
城市自来水普及率	%	99.0	100.0	100.0	100.0	100.0	100.0	100.0	100.0
城市用气普及率	%	17.8	26.3	45.7	72.2	90.7	95.5	95.3	96.4
城市绿地覆盖率	%	12.0	23.0	30.0	30.5	36.1	36.9	37.1	38.0
生　活									
城市家庭就业者负担人口	人	1.89	1.68	1.72	1.72	1.71	1.67	1.67	1.65
农村劳动力负担人口	人	1.70	1.65	1.61	1.40	1.40	1.35	1.41	1.39

3-3 平均每天主要社会经济活动

SELECTED INDICATORS ON AVERAGE DAILY SOCIAL AND ECONOMIC ACTIVITIES

指　　标	单位	1978年	1985年	1990年	1995年	2000年	2010年	2011年	2012年
每天创造的财富									
生产总值（当年价）	万元	646	1682	3787	12973	26087	107138	120720	131607
第一产业	万元	114	354	656	1853	2603	5895	6517	6929
第二产业	万元	365	872	1845	6257	11469	44862	50109	53100
#工　业	万元	353	755	1656	5539	9222	37053	41312	43920
第三产业	万元	167	456	1286	5082	12015	56381	64095	71578
地方财政收入	万元	163	244	339	465	1460	16318	17049	21745
地方财政支出	万元	41	94	224	537	1553	18074	18305	25215
全社会固定资产投资	万元		399	838	3089	8382	54450	52996	59892
每天生产主要工、农业产品									
粮　食	吨	3161	4479	4972	6917	6583	7930	8105	7836
棉　花	吨	14	136.2	137	79.7	74.7	81	78	74
蔬　菜	吨	1348	2304	3455	6946	14733	16478	16927	17360
猪　肉	吨	67	138	215	390	478	597	591	615
奶　类	吨	11	23	51	95	194	855	860	910
布	万米	37.8	49.6	55.2	41.2	45.2	22.0	31.0	40.8
原　煤	吨	3574	4844	3811	11849	3426	7282	9710	5888
发电量	万千瓦时	347	724	1225	1884	1898	3601	4233	4290
钢　材	吨	689	1197	1576	2856	6507	26857	25630	21523
水　泥	吨	2399	3699	5796	11644	13291	19994	22595	21260
汽　车	辆	12.1	30.5	17.1	15.5	8.4	581	468	386.3
电视机	台	-	383	381	540	1136	726	1858	921
家用洗衣机	台	-	867	157	919	1250	577	—	742
每天其他经济活动									
最终消费量	万元		780	1580	5524	14833	50253	58604	67077
居民消费	万元		638	1274	4567	11098	39460	38132	43125
农业居民	万元		367	624	1938	3596	5142	4982	5662
非农业居民	万元		271	650	2629	7502	34317	33150	37463
政府消费	万元		142	306	957	3735	10794	20472	23952
社会消费品零售总额	万元	261	640	1447	5151	9718	49382	57926	66308
货运量	万吨	10.9	14.2	20.4	27.6	33.4	63	70	71.3
客运量	万人	5	7.8	8.9	11.4	17.2	45.0	42.0	47.5
自来水供水量	万吨	36.9	40	45.3	57.5	76.7	64	80	84.0
用电量	万千瓦时	754	747	1255	1779	2505	6713	7029	6947.1
市内公共车辆乘客人数	万人次	34	62.2	73.3	73.3	125.9	296	297	295.2
实际利用外资额	万美元			8.5	69.3	87.6	285.0	301.0	334.3
港澳台及外国来济旅游人数	人		27	56	149	285	633	794	866
每天人口变动和婚姻									
出　生	人	191	152	183	148	170	184	182	196
死　亡	人	86	87	93	94	108	138	110	135
结　婚	对			103	137	120	153	179	171
离　婚	对				17	20	50	52	62

3-4 国民经济人均指标

PER INDICAORS OF NATIONAL ECONOMIC

指　　标	单位	1978年	1985年	1990年	1995年	2000年	2010年	2011年	2012年
生产总值	元	527	1263	2666	8773	16999	57966	64309	69444
主要农产品产量									
粮　食	公斤	258	336	350	468	429	479	489	470
棉　花	公斤	1.14	10.22	9.64	5.38	4.87	4.87	4.70	4.46
猪　肉	公斤	5.44	10.33	15.13	26.33	31.15	36.10	35.62	36.87
水　果	公斤	12.65	14.70	12.88	35.81	66.56	78.58	79.33	82.99
禽　蛋	公斤			18.27	41.29	74.29	59.68	58.14	59.29
蔬　菜	公斤	109.84	173.02	243.10	469.77	960.06	996.29	1020.74	1040.07
牛　奶	公斤	0.88	1.76	3.46	6.44	12.65	51.68	51.89	54.55
水产品	公斤	0.29	0.41	1.80	4.72	5.87	7.06	7.22	7.42
主要工业产品产量									
钢　材	公斤	48.1	69.6	169.1	195.7	424.0	1623.8	1545.6	1289.5
发电量	千瓦小时	282.5	543.9	862.3	1237.0	1231.5	2177.5	2552.6	2570.5
原　煤	公斤	291.3	363.7	268.3	715.4	223.3	440.3	585.5	352.8
水　泥	公斤	195.5	277.9	408.0	728.4	866.1	1208.9	1362.5	1273.8
布	米	30.8	37.2	38.9	19.9	29.5	13.6	18.9	24.5
啤　酒	公斤	4.0	14.4	20.7	25.2	30.0	41.0	41.6	37.4
摩托车	辆	0.003	0.024	0.020	0.190	0.220	0.158	0.112	0.092
洗衣机	台	—	0.065	0.010	0.062	0.081	0.035	—	0.044
电视机	台	0.001	0.022	0.026	0.036	0.074	0.044	0.112	0.055
其他经济活动									
社会消费品零售总额	元	182	500	1009	3468	6332	28563	34931	39728
地方财政收入	元	133	183	239	315	952	9866	10281	13028
地方财政支出	元	33	70	158	363	1012	10928	11039	15107
城乡居民储蓄存款余额	元	33	236	985	4115	8266	36239	40106	47418
城市居民人均可支配收入	元	338	732	1620	4721	8471	25321	28892	32570
城市居民人均消费性支出	元	318	704	1369	3830	6892	15973	18046	20032
农民人均纯收入	元	111	439	731	1813	3047	8903	10412	11786
农民人均生活费支出	元	83	330	570	1374	1977	5407	5905	6932

3-5 国民经济主要指标及占全国、全省比重(2012年)

MAIN INDICATORS OF NATIONAL ECONOMY AND THEIR PROPORTION IN CHINA AND SHANDONG PROVINCE(2012)

指标	单位	全国	全省	济南	济南占全国比重%	济南占全省比重%
区划面积	万平方公里	960	15.7	0.8	0.08	5.10
年末总人口	万人	135404	9684.87	609.21	0.45	6.29
生产总值(当年价)	亿元	519322.1	50013.2	4803.7	0.92	9.60
第一产业	亿元	52377.0	4281.7	252.9	0.48	5.91
第二产业	亿元	235318.6	25735.7	1938.1	0.82	7.53
#工　业	亿元		22978.3	1603.1		6.98
第三产业	亿元	231626.5	19995.8	2612.6	1.13	13.07
规模以上工业主营业务收入	亿元	915915	116221.98	4454.97	0.49	3.83
规模以上工业利税总额	亿元	40939	12090.73	498.24	1.22	4.12
规模以上工业利润总额	亿元	55578	7443.32	253.06	0.46	3.40
粮食总产量	万吨	58958.0	4511.4	286.0	0.49	6.34
棉花总产量	万吨	683.6	69.8	2.7	0.40	3.90
全社会固定资产投资额	亿元	374675.7	31256.0	2186.1	0.58	6.99
铁路货运周转量	亿吨公里	29187	1493.8	1090.3	3.74	72.99
公路货运周转量	亿吨公里	59535	7059.2	275.4	0.46	3.90
社会消费品零售总额	亿元	210307	19175.3	2420.2	1.15	12.62
实际使用外资	亿美元	1132.9	123.5	12.2	1.08	9.88
地方公共财政预算收入	亿元	117209.8	4059.43	380.80	0.32	9.38
地方公共财政预算支出	亿元	125712.3	5901.71	465.70	0.37	7.89
普通高校在校学生	万人	2391.3	165.8	66.0	2.76	39.80
中等职业教育在校学生	万人	2120.3	114.7	9.0	0.42	7.85
医院、卫生院个数	万个	95.0	6.9	0.5	0.53	7.25
卫生技术人员	万人	667.9	53.1	4.4	0.66	8.29
#医　生	万人	261.6	20.1	1.9	0.73	9.45
年末全部职工人数	万人	76704	1085.1	120.3	0.16	11.09
城市居民人均可支配收入	元	24565	25755	32570	-	-
农民人均纯收入	元	7917	9446	11786	-	-

3-6 济南市高新技术开发区国民经济主要指标

MAIN INDICATORS OF NATIONAL ECONOMY OF HI-TECHDEVELOPMENT ZONE OF JINAN

指标名称	单位	1990年	1995年	2000年	2005年	2010年	2011年	2012年
综合情况								
规划面积	平方公里	15.9	15.9	15.9	15.9	15.9	15.9	15.9
累计已开发面积	平方公里	0	2.26	4.3	15.9	15.9	15.9	15.9
开发区企业数	家	22	1989	1876	3912	5358	6521	8549
公共财政预算收入	万元		5102	24458	31755	131120	200149	255345
公共财政预算支出	万元		5082	24171	65720	238745	332607	385184
固定资产投资	万元		32940	80483	319637	2117478	2425041	3095118
#基础设施	万元		3437	1880	41452	24234	59567	51170
新开工项目	项		18	50	42	464	298	258
开工建筑面积	平方米		102000	413143	465119	3474384	4318078	3345269
竣工建筑面积	平方米		77500	388707	1012902	1973772	1444176	1478142
合同利用外资	万美元		4504	1178	19388	30181	36237	31906
实际利用外资	万美元		464	302	8120	21001	21265	24008
实施火炬计划项目	项	8	42	25	15	20	22	8
#国家级	项	2	4	8	12	14	16	5
火炬统计数据								
统计企业数	家	22	332	227	363	521	497	505
#高新技术企业	家	22	179	161	239	157	148	182
#外商投资企业	家	0	65	36	60	67	65	48
从业人员数	人	2966	25496	40288	91494	138505	157633	203840
#高新技术企业	人	2966	16829	33356	45076	68413	55988	65296
#外商投资企业	人	0	4510	4432	9110	44942	45146	13179
总收入	万元	21379	497926	1043071	6452846	15120425	18009895	25105153
工业增加值	万元	6558	133179	286576	1523180	3643393	4357757	5284227
工业总产值	万元	21862	412330	1000368	5865669	11529999	13801587	19215372
产品销售收入	万元	20434	350825	935692	5674615	11410158	13366168	19637662
#高新技术产品	万元	20434	213880	543886	1992920	6394612	5355721	8576001
净利润	万元	1406	45726	35833	127114	1248584	1461646	1733195
实际上缴税费	万元	148	27603	48195	520122	1498492	1658731	2201312
出口创汇	万美元	100	5702	5724	36187	204528	231086	410759

主要统计指标解释

EXPLANATORY NOTES ON MAIN STATISTICAL INDICATORS

几点说明:

1. 生产总值及一、二、三次产业增加值，历史数据有所调整，以本年鉴所列数据为准。

2. 生产总值及一、二、三次产业增加值，全部工业增加值，农业总产值等指标的增长速度均以可比价格计算。

3. 由于国家在1994年开始财税体制改革，1994年及以后各年的财政收支与以前年份不可比。另外，2000年财政收入统计口径也有微调，请注意。

4. 工业统计口径调整。1998年以前工业统计范围为乡及乡以上独立核算工业企业，从1998年起，统计范围调整为规模以上工业，即全部国有及年销售收入500万元以上的非国有工业单位。

5. 建筑业统计范围变化。建筑业统计范围1994-1995年为县及县以上单位，1996-1997年为资质等级四级及以上独立核算建筑业企业，1998年至今为资质等级五级及以上独立核算建筑业企业。

企业(单位)登记注册类型 是以在工商行政管理机关登记注册的具有法人资格的各类企业为划分对象。行政机关、事业单位和社会团体及其他经济组织参照执行。

本项以工商行政管理部门对企业(单位)登记注册的类型为依据，将企业(单位)登记注册类型分为以下几种:

(1)国有企业是指企业全部资产归国家所有，并按《中华人民共和国企业法人登记管理条例》规定登记注册的非公司制的经济组织。不包括有限责任公司中的国有独资公司。

(2)集体企业是指企业资产归集体所有，并按《中华人民共和国企业法人登记管理条例》规定登记注册的经济组织。

(3)股份合作企业是指以合作制为基础，由企业职工共同出资入股，吸收一定比例的社会资产投资组建，实行自主经营，自负盈亏，共同劳动，民主管理，按劳分配与按股分红相结合的一种集体经济组织。

(4)联营企业是指两个及两个以上相同或不同所有制性质的企业法人或事业单位法人，按自愿、平等、互利的原则，共同投资组成的经济组织。

联营企业包括国有联营企业、集体联营企业、国有与集体联营企业和其他联营企业。

(5)有限责任公司是指根据《中华人民共和国登记管理条例》规定登记注册，由两个以上，五十个以下的股东共同出资，每个股东以其所认缴的出资额对公司承担有限责任，公司以其全部资产对其债务承担责任的经济组织。

有限责任公司包括国有独资公司以及其他有限责任公司。

①国有独资公司是指国家授权的投资机构或者国家授权的部门单独投资设立的有限责任公司。

②其他有限责任公司是指国有独资公司以外的其他有限责任公司。

(6)股份有限公司是指根据《中华人民共和国登记管理条例》规定登记注册，其全部注册资本由等额股份构成并通过发行股票筹集资本，股东以其认购的股份对公司承担有限责任，公司以其全部资产对其债务承担责任的经济组织。

(7)私营企业是指由自然人投资设立或由自然人控股，以雇佣劳动为基础的营利性经济组织。包括按照《公司法》、《合伙企业法》、《私营企业暂行条件》规定登记注册的私营有限责任公司、私营股份有限公司、私营合伙企业和私营独资企业。

①私营独资企业是指按《私营企业暂行条例》的规定，由一名自然人投资经营，以雇佣劳动为基础，投资者对企业债务承担无限责任的企业。

②私营合伙企业是指按《合伙企业法》或《私营企业暂行条例》的规定，由两个以上自然人按照协议共同投资、共同经营、共负盈亏，以雇佣劳动为基础，对债务承担无限责任的企业。

③私营有限责任公司是指按《公司法》、《私营企业暂行条例》的规定，由两个以上自然人投资或由单个自然人控股的有限责任公司。

④私营股份有限公司是指按《公司法》的规定，由五个以上自然人投资，或由单个自然人控股的有限公司。

(8)其他内资企业是指上述第(1)条至第(7)条之外的其他内资经济组织。

(9)与港澳台商合资经营企业是指港澳台地区投资者与内地的企业依照《中华人民共和国中外合资经营企业法》及有关法律的规定，按合同规定的比例投资设立、分享利润和分担风险的企业。

(10)与港澳台商合作经营企业是指港澳台地区投资者与内地企业依照《中华人民共和国中外合作经营企业法》及有关法律的规定，依照合作合同的约定进行投资或提供条件设立、分配利润和分担风险的企业。

(11)港澳台商独资经营企业是指依照《中华人民共和国外资企业法》及有关法律的规定，在内地由港澳台地区投资者全额投资设立的企业。

(12)港澳台商投资股份有限公司是指根据国家有关规定，经外经贸部依法批准设立，其中港、澳、台商的股本占公司注册资本的比例达25%以上的股份有限公司。凡其中港、澳、台商的股本占公司注册资本的比例小于25%的，属于内资企业中的股份有限公司。

(13)中外合资经营企业是指外国企业或外国人与中国内地企业依照《中华人民共和国中外合资经营企业法》及有关法律的规定，按合同规定的比例投资设立、分享利润和分担风险的企业。

(14)中外合作经营企业是指外国企业或外国人与中国内地企业依照《中华人民共和国中外合作经营企业法》及有关法律的规定，依照合作合同的约定进行投资或提供条件设立、分配利润和分担风险的企业。

(15)外资企业是指依照《中华人民共和国外资企业法》及有关法律的规定，在中国内地由外国投资者全额投资设立的企业。

(16)外商投资股份有限公司是指根据国家有关规定，经外经贸部依法批准设立，其中外资的股本占公司注册资本的比例达25%以上的股份有限公司。凡其中外资股本占公司注册资本的比例小于25%的,属于内资企业中的股份有限公司。

机关、事业单位和社会团体参照《企业登记注册类型与代码》,主要按其经费来源和管理方式划分。具体规定如下:

(1)机关包括国家机关和政党机关,原则上均列为“国有”。但有特殊规定的,如供销社等,则列为“集体”。

(2)事业单位包括经国家机构编制部门和有关业务主管部门批准成立的各类事业单位,不包括实行企业化管理的事业单位。事业单位的划分办法如下:

①由国家财政预算拨款或列入财政预算外资金管理以及经费主要来源于国有主管部门或国有上级单位的事业单位,列为“国有”。

②经费主要来源于集体单位的事业单位,列为“集体”。

③公民个人(或个人合伙)开办的事业单位,列为“私营”。

④上述以外的其他事业单位,如果其经费来源不明确,按管理方式进行归类。

(3)社会团体包括经民政部门批准成立以及未纳入社会团体管理条例范围的工会、妇联等各类社会团体。社会团体的划分办法如下:

①未纳入民政部社会团体管理条例范围的工会、妇联、共青团、青联、工商联、科协、侨联等社会团体,国家拨款设立的基金会或基金管理组织以及经费主要来源于国有业务主管部门或国有上级单位的社会团体,列为“国有”。

②经费主要来源于集体单位的社会团体,列为“集体”。

③公民个人(或个人合伙)开办的社会团体,划为“私营”。

④上述以外的其他社会团体,如果其经费来源不明确,改按管理方式进行归类。

平均增长速度 我国计算平均增长速度有两种方法:一种是习惯上经常使用的“水平法”,又称几何平均法,是以间隔期最后一年的水平同基期水平对比来计算平均每年增长(或下降)速度;另一种是“累计法”,又称代数平均法或方程法,是以间隔期内各年水平的总和同基期水平对比来计算平均每年增长(或下降)速度。在一般正常情况下,两种方法计算的平均每年增长速度比较接近;但在经济发展不平衡、出现大起大落时,两种方法计算的结果差别较大。

本《年鉴》内所列的平均增长速度,除固定资产投资用“累计法”计算外,其余均用“水平法”计算。从某年到某年平均增长速度的年份,均不包括基期年在内。如建国四十三年的平均增长速度是以1949年为基期计算的,则写为1950-1992年平均增长速度,其余类推。

国民经济核算

NATIONAL ACCOUNTS

4-1 各时期生产总值(按当年价格计算)

GROSS DOMESTIC PRODUCT IN EACH PERIOD

年份	生产总值(万元)	第一产业	第二产业		第三产业	人均生产总值(元)
				工业		
1952	38282	14464	11300	10907	12518	121
1957	66616	19282	22378	21840	24956	194
1962	62056	10271	24346	23610	27439	177
1965	96827	18837	44395	43388	33595	262
1970	136085	21582	76949	75571	37554	337
1975	162427	28985	86500	84614	46942	373
“五五”时期						
1976	181751	33447	99797	97215	48507	413
1977	199814	35831	112347	109811	51636	450
1978	235993	41633	133172	128910	61188	527
1979	265619	50144	147679	141048	67796	586
1980	288001	59580	158591	142369	69830	630
“六五”时期						
1981	315623	65646	176516	151131	73461	681
1982	360552	88026	185548	157894	86978	765
1983	420075	116162	204758	179572	99155	881
1984	479948	103502	254684	201017	121762	997
1985	613741	129221	318193	275447	166327	1263
“七五”时期						
1986	712831	148165	344782	286895	219884	1451
1987	845431	175195	402857	328783	267379	1699
1988	1142249	222330	570722	474895	349197	2266
1989	1258319	237692	615209	546591	405418	2466
1990	1382350	239283	673593	604274	469474	2666
“八五”时期						
1991	1633920	253797	765582	677340	614541	3109
1992	2078386	277408	983638	868539	817340	3928
1993	2707637	326614	1331453	1153600	1049570	5088
1994	3718760	494413	1768214	1544940	1456133	6946
1995	4735176	676399	2203700	1941631	1855077	8773
“九五”时期						
1996	5808366	742400	2749300	2383100	2316666	10701
1997	7099490	825200	3279700	2788668	2994590	12995
1998	8021619	902000	3664300	2984090	3455319	14549
1999	8813156	925171	3998006	3188000	3889979	15863
2000(调整前)	9521798	950125	4186077	3366075	4385596	16999
2000	9441315	960185	4147355	3319701	4333775	16855
“十五”时期						
2001	10579155	983242	4380564	3507175	5215349	18697
2002	11901167	1000514	5016352	4023830	5884300	20807
2003	13521540	1048068	5886754	4822007	6586718	23362
2004	16002700	1205800	7219300	6034000	7577600	27293
2005	18462792	1343400	8474679	7158669	8644713	28900
“十一五”时期						
2006	21615316	1451210	9971161	8441795	10192945	33480
2007	25001427	1502995	11287598	9548644	12210834	38301
2008	30067703	1750100	13130913	11152190	15186690	45563
2009	33409059	1870700	14335100	11913600	17203259	50219
2010	39105271	2151700	16374544	13524244	20579027	57947
“十二五”时期						
2011	44062889	2378573	18289700	15078800	23394616	64310
2012	48036696	2529161	19381399	16030799	26126136	69444

注:1. 2000年之后数据为经济普查调整口径。
2. 2005年之后人均生产总值为常住人口口径。

4-2 各时期生产总值环比指数(以上年为100)

CIRCLE INDICES OF GROSS DOMESTIC PRODUCT

年　　份	生产总值	第一产业	第二产业		第三产业	人均生产总值
				工　业		
1952	123.9	119.1	153.2	126.2	132.7	118.0
1957	97.5	91.7	89.0	92.3	112.7	95.7
1962	105.6	116.7	82.7	81.3	121.9	105.9
1965	120.8	120.4	138.8	132.9	105.3	120.7
1970	113.7	95.9	131.9	130.8	100.5	108.7
1975	139.0	121.5	160.4	167.8	117.6	133.9
“五五”时期						
1976	104.9	93.2	114.6	113.1	104.5	104.6
1977	106.8	95.0	112.3	113.9	106.3	104.7
1978	113.0	99.3	114.2	111.9	119.0	109.1
1979	112.1	120.0	110.5	109.0	110.4	110.8
1980	113.6	124.5	112.5	105.7	107.9	112.6
“六五”时期						
1981	109.5	110.1	111.2	106.1	105.1	108.0
1982	116.0	136.2	106.7	106.1	120.2	114.1
1983	117.0	132.5	110.8	114.2	114.5	115.6
1984	118.4	92.3	128.9	116.0	127.3	117.3
1985	105.4	102.9	103.0	112.9	112.6	104.4
“七五”时期						
1986	110.8	109.4	103.4	99.4	126.1	109.6
1987	112.2	111.9	110.5	108.4	115.0	110.8
1988	119.0	111.8	124.8	127.2	115.0	117.5
1989	103.2	100.1	101.0	107.8	108.8	101.9
1990	108.3	99.2	107.9	109.0	114.2	106.6
“八五”时期						
1991	112.8	101.2	108.5	107.0	124.9	111.3
1992	122.8	105.5	124.0	123.8	128.4	122.0
1993	121.4	109.7	126.1	123.8	119.7	120.7
1994	118.9	131.0	115.0	115.9	120.1	118.2
1995	113.3	121.7	110.9	111.8	112.3	112.4
“九五”时期						
1996	114.9	102.8	116.9	115.0	117.0	114.3
1997	119.6	108.8	116.7	114.5	126.3	118.8
1998	113.8	110.1	112.6	107.8	116.3	112.8
1999	113.1	109.5	111.8	110.6	115.4	112.2
2000	112.1	106.1	110.8	112.2	114.9	111.2
“十五”时期						
2001	112.1	104.0	109.8	111.0	115.9	110.9
2002	113.2	102.6	114.8	115.2	113.9	112.0
2003	114.5	104.6	118.2	121.9	113.0	113.2
2004	115.6	107.8	119.8	121.9	113.0	114.1
2005	115.6	106.0	117.4	119.8	115.4	114.2
“十一五”时期						
2006	115.7	106.0	117.2	119.3	115.6	114.4
2007	115.8	100.0	115.3	116.0	118.5	114.5
2008	113.0	105.0	110.0	110.7	116.8	111.8
2009	112.2	105.1	112.1	110.5	113.1	111.3
2010	112.7	104.9	111.0	110.7	114.9	111.1
“十二五”时期						
2011	110.6	104.4	111.7	112.2	110.3	108.9
2012	109.5	104.7	109.2	109.7	110.1	108.4

注:2005年后人均生产总值指数为常住人口口径。

4-3 资本形成总额(按当年价格计算)

BASIC STATISTICS ON GROSS CAPITAL FORMATION

单位:万元

指　　标	2009年	2010年	2011年	2012年
资本形成总额	17490485	20557304	23609893	24140144
一、固定资本形成总额	16969266	19676184	20748371	21390653
住　宅	3003100	3371426	3203114	4209797
非住宅建筑物	7095748	8044139	8822620	9748694
机器和设备	3275834	3514184	3713787	3984376
土地改良支出	26281	33947	62357	44788
矿藏勘探费	8273	12574	1372	4730
计算机软件	799696	1700000	1874997	2130000
其他	2829190	2999914	3070125	1268268
二、存货增加	521219	881120	2861521	2749492
农林牧渔业	-25482	-17214	24037	161773
工业	2760333	719146	538492	248136
建筑业	204281	86940	130654	188246
交通运输、仓储和邮政业	-139799	13755	-190	1791
批发和零售业	128800	-26384	203792	175842
住宿和餐饮业	1100	1216	-2815	157
房地产业	85420	103661	1967551	1973546
其他服务业	0	0	0	0

4-4 最终消费支出(按当年价格计算)

FINAL CONSUMPTION EXPENDITURE

单位:亿元

指　　标	2007年	2008年	2009年	2010年	2011年	2012年
最终消费支出	1171.15	1371.87	1517.38	1834.25	2139.05	2448.32
居民消费支出	820.82	940.61	1022.07	1197.34	1391.82	1574.06
农村居民	100.39	117.90	128.11	159.19	181.85	206.67
食品类支出	35.57	40.69	42.09	45.66	53.74	60.81
衣着类支出	5.60	6.32	6.74	7.24	8.99	10.16
居住类支出	8.40	9.56	8.90	23.76	24.82	30.13
家庭设备、用品及服务类支出	5.64	7.14	6.82	8.41	9.56	10.88
医疗保健类支出	6.96	9.86	10.12	13.96	20.73	23.83
公共医疗消费支出	1.15	2.04	—	—	—	—
交通和通信类支出	13.10	15.86	18.64	24.68	22.23	24.73
文教娱乐用品及服务类支出	11.74	11.46	12.07	10.47	9.70	10.75
金融中介服务虚拟支出	0.52	0.78	1.14	1.63	1.85	1.92
保险服务消费支出			5.38	5.92	7.22	7.74
自有住房服务虚拟支出	10.59	13.10	15.00	15.88	21.15	24.03
其他商品和服务类支出	1.12	1.10	1.21	1.58	1.88	1.69
城镇居民	720.43	822.71	893.96	1038.15	1209.97	1367.39
食品类支出	178.21	207.61	227.86	262.68	305.32	336.42
衣着类支出	62.54	70.44	75.96	106.35	127.65	138.84
居住类支出	68.15	79.24	87.29	103.67	108.38	123.43
家庭设备、用品及服务类支出	48.65	58.16	59.50	69.18	87.58	96.57
医疗保健类支出	51.10	66.10	70.30	73.60	91.37	100.39
公共医疗消费支出	13.52	19.96	—	—	—	—
交通和通信类支出	119.23	121.69	133.35	159.91	175.54	220.64
文教娱乐用品及服务类支出	88.40	98.82	98.13	106.11	123.12	143.21
金融中介服务虚拟支出	19.73	22.05	24.05	28.61	30.91	38.25
保险服务消费支出			9.46	10.47	13.13	14.61
自有住房服务虚拟支出	45.39	49.44	79.24	80.50	94.73	98.38
实物消费支出	4.98	5.27	4.04	5.99	5.72	5.71
其他商品和服务类支出	20.54	23.92	24.78	31.08	46.52	50.94
政府消费支出	350.33	431.26	495.31	636.91	747.23	874.26

注:从2009年开始"公共医疗消费支出"项目取消。

4-5 实际最终消费(按当年价格计算)

BASIC STATISTICS ON FINAL REAL CONSUMPTION EXPENDITURE

单位:亿元

指　　标	2007年	2008年	2009年	2010年	2011年	2012年
最终消费	1171.15	1371.87	1517.38	1834.25	2139.05	2448.32
居民消费	1009.05	1129.53	1239.06	1440.27	1676.83	1907.56
农村居民	133.57	139.85	153.36	187.70	215.30	245.83
食品类消费	38.86	40.99	42.44	46.03	54.17	61.32
衣着类消费	6.14	6.37	6.79	7.30	9.06	10.24
居住类消费	9.12	9.63	8.99	23.84	24.91	30.24
家庭设备、用品及服务类消费	6.09	7.19	6.88	8.47	9.63	10.97
医疗保健类消费	7.59	9.93	22.68	27.59	36.73	42.55
公共医疗消费	9.94	12.92	—	—	—	—
交通和通信类消费	13.85	15.98	18.78	24.84	22.42	24.95
文教娱乐用品及服务类消费	28.70	21.76	23.90	24.42	26.07	29.90
金融中介服务虚拟消费	0.56	0.78	1.14	1.64	1.86	1.94
保险服务消费支出			5.43	5.97	7.27	7.80
自有住房服务虚拟消费	11.47	13.20	15.12	16.01	21.31	24.21
其他商品和服务类消费	1.23	1.11	1.22	1.59	1.89	1.71
城镇居民	875.48	989.69	1085.69	1252.57	1461.53	1661.73
食品类消费	188.10	209.15	229.64	264.67	307.66	339.16
衣着类消费	66.01	70.96	76.56	107.01	128.43	139.75
居住类消费	71.58	79.82	87.97	104.43	109.28	124.48
家庭设备、用品及服务类消费	51.02	58.59	60.00	69.70	88.19	97.28
医疗保健类消费	54.35	66.59	154.51	168.29	202.47	230.37
公共医疗消费	59.79	92.95	—	—	—	—
交通和通信类消费	124.97	122.59	134.39	161.08	176.90	222.24
文教娱乐用品及服务类消费	162.44	187.61	200.12	219.50	256.15	298.85
金融中介服务虚拟消费	20.96	22.21	24.24	28.82	31.16	38.54
保险服务消费支出			9.54	10.55	13.23	14.73
自有住房服务虚拟消费	48.01	49.81	79.67	81.19	95.54	99.33
实物消费消费	6.39	5.31	4.08	6.03	5.76	5.76
其他商品和服务类消费	21.87	24.10	24.98	31.30	46.77	51.24
政府消费	162.10	242.34	278.33	393.98	462.22	540.76

注:从2009年开始“公共医疗消费支出”项目取消。

4-6 生产总值分布

DISTRIBUTION OF GROSS DOMESTIC PRODUCT

单位:亿元

年份	政府最终消费	居民最终消费	国内总投资	国内储蓄总额	资金差额
GDP分布					
1990	14.63	52.28	54.12	71.36	17.24
“八五”时期					
1991	16.43	60.70	56.35	86.26	29.91
1992	20.06	71.02	80.23	116.76	36.53
1993	22.75	90.63	122.66	157.38	34.71
1994	25.57	122.10	152.31	224.21	71.90
1995	34.93	197.61	190.05	240.98	50.93
“九五”时期					
1996	50.21	240.49	236.98	290.14	53.16
1997	98.69	291.30	246.44	319.96	73.52
1998	100.52	347.78	285.39	353.86	68.47
1999	126.27	362.71	347.37	392.34	44.97
2000	132.05	332.70	398.13	479.38	81.25
“十五”时期					
2001	146.90	357.84	418.38	553.18	134.79
2002	161.84	401.23	500.89	627.04	126.16
2003	184.97	430.62	562.41	736.57	174.15
2004	206.80	457.71	760.12	935.75	175.63
2005	223.46	522.10	1017.39	1100.72	83.33
“十一五”时期					
2006	285.51	621.65	1126.39	1254.37	127.98
2007	350.33	820.82	1286.16	1328.99	42.83
2008	431.26	940.61	1577.87	1634.90	57.03
2009	495.31	1022.07	1749.05	1823.53	74.48
2010	636.91	1197.34	2055.73	2076.28	20.55
“十二五”时期					
2011	747.23	1391.82	2360.99	2267.24	-93.75
2012	874.26	1574.06	2414.01	2355.35	-58.66

4-7 生产总值(分行业、按当年价格计算)

VALUE OF GROSS DOMESTIC PRODUCT

单位:亿元

指　　标	2007年	2008年	2009年	2010年	2011年	2012年
地区生产总值	2500.14	3006.77	3340.91	3910.53	4406.29	4803.67
第一产业	150.30	175.01	187.07	215.17	237.86	252.92
农林牧渔业	150.30	175.01	187.07	215.17	237.86	252.92
农　业	97.13	108.91	120.34	149.43	152.55	160.77
林　业	5.31	7.71	8.34	4.73	5.69	6.68
畜牧业	42.46	51.79	51.22	53.08	70.61	75.28
渔　业	1.90	2.88	2.88	3.02	3.35	3.54
农林牧渔服务业	3.50	3.72	4.29	4.91	5.66	6.65
第二产业	1128.76	1313.09	1433.51	1637.45	1828.97	1938.14
工　业	954.86	1115.22	1191.36	1352.42	1507.88	1603.08
采矿业	12.49	11.94	26.60	31.64	34.11	33.21
制造业	909.07	1068.52	1073.42	1194.23	1299.80	1490.91
电力、燃气及水的生产和供应业	33.30	34.76	91.34	126.56	173.98	78.96
建筑业	173.90	197.87	242.15	285.03	321.09	335.06
房屋和土木工程建筑业	130.54	146.84	193.94	233.87	265.87	279.09
建筑安装业	28.91	33.52	36.02	38.26	38.41	40.22
建筑装饰业	8.85	11.20	7.51	7.78	11.77	13.03
其他建筑业	5.60	6.30	4.69	5.12	5.04	2.72
第三产业	1221.08	1518.67	1720.33	2057.90	2339.46	2612.61
交通运输、仓储及邮政业	149.02	173.70	200.27	236.81	296.61	320.41
铁路运输业	45.27	46.89	52.01	56.18	60.70	65.55
道路运输业	61.42	79.41	96.68	118.25	152.71	170.27
城市公共交通业	16.68	13.26	13.62	14.71	17.08	18.99
水上运输业	0.75	0.52	0.60	0.73	0.94	1.05
航空运输业	10.85	15.40	17.01	24.76	33.73	27.71
管道运输业	0.63	1.02	1.20	1.36	1.37	1.40
装卸搬运和其他运输服务业	8.10	9.98	11.84	13.55	21.59	21.64
仓储业	3.88	5.94	5.79	6.09	7.18	10.97
邮政业	1.42	1.29	1.52	1.19	1.30	2.83
信息传输、计算机服务和软件业	55.03	62.56	66.24	116.38	136.70	152.10
电信和其他信息传输服务来	32.20	33.96	30.95	31.15	29.93	28.80
计算机服务业	12.21	14.54	17.95	25.14	31.67	37.99
软件业	10.62	14.06	17.33	60.09	75.10	85.31
批发和零售业	308.14	389.57	416.50	476.43	522.96	588.50
批发业	140.85	198.75	234.13	288.90	335.52	381.87
零售业	167.29	190.82	182.37	187.53	187.44	206.64
住宿和餐饮业	95.89	122.13	125.55	142.81	143.73	149.52
住宿业	12.55	15.84	12.43	16.44	16.77	17.68

4-7续

指　　标	2007年	2008年	2009年	2010年	2011年	2012年
餐饮业	83.34	106.29	113.12	126.37	126.96	131.84
金融业	130.88	191.20	240.21	288.33	330.14	411.34
银行业	110.80	120.19	164.58	226.00	278.34	357.71
证券业	8.03	56.04	60.51	47.28	32.05	26.87
保险业	8.64	9.85	10.02	5.37	6.43	6.99
其他金融活动	3.41	5.11	5.10	9.68	13.32	19.77
房地产业	104.14	134.55	172.63	220.79	254.98	273.94
房地产开发经营业	39.80	58.37	62.40	83.08	99.19	100.31
物业管理业	12.02	13.33	18.69	28.65	31.55	32.35
房地产中介服务业	5.15	7.22	10.13	15.53	17.11	17.62
其他房地产活动	2.61	5.15	7.21	11.05	12.20	13.03
居民自有住房服务业	44.57	50.49	74.20	82.48	94.94	110.62
租赁和商务服务业	54.10	68.94	88.71	107.32	131.18	145.29
租赁业	2.77	3.89	4.92	7.01	8.39	12.30
商务服务业	51.33	65.05	83.78	100.31	122.79	132.99
科学研究、技术服务和地质勘查业	39.43	52.45	57.79	63.63	69.22	69.36
研究与试验发展	13.27	17.97	19.95	18.95	22.14	22.85
专业技术服务业	19.68	26.19	27.36	32.94	33.95	33.78
科技交流和推广服务业	3.74	4.96	6.74	7.16	7.87	7.46
地质勘查业	2.75	3.32	3.74	4.58	5.27	5.27
水利、环境和公共设施管理业	11.70	13.84	12.18	13.84	13.62	14.05
水利管理业	3.82	4.62	5.06	6.06	5.91	6.21
环境管理业	1.72	2.13	2.46	2.90	2.54	0.07
公共设施管理业	6.15	7.08	4.67	4.87	5.17	7.77
居民服务和其他服务业	29.15	29.58	32.95	40.75	46.88	52.01
居民服务业	18.58	16.53	18.41	22.77	26.18	29.03
其他服务业	10.57	13.05	14.53	17.98	20.70	22.98
教　育	82.20	97.63	109.66	116.49	123.09	128.09
卫生、社会保障和社会福利业	51.25	55.47	64.87	87.30	105.00	127.60
卫生	41.90	48.46	56.31	74.52	95.70	117.78
社会保障业	8.03	5.23	6.37	9.46	7.11	7.48
社会福利业	1.32	1.78	2.19	3.32	2.19	2.34
文化、体育和娱乐业	19.22	20.84	23.60	28.01	28.40	32.21
新闻出版业	7.96	8.71	9.99	10.94	11.82	11.59
广播、电视、电影和音像业	4.82	4.93	5.27	6.65	6.97	10.52
文化艺术业	3.37	3.95	4.26	5.84	4.46	4.19
体育	1.10	1.40	2.08	2.21	2.47	2.55
娱乐业	1.97	1.84	2.01	2.37	2.68	3.37
公共管理和社会组织	90.93	106.22	109.18	119.01	136.93	148.19

4-8 生产总值贡献率(分行业、按不变价格计算)

DISTRIBUTION RATE OF GROSS DOMESTIC PRODUCT(CALCULATED AT CURRENT PRICES) 单位:%

指 标	2007年	2008年	2009年	2010年	2011年	2012年
生产总值贡献率	100.0	100.0	100.0	100.0	100.0	100.0
第一产业	0.0	2.2	2.3	1.9	2.3	2.6
农林牧渔业	0.0	2.2	2.3	1.9	2.3	2.6
农 业	0.1	1.7	1.3	2.3	-1.3	1.4
林 业	0.1	0.1	0.0	-0.6	0.2	0.2
畜牧业	-0.3	0.3	1.0	0.2	3.3	0.8
渔 业	0.0	0.0	0.0	0.0	0.0	0.0
农林牧渔服务业	0.1	0.1	0.0	0.1	0.1	0.2
第二产业	45.0	35.7	44.6	39.1	46.2	41.2
工 业	40.6	33.1	33.8	32.6	39.9	36.0
采矿业	0.7	-0.4	3.9	1.1	0.6	0.0
制造业	37.2	33.0	15.0	23.3	27.5	58.7
电力、燃气及水的生产和供应业	2.8	0.5	14.8	8.2	11.7	-22.7
建筑业	4.4	2.6	10.8	6.5	6.3	5.2
房屋和土木工程建筑业	3.0	1.5	11.5	6.3	5.8	4.7
建筑安装业	0.9	0.6	0.6	0.1	-0.2	0.6
建筑装饰业	0.4	0.4	-0.9	0.0	0.9	0.4
其他建筑业	0.1	0.1	-0.4	0.0	-0.1	-0.5
第三产业	55.0	62.1	53.1	59.0	51.5	56.2
交通运输、仓储及邮政业	6.2	5.3	12.4	6.4	13.0	5.4
铁路运输业	0.5	-0.5	1.2	1.1	0.8	1.1
道路运输业	4.7	4.7	9.7	3.1	7.6	4.1
城市公共交通业	-0.9	-1.1	0.1	0.2	0.5	0.4
水上运输业	-0.1	-0.1	0.1	0.2	0.0	0.0
航空运输业	1.1	1.3	0.9	1.2	2.0	-1.5
管道运输业	0.1	0.1	0.1	0.0	0.0	0.0
装卸搬运和其他运输服务业	0.5	0.4	0.5	0.4	1.8	0.0
仓储业	0.4	0.5	-0.1	0.1	0.2	0.9
邮政业	-0.1	-0.1	0.0	0.1	0.0	0.4
信息传输、计算机服务和软件业	3.1	1.5	2.9	7.7	4.7	3.5
电信和其他信息传输服务来	1.2	0.0	-0.3	0.1	-0.3	-0.3
计算机服务业	0.9	0.5	2.9	2.6	1.5	1.5
软件业	1.0	0.9	0.3	5.1	3.5	2.3
批发和零售业	17.1	16.4	10.5	12.4	7.6	13.5
批发业	11.5	13.3	10.6	11.8	9.5	9.4
零售业	5.6	3.1	-0.1	0.6	-1.8	4.1
住宿和餐饮业	4.9	3.9	2.0	3.4	-0.6	1.0
住宿业	0.6	0.5	-0.1	1.1	0.1	0.2

4-8续

指　　标	2007年	2008年	2009年	2010年	2011年	2012年
餐饮业	4.3	3.4	2.1	2.4	-0.7	0.8
金融业	5.3	13.7	8.7	8.8	7.0	17.5
银行业	2.9	-0.6	9.4	11.9	10.0	17.3
证券业	1.9	13.2	0.1	-3.0	-4.0	-1.3
保险业	0.2	0.5	-0.4	-1.0	0.2	0.1
其他金融活动	0.3	0.7	-0.4	0.9	0.8	1.4
房地产业	4.7	5.4	5.3	8.3	4.9	3.5
房地产开发经营业	3.2	3.9	0.7	3.6	3.1	0.0
物业管理业	0.3	0.0	1.3	2.1	0.4	0.1
房地产中介服务业	0.3	0.6	0.7	1.2	0.2	0.1
其他房地产活动	0.2	0.4	0.4	0.7	0.2	0.2
居民自有住房服务业	0.7	0.5	2.1	0.6	1.0	3.1
租赁和商务服务业	3.0	3.3	5.4	3.6	5.2	2.6
租赁业	0.2	0.3	0.4	0.3	0.3	0.9
商务服务业	2.7	3.0	5.1	3.2	4.9	1.7
科学研究、技术服务和地质勘查业	2.8	3.5	1.0	0.5	1.0	-0.4
研究与试验发展	1.0	1.3	0.4	-0.6	0.7	0.0
专业技术服务业	1.4	1.8	0.1	1.0	0.1	-0.3
科技交流和推广服务业	0.3	0.3	0.4	0.1	0.1	-0.1
地质勘查业	0.1	0.1	0.0	0.0	0.1	0.0
水利、环境和公共设施管理业	0.2	0.2	-0.3	-0.2	-0.1	0.0
水利管理业	0.1	0.1	0.1	-0.1	-0.1	0.0
环境管理业	0.0	0.0	0.1	0.0	-0.1	-0.6
公共设施管理业	0.1	0.1	-0.5	-0.1	0.0	0.6
居民服务和其他服务业	-0.2	0.0	0.7	1.8	1.3	0.9
居民服务业	-0.8	-0.7	0.4	1.0	0.7	0.5
其他服务业	0.5	0.7	0.3	0.8	0.6	0.4
教　育	3.5	4.0	2.8	1.1	1.0	0.5
卫生、社会保障和社会福利业	0.4	0.9	0.9	3.5	3.8	4.7
卫生	1.5	1.6	0.6	2.6	4.7	4.7
社会保障业	-1.2	-0.9	0.3	0.6	-0.6	0.0
社会福利业	0.1	0.1	0.1	0.2	-0.3	0.0
文化、体育和娱乐业	0.3	0.3	0.7	1.1	0.0	0.7
新闻出版业	0.2	0.1	0.3	0.2	0.2	-0.1
广播、电视、电影和音像业	0.0	0.0	0.1	0.3	0.0	0.8
文化艺术业	0.1	0.1	0.1	0.4	-0.4	-0.1
体育	0.1	0.1	0.2	0.0	0.1	0.0
娱乐业	-0.1	-0.1	0.0	0.1	0.1	0.1
公共管理和社会组织	3.7	3.8	0.1	0.7	2.6	2.8

4-9 生产总值行业比重(按当年价格计算)

RATIO OF GROSS DOMESTIC PRODUCT(CALCULATED AT CURRENT PRICES)

单位:%

指 标	2007年	2008年	2009年	2010年	2011年	2012年
生产总值比重	100.0	100.0	100.0	100.0	100.0	100.0
第一产业	6.0	5.8	5.6	5.5	5.4	5.3
农林牧渔业	6.0	5.8	5.6	5.5	5.4	5.3
农 业	3.9	3.6	3.6	3.8	3.5	3.4
林 业	0.2	0.3	0.2	0.1	0.1	0.1
畜牧业	1.7	1.7	1.5	1.4	1.6	1.6
渔 业	0.1	0.1	0.1	0.1	0.1	0.1
农林牧渔服务业	0.1	0.1	0.1	0.1	0.1	0.1
第二产业	45.1	43.7	42.9	41.9	41.5	40.3
工 业	38.2	37.1	35.7	34.6	34.2	33.3
采矿业	0.5	0.4	0.8	0.8	0.8	0.7
制造业	36.4	35.5	32.1	30.5	29.5	31.0
电力、燃气及水的生产和供应业	1.3	1.2	2.7	3.2	3.9	1.6
建筑业	7.0	6.6	7.2	7.3	7.3	7.0
房屋和土木工程建筑业	5.2	4.9	5.8	6.0	6.0	5.8
建筑安装业	1.2	1.1	1.1	1.0	0.9	0.8
建筑装饰业	0.4	0.4	0.2	0.2	0.3	0.3
其他建筑业	0.2	0.2	0.1	0.1	0.1	0.1
第三产业	48.8	50.5	51.5	52.6	53.1	54.4
交通运输、仓储及邮政业	6.0	5.8	6.0	6.1	6.7	6.7
铁路运输业	1.8	1.6	1.6	1.4	1.4	1.4
道路运输业	2.5	2.6	2.9	3.0	3.5	3.5
城市公共交通业	0.7	0.4	0.4	0.4	0.4	0.4
水上运输业	0.0	0.0	0.0	0.0	0.0	0.0
航空运输业	0.4	0.5	0.5	0.6	0.8	0.6
管道运输业	0.0	0.0	0.0	0.0	0.0	0.0
装卸搬运和其他运输服务业	0.3	0.3	0.4	0.3	0.5	0.5
仓储业	0.2	0.2	0.2	0.2	0.2	0.2
邮政业	0.1	0.0	0.0	0.0	0.0	0.1
信息传输、计算机服务和软件业	2.2	2.1	2.0	3.0	3.1	3.2
电信和其他信息传输服务来	1.3	1.1	0.9	0.8	0.7	0.6
计算机服务业	0.5	0.5	0.5	0.6	0.7	0.8
软件业	0.4	0.5	0.5	1.5	1.7	1.8
批发和零售业	12.3	13.0	12.5	12.2	11.9	12.2
批发业	5.6	6.6	7.0	7.4	7.6	7.9
零售业	6.7	6.3	5.5	4.8	4.3	4.3
住宿和餐饮业	3.8	4.1	3.8	3.7	3.3	3.1
住宿业	0.5	0.5	0.4	0.4	0.4	0.4

4-9续

指　　标	2007年	2008年	2009年	2010年	2011年	2012年
餐饮业	3.3	3.5	3.4	3.2	2.9	2.7
金融业	5.2	6.4	7.2	7.4	7.5	8.5
银行业	4.4	4.0	4.9	5.8	6.3	7.4
证券业	0.3	1.9	1.8	1.2	0.7	0.6
保险业	0.3	0.3	0.3	0.1	0.1	0.1
其他金融活动	0.1	0.2	0.2	0.2	0.3	0.4
房地产业	4.2	4.5	5.2	5.6	5.8	5.7
房地产开发经营业	1.6	1.9	1.9	2.1	2.3	2.1
物业管理业	0.5	0.4	0.6	0.7	0.7	0.7
房地产中介服务业	0.2	0.2	0.3	0.4	0.4	0.4
其他房地产活动	0.1	0.2	0.2	0.3	0.3	0.3
居民自有住房服务业	1.8	1.7	2.2	2.1	2.2	2.2
租赁和商务服务业	2.2	2.3	2.7	2.7	3.0	3.0
租赁业	0.1	0.1	0.1	0.2	0.2	0.3
商务服务业	2.1	2.2	2.5	2.6	2.8	2.7
科学研究、技术服务和地质勘查业	1.6	1.7	1.7	1.6	1.6	1.4
研究与试验发展	0.5	0.6	0.6	0.5	0.5	0.5
专业技术服务业	0.8	0.9	0.8	0.8	0.8	0.6
科技交流和推广服务业	0.1	0.2	0.2	0.2	0.2	0.2
地质勘查业	0.1	0.1	0.1	0.1	0.1	0.1
水利、环境和公共设施管理业	0.5	0.5	0.4	0.4	0.3	0.3
水利管理业	0.2	0.2	0.2	0.2	0.1	0.1
环境管理业	0.1	0.1	0.1	0.1	0.1	0.0
公共设施管理业	0.2	0.2	0.1	0.1	0.1	0.2
居民服务和其他服务业	1.2	1.0	1.0	1.0	1.1	1.1
居民服务业	0.7	0.5	0.6	0.6	0.6	0.6
其他服务业	0.4	0.4	0.4	0.5	0.5	0.5
教　育	3.3	3.2	3.3	3.0	2.8	2.7
卫生、社会保障和社会福利业	2.0	1.8	1.9	2.2	2.4	2.7
卫生	1.7	1.6	1.7	1.9	2.2	2.5
社会保障业	0.3	0.2	0.2	0.2	0.2	0.2
社会福利业	0.1	0.1	0.1	0.1	0.0	0.0
文化、体育和娱乐业	0.8	0.7	0.7	0.7	0.6	0.7
新闻出版业	0.3	0.3	0.3	0.3	0.3	0.2
广播、电视、电影和音像业	0.2	0.2	0.2	0.2	0.2	0.2
文化艺术业	0.1	0.1	0.1	0.1	0.1	0.1
体育	0.0	0.0	0.1	0.1	0.1	0.1
娱乐业	0.1	0.1	0.1	0.1	0.1	0.1
公共管理和社会组织	3.6	3.5	3.3	3.0	3.1	3.1

4-10 县(市)区生产总值(2012年)

VALUE AND COMPOSITION OF GROSS DOMESTIC PRODUCT BY REGION(2012)

单位:亿元

指标	济南市	历下区	市中区	槐荫区	天桥区	历城区
地区生产总值	4803.7	837.3	557.6	281.6	295.6	634.7
第一产业	252.9		3.6	3.7	3.5	39.0
第二产业	1938.1	142.0	101.7	73.9	74.6	269.5
工业	1603.1	88.2	62.2	39.4	27.0	217.2
建筑业	335.1	53.8	39.5	34.5	47.6	52.3
第三产业	2612.6	695.3	452.3	204.0	217.5	326.2
交通运输、仓储及邮政业	320.4	60.7	7.8	9.1	19.7	44.2
批发和零售业	588.5	116.7	66.9	63.2	78.5	112.4
住宿和餐饮业	149.5	43.3	21.3	10.3	12.3	18.3
金融业	411.3	171.8	141.3	8.1	18.0	7.5
房地产业	273.9	63.7	40.9	32.3	25.5	31.1
营利性服务业	381.6	119.2	91.2	30.5	23.8	38.1
信息传输、计算机服务和软件业	152.1	35.8	48.0	2.3	4.5	11.1
其他营利性服务业	229.5	83.4	43.2	28.2	19.3	27.0
非营利性服务业	487.3	121.0	82.8	50.6	39.7	74.6
公共管理和社会组织	148.2	29.7	34.1	11.3	7.8	19.7
其他非营利性服务业	339.1	90.3	48.7	39.3	31.9	54.9

续表

指标	长清区	平阴县	济阳县	商河县	章丘市	高新区
地区生产总值	204.4	164.3	199.3	128.4	678.8	444.2
第一产业	26.6	25.9	43.6	38.5	68.4	
第二产业	85.8	90.7	102.1	50.4	409.2	256.7
工业	66.6	81.7	89.0	42.5	361.2	246.6
建筑业	19.2	9.0	13.2	8.0	48.0	10.0
第三产业	92.0	47.7	53.6	39.5	201.3	187.5
交通运输、仓储及邮政业	10.8	12.0	4.2	4.7	36.3	40.3
批发和零售业	14.7	10.2	17.1	9.4	69.0	30.6
住宿和餐饮业	7.3	4.8	5.1	3.8	19.9	3.0
金融业	6.3	4.4	3.1	3.4	14.3	7.9
房地产业	16.1	5.0	9.2	7.1	18.9	24.1
营利性服务业	6.2	1.8	4.4	3.3	8.3	55.0
信息传输、计算机服务和软件业	2.2	0.5	0.3	0.0	2.8	44.6
其他营利性服务业	4.0	1.3	4.0	3.2	5.5	10.4
非营利性服务业	30.7	9.5	10.5	7.7	34.6	26.6
公共管理和社会组织	16.1	4.4	4.8	2.8	12.3	5.2
其他非营利性服务业	14.6	5.1	5.6	4.9	22.3	21.4

4-11 地区生产总值收入法构成(2012年)

COMPOSITION OF GROSS DOMESTIC PRODUCT(2012)

单位:亿元

指　　标	增加值	劳动者报酬	生产税净额	固定资产折旧	营业盈余
地区生产总值	4803.67	1996.65	833.47	615.36	1358.19
第一产业	252.92	247.49	-2.64	8.06	
农林牧渔业	252.92	247.49	-2.64	8.06	
农　业	160.77	158.29	-2.64	5.13	
林　业	6.68	6.47		0.21	
畜牧业	75.28	72.88		2.40	
渔　业	3.54	3.42		0.11	
农林牧渔服务业	6.65	6.44		0.21	
第二产业	1938.14	602.27	461.57	262.07	612.23
工　业	1603.08	418.43	397.20	239.60	547.85
采矿业	33.21	12.65	8.64	3.32	8.60
制造业	1490.91	385.46	382.57	205.40	517.48
电力、燃气及水的生产和供应业	78.96	20.32	6.00	30.88	21.76
建筑业	335.06	183.83	64.37	22.48	64.38
房屋和土木工程建筑业	279.09	143.04	58.97	21.37	55.70
建筑安装业	40.22	35.39	1.88	0.54	2.40
建筑装饰业	13.03	4.19	3.02	0.34	5.48
其他建筑业	2.72	1.21	0.50	0.22	0.79
第三产业	2612.61	1146.89	374.54	345.22	745.96
交通运输、仓储及邮政业	320.41	118.37	33.05	71.12	97.88
铁路运输业	65.55	19.75	14.11	9.38	22.31
道路运输业	170.27	47.31	12.77	51.10	59.09
城市公共交通业	18.99	17.30	-3.51	3.88	1.31
水上运输业	1.05	0.47	0.10	0.16	0.31
航空运输业	27.71	6.99	7.44	4.02	9.27
管道运输业	1.40	0.14	0.22	0.16	0.88
装卸搬运和其他运输服务业	21.64	17.65	0.64	1.18	2.17
仓储业	10.97	6.30	1.17	1.11	2.39
邮政业	2.83	2.45	0.11	0.12	0.15
信息传输、计算机服务和软件业	152.10	47.46	40.65	10.86	53.12
电信和其他信息传输服务业	28.80	3.01	9.85	5.73	10.21
计算机服务业	37.99	13.65	3.89	3.25	17.21
软件业	85.31	30.81	26.92	1.89	25.70
批发和零售业	588.50	252.21	160.68	32.23	143.38
批发业	381.87	120.46	121.11	19.61	120.69
零售业	206.64	131.76	39.58	12.62	22.68
住宿和餐饮业	149.52	129.08	6.12	11.46	2.85
住宿业	17.68	11.08	2.12	3.73	0.75

4－11续

指　　标	增加值	劳动者报酬	生产税净额	固定资产折　旧	营业盈余
餐饮业	131.84	118.00	4.00	7.73	2.10
金融业	411.34	75.73	39.93	8.64	287.05
银行业	357.71	51.73	35.38	6.57	264.04
证券业	26.87	11.11	1.63	1.37	12.77
保险业	6.99	11.87	2.23	0.54	-7.65
其他金融活动	19.77	1.02	0.69	0.16	17.90
房地产业	273.94	29.71	50.72	122.68	70.82
房地产开发经营业	100.31	12.29	41.99	2.62	43.41
物业管理业	32.35	10.06	4.10	4.12	14.07
房地产中介服务业	17.62	3.65	2.62	2.86	8.49
其他房地产活动	13.03	3.70	2.01	2.46	4.86
居民自有住房服务业	110.62	0.00	0.00	110.62	0.00
租赁和商务服务业	145.29	58.81	17.67	20.59	48.22
租赁业	12.30	7.15	1.07	0.90	3.18
商务服务业	132.99	51.66	16.59	19.70	45.04
科学研究、技术服务和地质勘查业	69.36	34.45	8.45	4.74	21.73
研究与试验发展	22.85	8.50	4.72	1.39	8.25
专业技术服务业	33.78	18.22	2.79	1.66	11.12
科技交流和推广服务业	7.46	3.59	0.51	1.49	1.87
地质勘查业	5.27	4.14	0.43	0.21	0.49
水利、环境和公共设施管理业	14.05	7.34	0.38	5.07	1.25
水利管理业	6.21	3.02	0.11	2.85	0.23
环境管理业	0.07	0.07	0.00	0.00	0.00
公共设施管理业	7.77	4.25	0.27	2.21	1.03
居民服务和其他服务业	52.01	40.31	4.94	2.59	4.16
居民服务业	29.03	23.88	2.00	1.45	1.70
其他服务业	22.98	16.43	2.94	1.14	2.46
教　育	128.09	112.87	1.91	12.95	0.37
卫生、社会保障和社会福利业	127.60	104.84	3.25	9.02	10.50
卫生	117.78	95.66	3.23	8.86	10.03
社会保障业	7.48	7.08	0.00	0.07	0.33
社会福利业	2.34	2.10	0.01	0.09	0.13
文化、体育和娱乐业	32.21	19.31	6.39	3.16	3.34
新闻出版业	11.59	6.10	2.21	1.03	2.26
广播、电视、电影和音像业	10.52	5.90	3.56	1.05	0.00
文化艺术业	4.19	3.58	0.08	0.42	0.11
体育	2.55	2.10	0.06	0.14	0.26
娱乐业	3.37	1.63	0.48	0.54	0.72
公共管理和社会组织	148.19	116.40	0.41	30.10	1.28

4-12 重点服务业企业分行业主要经济指标(2012年)

MAIN INDICATORS OF ENTERPRIESE IN SERVICE INDUSTRY BY SECTOR(2012)

指　　标	单位	合　计	交通运输、仓储和邮政业	教育	居民服务、修理和其他服务业	科学研究和技术服务业	水利、环境和公共设施管理业
单位数	个	805	188	33	14	99	20
固定资产原价	万元	21680270	2657204	120595	2308	174224	188234
本年折旧	万元	1602937	197966	9001	426	34042	27568
折旧率	万元	119.2	7.5	7.5	18.4	19.5	14.6
营业收入	万元	11859184	2199686	69214	28232	673397	65498
营业税金及附加	万元	357667	68153	2017	580	21577	2565
税金	万元	37026	4893	114	193	1485	169
营业利润	万元	2313217	66086	280	287	76647	7740
利润总额	万元	2420818	125995	-133	247	81781	8035
应付职工薪酬(本年贷方累计发生额)	万元	1462702	289854	21095	5574	121589	8158
从业人员平均人数	人	184490	51868	4624	1999	13781	3383
人均工资	万元	55182	4978	3442	2938	9130	2025
应交增值税	万元	22346	3551	3	882	487	6
增加值	万元	5795896	630501	32510	7941	255827	46205

4-12续

指　　标	单　位	卫生和社会工作	文化、体育和娱乐业	信息传输、软件和信息技术服务业	租赁和商务服务业	物业管理	房地产中介服务
单位数	个	26	28	138	168	85	6
固定资产原价	万元	21456	114210	16550398	1788733	61358	1550
本年折旧	万元	3021	4510	1214936	106556	4715	196
折旧率	万元	14.1	3.9	7.3	6.0	7.7	12.7
营业收入	万元	37845	234983	6992999	1446188	99654	11487
营业税金及附加	万元	129	9712	208098	38584	5567	686
税金	万元	22	1327	15557	11993	1239	36
营业利润	万元	-409	73321	1587740	501973	-2177	1729
利润总额	万元	-1716	79510	1617358	509356	-1282	1667
应付职工薪酬(本年贷方累计发生额)	万元	9042	22651	784092	158889	37734	4025
从业人员平均人数	人	2582	2694	59953	25984	16307	1315
人均工资	万元	2391	8479	12107	5254	1847	2593
应交增值税	万元	4	4626	11773	958	57	0
增加值	万元	11808	116146	3822197	818953	47136	6672

主要统计指标解释

EXPLANATORY NOTES ON MAIN STATISTICAL INDICATORS

国民生产总值(GNP) 指一个国家(或地区)所有常住单位在一定时期内收入初次分配的最终结果。一国常住单位从事生产活动所创造的增加值在初次分配中主要分配给该国的常住单位,但也有一部分以生产税及进口税(扣除生产和进口补贴)、劳动者报酬和财产收入等形式分配给非常住单位;同时,国外生产所创造的增加值也有一部分以生产税及进口税(扣除生产和进口补贴)、劳动者报酬和财产收入等形式分配给该国的常住单位,从而产生了国民生产总值的概念。它等于国内生产总值加上来自国外的净要素收入。与国内生产总值不同,国民生产总值是个收入概念,而国内生产总值是个生产概念。

国内生产总值(GDP)指一个国家(或地区)所有常住单位在一定时期内生产活动的最终成果。国内生产总值有三种表现形态,即价值形态、收入形态和产品形态。从价值形态看,它是所有常住单位在一定时期内生产的全部货物和服务价值超过同期中间投入的全部非固定资产货物和服务价值的差额,即所有常住单位的增加值之和;从收入形态看,它是所有常住单位在一定时期内创造并分配给常住单位和非常住单位的初次收入分配之和;从产品形态看,它是所有常住单位在一定时期内最终使用的货物和服务价值与货物和服务净出口价值之和。在实际核算中,国内生产总值有三种计算方法,即生产法、收入法和支出法。三种方法分别从不同的方面反映国内生产总值及其构成。国统字[2004]4号文规定:地区GDP的中文名称改为"地区生产总值"。

生产法 生产法是从生产过程中生产的货物和服务总产品价值入手,剔除生产过程中投入的中间产品的价值,得到增加价值的一种方法。计算公式为:

增加值=总产出-中间投入

将国民经济各行业的增加值相加,得到国内生产总值。

总产出、中间投入和增加值具有相同的生产范围,即常住生产单位货物和服务的生产。它不仅包括常住生产单位为其他单位提供的货物和服务的生产,而且包括为本单位使用的货物和服务的生产,但是,住户为自己最终消费生产的服务,只计算自有住房服务和付酬家庭雇员提供的服务,不包括住户成员为本住户最终消费而生产的自给性家庭服务。

收入法 收入法也称为分配法。按收入法计算生产总值是从生产过程创造收入的角度,对常住单位的生产活动成果进行核算。按照这种计算方法,增加值由劳动者报酬、生产税净额、固定资产折旧和营业盈余四个部分组成。计算公式为:

增加值=劳动者报酬+生产税净额+固定资产折旧+营业盈余

国民经济各部门的增加值之和等于生产总值。

在计算劳动者报酬时,需要注意作为劳动者报酬的实物性收入与中间消耗的界限。如果生产单位为其从事生产活动的劳动者提供的货物或服务,可以由劳动者在自己闲暇的时间里满足他们的需要,并且可以改善和提高他们的实际生活水平,同时,其他普通消费者也可以在市场上购买到这些货物和服务,那么就属于劳动者的实物收入。生产单位为了生产能正常进行,为劳动者购买的货物和提供的服务,如因特殊工作需要提供的服装或鞋,因公出差提供的运输和旅馆服务费用等,属于中间投入。

支出法 支出法是从最终使用的角度反映国内生产总值最终使用去向的一种方法。最终使用包括货物和服务的最终消费支出、资本形成总额、货物和服务净出口三部分,计算公式为:

国内生产总值=最终消费支出+资本形成总额+货物和服务净出口

按支出法计算的生产总值,在计算最终消费支出,包括居民消费支出和政府消费支出时,是从支出的最终承担者的角度计算的,而不是从最终实际消费者的角度计算的;在计算资本形成总额时,固定资本形成总额只包括通过生产活动生产出来的固定资产,不包括自然资产,存货增加不包括由于价格因素影响产生的持有收益。

按三种方法计算的国内生产总值反映的是同一经济总体在同一时期的生产活动成果,因此,从理论上讲,三种计算方法所得到的结果应该是一致的。但是,在实践中,由于受资料来源的口径限制和计算方法的影响,要保证这三种计算方法所得到的结果完全相等几乎是不可能的。在国内生产总值的三种计算方法中,生产法和收入法都是对各产业部门的增加值进行核算,为了就每一产业部门取得一致的增加值数据,根据资料来源状况,我国在核算实践中,有的产业部门,如农业、工业的增加值,确定以生产法的计算结果为准,有的产业部门,如部分服务业增加值,确定以收入法的计算结果为准,因此,我国的生产法国内生产总值等于收入法国内生产总值。但是,支出法国内生产总值与生产法和收入法国内生产总值之间存在统计误差,有的年份支出法国内生产总值大于生产法和收入法国内生产总值,有的年份结果相反。我国通常以生产法和收入法国内生产总值数据为准,将上述统计误差控制在一定范围。各种公开发表的国内生产总值总量和增长速度数据均是生产法和收入法的计算结果。按三种方法计算的国内生产总值数据之间具有如下关系:

国内生产总值=生产法国内生产总值
=收入法国内生产总值
=支出法国内生产总值+统计误差

可比价格 指计算各种总量指标所采用的扣除了价格变动因素的价格,可进行不同时期总量指标的对比。按可比价格计算总量指标有两种方法:一种是直接用产品产量乘某一年的不变价格计算;另一种是用价格指数进行缩减。

不变价格 指以同类产品某年的平均价格作为固定价格,用于计算各年的产品价值。按不变价格计算的产品价值消除了价格变动因素，不同时期对比可以反映生产的发展速度。新中国成立后，随着工农业产品价格水平的变化，国家统计局先后五次制定了全国统一的工业产品不变价格和农业产品不变价格。从1952年到1957年使用1952年工(农)业产品不变价格，从1957年到1970年使用1957年不变价格，从1971年到1980年使用1970年不变价格，从1981年到1990年使用1980年不变价格，从1991年开始使用1990年不变价格。

三次产业 根据社会生产活动历史发展的顺序对产业结构的划分，产品直接取自自然界的部门称为第一产业，对初级产品进行再加工的部门称为第二产业。为生产和消费提供各种服务的部门称为第三产业。它是世界上通用的产业结构分类，但各国的划分不尽一致。我国的三次产业划分是：

第一产业：农业(包括种植业、林业、牧业和渔业)。

第二产业：工业(包括采掘工业、制造业、自来水、电力、蒸气、热水、煤气)和建筑业。第三产业：除第一、第二产业以外的其他各业。由于第三产业包括的行业多、范围广，根据我国的实际情况，第三产业可分为两大部分；一是流通部门，二是服务部门。具体又可分为四个层次：

第一层次：流通部门，包括交通运输业、邮电通讯业、商业、饮食业、物资供销和仓储业。

第二层次：为生产和生活服务的部门，包括金融、保险业，地质普查业，房地产、公用事业，居民服务业，咨询服务业和综合技术服务业，农、林、牧、渔、水利服务业和水利业，公路、内河(湖)航道养护业等。

第三层次：为提高科学文化水平和居民素质服务的部门，包括教育、文化、广播电视，科学研究、卫生、体育和社会福利事业等。

第四层次：为社会公共需要服务的部门，包括国家机关、政党机关、社会团体，以及军队和警察等。

国内支出总额 指一个国家(或地区)所有常住单位在一定时期内用于最终消费和投资，以及净出口的货物和服务支出总额，它反映本期生产的国内生产总值的使用构成。这一总量就是支出法测算的国内生产总值，具体包括总消费、总投资和净出口。

总消费 指常住单位在一定时期内的货物和服务的全部最终消费。总消费分为居民消费和社会消费。

居民实际最终消费 指常住住户获得的所有消费品和消费服务的价值。包括以下二类(1)居民自身通过支出所得到的个人货物和服务，其价值即居民在个人消费品和消费服务上承担的支出，包括虚拟支出。(2)作为为居民服务的非营利机构和政府的实物转移得到的个人货物和服务。其价值即为居民非营利机构和政府在个人消费品和服务上的支出。包括虚拟支出。

居民消费支出 居民消费支出包括居民实际最终消费中第(1)项内容。所以居民实际最终消费大于居民消费支出。差额为实际最终消费的第(2)项。

政府实际最终消费 指政府向社会或社会中某些部门提供的公共消费服务的价值。其价值即政府在公共服务上的支出。

政府消费支出 指(1)政府在个人消费品和消费服务，(2)在公共消费服务上承担的支出，包括虚拟支出。与政府实际最终消费差额为(1)。

总投资 指常住单位在一定时期内对固定资产和库存的投资支出合计，分为固定资产形成和库存增加两项。

(1)固定资产形成 指从常住单位在一定时期内购置、转入和自产自用的固定资产中，扣除已有固定资产的销售和转出后的价值。固定资产形成包括在一定时期内完成的建筑工程、安装工程和设备器具购置价值，以及新增役、种、奶、毛、娱乐用牲畜和新增经济林价值等。

(2)库存增加 指常住单位一定时期内库存实物量变动的市场价值。期初与期末差额为正值表示库存增加，负值表示库存减少。具体包括本期购买的原材料、燃料和储备物资等商品库存；本期生产的产成品、半成品和在制品等产品库存。

货物和服务净出口 指货物和服务出口减货物和服务进口的差额。出口包括常住单位向非常住单位出售或无偿转让的各种货物和服务的价值；进口包括常住单位从非常住单位购买或无偿得到的各种货物和服务的价值。由于服务活动的提供与使用同时发生，因此服务的进出口业务并不发生出入境现象，一般把常住单位从国外得到的服务作为进口，非常住单位从本国得到的服务作为出口。货物的出口和进口都按离岸价格计算。

来自国外的净要素收入 指一定国家(或地区)来自国外(地区外)的生产税及进口税(扣除生产及进口补贴)、劳动者报酬和财产收入，减去支付给国外(地区外)的生产税及进口税(扣除生产及进口补贴)、劳动者报酬和财产收入的差额。国内生产总值加上来自国外的净要素收入等于国民生产总值。

总产出 总产出是指一定时期内一个国家(或地区)常住单位生产的所有货物和服务的价值，即包括新增价值，也包括转移价值。它反映常住单位生产活动的总规模。总产出按生产者价格计算。

中间投入 中间投入是指常住单位在生产或提供货物与服务过程中，消耗和使用的所有非固定资产货物和服务的价值，中间投入也称为中间消耗。一般按购买者价格计算。

增加值 增加值是指常住单位生产过程创造的新增价值和固定资产的转移价值。它可以按生产法计算，也可以按收入法计算，按生产法计算，它等于总产出减去中间投入；按收入法计算，它等于劳动者报酬、生产税净额、固定资产折旧和营业盈余之和。

固定资产折旧 指一定时期内为弥补固定资产损耗而应提取的补偿价值，它反映了全部固定资产在本期生产中的资产转移价值。各类企业的固定资产折旧是指从成本费用中提取的折旧费。对不计提折旧的单位，如政府机关、事业单位、学校医院、部队和居民住房则应进行虚拟折旧。

劳动者报酬 指劳动者为常住单位提供劳务而获得的各种报酬，它反映劳动者参与增加值创造而获得的原始收入。具体包括从各种来源开支的货币工资和实物工资，即单位以工资、福利、社会保险等形式，从成本、费用和利润中为劳动者支付的各种开支，以及个体和其他劳动者通过参加社会生产活动所获得的各种劳动报酬。

生产税净额　指生产税与补贴之差，它反映政府从本期创造的增加值中所得到的原始收入份额。生产税是指政府对生产单位的生产经营活动所征收的各种税、附加和规费，具体包括销售（营业）税金及附加、增值税、管理费开支的税、应交纳的养路费、排污费和水电附加等，以及烟酒专卖上缴政府的专项收入。补贴与生产税相反，是政府对生产单位的单方面收入转移，因此视为负税处理，包括政策亏损补贴、粮食系统价格补贴、外贸企业出口退税收入等。

营业盈余　指常住单位创造的增加值扣除固定资产折旧价值、支付劳动者报酬和上缴政府生产税净额后的余额，它反映企业参与增加值创造而应得到的原始收入份额。该指标相当于企业的营业利润，但要扣除利税后项目中支付的工资、福利及公益金等。

非金融企业部门　非金融企业部门是指由以营利为目的、从事非金融经济活动的所有常住非金融企业组成的集合。包括农业企业、工业、建筑业企业、流通企业、服务企业、执行企业会计制度的事业单位；行政事业单位下属的独立核算单位（即企业化管理的事业单位）亦划入本部门。

金融机构部门　金融机构部门是指由从事金融活动的所有常住独立核算单位组成的集合。在我国的新国民经济核算体系中，将其分为三大类：银行机构、保险机构和非银行金融机构。

银行机构为中央银行（中国人民银行）、政策性银行（国家开发银行、农业开发银行、进出口银行）和商业银行（中国工商银行、中国农业银行、中国银行、中国建设银行、交通银行、中信实业银行、中国投资银行、光大银行、城市合作银行等），以及若干区域性银行或私营银行（如华夏银行、民生银行等）。

政府部门　政府部门是指由行使国家管理职能的行政单位和为社会提供非市场化服务的事业单位（即所谓非盈利性机构单位）组成的集合。包括国家机关、政党机关、社会团体及执行预算会计制度的事业单位等。军事单位及所属的非独立核算单位也包括在本部门中。由于目前在我国非盈利机构主要是由国家拨款资助的事业单位，因此我国将为政府和为居民服务的非盈利机构统一归进政府部门。

我国的政府部门由行政单位和非盈利的事业单位组成。其中“财政”作为一个特殊的部门归列于政府部门。

住户部门　住户部门是指由所有常住居民户组成的集体。包括城镇常住居民户、农村常住居民户和城乡个体经营单位。由于个体经营单位的资产负债及财务收支还不能完全独立于所属住户，因此把个体经营单位也划入住户部门。

住户内的成员共同享用其生活设施、共同消费一些货物和服务，其收入和财产的部门或全部被集中起来，因此他们也有权利参与或影响整个住户的经济活动。

国外部门　国外部门指与我国常住机构单位发生经济往来的所有非常住机构单位组成的集合，增列国外部门并不要求编制其整个资产负债表，而只限于记录常住机构单位与非常住机构单位之间所进行的交易及往来活动的累计存量，即仅仅是为了反映我国经济总体与国外进行经济往来活动及结果的总规模和结构关系。

非金融资产　根据我国新国民经济核算体系中有关资产负债项目的基本定义和联合国1993年SNA的定义，“非金融资产”是指机构单位单独或共同对其执行所有权或处置权，并通过在核算期内持有或使用它们可从中获得经济利益的，除金融资产以外的经济资产。

非金融资产按是否具有物质形态划分为有形资产和无形资产，按产生的方式或过程可划分为生产资产和非生产资产。在非金融资产中，“生产资产”由固定资产、存货和珍贵物品组成。“非生产资产”可大致分为两类，一类是资源资产，即有形非生产资产，由土地资产、水资源资产、地下资产和非培育生物资产组成；另一类是无形非生产资产，如专利权、租约和其他可转让合同、购买的商誉等。

由于我国目前在资产负债核算中所面临的资料来源和技术条件的限制，我们仅将非金融资产简单地划分为固定资产、存货和其他非金融资产三类。

贡献率　各产业的贡献率是分析经济效益的一个指标，它是指第一、二、三产业增量与生产总值增量之比。

重点服务业法人单位　包括：交通运输、仓储和邮政业，信息传输、软件和信息技术服务业，租赁和商务服务业，科学研究和技术服务业，水利、环境和公共设施管理业，居民服务、修理和其他服务业，教育，卫生和社会工作，文化、体育和娱乐业；以及物业管理、房地产中介服务等行业。

5

劳动就业

EMPLOYMENT AND WAGES

5-1 按三次产业分从业人员及构成

NUMBER OF EMPLOYED PERSONS AND STRUCTURE BY TYPE OF INDUSTRY

年份	从业人员（万人）				构成（合计=100）		
		第一产业	第二产业	第三产业	第一产业	第二产业	第三产业
1952	134.26	109.87	5.86	18.53	81.8	4.4	13.8
1957	144.29	118.65	13.12	12.52	82.2	9.1	8.7
1962	137.58	106.50	16.45	14.63	77.4	12.0	10.6
1965	143.67	107.68	20.96	15.03	74.9	14.6	10.5
1970	161.18	118.15	30.32	12.71	73.3	18.8	7.9
1975	192.59	135.95	41.56	15.08	70.6	21.6	7.8
1978	204.04	136.30	46.06	21.68	66.8	22.6	10.6
1980	214.21	135.16	51.30	27.75	63.1	23.9	13.0
1985	245.32	116.59	76.08	52.65	47.5	31.0	21.5
1990	270.54	125.73	87.75	57.06	46.5	32.4	21.1
1991	276.18	130.36	87.99	57.83	47.2	31.9	20.9
1992	280.19	127.09	85.59	67.51	45.4	30.5	24.1
1993	285.69	124.25	89.91	71.53	43.5	31.5	25.0
1994	303.46	122.62	91.64	89.20	40.4	30.2	29.4
1995	324.22	116.13	106.68	101.41	35.8	32.9	31.3
1996	332.33	107.70	113.91	110.72	32.4	34.3	33.3
1997	337.43	108.17	113.93	115.33	32.0	33.8	34.2
1998	341.63	109.32	113.38	118.93	31.9	33.2	34.9
1999	344.48	109.56	112.98	121.94	31.8	32.8	35.4
2000	347.37	109.98	110.81	126.58	31.7	31.9	36.4
2001	350.10	109.99	109.24	130.87	31.4	31.2	37.4
2002	352.70	108.01	109.14	135.55	30.6	30.9	38.5
2003	355.30	104.90	110.60	139.80	29.5	31.1	39.4
2004	358.50	99.30	113.30	145.90	27.7	31.6	40.7
2005	360.00	99.10	114.20	146.70	27.5	31.7	40.8
2006	361.80	99.00	115.20	147.60	27.4	31.8	40.8
2007	364.30	98.80	116.30	149.20	27.1	31.9	41.0
2008	367.36	98.01	116.95	152.40	26.7	31.8	41.5
2009	372.25	97.80	119.15	155.30	26.3	32.0	41.7
2010	373.70	76.66	120.20	176.84	20.5	32.2	47.3
2011	375.50	74.95	120.70	179.85	20.0	32.1	47.9
2012	379.30	74.30	123.10	181.90	19.6	32.5	47.9

5-2 法人单位从业人员和劳动报酬

NUMBER AND WAGE OF EMPLOYED PERSONS IN VARIOUS UNITS

指　　标	2011年		2012年	
	从业人员（人）	从业人员人均报酬（元/人）	从业人员（人）	从业人员人均报酬（元/人）
全市法人单位	2053865	35416	2152388	38989
按国民经济行业分组				
农、林、牧、渔业	2264	23346	1772	22156
采矿业	14059	36569	13530	38523
制造业	581084	29173	614246	34338
电力、燃气及水的生产和供应业	18618	46155	18517	53352
建筑业	360909	30362	414966	31912
交通运输、仓储和邮政业	109079	53422	114677	54985
信息传输、计算机服务和软件业	32252	42237	37474	46188
批发和零售业	279252	24992	310879	27437
住宿和餐饮业	105556	22821	82030	26101
金融业	58784	84443	60512	92487
房地产业	38427	31903	44182	37009
租赁和商务服务业	77766	34248	80520	36207
科学研究、技术服务和地质勘查业	32816	54533	35115	56461
水利、环境和公共设施管理业	14231	35393	13818	35876
居民服务和其他服务业	19566	26740	19846	29067
教　育	113645	51311	113791	54377
卫生、社会保障和社会福利业	54906	54440	55356	60428
文化、体育和娱乐业	17970	59176	18304	65706
公共管理和社会组织	122681	44270	102853	53899

注：本表统计口径为全部法人单位，包括非私营单位和私营单位。

5-3 主要年份职工工资

WAGE OF STAFF AND WORKERS IN MAJOR YEARS

年份地区	职工工资总额（万元）	国有经济	城镇集体经济	其他经济	职工平均工资（元）	国有经济	城镇集体经济	其他经济
1952	4881	4587	294	–	442	453	324	–
1957	14553	11654	2899	–	586	621	480	–
1962	19412	16409	3003	–	577	607	451	–
1965	20367	16821	3546	–	617	664	461	–
1970	21226	17314	3912	–	549	578	449	–
1975	29239	22662	6577	–	557	615	420	–
1978	37840	28733	9107	–	578	626	465	–
1980	55900	41809	14091	–	776	821	668	–
1985	92092	67756	24330	6	1104	1169	954	894
1986	111934	84269	27643	22	1298	1384	1092	882
1987	126263	96322	29673	268	1422	1515	1185	1603
1988	166206	130287	35515	404	1806	1946	1427	2304
1989	190106	150899	38654	553	2037	2199	1577	2614
1990	210618	166250	43003	1365	2211	2370	1751	2460
1991	229540	181185	46091	2264	2368	2535	1872	2658
1992	267295	214311	49565	3419	2710	2938	2020	2919
1993	327226	264252	54442	8532	3323	3547	2524	3553
1994	465966	371403	67351	27212	4736	5209	2975	4922
1995	581432	465311	79932	36189	5851	6561	3623	5663
1996	700636	562645	89126	48865	7031	7839	4290	6875
1997	792368	636694	67999	57675	7896	8761	4954	7303
1998	717927	578788	68455	70684	8326	9022	5459	7410
1999	756696	608052	67273	81371	9083	9929	5766	7818
2000	857337	639312	59468	158557	10422	11761	6211	8651
2001	950851	713222	60818	176811	11980	13462	7061	9945
2002	1120837	846978	74672	199187	14395	16362	8188	11729
2003	1256160	930392	69554	256214	16027	18197	9331	12942
2004	1420491	1049033	73150	298308	18029	20759	10587	13974
2005	1966782	1126918	77722	762142	20866	24626	11890	18164
2006	2459044	1326412	140974	991658	21808	26550	12332	19305
2007	3086928	1680494	166960	1239474	26085	31910	15763	22500
2008	3735956	2049453	202995	1483509	30798	37191	19296	26645
2009	4241838	2227992	177020	1836825	34544	41239	21365	30368
2010	4695402	2462874	179365	2053164	36833	43339	22593	32740
2011	5569118	2647111	169476	2752531	41959	49342	26646	37851
2012	6458632	2811390	161513	3485729	45924	52845	32180	42294

注:本表中1998年及以后年份数据均为在岗职工口径,国有、集体、其他分组按1998年新标准。
2006年及以后年份数据为非私营单位从业人员口径。

5-4 城镇单位从业人员人数(2012年)

NUMBER OF EMPLOYED PERSONS IN URBAN UNITS(2012)

单位:人

指　　标	从业人员	在岗职工	劳务派遣人员	其他从业人员
合　计	1414354	1203182	118343	92829
按隶属关系分组				
中央	312997	197528	49032	66437
省属	261846	240084	15757	6005
市属	286108	242132	38027	5949
县及县以下	319294	302962	6219	10113
其他	234109	220476	9308	4325
按国民经济行业分组				
农、林、牧、渔业	1016	1013	0	3
农业	164	161	0	3
林业	484	484	0	0
畜牧业	195	195	0	0
渔业	18	18	0	0
农、林、牧、渔服务业	155	155	0	0
采矿业	9956	9681	172	103
煤炭开采和洗选业	7810	7788	1	21
石油和天然气开采业	467	336	50	81
黑色金属矿采选业	648	632	16	0
有色金属矿采选业	10	10	0	0
非金属矿采选业	988	882	105	1
开采辅助活动	5	5	0	0
其他采矿业	28	28	0	0
制造业	344470	315719	23930	4821
农副食品加工业	4169	3772	7	390
食品制造业	11106	10136	827	143
酒、饮料和精制茶制造业	7027	6744	218	65
烟草制品业	1621	1621	0	0
纺织业	10979	10951	0	28
纺织服装、服饰业	5482	5328	111	43
皮革、毛皮、羽毛及其制品和制鞋	1289	1228	0	61
木材加工和木、竹、藤、棕、草制	1368	1328	0	40
家具制造业	742	732	0	10
造纸和纸制品业	2173	2167	0	6
印刷和记录媒介复制业	6614	6427	110	77
文教、工美、体育和娱乐用品制造	1233	1233	0	0
石油加工、炼焦和核燃料加工业	4177	3635	259	283
化学原料和化学制品制造业	19409	18809	367	233
医药制造业	14719	14582	66	71
化学纤维制造业	180	180	0	0
橡胶和塑料制品业	4783	4730	21	32
非金属矿物制品业	19935	19396	245	294
黑色金属冶炼和压延加工业	58131	55802	2145	184
有色金属冶炼和压延加工业	2845	2721	114	10

5-4续1

指　　标	从业人员			
		在岗职工	劳务派遣人员	其他从业人员
金属制品业	19455	19298	57	100
通用设备制造业	37813	33847	2263	1703
专用设备制造业	14040	13619	221	200
汽车制造业	43074	28624	14268	182
铁路、船舶、航空航天和其他运输	13802	12708	854	240
电气机械和器材制造业	17340	15592	1533	215
计算机、通信和其他电子设备制造	14371	14360	6	5
仪器仪表制造业	5991	5547	238	206
其他制造业	589	589	0	0
废弃资源综合利用业	13	13	0	0
电力、热力、燃气及水生产和供应	17514	16736	366	412
电力、热力生产和供应业	12426	11801	265	360
燃气生产和供应业	2643	2490	101	52
水的生产和供应业	2445	2445	0	0
建筑业	317779	218193	43105	56481
房屋建筑业	212513	122936	37665	51912
土木工程建筑业	63304	60874	889	1541
建筑安装业	35634	28642	4316	2676
建筑装饰和其他建筑业	6328	5741	235	352
批发和零售业	115151	91314	20673	3164
批发业	63482	42773	18736	1973
零售业	51669	48541	1937	1191
交通运输、仓储和邮政业	92405	84816	6647	942
铁路运输业	16235	15694	143	398
道路运输业	46213	45084	1083	46
水上运输业	831	783	0	48
航空运输业	9230	5499	3314	417
管道运输业	851	851	0	0
装卸搬运和运输代理业	14791	14421	339	31
仓储业	1510	1508	0	2
邮政业	2744	976	1768	0
住宿和餐饮业	40418	37299	1167	1952
住宿业	17256	16513	446	297
餐饮业	23162	20786	721	1655
信息传输、软件和信息技术服务业	25875	21872	3953	50
电信、广播电视和卫星传输服务	8552	4941	3611	0
互联网和相关服务	350	348	2	0
软件和信息技术服务业	16973	16583	340	50
金融业	60512	43130	4213	13169
货币金融服务	32247	28808	3076	363
资本市场服务	2404	2264	21	119
保险业	25410	11644	1094	12672
其他金融业	451	414	22	15

5-4续2

指标	从业人员	在岗职工	劳务派遣人员	其他从业人员
房地产业	28737	27565	447	725
房地产开发经营	17848	17245	185	418
物业管理	9535	8979	262	294
房地产中介服务	782	769	0	13
其他房地产业	572	572	0	0
租赁和商务服务业	31958	29079	2374	505
租赁业	785	785	0	0
商务服务业	31173	28294	2374	505
科学研究和技术服务业	28290	25772	1149	1369
研究和试验发展	7069	6745	147	177
专业技术服务业	19018	16892	965	1161
科技推广和应用服务业	2203	2135	37	31
水利、环境和公共设施管理业	12195	9289	95	2811
水利管理业	2101	2024	17	60
生态保护和环境治理业	62	47	0	15
公共设施管理业	10032	7218	78	2736
居民服务、修理和其他服务业	10002	7861	1932	209
居民服务业	3086	3032	0	54
机动车、电子产品和日用产品修理	1462	1462	0	0
其他服务业	5454	3367	1932	155
教育	105518	101296	2508	1714
学前教育	3590	3388	101	101
初等教育	25417	24829	130	458
中等教育	35714	34791	687	236
高等教育	34815	32671	1374	770
特殊教育	1991	1902	59	30
技能培训、教育辅助及其他教育	3991	3715	157	119
卫生和社会工作	53377	49161	2696	1520
卫生	52459	48247	2696	1516
社会工作	918	914	0	4
文化、体育和娱乐业	16590	15836	556	198
新闻和出版业	4894	4761	113	20
广播、电视、电影和影视录音制作	6197	6084	96	17
文化艺术业	3985	3682	145	158
体育	1207	1002	202	3
娱乐业	307	307	0	0
公共管理、社会保障和社会组织	102591	97550	2360	2681
中国共产党机关	4318	4227	71	20
国家机构	93341	89223	2256	1862
人民政协、民主党派	732	684	31	17
社会保障	917	907	2	8
群众团体、社会团体和其他成员组	2905	2353	0	552
基层群众自治组织	378	156	0	222

5-5 城镇单位从业人员工资总额(2012年)

TOTAL WAGE OF EMPLOYED PERSONS IN URBAN UNITS(2012)

单位:万元

指标	从业人员工资总额	在岗职工工资总额	劳务派遣人员工资总额	其他从业人员工资总额
合计	6458632	5832141	414813	211678
按隶属关系分组				
中央	1620542	1289469	178240	152833
省属	1568274	1491438	60416	16420
市属	1182347	1039886	131277	11184
县及县以下	1202395	1167683	11743	22970
其他	885075	843666	33136	8272
按国民经济行业分组				
农、林、牧、渔业	2692	2687	0	5
农业	344	339	0	5
林业	1407	1407	0	0
畜牧业	409	409	0	0
渔业	19	19	0	0
农、林、牧、渔服务业	514	514	0	0
采矿业	41391	40102	788	501
煤炭开采和洗选业	31755	31684	3	68
石油和天然气开采业	2615	1695	491	429
黑色金属矿采选业	3675	3633	42	0
有色金属矿采选业	30	30	0	0
非金属矿采选业	3230	2974	252	4
开采辅助活动	2	2	0	0
其他采矿业	85	85	0	0
制造业	1428665	1335443	82454	10768
农副食品加工业	12706	11058	82	1565
食品制造业	29738	27421	2184	133
酒、饮料和精制茶制造业	27177	25813	1154	210
烟草制品业	20195	20195	0	0
纺织业	29491	29387	0	104
纺织服装、服饰业	16239	15559	328	353
皮革、毛皮、羽毛及其制品和制鞋	2746	2625	0	121
木材加工和木、竹、藤、棕、草制	3551	3396	0	155
家具制造业	2018	2008	0	10
造纸和纸制品业	4872	4862	0	10
印刷和记录媒介复制业	21910	21553	267	89
文教、工美、体育和娱乐用品制造	2568	2568	0	0
石油加工、炼焦和核燃料加工业	27900	25822	954	1125
化学原料和化学制品制造业	65726	63459	1685	583
医药制造业	62780	62358	148	274
化学纤维制造业	516	516	0	0
橡胶和塑料制品业	15329	15141	53	134
非金属矿物制品业	71230	69749	800	681
黑色金属冶炼和压延加工业	320006	312241	7289	476
有色金属冶炼和压延加工业	10117	9704	375	38

5-5续1

指　　标	从业人员工资总额	在岗职工工资总额	劳务派遣人员工资总额	其他从业人员工资总额
金属制品业	64398	63919	221	257
通用设备制造业	138482	129782	7314	1386
专用设备制造业	47828	46612	584	632
汽车制造业	172986	120803	51642	541
铁路、船舶、航空航天和其他运输	60310	57791	1931	588
电气机械和器材制造业	78874	73381	4873	621
计算机、通信和其他电子设备制造	94203	94149	30	25
仪器仪表制造业	23519	22321	540	658
其他制造业	1223	1223	0	0
废弃资源综合利用业	29	29	0	0
电力、热力、燃气及水生产和供应	95193	93366	720	1107
电力、热力生产和供应业	70328	68842	564	922
燃气生产和供应业	12429	12089	155	185
水的生产和供应业	12436	12436	0	0
建筑业	1087809	799983	174332	113495
房屋建筑业	666054	409566	156880	99608
土木工程建筑业	271719	264162	2488	5069
建筑安装业	126571	103830	14406	8335
建筑装饰和其他建筑业	23466	22425	558	483
批发和零售业	377982	310532	63137	4313
批发业	228400	168363	57098	2939
零售业	149582	142169	6039	1374
交通运输、仓储和邮政业	555834	538647	15530	1657
铁路运输业	108534	107139	419	976
道路运输业	258003	254481	3362	160
水上运输业	2255	2061	0	194
航空运输业	103110	96341	6442	327
管道运输业	4934	4934	0	0
装卸搬运和运输代理业	63899	62829	1071	0
仓储业	4694	4694	0	0
邮政业	10403	6167	4236	0
住宿和餐饮业	110562	105536	2534	2492
住宿业	52446	50753	1015	678
餐饮业	58116	54783	1519	1814
信息传输、软件和信息技术服务业	138541	120720	17667	155
电信、广播电视和卫星传输服务	41108	25071	16038	0
互联网和相关服务	2432	2425	8	0
软件和信息技术服务业	95000	93224	1622	155
金融业	549901	477924	25038	46940
货币金融服务	378189	358028	19409	753
资本市场服务	25736	25203	79	454
保险业	139080	87904	5475	45702
其他金融业	6896	6790	74	32

5-5续2

指　　标	从业人员工资总额			
		在岗职工工资总额	劳务派遣人员工资总额	其他从业人员工资总额
房地产业	113592	109493	1548	2552
房地产开发经营	88387	86863	675	849
物业管理	22559	20021	872	1666
房地产中介服务	1253	1215	0	38
其他房地产业	1394	1394	0	0
租赁和商务服务业	135781	129567	5216	999
租赁业	3669	3669	0	0
商务服务业	132112	125898	5216	999
科学研究和技术服务业	175156	168216	3586	3354
研究和试验发展	42250	40969	366	915
专业技术服务业	121495	116021	3099	2375
科技推广和应用服务业	11411	11226	121	64
水利、环境和公共设施管理业	45621	41165	150	4307
水利管理业	10084	9976	31	78
生态保护和环境治理业	172	140	0	32
公共设施管理业	35366	31050	119	4197
居民服务、修理和其他服务业	28333	23611	4449	273
居民服务业	8065	7961	0	104
机动车、电子产品和日用产品修理	4397	4397	0	0
其他服务业	15872	11253	4449	170
教育	579156	569407	5159	4590
学前教育	14768	14334	222	212
初等教育	116624	114858	242	1525
中等教育	177054	176300	310	445
高等教育	238896	232921	3815	2159
特殊教育	10634	10414	174	47
技能培训、教育辅助及其他教育	21180	20581	398	202
卫生和社会工作	325070	309489	7176	8405
卫生	320179	304599	7176	8404
社会工作	4891	4891	0	1
文化、体育和娱乐业	114649	113052	1433	163
新闻和出版业	38484	38125	327	33
广播、电视、电影和影视录音制作	49496	49232	260	5
文化艺术业	19062	18668	273	120
体育	7001	6421	574	5
娱乐业	606	606	0	0
公共管理、社会保障和社会组织	552703	543202	3897	5604
中国共产党机关	27271	27057	148	65
国家机构	500899	492471	3667	4761
人民政协、民主党派	4541	4417	78	46
社会保障	5814	5805	4	5
群众团体、社会团体和其他成员组	13377	12706	0	671
基层群众自治组织	802	746	0	56

5-6 城镇单位从业人员平均工资（2012年）

AVERAGE WAGE OF EMPLOYED PERSONS IN URBAN UNITS（2012）

单位:元

指　　标	从业人员平均工资	在岗职工平均工资	劳务派遣人员平均工资	其他从业人员平均工资
合　计	45924	48829	34456	23110
按隶属关系分组				
中央	51964	65071	35962	23832
省属	60131	62318	38726	27910
市属	41192	43339	32230	17593
县及县以下	38165	39098	21978	20772
其他	38212	38646	36215	19837
按国民经济行业分组				
农、林、牧、渔业	26441	26474	–	15333
农业	20970	21075	–	15333
林业	28942	28942	–	–
畜牧业	20964	20964	–	–
渔业	10444	10444	–	–
农、林、牧、渔服务业	33135	33135	–	–
采矿业	41704	41510	48623	49108
煤炭开采和洗选业	40853	40878	30000	32286
石油和天然气开采业	56237	50603	98120	53650
黑色金属矿采选业	56449	57209	26250	–
有色金属矿采选业	27273	27273	–	–
非金属矿采选业	32624	33264	26537	39000
开采辅助活动	3000	3000	–	–
其他采矿业	28267	28267	–	–
制造业	41074	42084	32368	21429
农副食品加工业	29924	28648	117714	41296
食品制造业	27015	27323	25755	10758
酒、饮料和精制茶制造业	39995	39675	53679	28378
烟草制品业	126061	126061	–	–
纺织业	26219	26192	–	37143
纺织服装、服饰业	28767	28309	30046	88200
皮革、毛皮、羽毛及其制品和制鞋	21055	21064	–	20862
木材加工和木、竹、藤、棕、草制	26442	26223	–	32333
家具制造业	28309	28248	–	50000
造纸和纸制品业	23955	23976	–	16667
印刷和记录媒介复制业	33770	34190	23857	12417
文教、工美、体育和娱乐用品制造	20706	20706	–	–
石油加工、炼焦和核燃料加工业	66636	70552	36681	42116
化学原料和化学制品制造业	33575	33524	44459	21739
医药制造业	43546	43625	28500	38549
化学纤维制造业	28330	28330	–	–
橡胶和塑料制品业	31534	31498	24091	41969
非金属矿物制品业	35599	35708	32145	30004
黑色金属冶炼和压延加工业	53648	54465	34270	24648
有色金属冶炼和压延加工业	35374	35494	32310	38000

5-6续1

指　　标	从业人员平均工资	在岗职工平均工资	劳务派遣人员平均工资	其他从业人员平均工资
金属制品业	32839	32891	38138	21797
通用设备制造业	36480	38295	33172	7428
专用设备制造业	34005	34018	33383	33596
汽车制造业	38579	42375	32104	22094
铁路、船舶、航空航天和其他运输	41897	43160	26092	22192
电气机械和器材制造业	44683	46145	32098	26750
计算机、通信和其他电子设备制造	69806	69823	49167	49200
仪器仪表制造业	40543	41305	28400	31787
其他制造业	20657	20657	–	–
废弃资源综合利用业	22462	22462	–	–
电力、热力、燃气及水生产和供应	54794	56103	22006	27411
电力、热力生产和供应业	57029	58744	21291	26506
燃气生产和供应业	47897	48804	25065	33036
水的生产和供应业	50840	50840	–	–
建筑业	34503	37065	39083	20695
房屋建筑业	31779	34032	39927	19942
土木工程建筑业	42315	42932	27582	28461
建筑安装业	35905	36845	33856	29588
建筑装饰和其他建筑业	37690	38838	35744	16331
批发和零售业	33173	34307	30719	15013
批发业	36315	39451	30680	18300
零售业	29303	29719	31099	10847
交通运输、仓储和邮政业	60523	63771	23707	20178
铁路运输业	67576	68438	28924	37383
道路运输业	55943	56595	30317	35533
水上运输业	25537	27402	–	14832
航空运输业	117732	184562	20212	9308
管道运输业	57981	57981	–	–
装卸搬运和运输代理业	43015	43399	30856	0
仓储业	29804	29842	–	0
邮政业	38024	63382	24029	–
住宿和餐饮业	27926	28784	21885	14094
住宿业	31732	32163	22867	22306
餐饮业	25199	26231	21275	12389
信息传输、软件和信息技术服务业	54308	56198	44411	30294
电信、广播电视和卫星传输服务	48136	51050	44193	–
互联网和相关服务	72597	72808	37500	–
软件和信息技术服务业	57109	57415	46735	30294
金融业	92487	112649	60963	36320
货币金融服务	120715	127222	64784	39398
资本市场服务	105778	109721	36045	39789
保险业	55092	75943	51312	36262
其他金融业	153240	164799	33682	20000

5-6续2

指　　标	从业人员平均工资	在岗职工平均工资	劳务派遣人员平均工资	其他从业人员平均工资
房地产业	39877	40096	34698	34862
房地产开发经营	50177	51063	36312	20299
物业管理	23704	22355	33544	55336
房地产中介服务	16026	15805	–	29077
其他房地产业	24362	24362	–	–
租赁和商务服务业	42669	44788	22036	18984
租赁业	46919	46919	–	–
商务服务业	42562	44729	22036	18984
科学研究和技术服务业	62099	65594	33706	22403
研究和试验发展	59903	60776	26693	52291
专业技术服务业	64076	69142	34825	18395
科技推广和应用服务业	52057	52852	32757	20581
水利、环境和公共设施管理业	37355	43984	15737	15610
水利管理业	47389	48661	18000	12820
生态保护和环境治理业	27661	29723	–	21200
公共设施管理业	35284	42756	15244	15643
居民服务、修理和其他服务业	28330	29925	23121	14620
居民服务业	26696	26751	–	23022
机动车、电子产品和日用产品修理	30406	30406	–	–
其他服务业	28680	32449	23121	11957
教育	56429	57583	24898	27356
学前教育	47394	49174	22150	21010
初等教育	48114	48547	18574	33887
中等教育	51198	51613	16732	18619
高等教育	68755	71521	26438	29338
特殊教育	53816	55216	30439	14212
技能培训、教育辅助及其他教育	53270	55623	25338	16975
卫生和社会工作	61811	63852	27370	56067
卫生	61962	64050	27370	56211
社会工作	53283	53507	–	2250
文化、体育和娱乐业	69696	72049	25551	8247
新闻和出版业	79153	80619	28894	16450
广播、电视、电影和影视录音制作	81301	82410	26784	2706
文化艺术业	47452	50455	17151	7620
体育	59431	65322	29917	18000
娱乐业	19880	19880	–	–
公共管理、社会保障和社会组织	54076	56479	16777	15113
中国共产党机关	63039	63905	20600	32570
国家机构	53879	56056	16473	16478
人民政协、民主党派	63068	64949	33913	27294
社会保障	63403	64003	20400	6125
群众团体、社会团体和其他成员组	46081	54046	–	12157
基层群众自治组织	21379	48739	–	2523

5-7 国有单位从业人员和报酬(2012年)

NUMBER AND WAGE OF EMPLOYED PERSONS IN STATE – OWNED UNITS(2012)

指　　标	从业人员期末人数（人）	从业人员工资总额（万元）	从业人员平均工资（元）
总　计	535745	2811390	52845
按隶属关系分组			
中央	143430	850291	59327
省属	135736	771671	57177
市属	95111	478750	50267
县及县以下	157046	696670	45226
其他	4422	14008	31536
按国民经济行业分组			
农、林、牧、渔业	717	1953	27163
采矿业	5358	27763	51797
制造业	21720	107305	48658
电力、热力、燃气及水生产和供应	10813	64121	59776
建筑业	59211	228139	37967
批发和零售业	13476	49572	36761
交通运输、仓储和邮政业	75262	417909	55431
住宿和餐饮业	17371	50571	30181
信息传输、软件和信息技术服务业	5253	25626	48857
金融业	4380	43093	98950
房地产业	5669	18533	32813
租赁和商务服务业	13572	65990	49497
科学研究和技术服务业	22148	137854	62200
水利、环境和公共设施管理业	10917	42012	38346
居民服务、修理和其他服务业	6032	19001	31083
教育	97207	543111	57633
卫生和社会工作	49247	308123	63542
文化、体育和娱乐业	15673	110787	71241
公共管理、社会保障和社会组织	101719	549927	54267

5-8 城镇集体单位从业人员和报酬(2012年)

NUMBER AND WAGE OF EMPLOYED PERSONS IN URBAN COLLECTIVE – OWNED UNITS(2012)

指　　标	从业人员期末人数（人）	从业人员工资总额（万元）	从业人员平均工资（元）
总　计	48461	161513	32180
按隶属关系分组			
中央	548	1646	30659
省属	2635	11020	41665
市属	6376	20170	31295
县及县以下	31820	107057	33838
其他	7082	21619	30398
按国内经济行业分组			
农、林、牧、渔业	101	344	34030
采矿业	606	1961	32039
制造业	11601	31685	27056
电力、热力、燃气及水生产和供应	81	163	20148
建筑业	13426	47847	31718
批发和零售业	4483	12903	28871
交通运输、仓储和邮政业	330	788	23885
住宿和餐饮业	1077	2907	27196
信息传输、软件和信息技术服务业	267	2130	78015
金融业	5	21	42000
房地产业	1350	2794	20759
租赁和商务服务业	5544	18168	32836
科学研究和技术服务业	349	1360	38960
水利、环境和公共设施管理业	764	1299	17440
居民服务、修理和其他服务业	266	748	29121
教育	4218	19329	45384
卫生和社会工作	3523	15352	43913
公共管理、社会保障和社会组织	470	1714	36542

5-9　城镇其他单位从业人员和报酬(2012年)

NUMBER AND WAGE OF EMPLOYED PERSONS IN OTHER URBAN UNITS(2012)

指　　标	从业人员期末人数（人）	从业人员工资总额（万元）	从业人员平均工资（元）
总　计	830148	3485729	42294
按隶属关系分组			
中央	169019	768605	45751
省属	123475	785582	63763
市属	184621	683427	36873
县及县以下	130428	398668	31253
其他	222605	849448	38599
按国民经济行业分组			
农、林、牧、渔业	198	395	19949
采矿业	3992	11667	29514
制造业	311149	1289675	41064
电力、热力、燃气及水生产和供应	6620	30909	47081
建筑业	245142	811824	33811
批发和零售业	97192	315508	32870
交通运输、仓储和邮政业	16813	137136	85098
住宿和餐饮业	21970	57084	26226
信息传输、软件和信息技术服务业	20355	110785	55415
金融业	56127	506787	91981
房地产业	21718	92265	42930
租赁和商务服务业	12842	51624	39842
科学研究和技术服务业	5793	35942	63122
水利、环境和公共设施管理业	514	2310	45125
居民服务、修理和其他服务业	3704	8584	23640
教育	4093	16716	40387
卫生和社会工作	607	1595	26406
文化、体育和娱乐业	917	3862	42964
公共管理、社会保障和社会组织	402	1062	26420

5-10 城乡劳动力资源(2012年)

LABOUR RESOURSES OF URBAN AND RURAL(2012)

指　　标	城乡合计	城　镇	乡　村
年末劳动力资源总数	521.08	277.09	243.99
经济活动人口	384.87	193.81	191.06
从业人员	379.30	189.43	189.87
按经济类型分			
国有经济	54.07	43.89	10.18
集体经济	8.22	2.79	5.43
股份合作	1.85	1.66	0.19
联营经济	3.34	2.92	0.42
有限责任公司	43.79	30.91	12.88
股份有限公司	16.78	12.97	3.81
私营经济	73.76	37.17	36.59
个体经济	75.19	42.49	32.70
外商投资经济	7.21	6.39	0.82
港澳台投资经济	6.71	5.37	1.34
其他经济	88.38	2.87	85.51
按国民经济行业分			
农林牧渔业	74.32	1.83	72.49
采矿业	1.76	0.43	1.33
制造业	72.58	50.73	21.85
电力、燃气及水生产和供应业	5.80	5.64	0.16
建筑业	42.96	11.04	31.92
交通运输、仓储和邮政业	27.34	12.29	15.05
信息传输、计算机服务和软件	3.75	3.46	0.29
批发和零售业	64.93	39.16	25.77
住宿和餐饮业	21.20	13.96	7.24
金融业	5.67	5.32	0.35
房地产业	3.70	3.18	0.52
租赁和商务服务业	10.45	9.33	1.12
科学研究、技术服务、地质勘	3.21	3.13	0.08
水利、环境和公共设施管理业	1.92	1.47	0.45
居民服务和其他服务业	6.91	4.53	2.38
教育	11.03	9.74	1.29
卫生、社会保障和社会福利业	7.13	5.48	1.65
文化、体育和娱乐业	2.91	2.03	0.88
公共管理和社会组织	11.73	6.68	5.05
国际组织			
失业人员	5.57	5.57	0.00
非经济活动人口	136.21	82.56	53.65
#16岁以上在校学生	69.71	58.01	11.70
家务劳动者	40.13	6.07	34.06

5-11 社会保障基本情况

BASIC CONDITIONS OF SOUAL SEWRITY

指　　标	单位	2007年	2008年	2009年	2010年	2011年	2012年
职工基本养老保险参保人数	万人	114.48	128.07	136.58	148.95	164.75	175.02
#企　业	万人	96.29	109.92	118.43	130.94	147.05	157.30
事业机关	万人	18.19	18.15	18.15	18.01	17.70	17.72
职工基本医疗保险参保人数	万人	100.11	122.36	133.19	149.51	167.57	173.58
参加失业保险人数	万人	69.81	78.82	83.02	91.58	103.68	111.12
工伤保险参保人数	万人	98.02	103.92	116.65	129.23	131.59	133.90
生育保险参保人数	万人	57.03	61.03	66.14	72.27	90.05	103.01
农村养老保险参保人数	万人	45.10	45.09	44.90	47.70	49.58	49.05
城镇登记失业率	%	3.58	3.43	3.90	3.84	3.61	3.08

主要统计指标解释

EXPLANATORY NOTES ON MAIN STATISTICAL INDICATORS

经济活动人口　指在16岁以上，有劳动能力，参加或要求参加社会经济活动的人口；包括从业人员和失业人员。

从业人员　指从事一定社会劳动并取得劳动报酬或经营收入的人员，包括全部职工、再就业的离退休人员、私营业主、个体户主、私营和个体从业人员、乡镇企业从业人员、农村从业人员、其他从业人员（包括民办教师、宗教职业者、现役军人等）。这一指标反映了一定时期内全部劳动力资源的实际利用情况，是研究我国基本国情国力的重要指标。

单位从业人员　指在各级国家机关、政党机关、社会团体及企业、事业单位中工作，取得工资或其他形式的劳动报酬的全部人员。包括在岗职工、再就业的离退休人员、民办教师以及在各单位中工作的外方人员和港澳台方人员、兼职人员、借用的外单位人员和第二职业者。不包括离开本单位仍保留劳动关系的职工。各单位的从业人员反映了各单位实际参加生产或工作的全部劳动力。

城镇私营和个体从业人员　城镇私营从业人员指在工商管理部门注册登记，其经营地址设在县城关镇（含城关镇）以上的私营企业从业人员；包括私营企业投资者和雇工。城镇个体从业人员指在工商管理部门注册登记，并持有城镇户口或在城镇长期居住，经批准从事个体工商经营的从业人员；包括个体经营者和在个体工商户劳动的家庭帮工和雇工。

城镇登记失业人员　指有非农业户口，在一定的劳动年龄内，有劳动能力，无业而要求就业，并在当地就业服务机构进行求职登记的人员。

城镇登记失业率　指城镇登记失业人数同城镇从业人数与城镇登记失业人数之和的比。计算公式为：城镇登记失业率=城镇登记失业人数 /（城镇从业人数+城镇登记失业人数）×100%

职工　指在国有经济、城镇集体经济、联营经济、股份制经济、外商和港、澳、台投资经济、其他经济单位及其附属机构工作，并由其支付工资的各类人员，不包括返聘的离退休人员、民办教师、在国有经济单位工作的外方人员和港、澳、台人员（1998年以后的数据均为在岗职工数据，其他相关指标如职工工资总额，职工平均工资等指标也从1998年按此口径进行了相应调整）。

在岗职工 指在本单位工作并由单位支付工资的人员，以及有工作岗位，但由于学习、病伤产假等原因暂未工作，仍由单位支付工资的人员。

离岗职工 指由于各种原因，已经离开本人的生产和工作岗位，并不在本单位从事其他工作，但仍与用人单位保留劳动关系的职工。新指标比原来统计指标中的“下岗职工”范围大。即只要符合“离开本单位仍保留劳动关系的职工”就统计为离岗职工。

离开本单位仍保留劳动关系职工的生活费 指离岗职工在离开本单位仍保留劳动关系期间从本单位领取的生活费用。

内部退养职工 指接近正常退休年龄但因各种原因退出工作岗位，并办理了内退手续，在办理正式退休手续前由单位按月发给一定生活费的职工。

合同制职工 指各单位根据国务院国发（1986）77号文件和国务院令第99号的规定，通过签订有固定期限劳动合同、无固定期限劳动合同和以完成一项工作为期限劳动合同所使用的职工。包括实行全员劳动合同制单位的全部职工。

离休、退休、退职人员 指正式办理了离休、退休、退职手续，并享受相应的离休、退休、退职待遇的人员。

国有单位职工 指在国有经济单位及其附属机构工作，并由其支付工资的各类人员。

城镇集体单位职工 指在城镇集体经济单位及其管理部门工作，并由其支付工资的各类人员。

其他单位职工 指在联营经济、股份制经济、外商投资经济、港、澳、台投资经济单位工作，并由其支付工资的各类人员。

在岗职工 指在本单位工作并由单位支付工资的人员，以及有工作岗位，但由于学习、病伤产假等原因暂未工作，仍由单位支付工资的人员。

在岗职工工资总额 指各单位在一定时期内直接支付给本单位全部职工的劳动报酬总额。工资总额的计算原则应以直接支付给职工的全部劳动报酬为根据。各单位支付给职工的劳动报酬以及其他根据有关规定支付的工资，不论是计入成本的还是不计入成本的，不论是按国家规定列入计征奖金税项目的，还是未列入计征奖金税项目的，不论是以货币形式支付的还是以实物形式支付的，均包括在工资总额内。

奖金 指支付给职工的超额劳动报酬和增收节支的劳动报酬。

津贴和补贴 指为了补偿职工特殊或额外的劳动消耗和因其他特殊原因支付给职工的津贴，以及为了保证职工工资水平不受物价影响支付给职工的物价补贴。

在岗职工平均工资 指企业、事业、机关单位的职工在一定时期内平均每人所得的货币工资额。它表明一定时期职工工资收入的高低程度，是反映职工工资水平的主要指标。计算公式为：职工平均工资＝报告期实际支付的全部职工工资总额／报告期全部职工平均人数

职工平均工资指数 指报告期职工平均工资与基期职工平均工资的比率，是反映不同时期职工货币工资水平变动情况的相对数。计算公式为：职工平均工资指数＝报告期职工平均工资／基期职工平均工资

职工平均实际工资指数 职工平均实际工资指扣除物价变动因素后的职工平均工资。职工平均实际工资指数是反映实际工资变动情况的相对数，表明职工实际工资水平提高或降低的程度。计算公式为：职工平均实际工资指数＝报告期职工平均工资指数／报告期城镇居民消费价格指数×100%

保险福利费用 指企业、事业、机关单位在工资以外实际支付给职工和离休、退休、退职人员个人以及用于集体的劳动保险和福利费用。

（1）职工保险福利费用具体包括：

①医疗卫生费 指实行公费医疗企业的职工及其供养的直系亲属的医疗费、医务经费、职工因工负伤就医路费以及住院伙食补助费等；卫生部门开支的事业及机关单位职工的公费医疗经费；未参加公费医疗的企业、事业和机关单位职工的医药费。

②丧葬抚恤救济费 指职工死亡的丧葬费、丧葬补助费和所遗供养直系亲属的抚恤费、救济费、生活补助费以及职工供养直系亲属死亡时的丧葬补助等。

③生活困难补助 指对生活困难的职工实际支付的定期补助和临时性补助。

④文体宣传费 指企业、事业和机关单位实际支付的文体宣传费。不包括学习费。

⑤集体福利事业补贴费 指对职工浴室、理发室、洗衣房、哺乳室、托儿所等集体福利设施各项支出与收入相抵后的差额补助费。

⑥集体福利设施费 指按照国家规定开支的集体福利设施费用。如职工食堂炊事用具的购置费、修理费、职工宿舍的修缮费用。不包括由企业、事业、机关单位自筹经费开支的职工福利设施的基本建设费用。

⑦计划生育补贴 指发给职工独生子女的补贴费和保健费。

⑧其他 指上述费用以外，单位支付给职工的保险福利费。

（2）离休、退休、退职人员保险福利费用具体包括：

①离休金 指发给离休人员的工资和按1982年国务院发布的“关于老干部离职休养制度的几项规定”发给符合规定的离休干部相当于1-2个月标准工资的生活补贴和国务院〔1989〕82、83号文件规定提高退职人员的待遇所增加的费用及糖油价格补贴等。

②退休金 指按照国家有关规定发给退休人员的退休费和国务院〔1989〕82、83号文件规定提高离休人员的待遇所增加的费用及糖油价格补贴等。

③退职生活费 指按照1978年国务院《关于工人退休、退职的暂行办法》规定定期发给退职人员的生活费用和国务

院〔1989〕82、83号文件规定提高离休人员的待遇所增加的费用及糖油价格补贴等。

④医疗卫生费 指离休、退休、退职人员的医疗费、住院费以及住院伙食补助等费用。

⑤护理费 指因工致残、饮食起居需人扶助的离休、退休人员的护理费以及因病不能自理的离休人员的护理费。

⑥生活补贴 指按照1985年国务院《关于发给离休退休人员生活补贴费的通知》规定，发给离休、退休人员的生活补贴费。

⑦交通费补贴 指按月发给离休人员的交通费补贴。

⑧丧葬抚恤救济费 指离休、退休、退职人员死亡的丧葬费、丧葬补助费和所遗供养直系亲属的抚恤费、救济费、生活补助费以及供养直系亲属死亡时的丧葬补助费等。

⑨其他 包括易地安置的离休、退休、退职人员的安家补助费；离休、退休、退职人员的生活困难补助费、书报费、洗理费、副食品价格补贴、房租价格补贴、水电补贴、少数民族补贴以及老干部活动经费开支的旅游费用等。

固定资产投资

INVESTMENT IN FIXED ASSETS

6-1 固定资产投资

TOTAL INVESTMENT IN FIXED ASSETS

单位:万元

指　　标	2007年	2008年	2009年	2010年	2011年	2012年
固定资产投资	11517028	14153292	16553668	19874361	19343389	21860756
按管理渠道分						
城镇集体以上投资	10621684	9920908	11813551	12979273	13059328	14005706
房地产开发投资	1932069	2741166	3325576	4845029	5271575	6633153
农村投资	895344	1491218	1414541	2050059	1012486	1221898
按经济类型分						
国有经济	3921284	5203564	6271086	6703079	7334983	6595774
集体经济	1503507	2080300	2056015	2494164	1802483	1920132
联营经济	66646	9500	2500			195897
股份制经济	2960434	3628100	4122050	5449652	5682038	1234405
外商投资经济	257668	399168	342484	566412	408736	466383
港澳台投资经济	287387	353568	617868	431658	586347	634574
个体经济	1747703	2125546	2583191	3559739	2956158	3318099
其他经济	772399	353546	558474	669657	572644	1169661
按投资用途分						
第一产业	433464	553248	608114	680779	486482	624114
第二产业	3950868	4543234	5544985	6772774	6073178	7337047
#工　业	3866783	4342068	5418334	6673469	5767374	7018465
第三产业	7132696	9056810	10400569	12420808	12783729	13899596
投资资金来源分						
国家资金	408598	607437	676599	776451	1317777	1693582
国内贷款	1176665	1508117	2521028	2467662	1579846	517431
利用外资	108620	168543	232454	199589	68300	226374
自筹资金	8586100	11022340	12449940	15555254	14843051	16405182
其他资金	1583959	1500570	2399600	3354498	3469710	4139026

注:自2011年起固定资产投资统计口径由50万元调整为500万元。

6－2 固定资产投资分类(2012年)

INVESTMENT IN FIXED ASSETS (2012)

指　　标	合　计	城镇及以上单位	农村投资	房地产开发投资
本年完成投资额(万元)	21860756	14005706	1221898	6633152
按构成分				
建筑工程	13150351	8320562	856601	3973188
安装工程	1590161	847114	78133	664914
设备、工器具购置	3996303	3802365	145189	48749
其他费用	3123941	1035665	141975	1946301
按工程用途分				
农林牧渔业	624114	267738	356376	
工业、建筑业	7339672	6976094	363578	
房地产业	9391768	2481404	277212	6633152
其　他	4505202	4280470	224732	
按单位登记注册类型分				
内　　资	20731506	13376341	1203518	6151647
国　有	6595774	5064952	165301	1365521
集　体	1920132	1505203	408929	6000
股份合作	45224	45224		
联　营	195897	16550	9000	170347
国有联营	170347			170347
集体联营				
有限责任公司	6252314	2832998	87374	3331942
国有独资公司	650531	119762		85136
其他有限责任公司	6047416	2713236	87374	3246806
股份有限公司	1234405	1054983	56938	122484
私　营	3318099	1985038	277071	1055990
其它内资	1169661	871393	198905	99363
港澳台投资	634574	273948	7500	353126
港澳台商合资经营	245784	72681	1400	171703
港澳台商合作经营	44073	44073		7300
港澳台商独资	317233	137010	6100	174123
港澳台股份有限公司	20184	20184		
外商投资	466383	337007	997	128379
外商合资经营	87691	84596	997	2098
外商合作经营	39038	39038		
外商独资	197105	197105		126281
外商股份有限公司	16268	16268		

6-2续

指　　标	合　计	城镇及以上单位	农村投资	房地产开发投资
按建设性质分				
新　建	7590224	6903758	686466	
扩　建	3190641	2967430	223211	
改建和技术改造	2752720	2471523	281197	
按国民经济行业分				
农、林、牧、渔业	624114	267738	356376	
采掘业	44476	42596	1880	
制造业	6370907	6049166	321741	
电力、煤气及水生产和供应业	493082	455750	37332	
建筑业	428582	425957	2625	
交通运输、仓储和邮政业	393135	386052	7083	
信息传输、计算机服务和软件业	975266	897206	78060	
批发和零售业	161410	155436	5974	
住宿和餐饮业	146554	146554		
金　融	44625	44625		
房地产业	9391768	2481404	277212	6633152
租赁和商务服务业	65276	65276		
科学研究、技术服务和地质勘查业	216555	214175	2380	
水利、环境和公共设施管理业	659672	564054	95618	
居民服务和其他服务业	358522	352150	6372	
教　育	381689	361310	20379	
卫生、社会保障和社会福利业	206330	205393	937	
文化、体育和娱乐业	394553	393584	969	
公共管理和社会组织	504240	497280	6960	
新增固定资产（万元）	10280592	7538030	1092960	1649602
施工项目个数(个)	2713	2219	494	
#新开工	2256	1803	453	
竣工项目个数(个)	2102	1660	442	
施工房屋面积（万平方米）	6532.5	2585.6	131.3	3815.5
#住宅	2941.9	223.8	26.1	2692.0
竣工房屋面积（万平方米）	1109.4	546.0	71.1	492.3
#住宅	408.4	37.0	5.9	365.6

6－3 市区固定资产投资主要指标(2012年)

MAIN INDICATORS OF URBAN INVESTMENT(2012)

指　　标	合　计	城镇及以上单位	农村投资	房地产开发投资
本年完成投资（万元）	15931407	9790998	325457	5814952
按构成分				
建筑工程	9748687	6026787	291861	3430039
安装工程	1064046	464890	8810	590346
设备、工器具购置	2724806	2672747	9845	42214
其他费用	2393868	626574	14941	1752353
按国民经济行业分				
农、林、牧、渔业	304102	145854	158248	
采掘业	10153	10153		
制造业	3528668	3510753	17915	
电力、煤气及水生产和供应业	286830	282096	4734	
建筑业	409311	409311		
交通运输、仓储和邮政业	352254	348754	3500	
信息传输、计算机服务和软件业	730432	716194	14238	
批发和零售业	121208	116208	5000	
住宿和餐饮业	144634	144634		
金　融	44625	44625		
房地产业	7887282	2012879	59451	5814952
租赁和商务服务业	56423	56423		
科学研究、技术服务和地质勘查业	201650	201650		
水利、环境和公共设施管理业	337754	281973	55781	
居民服务和其他服务业	265096	260596	4500	
教　育	281170	279640	1530	
卫生、社会保障和社会福利业	173121	173121		
文化、体育和娱乐业	335708	335708		
公共管理和社会组织	460986	460426	560	
本年新增固定资产（万元）	5971524	4289676	256711	1425137
施工项目（个）	1458	1321	137	
#本年新开工项目	1098	979	119	
本年建成投产项目	993	884	109	
房屋施工面积(平方米)	52454197	20219971	399464	31834762
#住　宅	22000203	204035	219671	21576497
房屋竣工面积(平方米)	8041722	3999458	114447	3927817
#住　宅	2891895	171936	2104	2717855

6－4 章丘市固定资产投资主要指标（2012年）

MAIN INDICATORS OF INVESTMENT IN ZHANGQIU（2012）

指标	合计	城镇及以上单位	农村投资	房地产开发投资
本年完成投资（万元）	2908692	1921896	480938	505858
按构成分				
建筑工程	1557176	901563	317654	337959
安装工程	307951	211328	39465	57158
设备、工器具购置	767323	694831	67419	5073
其他费用	276242	114174	56400	105668
按国民经济行业分				
农、林、牧、渔业	155512	88365	67147	
采掘业	19962	15725	4237	
制造业	1319994	1144772	175222	
电力、煤气及水生产和供应业	72505	72182	323	
建筑业				
交通运输、仓储和邮政业	82460	76788	5672	
信息传输、计算机服务和软件业				
批发和零售业	27049	20308	6741	
住宿和餐饮业	76097	70630	5467	
金　融				
房地产业	505858			505858
租赁和商务服务业	7456	7000	456	
科学研究、技术服务和地质勘查业				
水利、环境和公共设施管理业	148579	105363	43216	
居民服务和其他服务业	115531	63190	52341	
教　育	102668	100104	2564	
卫生、社会保障和社会福利业	133952	73354	60598	
文化、体育和娱乐业	122940	69160	53780	
公共管理和社会组织	18129	14955	3174	
本年新增固定资产（万元）	2322340	2033366	178426	110548
施工项目（个）	408	316	92	
#本年新开工项目	386	296	90	
本年建成投产项目	386	295	91	
房屋施工面积（平方米）	4905736	2022192	191489	2692055
#住　宅	2586161	164032	50471	2371658
房屋竣工面积（平方米）	1591274	1002461	114959	473854
#住　宅	1312325	112784	738762	460779

6-5 平阴县固定资产投资主要指标（2012年）

MAIN INDICATORS OF INVESTMENT IN PINGYIN (2012)

指标	合计	城镇及以上单位	农村投资	房地产开发投资
本年完成投资（万元）	1286019	1009125	188983	87911
按构成分				
建筑工程	631278	436671	133988	60619
安装工程	164915	152095	5303	7517
设备、工器具购置	304425	279197	25138	90
其他费用	185401	141162	24554	19685
按国民经济行业分				
农、林、牧、渔业	91766	49533	42233	
采掘业	7000	7000		
制造业	592053	561393	30660	
电力、煤气及水生产和供应业	108997	101537	7460	
建筑业	2200	2200		
交通运输、仓储和邮政业	56833	44157	12676	
信息传输、计算机服务和软件业				
批发和零售业				
住宿和餐饮业	1130	1130		
金　融				
房地产业	288318	148512	51895	87911
租赁和商务服务业				
科学研究、技术服务和地质勘查业	9522	7142	2380	
水利、环境和公共设施管理业	74041	40232	33809	
居民服务和其他服务业	370		370	
教　育	23109	15609	7500	
卫生、社会保障和社会福利业	3516	3516		
文化、体育和娱乐业	16814	16814		
公共管理和社会组织	10350	10350		
本年新增固定资产（万元）	1063690	855398	176694	31598
施工项目（个）	235	184	51	
#本年新开工项目	213	169	44	
本年建成投产项目	215	166	49	
房屋施工面积（平方米）	1769781	682919	41100	1045762
#住　宅	894681	197693	37500	659488
房屋竣工面积（平方米）	655710	424510	41100	190100
#住　宅	410783	197693	37500	175590

6－6 济阳县固定资产投资主要指标（2012年）

MAIN INDICATORS OF INVESTMENT IN JIYANG(2012)

指　标	合　计	城镇及以上单位	农村投资	房地产开发投资
本年完成投资（万元）	1387473	895864	407365	84244
按构成分				
建筑工程	734909	492627	180200	62082
安装工程	114459	80323	30929	3207
设备、工器具购置	387139	304487	81430	1222
其他费用	150966	18427	114806	17733
按国民经济行业分				
农、林、牧、渔业	130832	31258	99574	
采掘业	20323	20323		
制造业	721123	612311	108812	
电力、煤气及水生产和供应业	98027	62462	35565	
建筑业	47959	29675	18284	
交通运输、仓储和邮政业	110702	96121	14581	
信息传输、计算机服务和软件业	6966	3058	3908	
批发和零售业	34019	32626	1393	
住宿和餐饮业	3011	3011		
金　融				
房地产业	97323	12894	185	84244
租赁和商务服务业	8900	8900		
科学研究、技术服务和地质勘查业	3012	3012		
水利、环境和公共设施管理业	48351	41819	6532	
居民服务和其他服务业	7936	3507	4429	
教　育	30424	20312	10112	
卫生、社会保障和社会福利业	1520	1520		
文化、体育和娱乐业	9013	3972	5041	
公共管理和社会组织	8032	8032		
本年新增固定资产（万元）	1212241	910421	296819	5001
施工项目（个）	479	266	213	
#本年新开工项目	471	171	300	
本年建成投产项目	447	168	279	
房屋施工面积（平方米）	1326973	274507	215550	836916
#住　宅	840055	119769	907	719379
房屋竣工面积（平方米）	3074165	2035121	1017943	21101
#住　宅	426697	129312	297385	

6－7 商河县固定资产投资主要指标（2012年）

MAIN INDICATORS OF INVESTMENT IN SHANGHE（2012）

指标	合计	城镇及以上单位	农村投资	房地产开发投资
本年完成投资（万元）	579810	356181	83442	140187
按构成分				
建筑工程	388082	256771	48822	82489
安装工程	17400	7444	3270	6686
设备、工器具购置	71049	55068	15831	150
其他费用	103279	36898	15519	50862
按国民经济行业分				
农、林、牧、渔业	27587	11022	16565	
采掘业				
制造业	214291	161933	52358	
电力、煤气及水生产和供应业	6522	6522		
建筑业	2379	2379		
交通运输、仓储和邮政业	61572	57545	4027	
信息传输、计算机服务和软件业				
批发和零售业	9600	8000	1600	
住宿和餐饮业	500	500		
金　融				
房地产业	155256	11549	3520	140187
租赁和商务服务业				
科学研究、技术服务和地质勘查业	1634	1634		
水利、环境和公共设施管理业	9506	7934	1572	
居民服务和其他服务业	76116	76116		
教　育	7687	6287	1400	
卫生、社会保障和社会福利业	1780	1780		
文化、体育和娱乐业				
公共管理和社会组织	5380	2980	2400	
本年新增固定资产（万元）	233083	92847	62918	77318
施工项目（个）	155	118	37	
#本年新开工项目	96	68	28	
本年建成投产项目	69	45	24	
房屋施工面积（平方米）	2812518	899808	167217	1745493
#住　宅	1595893	0	2800	1593093
房屋竣工面积（平方米）	338689	25650	3385	309654
#住　宅	302253			302253

6-8 固定资产投资资金来源(2012年)

INVESTMENT BY SOURCE OF FUNDS(2012)

指　　标	合　计	城镇及以上单位	农村投资	房地产开发投资
本年资金来源合计	26320663	14678003	1269587	10373073
上年末结余资金	2137419	204643	11504	1921272
本年资金来源小计	24183244	14473360	1258083	8451801
国家预算资金	1693582	1634080	59502	
其中：央预算资金	38751	38203	548	
国内贷款	1714949	471322	46109	1197518
债券	4131	3831	300	
利用外资	226374	161433	3800	61141
其中：外商直接投资	79600	14659	3800	61141
自筹资金	16405182	11949592	1002771	3452819
其中：企、事业单位自有资金	5990995	4108830	281780	1600385
其中：股东投入资金	20966	20966		
其他资金来源	4139026	253102	145601	3740323

6-9 新增主要生产能力和效益(2012年)

NEWLY INCREASED PRODUCTION CAPACITY AND ADMINISTRATIVE(2012)

项　　目	单　位	新增生产能力
2012年商河县危桥改造工程	座	8
皂李村桥路涵建设	座	2
2012年商河县危桥改造工程	延长米	372
皂李村桥路涵建设	延长米	500
温声玻璃扩建厂房	万重量箱/年	10
济南第二生活垃圾综合处理厂项目	万千瓦	4.2
巷道开拓及新上生产设备	万吨/年	20
贺家拔丝厂车间新建	万吨/年	0.5
扩建设	万吨/年	8
110千伏岗子输送电工程	公里	12.8
刘长山路建设	公里	5
顺达路桥扩建	公里	300
耿玉路大修改造工程	公里	160
马山镇104省道提升改造	公里	15
省道104升级改造	公里	10
刘长山路建设	公里	5
马山镇104省道提升改造	公里	15
省道104升级改造	公里	10
新建顺通碳制品有限公司	吨/年	3200
新建年产200吨球星石墨项目	吨/年	200
肥料项目	吨/年	50000
新上复合肥料生产线	吨/年	33000
阿波罗甲壳素新上生产车间	吨/年	90
巴顿化肥公司扩建	吨/年	8200
扩建年产800吨肥料生产项目	吨/年	800
济南波利农肥业有限公司扩建	吨/年	7000
新建年产800吨钾肥生产项目	吨/年	800
三丰肥料厂扩建	吨/年	1200
基础建设	吨/年	2000
年产5000吨农药复配扩建项目	吨/年	5000
鑫农农药公司改建车间及仓库	吨/年	130
汽流纺织、手套加工	锭	500
鸿裕纺织	锭	6000
厂房、设备	锭	1105
新上生产线项目	锭	12500
设备购置	锭	50000
大唐平阴风电场二期工程	处	4.95

6－10　重点建设

SUMMARY OF MAJOR

在建项目名称	建设性质	开工年月	计划总投资（万元）	至本年底累计完成投资（万元）
30万吨秸秆生物化工新材料一体化	新建	201206	90187	48900
大唐平阴风电场二期工程	新建	201201	50275	50300
酚醛树脂和特种环氧树脂	新建	201111	48250	40600
生物化工、新材料一体化	新建	201111	31037	31153
改性酚醛泡味防火墙体材料	新建	201206	10300	10476
年产5000吨农药复配扩建项目	新建	201109	6000	6000
灌装厂生产项目	新建	201203	5600	3698
110千伏岗子输送电工程	新建	201205	5206	6000
汽流纺织、手套加工	新建	201203	5000	5000
厂房、设备	新建	201205	4500	4500
设备购置	新建	201201	3994	3994
济南第二生活垃圾综合处理厂项目	扩建	200909	114897	114897
马山镇104省道提升改造	扩建	201207	9000	9000
刘长山路建设	扩建	201104	6500	5300
巷道开拓及新上生产设备	扩建	201205	4760	4760
省道104升级改造	技改	201204	8200	8200
新上复合肥料生产线	技改	201202	4500	4500

项目一览表(2012年)

PROJECTS(2012)

本年完成投资(万元)		本年新增固定资产(万元)	建设规模和新增生产能力(或效益)				
	建筑工程		名　　称	单　　位	建设规模	新增能力累计	本年
48900	24254	0	济南圣泉集团股份有限公司	30万吨秸秆生物化工新材料一体化	3000	0	0
50300	16661	50000	大唐平阴清洁能源开发有限公司	大唐平阴风电场二期工程	4.95	4.95	4.95
35417	12813	0	山东圣泉化工股份有限公司	酚醛树脂和特种环氧树脂	2200	500	500
27319	4348	27319	济南圣泉集团股份有限公司	生物化工、新材料一体化	1000	1000	1000
10476	2618	10476	山东圣泉化工股份有限公司	改性酚醛泡味防火墙体材料	3000	3000	3000
1180	1180	1180	山东売京化工有限责任公司	年产5000吨农药复配扩建项目	5000	5000	5000
3698	3000	0	济南今朝酒业有限公司	灌装厂生产项目	0.5	0.5	0.5
6000	4700	6000	章丘市供电公司	110千伏岗子输送电工程	12.8	12.8	12.8
5000	2924	5000	济南金丰纺织品有限公司	汽流纺织、手套加工	12000	12000	500
4500	950	3550	济南鑫泰纺织品有限公司	厂房、设备	15000	15000	1105
3994	0	3994	济南泛洋纺织有限公司	设备购置	50000	50000	50000
29627	1900	114897	济南市容环境卫生管理局	济南第二生活垃圾综合处理厂项目	27	27	4.2
9000	8900	9000	长清区马山镇人民政府	马山镇104省道提升改造	15	15	15
3300	3300	0	刘长山路延长线	刘长山路建设	5	5	5
4760	2960	4760	山东新阳能源有限公司	巷道开拓及新上生产设备	150	150	20
8200	8200	8200	省道104改建工程长清区指挥部	省道104升级改造	10	10	10
4500	1135	3157	济南乐喜施肥料有限公司	新上复合肥料生产线	33000	33000	33000

6-11 历年房地产开发建设情况

BASIC SITUATIONS OF REAL ESTATE DEVELOPMENT IN MAJOR YEARS

指　　标	单　位	2007年	2008年	2009年	2010年	2011年	2012年
计划总投资	万元	10869839	15027272	15989894	24194322	28739458	35839876
本年完成投资	万元	1932069	2741166	3325576	4845029	5271555	6633152
土地开发投资	万元	207086	186195	29746	57901		
按构成分							
建筑工程	万元	1115953	1333332	1806020	2502001	3526223	3973188
安装工程	万元	103738	109410	152513	171307	321614	664914
设备、工器具购置	万元	31893	19422	62291	41891	72053	48749
其他费用	万元	680485	1279002	1304752	2129830	1351665	1946301
#旧建筑物购置费	万元	1004	35016	32370	12984	24266	2053
土地购置	万元	336552	971399	959182	1598361	1084153	1620182
按工程用途分							
住　宅	万元	1623258	2226497	2555230	3645583	4023431	4447006
#安居工程	万元	39570	31919	937	100		
办公楼	万元	52262	82122	137757	199630	258259	552686
商业营业用房	万元	134728	337394	497079	568475	564753	714377
其　他	万元	121821	95153	135510	431341	425112	919083
本年新增固定资产	万元	613264	590688	1508494	887182	2279902	1649602
本年完成土地开发面积	万平方米	203.99	194.11	51.22	28.37		
待开发土地面积	万平方米	158.63	184.10	119.34	120.19	158.64	205.17
本年购置土地面积	万平方米	217.51	233.56	128.14	531.98	199.34	272.72
房屋施工面积	万平方米	1219.50	1616.94	2131.75	2363.53	3499.28	3815.5
房屋竣工面积	万平方米	249.16	249.90	467.22	245.75	553.51	492.25
竣工房屋价值	万元	524477	494899	1478039	749212	1887061	1184728
竣工住宅	套	14718	19692	31377	19300	39928	30589
#安居工程	套	772	1628	184			

6－12 历年房地产开发公司经营情况

REAL ESTATE DEVELOPMENT AND MANAGMENT IN MAJOR YEARS

指　　标	单　位	2007年	2008年	2009年	2010年	2011年	2012年
开发公司家数	家	459	555	565	582	468	477
职工年平均人数	人	15776	17025	17924	18338		
企业资本金	万元	1734429	2316296	2247506	3166586	5451271	4782092
资产与负债							
资产总计	万元	8793661	11345764	14641055	19182580	34266298	32094577
负债总计	万元	6615132	8462023	11644785	15000223	25913875	25865804
所有者权益	万元	2178529	2883741	2996270	4182357	8352423	6228773
损益情况							
经营收入	万元	1378350	2123068	2649334	3658302	3776161	4276447
土地转让收入	万元	32484	6958	55875	30376	115313	7005
商品房销售收入	万元	1295237	2019615	2522151	3550739	3511313	3966112
房屋出租收入	万元	3100	7094		5240	95836	47703
其他收入	万元	47529	89401	71308	71947	53699	255627
经营成本	万元	1078711	1494795	1955681	2660777	2658621	2966442
经营税金及附加	万元	89603	142607	166888	248618	334344	377381
利润总额	万元	82706	258621	287693	462395	371300	431899
房屋销售与出租							
本年实际销售房屋面积	平方米	3202448	3711606	4410629	5314886	5940632	6579929
#住　宅	平方米	2907868	3300406	4043052	4773087	5367883	5583496
本年房屋实际销售额	万元	1209334	1551066	2159821	3326418	3985934	4501017
#住　宅	万元	1081617	1371164	1936555	2911373	3583710	3718378
待售房屋面积	平方米	453961	504484	646998	503730	674094	760852
#住　宅	平方米	330451	419799	423038	272161	364737	483329
出租房屋面积	平方米	107872	85568	31914	31204	87450	164528
#住　宅	平方米		58991	2000			

6-13 房地产开发公司经营情况(2012年)

REAL ESTATE DEVELOPMENT AND MANAGEMENT(2012)

指　　标	单 位	合 计	内资企业		外资企业	
				国 有		港澳台商
开发公司家数	家	477	442	56	35	25
按资质分						
#一级资质	家	12	11	6	1	1
二级资质	家	43	38	10	5	4
三级资质	家	124	116	18	8	5
四级资质	家	41	39	6	2	2
企业资本金	万元	4782092	3926509	1172576	855583	780249
资产与负债						
资产总计	万元	32094577	29244905	8627384	2849672	2401171
负债总计	万元	25865804	24026169	6566175	1839635	1471478
所有者权益	万元	6228773	5218737	2061209	1010036	929693
损益情况						
经营收入	万元	4276447	3774141	961461	502306	436986
土地转让收入	万元	7005	7005	6488		
商品房销售收入	万元	3966112	3504643	728021	461469	398609
房屋出租收入	万元	47703	21120	4137	26583	25901
其他收入	万元	255627	241373	222815	14254	12476
经营成本	万元	2966442	2654453	690236	311989	274576
经营税金及附加	万元	377381	307133	51324	70248	62214
利润总额	万元	431899	357574	123677	74325	66503

主要统计指标解释

EXPLANATORY NOTES ON MAIN STATISTICAL INDICATORS

全社会固定资产投资　固定资产投资是社会固定资产再生产的主要手段。通过建造和购置固定资产的活动，国民经济不断采用先进技术装备，建立新兴部门，进一步调整经济结构和生产力的地区分布，增强经济实力，为改善人民物质文化生活创造物质条件。这对我国的社会主义现代化建设具有重要意义。

固定资产投资额　是以货币表现的建造和购置固定资产活动的工作量，它是反映固定资产投资规模、速度、比例关系和使用方向的综合性指标。全社会固定资产投资按经济类型可分为国有、集体、个体、联营、股份制、外商、港澳台商、其他等。按照管理渠道，全社会固定资产投资总额分为基本建设、更新改造、房地产开发投资和其他固定资产投资四个部分。

基本建设投资　基本建设指企业、事业、行政单位以扩大生产能力或工程效益为主要目的的新建、扩建工程及有关工作。其综合范围为总投资50万元以上（含50万元，下同）的基本建设项目。具体包括：(1)列入中央和各级地方本年基本建设计划的建设项目，以及虽未列入本年基本建设计划，但使用以前年度基建计划内结转投资（包括利用基建库存设备材料）在本年继续施工的建设项目；(2)本年基本建设计划内投资与更新改造计划内投资结合安排的新建项目和新增生产能力（或工程效益）达到大中型项目标准的扩建项目，以及为改变生产力布局而进行的全厂性迁建项目；(3)国有单位既未列入基建计划，也未列入更新改造计划的总投资在50万元以上的新建、扩建、恢复项目和为改变生产力布局而进行的全厂性迁建项目，以及行政、事业单位增建业务用房和行政单位增建生活福利设施的项目。

更新改造投资　更新改造指企业、事业单位对原有设施进行固定资产更新和技术改造，以及相应配套的工程和有关工作（不包括大修理和维护工程）。其综合范围为总投资50万元以上的更新改造项目。具体包括：(1)列入中央和各级地方本年更新改造计划的投资单位（项目）和虽未列入本年更新改造计划，但使用上年更新改造计划内结转的投资在本年继续施工的项目；(2)本年更新改造计划内投资与基本建设计划内投资结合安排的对企、事业单位原有设施进行技术改造或更新的项目和增建主要生产车间、分厂等其新增生产能力（或工程效益）未达到大中型项目标准的项目，以及由于城市环境保护和安全生产的需要而进行的迁建工程；(3)国有企、事业单位既未列入基建计划也未列入更新改造计划，总投资在50万元以上的属于改建或更新改造性质的项目，以及由于城市环境保护和安全生产的需要而进行的迁建工程。

房地产开发投资　指房地产开发公司、商品房建设公司及其他房地产开发法人单位和附属于其他法人单位实际从事房地产开发或经营的活动单位统一开发的包括统代建、拆迁还建的住宅、厂房、仓库、饭店、宾馆、度假村、写字楼、办公楼等房屋建筑物和配套的服务设施，土地开发工程（如道路、给水、排水、供电、供热、通讯、平整场地等基础设施工程）的投资；不包括单纯的土地交易活动。

其他固定资产投资　指全社会固定资产投资中未列入基本建设、更新改造和房地产开发投资的建造和购置固定资产的活动。具体包括：⑴国有单位按规定不纳入基本建设计划和更新改造计划管理，计划总投资（或实际需要总投资）在50万元以上的以下工程：1.用油田维护费和石油开发基金进行的油田维护和开发工程；2.煤炭、铁矿、森工等采掘采伐业用维简费进行的开拓延伸工程；3.交通部门用公路养路费对原有公路、桥梁进行改建的工程；4.商业部门用简易建筑费建造的仓库工程。⑵城镇集体固定资产投资：指所有隶属城市、县城和经国务院及省、自治区、直辖市批准建制的镇领导的集体单位（乡镇企业局管理的除外）建造和购置固定资产计划总投资（或实际需要总投资）在50万元以上的项目。⑶除上述以外的其他各种企、事业单位、个体建造和购置固定资产总投资在50万元以上的、未列入基本建设计划和更新改造计划的项目。

城镇和工矿区私人建房投资和农村个人投资　城镇和工矿区私人建房包括市、县城、镇、工矿区所辖范围内的全部私人建房，不论其房主是否系本地的常住户口均应包括。农村个人投资包括农村个人建房及购置生产性固定资产的投资。

固定资产投资的资金来源　根据固定资产投资的资金来源不同，分为国家预算内资金、国内贷款、利用外资、自筹资金和其他资金来源。

⑴国家预算内资金：指中央财政和地方财政中由国家统筹安排的基本建设拨款和更新改造拨款，以及中央财政安排的专项拨款中用于基本建设的资金和基本建设拨款改贷款的资金等。

⑵国内贷款：指报告期内企、事业单位向银行及非银行金融机构借入的用于固定资产投资的各种国内借款。包括银行利用自有资金及吸收的存款发放的贷款、上级主管部门拨入的国内贷款、国家专项贷款（包括煤代油贷款、劳改煤矿专项贷款等）、地方财政专项资金安排的贷款、国内储备贷款、周转贷款等。

⑶利用外资：指报告期内收到的用于固定资产投资的国外资金，包括统借统还、自借自还的国外贷款，中外合资项目中的外资，以及对外发行债券和股票等。国家统借统还的外资指由我国政府出面同外国政府、团体或金融组织签订贷款协议、并负责偿还本息的国外贷款。

⑷自筹资金：指建设单位报告期内收到的，用于进行固定资产投资的上级主管部门、地方和企、事业单位自筹资金。

⑸其他资金来源：指报告期内收到的除以上各种拨款、固定资产投资按国民经济行业分。

建设项目归哪个行业，按其建成投产后的主要产品或主要用途及社会经济活动性质来确定。基本建设按建设项目划分国民经济行业，更新改造、国有单位其他固定资产投资及城镇集体投资根据整个企业、事业单位所属的行业来划分。一般情况下，一个建设项目或一个企业、事业单位只能属于一种国民经济行业。为了更准确地反映国民经济各行业之间的比例关系，联合企业（总厂）所属分厂属于不同行业的，原则上按分厂划分行业。

固定资产投资按建设性质分　建设项目的性质一般分为新建、扩建、改建、迁建、恢复。基本建设按建设项目划分建设性质，更新改造、国有单位其他固定资产投资及城镇集体投资等按整个企业、事业单位的建设情况确定建设性质，房地产开发单位、农村投资、城镇工矿区私人建房等投资不划分建设性质。

⑴新建：一般是指从无到有、“平地起家”新开始建设的单位。有的单位原有的基础很小，经过建设后其新增加的固定资产价值超过原有固定资产价值（原值）三倍以上的也算新建。

⑵扩建：一般是指为扩大原有产品的生产能力，在厂内或其他地点增建主要生产车间（或主要工程）、独立的生产线或分厂的企业；事业单位和行政单位在原单位增建业务用房（如学校增建教学用房、医院增建门诊部或病床用房、行政机关增建办公楼等）也作为扩建。

⑶改建：一般是指现有企业、事业单位为了技术进步，提高产品质量，增加花色品种，促进产品升级换代，降低消耗和成本，加强资源综合利用和三废治理、劳保安全等，采用新技术、新工艺、新设备、新材料等对现有设施、工艺条件进行技术改造或更新（包括相应配套的辅助性生产、生活福利设施）。有的企业为充分发挥现有生产能力，进行填平补齐而增建不增加本单位主要产品生产能力的车间等，也属于改建。

固定资产投资按构成分　固定资产投资活动按其工作内容和实现方式分为建筑安装工程，设备、工具、器具购置，其他费用三个部分。

⑴建筑安装工程（建筑安装工作量）：指各种房屋、建筑物的建造工程和各种设备、装置的安装工程。包括各种房屋建造工程，各种用途设备基础和各种工业窑炉的砌筑工程；为施工而进行的各种准备工作和临时工程以及完工后的清理工作等；铁路、道路的铺设，矿井的开凿及石油管道的架设等；水利工程；防空地下建筑等特殊工程；以及各种机械设备的安装工程；为测定安装工程质量，对设备进行的试运工作。在安装工程中，不包括被安装设备本身的价值。

⑵设备、工具、器具购置：指购置或自制达到固定资产标准的设备、工具、器具的价值，固定资产的标准按财务部门规定。新建单位、扩建单位的新建车间按照设计和计划要求购置或自制的全部设备、工具、器具，不论是否达到固定资产标准均计入“设备、工具、器具购置”中。

⑶其他费用：指在固定资产建造和购置过程中发生的，除建筑安装工程和设备、工具、器具购置以外的各种应摊入固定资产的费用。

基本建设项目按大中小型划分　基本建设划分大中小型项目原则上应按照上级批准的设计任务书或初步设计所确定的总规模或总投资划分，没有正式批准设计任务书或初步设计的，按国家或省、自治区、直辖市年度基本建设投资计划中所列的总规模或总投资划分。上述两条均不具备的，按本年计划施工工程的建设总规模或总投资划分。生产单一产品的工业项目，按产品的设计能力划分；生产多种产品的工业项目，按其主要产品的设计能力划分。品种繁多，难以按生产能力划分的，按全部计划投资额划分。划分标准以国家颁发的《大中小型建设项目划分标准》为依据。国家曾在1953年、1962年、1972年、1977年和1979年先后五次修订《大中小型建设项目划分标准》，因此各历史时期的大中型项目数不完全可比。

施工项目　指报告期内曾进行建筑或安装工程施工活动的建设项目，包括报告期内新开工项目、报告期以前开工跨入报告期继续施工的项目以及报告期施过工并在报告期内全部建成投产或停缓建的项目。

全部建成投产项目　工业项目是指设计文件规定形成生产能力的主体工程及其相应配套的辅助设施全部建成，经负荷试运转，证明具备生产设计规定合格产品的条件，并经过验收鉴定合格或达到竣工验收标准，与生产性工程配套的生活福利设施可以满足近期正常生产的需要，正式移交生产的建设项目。非工业项目是指设计文件规定的主体工程和相应的配套工程全部建成，能够发挥设计规定的全部效益，经验收鉴定合格或达到竣工验收标准，正式移交使用的建设项目。

新增生产能力　指通过固定资产投资活动而增加的设计能力或工程效益，它是用实物形态表示的固定资产投资的成果。新增生产能力的计算，是以能独立发挥生产能力或工程效益的单项工程（或项目）为对象。当单项工程（或项目）建成，经有关部门鉴定合格，正式移交投入生产，即可计算新增生产能力。新增生产能力或工程效益有以下几种表现形式：

⑴以建设项目或单项工程建成后的年产能力表示，如煤炭开采、石油开采等。

⑵以建设项目或单项工程建成后处理原料的能力表示，如选矿工程的年处理矿石能力、洗煤厂年洗原煤能力等。

⑶以新增的主要设备数量或容量表示，如棉纺锭锭数、发电机组容量等。

⑷以建筑物容积、容量、面积或长度表示，如水库容量、铁路公路里程等。

新增生产能力的数量一般按设计能力计算。设计能力是指设计文件中规定的在正常情况下能够达到的生产能力，而不论投产后的实际产量如何。以设备数量、建筑物容积、面积、长度等表示的新增生产能力或工程效益，则按建成的实际数量计算。

房屋建筑面积　指从房屋外墙线算起的各层平面面积的总和，包括可供使用的有效面积和房屋结构（如柱、墙）占用的面积。多层建筑按各层(包括地下室)面积总和计算。

住宅建筑面积 指施工和竣工房屋建筑面积中供居住用的施工和竣工房屋建筑面积。

施工面积 指报告期内施工的全部房屋建筑面积。包括本期新开工的面积、上期跨入本期继续施工的房屋面积、上期停缓建在本期恢复施工的房屋面积、本期竣工的房屋面积及本期施工后又停缓建的房屋面积。

竣工面积 指在报告期内房屋建筑按照设计要求已全部完工,达到住人和使用条件,经验收鉴定合格,正式移交使用单位的建筑面积。

房屋建筑面积竣工率 指一定时期内房屋竣工面积占同期房屋施工面积的比率。它是从房屋建筑施工速度的角度反映投资效果和建筑业经济效益的指标。

新增固定资产 指通过投资活动所形成的新的固定资产价值,包括已经建成投入生产或交付使用的工程价值和达到固定资产标准的设备、工具、器具的价值及有关应摊入的费用。它是以价值形式表示的固定资产投资成果的综合性指标,可以综合反映不同时期、不同部门、不同地区的固定资产投资成果。

建设项目投产率 指一定时期内全部建成投入生产项目个数与同期正式施工项目个数的比率。它是从项目建设速度的角度反映投资效果的指标。

固定资产交付使用率 指一定时期新增固定资产与同期完成投资额的比率。它是反映各个时期固定资产动用速度,衡量建设过程中投资效果的一个综合性指标。

未完工程占用率 指年末未完工程累计完成投资额占全年实际完成投资额的比率。它反映未完工程的相对规模,并可从资金占用的角度反映固定资产投资效果。由于未完工程是指已经开工,但尚未建成交付使用的工程,有跨年度问题,因此未完工程占用率会出现大于1的情况。

房地产开发本年完成投资 是指从本年1月1日起至本年最后一天止完成的全部用于房屋建设工程和土地开发工程的投资额。“本年完成投资”包括土地购置费和公益性建筑等的投资。

土地购置和开发情况

(1)待开发土地面积:指经有关部门批准,通过各种方式获得土地使用权,但尚未进行开发的土地面积。

(2)本年购置土地面积:是指在本年内通过各种方式获得土地使用权的土地面积。

商品房屋销售与出租情况

(1)实际销售面积:是指报告期内正式交付给购房者的房屋面积。

不包括已签订预售合同正在建设的商品房屋面积。

(2)待售面积:是指报告期末已竣工的商品房屋建筑面积中,尚未销售或出租的部分,包括以前年度竣工和本期竣工可供出售或出租而未售出或租出的房屋面积。

(3)出租面积:是指在报告期期末房屋开发单位出租的商品房屋的全部面积。

(4)实际销售额:指报告期内售出房屋的收入(即双方签署正式买卖合同所拟定的总价)。该指标与实际销售面积同口径,包括正式交付的商品房屋在建设前期预收入的定金、预收的款项及结算尾款和拖欠款;不包括未交付的商品房所预收入的款项。收取的外汇按当时外汇调节市场价折算在其中。如果商品房屋是跨年完成的,应包括以前年度所收的定金及预收款。

7

城市公用事业和环境保护

URBAN PUBLIC UNILITIES AND ENVIRONMENTAL PROTECTION

7-1 城市道路与公共交通

BASIC STATISTICS ON MUNCIPAL ENGINEERING AND PUBLIC TRANSPORTATION

指　　标	2007年	2008年	2009年	2010年	2011年	2012年
城市道路						
道路长度(公里)	2667	3666	4627	4921	5067	5126
道路面积(万平方米)	5137	5554	6461	6940	7458	8337
城市桥梁(座)	748	855	855	850	832	832
#立交桥	72	77	80	80	81	81
路灯(盏)	58000	93790	122998	129033	135368	151021
人均拥有道路面积(平方米)	15.06	16.33	18.87	20.59	21.98	23.73
公共交通						
年末营运车辆(辆)	12103	13280	13217	13106	13394	13861
公共汽车	3863	4384	4231	4239	4375	4701
无轨电车	140	146	140	140	140	140
出租汽车	8100	8750	8986	8867	9019	9020
乘客人数(万人次)	68100	74565	99095	108072	108320	107766

7-2 水、电、气、热供应情况

BASIC STATISTICS ON WATER、ELECTRICITY、GAS AND HEATING IN CITIES

指　　标	单位	2007年	2008年	2009年	2010年	2011年	2012年
自来水							
年末水厂生产能力	万吨/日	157	184	190	190	194.59	199.24
年末管线长度	公里	1520	2371	2797	3472	3847	4055
全年供水量	万吨	27833	27420	25380	23529	29376	30677
人均日生活用水	升	160.4	126.8	131.4	114.1	141.3	136.6
城市人口用水普及率	%	99.2	100.0	100.0	100.0	100.0	100.0
用电量							
全社会用电量	万千瓦时	1907697	2025031	2177892	2450343	2565727	2535709
工　业	万千瓦时	1266655	1328982	1403642	1573200	1619051	1488648
城乡居民生活用电	万千瓦时	302266	337533	362980	406959	407128	444176
液化石油气和管道煤气							
液化石油气全年供气量	吨	47940	57721	88769	38161	50374	59187
生活用	吨	47940	56641	47181	14044	35584	35441
居民用气人口	万人	192.0	109.8	113.6	86.4	88.4	91.2
天然气供气量	万立方米	11180	28941	30874	27647	36791	44092
生产用	万立方米	5250	25098	26101	20429	29482	33104
生活用	万立方米	5930	3843	4773	7218	3727	10988
居民用气人口	万人	102	172	169	193	198	217
管道煤气供气量	万立方米	4251	4260	4765	5294	4658	4300
生产用	万立方米	1733	1747	2178	2395	2070	1720
生活用	万立方米	2518	2513	2587	2899	2588	2580
居民用气人口	万人	41.6	40.0	41.6	42.2	37.1	30.25
用气普及率	%	98.0	94.9	94.7	95.5	95.3	96.4
集中供热							
管道长度	公里	1144	1460	1657	1723	1949	1935
供热面积	万平方米	4256	5516	6274	7081	7629	9374

注:全年供水量指标在1996年以前年份(包括1996年)为系统内口径,1997年以后为全社会口径。2002年城市人口用水普及率为建设部新口径 计算,液化气和管道煤气中的数据变化较大,主要是液化气和天然气及管道煤气“用气置换”后的正常调整。

7-3 环境状况及污染治理情况

BASIC STATISTICS ON ENVIRONMENT AND TREATMENT OF POLLUTION

指　　标	单位	2007年	2008年	2009年	2010年	2011年	2012年
环境质量状况							
环境空气质量良好以上天数	天	311	295	295	308	320	208
环境空气二氧化硫浓度年均值	mg / m3	0.056	0.052	0.05	0.045	0.050	0.082
环境空气可吸入颗粒物浓度年均值	mg / m3	0.118	0.126	0.123	0.117	0.103	0.154
环境空气二氧化氮浓度年均值	mg / m3	0.023	0.022	0.025	0.027	0.036	0.049
集中式饮用水源地水质达标率	%	100.00	100.00	100.00	100.00	100.00	100.00
城市水环境功能区水质达标率	%	75.00	75.00	75.00	100.00	100.00	100.00
区域环境噪声昼间平均等效声级	分贝	53.20	53.00	54.10	54.10	53.80	52.00
道路交通噪声平均等效声级	分贝	69.60	69.80	69.10	69.60	69.20	69.10
污染物排放情况							
废水排放总量	万吨	24216	24244	24975	28567	29794	33338
工业废水排放量	万吨	5059	4749	5014	5594	6396	6653
生活废水排放量	万吨	19157	19495	19961	22973	23382	26668
集中式污染治理设施废水排放量	万吨					16	17
化学需氧量排放量	吨	55280	51941	49279	47353	120765	115807
工业化学需氧量排放量	吨	6454	5854	7005	8816	5614	5497
生活化学需氧量排放量	吨	48826	46087	42274	38537	41354	36624
集中式污染治理设施化学需氧量排放量	吨					259	259
农业化学需氧量排放量	吨					73538	73827
氨氮排放量	吨	6782	6882	6264	4779	10211	9613
工业氨氮排放量	吨	581	545	320	428	413	373
生活氨氮排放量	吨	6201	6337	5944	4351	6764	6130
集中式污染治理设施氨氮排放量	吨					27	27
农业氨氮排放量	吨					3007	3083
二氧化硫排放量	吨	90125	83999	82670	81601	120633	114520
工业二氧化硫排放量	吨	75084	68412	65944	70296	109299	103187
生活二氧化硫排放量	吨	15131	15587	16726	11305	11306	11306
集中式污染治理设施二氧化硫排放量	吨					28	28
氮氧化物排放量	吨					116832	112700
工业氮氧化物排放量	吨					83022	81261
生活氮氧化物排放量	吨					3629	3629
集中式污染治理设施氮氧化物排放量	吨					69	69
机动车氮氧化物排放量	吨					30112	27741
烟（粉）尘排放量	吨					115658	62825
工业烟（粉）尘排放量	吨					103915	51609
生活烟尘排放量	吨					8355	8355
集中式污染治理设施烟尘排放量	吨					14	14
机动车烟尘排放量	吨					3374	2847
污染治理情况							
工业重复用水率	%	96.68	96.92	96.50	96.06	95.11	95.18
工业烟（粉）尘去除率	%					97.82	98.90
工业固体废物处置利用率	%	94.03	95.20	94.50	97.81	99.68	99.83

注：1."环境质量状况"中，环境空气质量状况4项指标，自2012年起按照新的口径进行统计。
2."污染物排放情况"，2010年前为工业及生活排放量，2011年后调整为工业、农业、生活和集中式污染治理设施排放量。
3."集中式污染治理设施"，包括生活垃圾处理场和危险废物（医疗废物）集中处理（置）厂。

7-4 城市园林绿化、环境卫生及其他

BASIC STATISTICS ON PARKS、GARDENS、GREEN AREAS AND URBAN SANITATION IN CITIES

指　　标	单位	2007年	2008年	2009年	2010年	2011年	2012年
园林绿化							
年末园林绿地面积	公顷	12531	12827	13677	14588	14864	15556
#公园面积	万平方米	1515	2141	2293	2455	2861	2906
人均公园绿地面积	平方米/人	9.5	10.8	10.8	11.3	10.9	11.16
建成区绿化覆盖率	%	36.8	35.6	35.9	36.9	37.1	38.21
城市卫生							
污水集中处理率	%	61.21	69.27	78.21	89.60	86.55	89.83
清扫街道面积	万平方米	2855	3897	4373	4491		
清运垃圾	万吨	93	126	133	115	113	120.53
清运粪便	万吨	20.0	27.2	27.3	27.8	42.6	47.81
公共厕所	座	509	625	652	586	643	731
城市维护费收支							
维护费收入	万元	840787	1331477	1315981	1148528	1112214	1148757
维护费支出	万元	840787	1312128	1313811	1162707	1074226	1150366
维护支出	万元	206239	462261	348870	218868	253068	245494
固定资产投资支出	万元	555873	629094	760175	855544	639450	698905
其他	万元	78675	220089	204766	88295	181708	205967

主要统计指标解释

EXPLANATORY NOTES ON MAIN STATISTICAL INDICATORS

年末自来水生产能力 指年底城建部门管理的自来水厂和自备水源的社会单位取水、净化、送水、出厂输水干管等环节的实际生产能力。

年末供水管道长度 指从送水泵到用户水表之间所有管道的长度。

全年供水总量 指公用自来水厂和自备水源的社会单位全年的供水总量，包括有效供水量及损失水量。

生活用水量 指居民日常生活与公共福利设施的用水量，包括居民、饮食店、旅馆、医院、理发店、浴池、洗衣店、游泳池、商店、学校、机关、部队等单位的用水量。

城市人口用水普及率 指城市用水的非农业人口数(不包括临时人口和流动人口)与城市非农业人口总数之比。计算公式为：

用水普及率＝城市用水的非农业人口数/城市非农业人口数×100%

人工煤气生产能力 指城市煤气厂制气、净化、输送等环节的综合实际生产能力。

输气管道长度 指由压缩机、鼓风机、储气罐的出口到用户煤气表之间的全部管道长度。

全年供气总量 指全年售给各类用户的全部煤气量，包括工业用量、家庭用量和其他用量。

城市用气普及率 指使用煤气(包括人工煤气、液化石油气、天然气)的城市非农业人口数(不包括临时人口和流动人口)与城市非农业人口总数之比。计算公式为：

城市煤气普及率＝城市用气的非农业人口数/城市非农业人口总数×100%

城市供热能力 指热电厂、热力公司和达到标准的集中采暖锅炉房向城市输送的供热源的设计能力，即每小时向城市输送蒸汽、热水的能力。

城市供热总量 指热电厂、热力公司和达到标准的集中采暖锅炉房向城市输送的全部蒸汽、热水量。

城市供热管道长度 指热电厂、热力公司和达到标准的集中采暖锅炉房管理的集中供热热源到用户之间的全部供气、供热水的管道长度。

年底实有铺装道路长度 指除土路外，路面经过铺装宽度在3.5米以上的道路，包括高级、次高级道路和普通道路。

城市桥梁 指城市范围内，修建在河道上的桥梁和道路与道路立交、道路跨越铁路的立交桥及人行天桥。包括永久性桥和半永久性桥，不包括临时性桥、铁路桥、涵洞。

城市下水道总长度 指所有排水总管、干管、支管及暗渠、检查井、连接井进出水口等长度之和。

城市污水日处理能力 指污水处理厂每昼夜处理污水量的设计能力。

年末实有公共汽(电)车 指年底可参加营运的全部车辆数，包括营运车辆数和库存查封未参加营运的车辆。不包括非营运车辆，如架线车、油罐车、工程车、货车及其他专用车辆和借入的客运车辆。

城市园林绿地面积 指城市公共绿地、专用绿地、生产绿地、防护绿地、郊区风景名胜区的全部面积。

公共绿地 指供游览休息的各种公园、动物园、植物园、陵园以及花园、游园和供游览休息用的林荫道绿地、广场绿地，不包括一般栽植的行道树及林荫道的面积。

废气排放总量 指燃料燃烧和生产工艺过程中排放的各种废气总量，以标准状态下每年万标立方米表示。

工业固体废物产生量 指工业企业在生产过程中产生的固体状、半固体状和高浓度液体状废弃物的总量，包括冶炼废渣、粉煤灰、炉渣、煤矸石、化工废渣、尾矿、放射性废渣和其它废渣等；不包括矿山开采的剥离废石和掘进废石(煤矸石和呈酸性或碱性的废石除外)。酸性或碱性废石是指采掘的废石其流经水、雨淋水PH值小于4或PH值大于10.5者。

工业固体废物处置量 指以符合环境保护要求的方式将固体废物放置在不再回取的场所的固体废物量，如填埋、焚烧、经封场处理的专业贮存场(库)、深层灌注、回填矿井等(包括当年处置往年的堆存量)。

二氧化硫年平均值 指城市建成区环境空气中测得的单位体积中的二氧化硫含量，按日计算的年平均值。

总悬浮颗粒物年平均值 指城市建成区环境空气中测得的单位体积中总悬浮颗粒物含量，按日计算的年平均值。

氮氧化物年平均值 指城市建成区环境空气中测得的单位体积中氮氧化物含量，按日计算的年平均值。

饮用水源水质达标率 指市区从城市集中饮用水源地中取得的水，其水质要求达到《生活饮用水卫生标准》的数量占取水总量的百分比。

城市地面水水质达标率 是指城市市区地面水功能区认证点位按各水体功能区划标准监测达标的频次占各认证点位监测总频次的百分比。目前该指标只考核下列四类功能的水体：渔业水体、农田灌溉水体、工业用水和景观娱乐用水。

区域环境噪声平均值 是指城市建成区环境噪声网格监测的等效声级算术平均值。

交通干线噪声平均值 是指城市建成区交通干线各路段监测数据，按其长度加权的等效声级平均值。

工业废水处理量 指报告期内各种水治理设施实际处理的工业废水量，包括处理后外排的和处理后回用的工业废水量。虽经处理但未达到国家或地方排放标准的废水量也应计算在内。计算时，如遇有车间和厂排放口均有治理设施，并对同一废水分级处理时，不应重复计算工业废水处理量。

工业废水处理率 工业废水处理量占需处理的工业废水量的百分率。

工业污染治理投资总额 指在报告期内,企业实际用于治理废水、废气、固体废物、噪声和其他(如电磁波、恶臭等)环境污染的环境治理工程的各种资金来源合计。

工业废水排放量 指经过企业厂区所有排放口排到企业外部的工业废水量。包括生产废水、外排的直接冷却水、超标排放的矿井地下水和与工业废水混排的厂区生活污水,不包括外排的间接冷却水(清污不分流的间接冷却水应计算在内)。

工业废水排放达标量 指各项指标都达到国家或地方排放标准的外排工业废水量,包括未经处理外排达标的和经过处理后外排达标的和两部分。国家排放标准见GB8978-88。

工业废气排放量 指企业厂区内燃料燃烧和生产工艺过程中产生的各种排放空气的含有污染物的气体的总量,以标准状态(273K,101325Pa)计。

二氧化硫排放量 指企业在燃料燃烧和生产工艺过程中排放大气的二氧化硫量。

工业烟尘排放量 指企业厂区内的燃料燃烧产生的烟气中夹带的颗粒物的量。

工业粉尘排放量 指企业在生产工艺过程中排放的颗粒物重量。如钢铁企业的耐火材料粉尘、焦化企业的筛焦系统粉尘、烧结机的粉尘、石灰窑的粉尘、建材企业的水泥粉尘等。不包括电厂排放大气的烟尘。

工业固体废物产生量 指企业在生产工艺过程中产生的固体状、半固体状和高浓度液体状废弃物的总量,包括危险废物、冶炼废渣、粉煤灰、炉渣、煤矸石、尾矿、放射性废物和其他废物等;不包括矿山开采的剥离废石和掘进废石(煤矸石和呈酸性或碱性的废石除外)。酸性或碱性废石是指采掘的废石其流经水、雨淋水的pH值小于4或pH值大于10.5者。

危险废物 指列入国家危险废物名录或根据国家规定的危险废物鉴别标准和鉴别方法认定的,具有爆炸性、易燃性、易氧化性、毒性、腐蚀性、易传染疾病等危险特性之一的废物。

工业固体废物综合利用量 指通过回收、加工、循环、交换等方式,从固体废物中提取或者使其转化为可以利用的资源、能源和其他原材料的固体废物量(包括当年利用往年的工业固体废物累计贮存量)。如用作农业肥料、生产建筑材料、筑路等。综合利用量由原产生固体废物的单位统计。

工业固体废物贮存量 指将固体废物焚烧或者最终置于符合环境保护规定要求的场所并不再回取的工业固体废物量(包括当年处置往年的工业固体废物累计贮存量)。处置方法如:填埋(其中危险废物应安全填埋)、焚烧、专业贮存场(库)封场处理、深层灌注、回填矿井等。

工业固体废物排放量 指将所产生的固体废物排到固体废物污染防治设施、场所以外的量。不包括矿山开采的剥离废石和掘进废石(煤矸石和呈酸性或碱性的废石除外)。

"三废"综合利用产品产值 指利用"三废"(废液、废气、废渣)作为主要原料生产的产品产值(现行价),已经销售或准备销售的,应计算产品产值,但留作生产上自用的,不应计算产品产值。

"三废"综合利用产品利润 指利用"三废"(废液、废气、废渣)生产的产品,销售后所得到的利润。

环境污染与破坏事故 指由于违反环境保护法规的经济、社会活动与行为,以及意外因素的影响或不可抗拒的自然灾害等原因,致使环境受到污染,国家重点保护的野生动植物、自然保护区受到破坏,人体健康受到危害,社会经济和人民财产受到损失,造成不良社会影响的突发性事件。

财政和金融保险

GOVERNMENT FINANCE BANKING AND INSURANCE

8-1 各时期地方财政收支及指数

LOCAL GOVERNMENT REVENUE、EXPENDITURES AND INDICES OF MAJOR YEARS

年份	公共财政预算收入（万元）	公共财政预算支出（万元）	指数%（以上年为100）	
			公共财政预算收入	公共财政预算支出
1999	460690	497667	119.9	110.8
2000	490485	547210	106.5	110.4
"十五"时期				
2001	596061	703720	121.5	128.6
2002	662511	775046	115.4	110.2
2003	761064	884597	119.6	114.3
2004	890364	1016953	120.9	114.8
2005	1061547	1206643	120.7	118.7
"十一五"时期				
2006	1284388	1469762	121.0	120.2
2007	1570192	1799787	122.3	122.5
2008	1860155	2213190	118.5	123.1
2009	2101923	2599178	113.0	117.1
2010	2661314	3368037	126.6	129.6
"十二五"时期				
2011	3254165	3968831	122.3	117.8
2012	3808218	4656731	117.0	117.3

注：自2011年开始，"地方财政一般预算收入"更名为"公共财政预算收入"，"地方财政一般预算支出"更名为"公共财政预算支出"。

8-2 财政收入(2012年)

FINANCIAL REVENUE(2012)

单位:万元

指　　标	全市合计	市本级			县区级
			市　直	高新区	
公共财政预算收入	3808218	1734468	1479123	255345	2073750
增值税	333269	173332	147841	25491	159937
营业税	1047045	502655	441504	61151	544390
企业所得税	390478	191512	160228	31284	198966
个人所得税	101805	51419	44827	6592	50386
资源税	12005	132	0	132	11873
固定资产投资方向调节税	1949	0	0	0	1949
城市维护建设税	221469	130174	116451	13723	91295
房产税	119154	56249	49267	6982	62905
印花税	58136	11678	4915	6763	46458
城镇土地使用税	134011	63431	55727	7704	70580
土地增值税	169816	25617	3	25614	144199
车船税	37465	2477	103	2374	34988
耕地占用税	44604	6837	414	6423	37767
契　税	224294	112846	86313	26533	111448
专项收入	128655	77712	70356	7356	50943
行政事业性收费收入	303956	103755	101494	2261	200201
罚没收入	110088	63090	62151	939	46998
国有资本经营收入	-3141	-5967	-6467	500	2826
国有资源(资产)有偿使用收入	324708	159893	136370	23523	164815
其他收入	48452	7626	7626	0	40826
政府性基金收入	4128558	3822804	3786590	36214	305754
#地方教育附加收入	72626	44584	40666	3918	28042

8-3 各区财政收入(2012年)

FINANCIAL REVENUE BY DISTRICT(2012)

单位:万元

指　　标	合　计	历下区	市中区	槐荫区	天桥区	历城区	长清区
公共财政预算收入	1481781	470848	331126	170427	154766	280939	73675
增值税	90278	18681	11476	14298	10887	28994	5942
营业税	453867	175666	110963	47293	49467	55931	14547
企业所得税	150460	43887	53224	11143	13628	23333	5245
个人所得税	41791	12136	14212	3490	3661	5914	2378
资源税	964	0	296	0	0	169	499
固定资产投资方向调节税	1949	1949	0	0	0	0	0
城市维护建设税	66180	18436	14066	8167	7338	15238	2935
房产税	52308	19230	11525	5647	6532	6969	2405
印花税	40293	12136	7875	4269	6222	8126	1665
城镇土地使用税	48520	7720	7682	6645	6937	12209	7327
土地增值税	119641	49084	30453	11850	12255	13670	2329
车船税	27837	5987	4888	3698	5986	5110	2168
耕地占用税	12954	0	0	148	503	9302	3001
契　税	98033	31123	17262	23145	9210	11937	5356
专项收入	32098	8629	6317	4142	3478	6861	2671
行政事业性收费收入	61386	8295	5748	8893	8977	22034	7439
罚没收入	22058	727	879	1683	2709	9567	6493
国有资本经营收入	476	15	0	0	0	459	2
国有资源（资产）有偿使用收入	126575	56639	33878	15396	6628	13252	782
其他收入	34113	508	382	520	348	31864	491
政府性基金收入	51012	11625	8377	4380	3730	10466	12434
#地方教育附加收入	19837	6244	4047	2287	2082	4316	861

8-4 各县(市)财政收入(2012年)

FINANCIAL REVENUE BY COUNTRY(2012)

单位:万元

指 标	合 计	平阴县	济阳县	商河县	章丘市
公共财政预算收入	591969	80046	100230	52978	358715
增值税	69659	15773	11966	5350	36570
营业税	90523	10816	21712	12984	45011
企业所得税	48506	11296	10359	3642	23209
个人所得税	8595	2247	1501	435	4412
资源税	10909	3137	653	76	7043
固定资产投资方向调节税	0	0	0	0	0
城市维护建设税	25115	3637	3754	3598	14126
房产税	10597	1503	1115	950	7029
印花税	6165	988	916	540	3721
城镇土地使用税	22060	2924	2449	2943	13744
土地增值税	24558	1648	9884	2283	10743
车船税	7151	1014	1350	812	3975
耕地占用税	24813	4115	1784	2998	15916
契 税	13415	2163	2166	1373	7713
专项收入	18845	4033	2476	2283	10053
行政事业性收费收入	138815	5245	8498	7802	117270
罚没收入	24940	5686	7227	4270	7757
国有资本经营收入	2350	0	2350	0	0
国有资源（资产）有偿使用收入	38240	1810	5800	478	30152
其他收入	6713	2011	4270	161	271
政府性基金收入	254742	49567	66858	34112	104205
#地方教育附加收入	8205	1448	1502	1260	3995

8-5 地方财政支出(2012年)

LOCAL FINANCIAL EXPENDITURES(2012)

单位:万元

指标	全市合计	市本级	市直	高新区	县区级
公共财政预算支出	4656731	2028026	1642842	385184	2628705
一般公共服务	641471	211334	186257	25077	430137
国防	6975	5700	5652	48	1275
公共安全	349754	234605	229274	5331	115149
教育	819974	174860	151555	23305	645114
科学技术	101185	68194	23523	44671	32991
文化体育与传媒	126238	100405	100222	183	25833
社会保障和就业	568910	281814	278751	3063	287096
医疗卫生	333150	113469	110653	2816	219681
节能保护	119029	71080	68922	2158	47949
城乡社区事务	542754	228523	183603	44920	314231
农林水事务	290395	74112	68303	5809	216283
交通运输	122036	78470	70604	7866	43566
资源勘探电力信息等事务	167164	108834	36365	72469	58330
商业服务业等事务	124471	86616	17240	69376	37855
金融监管等事务支出	4011	2816	2786	30	1195
地震灾后恢复重建支出	0	0	0	0	0
援助其他地区支出	14505	8182	7428	754	6323
国土资源气象等事务	141173	82921	25880	57041	58252
住房保障支出	116031	83144	63144	20000	32887
粮油物资管理事务	4866	3010	3010	0	1856
国债还本付息支出	5457	2630	2374	256	2827
其他支出(类)	57182	7307	7296	11	49875
政府性基金支出	4546597	4005380	3803553	201827	541217
#地方教育附加安排的支出	51770	8918	5684	3234	42852
城市公用事业附加安排的支出	17642	14580	14580	0	3062
地方水利建设基金支出	53262	31532	31532	0	21730

8-6 各区地方财政支出(2012年)

LOCAL FINANCIAL EXPENDITURES BY DISTRICT(2012)

单位:万元

指　　标	合　计	历下区	市中区	槐荫区	天桥区	历城区	长清区
公共财政预算支出	1585439	402818	242263	209230	180100	367622	183406
一般公共服务	305327	61516	62129	50797	32274	73655	24956
国　防	788	327	184	150	0	0	127
公共安全	54415	10120	8935	7671	6648	7325	13716
教　育	395641	92830	67454	51466	45712	90420	47759
科学技术	24233	6091	4134	4608	3081	4953	1366
文化体育与传媒	15902	1743	1843	3773	1097	5141	2305
社会保障和就业	199985	28704	44937	36892	39200	30190	20062
医疗卫生	122662	21663	14790	14703	12341	39998	19167
节能保护	11849	1698	1612	958	1823	1793	3965
城乡社区事务	205110	96010	15078	28588	11507	48313	5614
农林水事务	86613	4264	9233	2639	4911	37357	28209
交通运输	14652	10	785	261	320	6789	6487
资源勘探电力信息等事务	28363	3212	3406	1787	11691	6815	1452
商业服务业等事务	27773	13965	3257	1420	2731	4195	2205
金融监管等事务支出	329	35	217	37	10	10	20
地震灾后恢复重建支出	0	0	0	0	0	0	0
援助其他地区支出	4993	1657	1380	381	384	1078	113
国土资源气象等事务	18541	1909	1036	2990	1389	6896	4321
住房保障支出	19444	15000	1833	0	1847	144	620
粮油物资管理事务	567	0	0	0	0	300	267
国债还本付息支出	904	0	0	54	318	421	111
其他支出(类)	47348	42064	20	55	2816	1829	564
政府性基金支出	163685	21154	11348	14159	12446	56135	48443
#地方教育附加安排的支出	28196	6165	5303	4051	4174	4993	3510
城市公用事业附加安排的支出	1148	0	0	0	0	1000	148
地方水利建设基金支出	13431	180	612	4772	1490	4830	1547

8-7 各县(市)地方财政支出(2012年)

LOCAL FINANCIAL EXPENDITURES BY DISTRICT(2012)

单位:万元

指　　标	合　计	平阴县	济阳县	商河县	章丘市
公共财政预算支出	1043266	173779	189917	174488	505082
一般公共服务	124810	20186	29323	17118	58183
国　防	487	53	0	4	430
公共安全	60734	23602	11970	9416	15746
教　育	249473	42211	44773	45989	116500
科学技术	8758	1940	2013	2462	2343
文化体育与传媒	9931	2013	1728	1828	4362
社会保障和就业	87111	16258	20043	21061	29749
医疗卫生	97019	15074	20591	23712	37642
节能保护	36100	3502	3686	2613	26299
城乡社区事务	109121	12095	6165	5578	85283
农林水事务	129670	18519	30525	26218	54408
交通运输	28914	4973	4324	5710	13907
资源勘探电力信息等事务	29967	7041	10092	6500	6334
商业服务业等事务	10082	2112	1162	2136	4672
金融监管等事务支出	866	65	10	710	81
地震灾后恢复重建支出	0	0	0	0	0
援助其他地区支出	1330	110	135	62	1023
国土资源气象等事务	39711	2855	2062	772	34022
住房保障支出	13443	812	805	1480	10346
粮油物资管理事务	1289	77	227	755	230
国债还本付息支出	1923	196	119	329	1279
其他支出（类）	2527	85	164	35	2243
政府性基金支出	377532	78758	83637	70420	144717
#地方教育附加安排的支出	14656	2767	3680	2979	5230
城市公用事业附加安排的支出	1914	0	534	0	1380
地方水利建设基金支出	8299	770	2056	3400	2073

8-8 金融机构本外币各项存、贷款期末余额

BALANCE OF THE DEPOSITS AND LOANS OF INSURANCE INSTITUTES

单位:万元

指　　标	2011年	2012年
各项存款合计	83640560	98938300
单位存款	54521782	64641347
财政存款	2486805	2240459
个人存款	24718667	29828278
临时性存款	139229	154531
委托存款	204215	260897
其他存款	1569862	1812789
各项贷款合计	80098276	86327619
境内贷款	68735065	73480982
短期贷款	23497451	28253883
中长期贷款	42513587	40595196
融资租赁	114	57679
票据融资	2701482	4510281
各项垫款	22430	63943
境外贷款	11363211	12846637

8-9 金融机构人民币各项存、贷款期末余额

BALANCE OF THE DEPOSITS AND LOANS OF INSURANCE INSTITUTES

单位:万元

指　　标	2007年	2008年	2009年	2010年	2011年	2012年
各项存款合计	40624330	50368119	63632994	75104412	82757985	97985044
单位存款	15671853	19361698	26697798	29552743	53852545	63920511
财政存款	707887	945824	1702669	2458263	2492619	2245614
储蓄存款	12666590	15885280	19115340	21876758	24274843	28887390
农业存款	390623	461851	534932	139644		
委托存款	197879	332869	611740	453536	202806	260634
其他存款	10989498	13380596	14970507	20623468	1566286	1809458
#机关团体存款	3613659	4060318	4304937	9979582		
各项贷款合计	36782656	41166758	57008584	63190943	68937037	74062184
短期贷款	16186986	17620378	17293302	18986113	23136451	27559949
工业贷款	6033582	6852023	6605994			
商业贷款	1859612	1308788	1334334			
建筑企业贷款	353190	352064	420999			
私营企业及个体工商业贷款	294444	387801	661225			
乡镇企业贷款	574934	567713	567742			
三资企业贷款	425810	400740	391855			
农业贷款	1084401	1201711	1444952			
其他短期贷款	5561014	6549538	5866200			
中长期贷款	18058456	19718048	35249681	40936632	41517519	39486624
基本建设贷款	9780696	10588643	18260320			
技术改造贷款	368473	198229	178496			
其他中长期贷款	7909287	8931176	16810864			
其他类贷款	2537214	3828332	4465601	3268198	4283067	7015611

注:2011年之后存贷款统计指标和口径与之前年份有变化。

8-10 保 险 业 务 情 况

INSURANCE BUSINESS

指　　标	2007年	2008年	2009年	2010年	2011年	2012年
承保额(亿元)	7148	11499	12279	16802	26747	39166
企业财产险	2568	4782	4869	6398	8639	8480
家庭财产险	54	56	395	103	117	94
运输工具及责任险	1160	2180	1018	3970	4328	3935
货物运输险	323	393	312	308	595	907
养老金险	207	201	204	289	269	497
人身意外伤害险	1894	2704	3753	3606	10857	17274
简易人身险	390	205	263	932	1008	1263
农业险	1	7	12	6	7	19
其他险	551	971	1453	1190	927	6697
保险业务收入(万元)	643028	954859	962732	1223791	1122605	1225223
企业财产险	14124	17377	19839	28325	35108	38825
家庭财产险	94	-99	355	518	619	797
运输工具及责任险	116049	135857	176404	214039	231089	279866
货物运输险	2850	3037	2203	2528	3207	2139
养老金险	369985	596613	539484	711571	646928	643830
人身意外伤害险	20843	29404	24306	28168	28856	47150
简易人身险	21964	41891	50879	125275	51592	65857
农业险	723	1011	2638	1527	2419	6386
其他险	96396	129768	146624	111840	122787	140372
保险业务支出(万元)	319360	412034	463258	437708	392821	465245
企业财产险	8946	13500	7479	8233	13092	13717
家庭财产险	218	226	110	166	815	182
运输工具及责任险	74916	77489	87941	90236	99029	125586
货物运输险	991	4730	1539	1572	325	756
养老金险	188311	264799	286265	239710	211499	237719
人身意外伤害险	5986	8147	11695	9270	10673	14141
简易人身险	8679	11601	36486	60523	25375	25277
农业险	979	1010	2498	683	1158	2809
其他险	30334	30532	29245	27315	30855	45058

8-11 证券机构及证券交易情况

INSTITUTION AND TRADING SUMMARY FOR STOCKS

指　　标	单位	2007年	2008年	2009年	2010年	2011年	2012年
注册地在济南证券公司数	个	1	1	1	1	1	1
证券营业部	个	36	36	41	42	51	57
有价证券交易成交额	万元	77469403	73685849	101703400	96207372	73163782	54297220
国　债	万元	781190	642807	625607	987459	619522	706711
代发行	万元	307438	219317	192486	283061	239084	295807
代兑付	万元	415315	327041	213732	199373	171918	163416
自　营	万元	58437	175588	219389	505025	208520	247488
国家级地方建设债券	万元	712407	2247287	3676137	8820871	5601258	12680445
代发行	万元	506664	2110907	2122204	3799633	116939	7101
代兑付	万元	4520	213	594	350	1182	4387
自　营	万元	201223	136167	1553339	5020888	5483137	12668957
股　票	万元	58518346	41197009	73851188	76201983	63182900	37573973
代理交易	万元	56659032	40134190	72224703	74296174	61706824	35763702
#上　海	万元	37790056	28679184	44378275	43280617	34754243	
深　圳	万元	19829803	12090071	23797168	31015557	26952581	
自营交易	万元	898487	427754	1626485	1905809	1476076	1810271
#上　海	万元	638029	266207	1044854	1450587	1172319	
深　圳	万元	260458	113962	58631	455222	303757	
其　他	万元	17457460	29598746	23550468	10197059	3760102	3336091

主要统计指标解释

EXPLANATORY NOTES ON MAIN STATISTICAL INDICATORS

财政收入 指国家财政参与社会产品分配所取得的收入，是实现国家职能的财力保证。财政收入所包括的内容几经变化，目前主要包括：

(1)各项税收：包括增值税、营业税、消费税、土地增值税、城市维护建设税、资源税、城市土地使用税、印花税、个人所得税、企业所得税、关税、农牧业税和耕地占用税等。

(2)专项收入：包括征收排污费收入、征收城市水资源费收入、教育费附加收入等。

(3)其他收入：包括基本建设贷款归还收入、基本建设收入、捐赠收入等。

(4)国有企业计划亏损补贴：这项为负收入，冲减财政收入。

财政支出 国家财政将筹集起来的资金进行分配使用，以满足经济建设和各项事业的需要，主要包括：

(1)基本建设支出：指按国家有关规定，属于基本建设范围内的基本建设有偿使用、拨款、资本金支出以及经国家批准对专项和政策性基建投资贷款，在部门的基建投资额中统筹支付的贴息支出。

(2)企业挖潜改造资金：指国家预算内拨给的用于企业挖潜、革新和改造方面的资金。包括各部门企业挖潜改造资金和企业挖潜改造贷款资金，为农业服务的县办“五小”企业技术改造补助，挖潜改造贷款利息支出。

(3)地质勘探费用：指国家预算用于地质勘探单位的勘探工作费用，包括地质勘探管理机构及其事业单位经费、地质勘探经费。

(4)科技三项费用：指国家预算用于科技支出的费用，包括新产品试制费、中间试验费、重要科学研究补助费。

(5)支援农村生产支出：指国家财政支援农村集体(户)各项生产的支出。包括对农村举办的小型农田水利和打井、喷灌等的补助费，对农村水土保持措施的补助费，对农村举办的小水电站的补助费，特大抗旱的补助费，农村开荒补助费，扶持乡镇企业资金，农村农技推广和植保补助费，农村草场和畜禽保护补助费，农村造林和林木保护补助费，农村水产补助费，发展粮食生产专项资金。

(6)农林水利气象等部门的事业费用：指国家财政用于农垦、农场、农业、畜牧、农机、林业、森工、水利、水产、气象、乡镇企业的技术推广、良种推广(示范)、动植物(畜禽、森林)保护、水质监测、勘探设计、资源调查、干部训练等项费用，园艺特产场补助费，中等专业学校经费，飞播牧草试验补助费，营林机构、气象机构经费，渔政费以及农业管理事业费等。

(7)工业交通商业等部门的事业费：指国家预算支付给工交商各部门用于事业发展的经费，包括勘探设计费、中等专业学校经费、技术学校经费、干部训练费。

(8)文教科学卫生事业费：指国家预算用于文化、出版、文物、教育、卫生、中医、公费医疗、体育、档案、地震、海洋、通讯、电影电视、计划生育、党政群干部训练、自然科学、社会科学、科协等项事业的经费支出和高技术研究专项经费。主要包括工资、补助工资、福利费、离退休费、助学金、公务费、设备购置费、修缮费、业务费、差额补助费。

(9)抚恤和社会福利救济费：指国家预算用于抚恤和社会福利救济事业的经费。包括由民政部门开支的烈士家属和牺牲病残人员家属的一次性、定期抚恤金，革命伤残人员的抚恤金，各种伤残补助费，烈军属、复员退伍军人生活补助费，退伍军人安置费，优抚事业单位经费，烈士纪念建筑物管理、维修费，自然灾害救济事业费和特大自然灾害灾后重建补助费等。

(10)国防支出：指国家预算用于国防建设和保卫国家安全的支出，包括国防费、国防科研事业费、民兵建设以及专项工程支出等。

(11)行政管理费：包括行政管理支出，党派团体补助支出，外交支出，公安安全支出，司法支出，法院支出，检察院支出和公检法办案费用补助。

(12)价格补贴支出：指经国家批准，由国家财政拨给的政策性补贴支出。主要包括粮食加价款，粮、棉、油差价补贴，棉花收购价外奖励款，副食品风险基金，市镇居民的肉食价格补贴，平抑市价肉食、蔬菜价差补贴等以及经国家批准的教材课本、报刊新闻纸等价格补贴。

中央财政收入和地方财政收入 指按财政体制划分的中央本级收入和地方本级收入。1994年分税制财政体制以后，属于中央财政的收入包括关税、海关代征消费税和增值税，消费税，中央企业所得税，地方银行和外资银行及非银行金融企业所得税，铁道、银行总行、保险总公司等集中缴纳的营业税、所得税、利润和城市维护建设税，增值税的75%部分，证券交易税(印花税)50%部分和海洋石油资源税。属于地方财政的收入包括营业税，地方企业所得税，个人所得税，城镇土地使用税，固定资产投资方向调节税，城镇维护建设税，房产税，车船使用税，印花税，屠宰税，农牧业税，农业特产税，耕地占用税，契税，增值税25%部分，证券交易税(印花税)50%部分和除海洋石油资源税以外的其他资源税。

中央财政支出和地方财政支出 指根据政府在经济和社会活动中的不同职责，划分中央和地方政府的责权，按照政府的责权划分确定的支出。中央财政支出包括国防支出，武装警察部队支出，中央级行政管理费和各项事业费，重点建设支出以及中央政府调整国民经济结构、协调地区发展、实施宏观调控的支出。地方财政支出主要包括地方行政管理和各项事业费，地方统筹的基本建设、技术改造支出，支援农村生产支出，城市维护和建设经费，价格补贴支出等。

预算外资金收支 预算外资金指国家机关、事业单位和社会团体为履行或代行政府职能，依据国家法律、法规和具有法律效力的规章而收取、提取和安排使用的未纳入国家预算管理的各种财政性资金。其范围主要包括：法律、法规规定的行政事业性收费、基金和附加收入等；国务院或省级人民政府及其财政、计划(物价)部门审批的行政事业性收费;国务院及财政部审批建立的基金、附加收入等;主管部门所属单位集中上缴资金;用于乡镇政府开支的乡自筹和乡统筹资金;其他未纳入预算管理的财政性资金。社会保障基金在国家财政尚未建立社会保障预算制度以前,先按预算外资金管理制度进行管理,专款专用。财政部门在银行开设统一的专户,用于预算外资金收入和支出管理。部门和单位的预算外收入必须上缴同级财政专户,支出由同级财政按预算外资金收支计划和单位财务收支计划统筹安排,从财政专户中拨付,实行收支两条线管理。

信贷资金 指金融机构以信用方式积聚和分配的货币资金。金融机构信贷资金的来源有各项存款、对国际金融机构负债、流通中货币、银行自有资金及当年结益等;信贷资金的运用有各项贷款、黄金占款、外汇占款、财政借款及在国际金融机构中的资产等。

存款 指企业、机关、团体或居民根据资金必须收回的原则,把货币资金存入银行或其他信用机构保管并取得一定利息的一种信用活动形式。根据存款对象的不同可划分为企业存款、财政存款、机关团体存款、基本建设存款、城镇储蓄存款、农村存款等科目。它是银行信贷资金的主要来源。

贷款 指银行或其他信用机构根据资金必须归还的原则,按一定利率,为企业、个人等提供资金的一种信用活动形式。我国银行贷款分为流动资金贷款、固定资产贷款、城乡个体工商户贷款以及农业贷款等科目。

中资保险公司 指中国公民、法人或其他组织出资(含外资参股)设立的保险公司。

承保额 又叫保险金额。它是保险人对被保险人负提损失补偿或约定给付的金额。它是保险合同上的最高责任额,也是计算保费的依据。

保费 又叫保险费。是保险人根据保险合同的有关规定,为被保险人取得因约定危险事故发生所造成的经济损失补偿(或给付)权利,付给保险人的代价。包括财产险和人身险储金收入。

赔款 保险事故发生后,经查证确属保险责任范围以内的保险标的损失,保险人根据保险合同的规定履行赔偿义务,给予被保险人的款项叫做赔款。赔款可分为已决赔款和未决赔款两种。

给付 包括死伤医疗给付和满期给付。死伤医疗给付是指保险人根据人寿保险及长期健康保险合同的规定,因被保险人在保险期内发生保险责任范围内的保险事故支付给被保险人(或受益人)的金额。满期给付是指被保险人生存期满,保险人按人寿保险合同规定支付给被保险人的满期保险金额。

物　价

PRICE

9-1 主要年份物价指数(以上年价格为100)

PRICE INDICES OF MAJOR YEARS(Preceding last year=100)

单位:%

年　份	居民消费价格指数	食品类	服务项目	零售物价指数
1951	108.5	105.3	98.7	109.8
1952	101.5	103.9	101.0	101.2
1955	101.6	101.3	103.4	101.4
1956	100.5	100.7	100.6	100.5
1965	107.3	111.5	97.5	108.0
1970	98.4	99.0	100.0	98.3
1971	100.0	100.5	100.0	100.0
1972	100.1	100.3	100.0	100.1
1973	99.5	99.6	97.9	99.7
1974	99.4	99.1	99.9	99.5
1975	100.2	100.0	100.0	100.2
1976	100.4	100.0	100.0	100.4
1977	99.2	99.9	91.2	100.0
1978	100.3	100.3	100.0	100.3
1979	101.1	101.7	100.5	101.1
1980	104.7	107.9	100.0	105.0
1981	101.9	102.2	100.1	102.0
1982	101.1	101.6	100.3	101.2
1983	100.1	100.3	100.9	100.1
1984	101.9	101.1	109.8	101.3
1985	108.7	112.2	103.3	109.1
1986	106.2	107.6	104.9	106.3
1987	109.5	111.9	104.9	109.8
1988	122.4	128.0	108.8	123.4
1989	116.2	111.2	113.5	116.4
1990	103.3	102.6	108.0	103.0
1991	106.7	107.6	106.9	106.7
1992	110.4	108.7	122.2	109.3
1993	114.7	109.8	138.0	112.1
1994	124.8	133.9	114.5	122.7
1995	117.3	123.0	115.1	113.2
1996	109.1	109.7	116.2	106.3
1997	102.9	101.8	107.8	101.5
1998	100.9	99.4	119.0	98.9
1999	99.1	97.3	127.6	96.9
2000	100.6	97.9	129.0	98.0
2001	100.3	100.8	106.1	98.8
2002	98.8	100.2	101.3	97.8
2003	99.9	103.6	100.3	98.0
2004	102.5	107.4	101.2	100.6
2005	101.1	102.7	101.2	100.4
2006	100.9	102.4	100.9	100.3
2007	103.9	111.6	101.8	102.2
2008	105.7	115.5	101.8	104.5
2009	100.3	102.7	102.4	98.7
2010	102.1	107.3	100.6	101.3
2011	105.4	111.3	104.4	104.6
2012	102.4	103.6	102.2	101.8

9-2 主要年份物价指数(以1950年价格为100)

PRICE INDICES OF MAJOR YEARS(Preceding 1950=100)

单位:%

年份	居民消费价格指数	食品类	服务项目	零售物价指数
1951	108.5	105.3	98.7	109.8
1952	110.1	109.4	103.7	111.1
1955	117.2	123.7	108.2	118.4
1956	117.8	124.6	108.8	119.0
1965	127.7	141.5	116.9	130.7
1970	123.0	141.6	110.1	126.0
1971	123.0	142.3	110.1	126.0
1972	123.1	142.7	110.1	126.1
1973	122.5	142.1	107.8	125.8
1974	121.8	140.9	107.7	125.1
1975	122.0	140.9	107.7	125.4
1976	122.5	140.9	107.7	125.9
1977	121.5	140.7	98.2	125.9
1978	121.9	141.1	98.2	126.3
1979	123.2	143.5	98.6	127.6
1980	129.0	154.9	98.6	134.0
1981	131.5	158.3	98.7	136.7
1982	132.9	160.8	99.0	138.3
1983	133.0	161.3	99.9	138.5
1984	135.6	163.1	109.7	140.3
1985	147.4	183.0	113.3	153.0
1986	156.5	195.8	118.9	162.7
1987	171.4	219.1	124.7	178.6
1988	209.8	280.4	135.7	220.4
1989	234.8	311.8	154.0	256.5
1990	251.8	319.9	166.3	264.2
1991	268.7	344.2	177.8	281.9
1992	296.6	376.2	217.3	308.1
1993	340.2	413.1	299.8	345.4
1994	424.6	570.4	343.3	423.8
1995	498.1	709.7	395.1	479.7
1996	543.4	797.7	459.1	509.9
1997	559.2	782.5	494.9	551.6
1998	564.2	777.8	588.9	545.5
1999	559.1	756.8	751.4	528.6
2000	562.4	740.9	969.3	518.0
2001	564.1	746.8	1028.4	511.8
2002	557.3	748.3	1041.8	500.5
2003	556.7	775.2	1044.9	490.5
2004	570.6	832.6	1057.4	493.4
2005	576.9	855.1	1070.1	495.4
2006	582.1	875.6	1079.7	496.9
2007	604.8	977.2	1099.1	507.8
2008	639.3	1128.7	1118.9	530.7
2009	641.2	1159.2	1145.8	523.8
2010	654.7	1243.8	1152.7	530.6
2011	690.2	1384.7	1203.1	555.1
2012	706.8	1434.5	1229.5	565.1

9-3 分月居民消费

CONSUMER PRICE INDICES

指　　标	全　年	一　月	二　月	三　月	四　月
居民消费价格指数	102.4	104.1	103.5	103.4	103.1
食品类	103.6	109.2	107.4	107.2	106.7
粮　食	104.2	103.8	103.7	103.9	103.8
淀　粉	107.2	107.8	108.1	108.1	108.1
干豆类及豆制品	104.3	101.0	100.7	101.2	102.1
油　脂	110.4	109.7	109.8	109.9	110.0
肉禽及其制品	104.5	122.7	121.4	120.2	118.3
食用畜肉及副产品	103.4	131.0	128.9	126.4	123.1
禽	102.1	108.6	107.7	108.5	108.6
加工肉禽	108.3	111.8	111.7	112.0	112.1
蛋	98.8	98.6	95.9	96.8	97.2
水产品	109.5	116.0	115.6	115.4	114.9
鱼	113.4	117.8	116.5	117.6	118.9
其它水产品	106.8	114.7	115.0	113.9	112.2
菜	102.6	122.0	109.0	110.0	110.8
鲜　菜	103.0	124.4	110.0	111.2	112.2
干菜及菜制品	105.6	106.4	106.0	105.5	105.4
薯　类	82.7	85.0	80.4	79.3	79.6
调味品	106.6	108.1	107.3	107.3	106.5
糖	101.6	104.3	104.1	104.1	104.0
食　糖	113.8	123.7	124.1	124.5	124.4
糖　果	97.7	98.9	98.6	98.5	98.2
茶及饮料	108.2	102.3	101.9	101.8	102.4
茶　叶	109.4	100.0	100.0	100.0	100.7
饮　料	107.2	104.1	103.3	103.2	103.7
干鲜瓜果	101.2	109.6	106.3	105.1	102.5
鲜瓜果	98.3	108.2	104.2	102.9	99.6
干(坚)果	110.2	114.5	113.7	113.4	113.4
糕点饼干	101.6	101.8	102.2	102.2	102.1
液体乳及乳制品	100.8	101.5	101.6	101.9	101.8
在外用膳食品	102.3	101.0	101.0	101.0	100.9
其他食品	106.7	106.2	106.9	106.9	106.8
烟酒及用品类	102.8	108.6	106.9	105.9	105.4
烟　草	100.1	101.1	100.7	100.5	100.3
酒	104.8	114.3	111.5	109.9	109.0
衣着类	101.9	102.4	101.3	100.8	100.4
服　装	102.0	103.2	101.7	101.1	100.5
男式服装	101.9	102.3	100.2	99.3	98.6
女式服装	102.4	104.3	103.1	102.7	102.1
儿童服装	99.0	100.5	99.9	99.8	100.0
衣着材料	104.0	100.0	100.0	100.8	101.8
鞋袜帽	100.4	100.3	99.6	98.7	98.8
鞋	99.9	100.1	99.4	98.4	98.4
袜　子	104.5	101.3	101.3	101.3	101.6
帽　子	99.1	100.0	100.0	99.6	99.4
衣着加工服务费	107.6	101.7	105.7	106.4	106.8

价 格 指 数（2012年，以上年同期价格为100）

BY MONTH（2012，Preceding last year=100）

单位：%

五 月	六 月	七 月	八 月	九 月	十 月	十一月	十二月
102.8	102.6	102.5	102.4	102.4	102.3	102.3	102.4
106.2	105.6	105.0	104.6	104.2	103.9	103.7	103.6
103.7	103.7	103.7	103.7	103.9	104.0	104.1	104.2
107.7	107.5	107.3	107.2	107.1	107.0	107.1	107.2
102.9	103.3	103.6	103.7	103.9	104.0	104.2	104.3
110.5	110.8	110.9	110.9	110.8	110.6	110.5	110.4
116.2	113.0	109.9	107.5	106.0	105.1	104.7	104.5
119.7	114.8	110.3	107.1	105.1	103.9	103.4	103.4
108.2	106.8	105.5	103.8	102.7	102.3	102.3	102.1
112.1	111.7	111.0	110.2	109.6	109.1	108.7	108.3
96.8	97.0	96.9	97.1	97.4	97.7	98.2	98.8
114.2	113.2	112.0	111.1	110.2	109.8	109.7	109.5
119.3	118.3	116.9	115.9	114.8	114.3	113.8	113.4
110.7	109.6	108.7	107.8	107.0	106.7	106.7	106.8
110.2	108.2	106.3	106.6	105.3	103.3	102.4	102.6
111.6	109.5	107.3	107.7	106.2	103.8	102.8	103.0
105.2	105.0	105.1	105.1	105.3	105.5	105.7	105.6
80.4	79.8	79.1	79.0	79.8	80.6	81.3	82.7
106.1	106.0	106.3	106.2	106.3	106.4	106.5	106.6
103.7	103.4	103.1	102.8	102.5	102.2	101.9	101.6
123.5	122.3	120.9	119.2	117.8	116.4	115.0	113.8
98.1	97.9	97.9	97.8	97.8	97.7	97.7	97.7
103.1	104.3	105.5	106.3	106.9	107.4	107.8	108.2
101.2	103.1	104.9	106.2	107.3	108.1	108.8	109.4
104.6	105.2	105.9	106.3	106.7	107.0	107.1	107.2
102.1	102.8	103.5	103.2	102.7	102.7	102.3	101.2
99.1	99.9	100.8	100.4	100.0	99.9	99.6	98.3
113.2	112.9	112.7	112.1	111.4	111.2	110.8	110.2
101.8	101.7	101.5	101.5	101.5	101.5	101.6	101.6
101.7	101.3	101.1	101.1	101.0	100.9	100.8	100.8
100.9	101.3	101.7	101.9	102.0	102.1	102.2	102.3
107.3	107.8	107.9	107.8	107.7	107.3	107.0	106.7
104.7	104.3	104.0	103.8	103.7	103.3	103.1	102.8
100.3	100.2	100.2	100.2	100.1	100.1	100.1	100.1
107.9	107.3	106.8	106.4	106.2	105.6	105.2	104.8
100.0	99.7	99.9	100.1	100.4	100.6	101.1	101.9
100.0	99.7	99.9	100.1	100.3	100.5	101.1	102.0
98.4	98.3	98.7	99.1	99.6	100.1	100.8	101.9
101.5	101.0	101.1	101.2	101.2	101.1	101.6	102.4
98.9	97.9	97.9	97.6	98.3	98.8	98.8	99.0
102.5	102.9	103.2	103.5	103.7	103.8	103.9	104.0
98.6	98.2	98.4	98.7	99.1	99.5	99.8	100.4
98.2	97.8	97.9	98.2	98.5	98.9	99.3	99.9
101.8	101.7	102.3	102.9	103.5	103.9	104.3	104.5
99.3	99.1	99.0	99.0	99.0	99.0	99.0	99.1
107.0	107.2	107.3	107.4	107.4	107.5	107.5	107.6

9-3续

指　　标	全　年	一　月	二　月	三　月	四　月
家庭设备用品及维修服务类	101.8	103.1	103.0	102.7	102.5
耐用消费品	100.7	102.7	102.7	102.3	102.0
家　具	101.5	105.9	105.9	104.8	103.6
家庭设备	100.3	101.1	101.2	101.1	101.2
室内装饰品	100.1	100.1	100.0	99.8	99.8
床上用品	101.3	103.1	102.9	102.8	102.9
家庭日用杂品	103.0	103.5	103.2	103.0	103.0
家庭服务及加工维修服务	106.0	106.0	106.0	106.0	106.0
医疗保健和个人用品类	104.4	107.1	107.3	107.6	107.0
医疗保健	105.2	108.4	108.8	109.2	108.5
医疗器具及用品	101.3	111.5	111.6	111.7	109.0
中药材及中成药	111.3	126.1	126.1	126.0	123.1
西　药	103.6	101.8	102.9	104.2	104.0
保健器具及用品	112.7	115.6	115.6	115.6	115.6
医疗保健服务	100.0	100.0	100.0	100.0	100.0
个人用品及服务	102.2	103.7	103.8	103.7	103.4
化妆美容用品	100.5	100.1	100.2	100.0	100.1
清洁化妆用品	104.6	104.6	104.5	104.6	104.3
个人饰品	100.4	108.1	108.5	108.2	107.3
个人服务	103.8	103.6	103.6	103.6	103.6
交通和通信类	99.2	100.0	100.1	100.2	100.0
交　通	99.7	101.2	101.3	101.3	101.0
交通工具	97.5	100.0	100.0	99.9	98.9
车用燃料及零配件	102.4	104.9	105.5	105.9	106.0
车辆使用及维修费	100.0	100.0	100.0	100.0	100.0
市区公共交通费	100.0	100.0	100.0	100.0	100.0
城市间交通费	101.4	102.8	102.8	102.8	102.8
通　信	98.7	98.6	98.6	98.7	98.7
通信工具	89.7	87.9	87.9	88.4	88.4
通信服务	100.7	101.1	101.1	101.1	101.1
娱乐教育文化用品及服务类	99.9	99.7	99.8	99.9	99.9
文娱用耐用消费品及服务	97.1	98.1	97.8	97.7	97.6
教　育	100.6	100.0	100.3	100.4	100.4
教材及参考书	101.1	100.0	100.0	100.0	100.0
教育服务	100.5	100.0	100.3	100.4	100.4
文化娱乐类	100.3	100.1	100.5	100.6	100.7
文化娱乐用品	100.2	98.2	99.3	99.7	99.9
书报杂志	100.9	102.7	102.7	102.7	102.7
文娱费	100.0	100.0	100.0	100.0	100.0
旅　游	100.4	100.0	100.0	100.0	100.0
居住类	103.2	100.8	100.8	100.8	100.8
建房及装修材料	102.6	102.1	102.2	102.3	102.4
租　房	101.4	109.1	109.1	105.9	104.4
自有住房	105.0	100.0	100.0	100.2	100.3
水、电、燃料	101.0	100.0	100.0	100.1	100.3

五 月	六 月	七 月	八 月	九 月	十 月	十一月	十二月
102.4	102.3	102.2	102.1	102.0	101.9	101.8	101.8
101.8	101.6	101.4	101.2	101.0	100.9	100.8	100.7
102.8	102.4	102.1	101.9	101.8	101.7	101.6	101.5
101.2	101.3	101.1	100.8	100.6	100.5	100.4	100.3
99.8	99.9	99.9	99.9	99.9	100.0	100.0	100.1
102.5	102.4	102.5	102.5	102.1	101.7	101.5	101.3
103.0	102.9	103.0	103.1	103.1	103.1	103.0	103.0
106.0	106.0	106.0	106.0	106.0	106.0	106.0	106.0
106.5	106.1	105.8	105.4	105.2	104.9	104.7	104.4
107.8	107.4	106.9	106.6	106.3	106.0	105.7	105.2
107.4	106.4	105.3	104.1	103.2	102.5	101.9	101.3
120.9	119.3	117.8	116.4	115.2	114.0	112.9	111.3
103.9	103.7	103.6	103.6	103.7	103.7	103.7	103.6
115.1	114.7	114.5	114.1	113.8	113.6	113.4	112.7
100.0	100.0	100.0	100.0	100.0	100.0	100.0	100.0
103.2	102.9	102.8	102.5	102.4	102.3	102.2	102.2
100.1	100.2	100.2	100.3	100.3	100.4	100.5	100.5
104.4	104.8	105.1	105.2	105.1	104.9	104.7	104.6
106.0	104.3	103.1	101.9	101.3	100.9	100.6	100.4
103.6	103.6	103.6	103.6	103.6	103.6	103.6	103.8
99.8	99.6	99.5	99.4	99.3	99.3	99.3	99.2
100.7	100.4	100.1	99.9	99.8	99.8	99.7	99.7
98.4	98.1	98.0	97.8	97.7	97.6	97.5	97.5
105.5	104.4	103.0	102.2	102.0	102.3	102.4	102.4
100.0	100.0	100.0	100.0	100.0	100.0	100.0	100.0
100.0	100.0	100.0	100.0	100.0	100.0	100.0	100.0
102.8	102.6	102.4	102.2	101.9	101.7	101.6	101.4
98.7	98.6	98.8	98.7	98.7	98.7	98.7	98.7
88.2	88.1	88.5	88.8	89.0	89.2	89.5	89.7
101.1	101.1	101.1	101.0	100.9	100.8	100.7	100.7
99.8	99.8	99.8	99.8	99.9	99.9	99.9	99.9
97.3	97.2	97.3	97.2	97.2	97.2	97.2	97.1
100.4	100.4	100.5	100.5	100.5	100.5	100.6	100.6
100.0	100.0	100.0	100.0	100.4	100.6	100.9	101.1
100.5	100.5	100.5	100.5	100.5	100.5	100.5	100.5
100.7	100.6	100.5	100.4	100.4	100.4	100.3	100.3
100.2	100.1	100.1	100.2	100.2	100.2	100.2	100.2
102.1	101.8	101.5	101.3	101.2	101.0	101.0	100.9
100.0	100.0	100.0	100.0	100.0	100.0	100.0	100.0
100.0	100.0	100.1	100.2	100.3	100.4	100.4	100.4
100.9	100.9	101.5	102.0	102.4	102.7	102.9	103.2
102.5	102.5	102.5	102.5	102.5	102.5	102.5	102.6
103.5	102.9	102.4	102.1	101.9	101.7	101.5	101.4
100.4	100.4	101.7	102.7	103.5	104.1	104.6	105.0
100.3	100.3	100.5	100.7	100.8	100.9	100.9	101.0

9-4 主要年份零售商品

PER RETAIL AND SERVICES

商品名称	规格等级牌号	单 位	1978年	1980年	1985年	1990年	1995年
面 粉	特一	元/千克	0.50	0.50	0.50	0.50	2.24
粳 米	标一	元/千克	0.34	0.34	0.40	1.04	3.33
小 米	一等	元/千克	0.27	0.27	0.44	1.32	2.66
土 豆		元/千克	0.19	0.22	0.30	0.36	1.48
豆 腐	水豆腐	元/千克	0.16	0.18	0.26	0.70	1.43
花生油	二级	元/千克	1.66	1.66	1.98	2.35	10.45
猪 肉	净肉	元/千克	1.72	1.95	2.65	5.52	12.91
牛 肉	净肉	元/千克	1.26	1.76	2.91	5.43	12.06
羊 肉	净肉	元/千克	1.38	1.88	2.80	5.91	15.49
鸡 蛋	新鲜完整	元/千克	1.58	2.20	2.60	4.96	5.99
海 带	盐干一级	元/千克	1.18	1.26	1.32	3.60	5.35
大白菜	一等	元/千克	0.11	0.07	0.09	0.13	0.72
菠 菜	一等	元/千克	0.08	0.09	0.28	0.50	0.90
油 菜	一等	元/千克	0.05	0.07	0.26	0.63	1.11
芹 菜	一等	元/千克	1.13	0.11	0.39	0.60	1.22
韭 菜	一等	元/千克	0.15	0.16	0.54	1.01	1.80
黄 瓜	一等	元/千克	0.19	0.18	0.47	0.99	2.45
西红柿	一等	元/千克	0.15	0.18	0.53	1.02	2.66
茄 子	一等	元/千克	0.14	0.11	0.27	0.89	2.67
青 椒	一等	元/千克	0.23	0.20	0.47	1.34	4.13
大 葱	一等	元/千克	0.11	0.12	0.28	0.54	1.46
黑木耳	甲级	元/千克	30.00	32.00	34.86	48.95	59.16
精 盐	再制盐	元/500克	0.16	0.16	0.14	0.31	0.70
酱 油	二级	元/千克	0.22	0.22	0.34	0.68	1.83
味 精	含麸酸钠80%以上	元/千克	10.80	9.68	12.60	16.50	22.81
绵白糖	国产机制一级	元/千克	1.60	1.70	1.70	2.60	6.89
红 糖	一级	元/千克	1.30	1.30	1.30	2.21	6.32
甲级纸烟	嘴大鸡	元/盒	0.59	0.59	0.91	1.30	1.20
啤 酒	熟12度瓶装	元/瓶	0.58	0.58	0.73	1.41	2.13
花 茶	茉莉烘青二级	元/千克	4.60	4.60	8.60	34.40	45.83
苹 果	一级	元/千克	0.82	0.90	1.19	2.48	3.86
桔 子	一级	元/千克	1.30	1.52	2.35	2.27	3.37
西 瓜	一级	元/千克	0.24	0.28	0.32	0.58	3.20
香 蕉	一级	元/千克	1.46	1.65	1.82	2.93	4.78
黑瓜子	一级熟货	元/千克	2.48	3.40	3.61	6.59	12.54
花生米	一级生货	元/千克	0.98	1.10	1.20	3.10	5.58
饼 干	中等	元/千克	1.32	1.40	1.54	2.68	11.75
鲜牛奶	瓶装消毒	元/千克	0.48	0.60	0.60	1.13	2.90
奶 粉	500克袋装全脂	元/袋	2.71	3.39	3.93	5.65	10.21

和服务项目年平均价格

PRICE OF MAJOR YEARS

2000年	2005年	2006年	2007年	2008年	2009年	2010年	2011年	2012年
1.78	2.86	2.71	3.08	3.30	3.75	4.14	4.69	4.79
2.03	3.08	3.35	3.51	3.59	4.05	4.76	5.16	5.55
2.07	3.26	3.69	4.33	5.83	6.30	6.99	7.49	7.52
1.48	1.92	2.36	2.36	2.68	3.20	4.53	4.05	2.90
1.55	2.14	2.10	2.29	3.45	4.26	4.31	4.49	4.75
8.59	10.43	10.57	12.83	16.30	13.02	13.36	15.22	16.01
12.87	14.90	13.75	20.67	25.41	22.65	25.18	35.86	35.30
10.99	16.34	16.25	22.01	29.40	36.03	36.47	41.80	48.47
15.04	22.07	23.25	28.39	35.77	40.18	44.80	58.25	68.65
3.99	5.72	5.41	6.72	6.84	6.67	7.48	8.86	8.24
5.36	8.76	9.33	10.94	15.72	18.85	19.29	20.30	23.42
0.91	1.64	1.60	2.14	2.11	2.28	3.23	3.24	2.96
1.57	2.21	2.04	2.47	2.39	4.24	6.69	6.75	8.15
1.26	1.83	1.71	1.92	1.99	3.83	5.05	5.43	5.99
1.25	2.28	2.74	3.08	3.40	3.72	4.99	5.25	5.31
1.98	2.99	3.11	3.47	4.08	4.64	6.55	7.93	7.31
2.53	3.16	3.37	3.85	4.10	5.12	5.67	5.90	6.14
2.07	2.90	3.50	3.70	4.30	4.97	6.01	6.42	6.37
2.51	3.07	3.18	3.93	4.43	4.63	6.05	5.61	5.92
3.15	4.10	4.23	4.95	5.46	6.25	6.45	7.35	7.90
1.31	2.51	2.85	3.07	5.49	5.62	6.16	6.42	8.38
68.57	65.13	64.48	67.98	74.70	85.96	86.80	98.56	104.76
1.10	2.02	3.00	3.00	1.50	1.48	1.50	1.50	3.37
2.40	4.53	4.50	4.50	6.08	6.77	6.74	5.93	7.25
14.26	15.67	14.67	14.55	14.54	18.68	19.33	22.21	23.99
6.12	5.43	7.30	7.62	7.75	7.78	9.75	12.52	13.64
5.90	5.54	7.24	7.53	7.63	7.78	9.80	12.91	15.00
2.00	2.63	4.00	5.00	5.00	5.00	5.09	6.00	
2.30	2.42	2.46	2.53	2.55	2.58	2.61	2.68	2.69
75.00	126.67	126.33	135.33	153.33	225.00	225.00	225.00	216.03
2.72	3.19	5.38	5.56	5.58	7.43	8.93	9.36	10.63
2.35	3.30	5.67	4.12	5.75	6.40	7.45	9.00	8.37
2.70	3.06	3.05	3.50	3.91	4.05	4.72	5.64	5.26
4.05	4.02	4.51	4.76	5.42	6.04	6.39	7.91	7.27
12.04	11.50	12.26	13.61	16.00	18.64	20.72	21.85	25.07
5.00	7.00	7.80	10.80	11.00	10.00	11.00	11.60	
12.50	9.74	9.81	9.61	11.49	11.95	12.15	13.82	14.81
3.60	5.00	5.00	5.42	6.88	7.44	7.93	9.39	9.62
10.75	32.26	34.00	39.23	51.21	54.35	57.26	57.43	55.55

9-4续

商品名称	规格等级牌号	单 位	1978年	1980年	1985年	1990年	1995年
白细布	36”32*32 79.5*78	元/米	0.98	0.98	1.08	2.04	6.73
涤棉细布	39”45*45 100*92	元/米	3.75	3.87	2.25	4.00	10.04
被单布	18*18	元/米	1.67	2.25	2.22	4.72	8.75
人造棉布	幅宽90CM	元/米	1.62	1.95	1.95	4.80	16.83
纯毛华达呢	2201.00	元/米	29.40	29.40	37.00	68.28	86.50
纯毛西服	华达呢男套装	元/套				274.83	388.83
牛皮光面男鞋	25.5号一级品	元/双	14.65	15.38	28.28	34.52	135.00
纯毛线	175三级国毛中粗	元/千克	55.16	36.40	36.40	86.07	107.77
混纺毛线	670毛腈混纺	元/千克		27.60	28.20	57.07	63.07
肥 皂	地产一级品	元/条	0.40	0.40	0.42	1.20	1.87
洗衣粉	25型500克袋装一级品	元/袋	0.31	0.62	0.65	1.94	4.20
缝纫机	家用一级品	元/架	119.00	131.00	135.00	247.00	280.42
自行车	26型一级品	元/辆	167.50	167.50	167.50	299.90	406.33
电风扇	400MM落地扇一级品	元/台			202.00	274.00	2278.17
铱金笔	普通	元/支	0.99	1.13	2.50	2.84	5.13
彩色电视机	51CM	元/架				2473.33	2490.00
液晶电视机	东芝32"	元/台					
木 材	板材	元/立方米				1050.00	1500.00
蜂窝煤		元/百千克	3.20	3.20	3.20	3.56	23.50
液化石油气		元/千克	0.16	0.16	0.16	0.24	2.12
自来水	生活用水	元/吨	0.08	0.08	0.09	0.19	0.51
房 租	民用住宅混合租价	元/月	0.11	0.11	0.11	0.11	0.61
照明用电	民用220V	元/度	0.18	0.18	0.18	0.18	0.29
长途火车票	百公里直客硬座人	元/公里			0.02	0.05	0.10
电报费	普通	元/十字			0.70	1.25	1.40
平 信	外埠	元/封	0.08	0.08	0.08	0.13	0.20
注射费	肌肉注射	元/次	0.10	0.10	0.10	0.20	0.25
住院费	普通床位	元/天				2.50	4.00
学杂费	高中学生	元/学期	2.50	2.50	2.50	12.00	49.00
保育费	幼儿日托	元/月			4.00	4.00	13.00
电影票	首轮甲等票	元/张		0.20	0.25	0.60	7.00
公园门票	大明湖	元/张	0.03	0.03	0.03	0.30	4.33
理 发	男理一级全活	元/次	0.30	0.30	0.45	1.30	5.63
洗 澡		元/次	0.24	0.24	0.30	0.58	5.00
干 洗	西服一套	元/套				4.96	5.50
胶 卷	进口135彩色21锭36张	元/卷				19.29	19.31
省 报	大众日报	元/份				0.15	0.40
课 本	高中语文一年级	元/本				2.00	2.55
党 参	二等	元/千克	10.90	11.00	8.50	20.67	18.17
银 花	二等	元/千克	6.65	8.00	18.00	28.00	70.00

2000年	2005年	2006年	2007年	2008年	2009年	2010年	2011年	2012年
6.53	8.64	9.96	9.89	9.60	10.50	10.44	10.45	13.00
5.98	10.41	18.59	18.43	18.66	16.84	16.72	19.60	20.00
10.52	16.10	22.14	22.82	21.50	21.00	23.21	23.35	30.00
13.38	13.43	15.68	12.54	11.50	11.50	10.15	16.75	16.00
59.83	94.75	90.00	118.00	106.00	107.00	97.25	98.00	85.00
641.00	1389.61	1116.01	1683.92	1536.84	1504.39	1583.88	1652.16	2048.00
141.42	299.85	283.48	268.11	346.70	336.44	337.27	333.97	349.00
110.38	117.78	117.56	113.90	109.22	112.40	113.99	130.67	147.83
75.50	103.81	103.61	103.57	99.28	103.76	80.97	60.67	89.19
1.73	2.47	2.52	2.93	3.91	3.97	4.06	4.22	4.50
5.13	6.81	8.19	8.52	9.10	9.14	9.57	9.67	9.47
394.33	350.00	360.00	370.00	375.00	370.00	360.00	360.00	400.00
363.88	397.34	398.00	398.00	398.00	358.00	358.00	358.00	398.00
222.25	342.52	383.74	336.01	278.50	399.10	409.00	455.98	473.38
5.66	6.85	6.99	7.43	8.65	10.62	11.05	12.30	11.00
1105.73	1234.42	997.96	938.57					
				5990.42	6110.45	4699.00	2800.00	2699.00
1050.00	1350.00	1360.42	1461.11	1470.83	1481.67	1675.42	1835.00	1880.00
25.80	48.00	51.25	52.00	71.32	87.60	93.65	99.70	99.70
2.94	5.19	6.00	6.10	7.45	6.42	7.14	7.84	8.04
1.60	2.78	2.95	2.95	2.95	2.95	3.15	3.15	3.15
1.42	2.07	2.07	2.07	2.07	2.07	2.18	2.18	2.18
0.43	0.53	0.55	0.55	0.55	0.55	0.55	0.55	0.55
0.14	0.17	0.17	0.17	0.18	0.18	0.18	0.18	0.15
1.40					1.30	1.30	1.40	
0.80	0.80	0.85	1.20	1.20	1.20	1.20	1.20	1.20
1.67	2.00	1.60	1.60	1.60	1.97	2.00	2.00	2.00
7.67	15.00	15.00	18.75	20.00	21.53	26.67	26.67	26.67
600.00	800.00	800.00	800.00	800.00	800.00	800.00	800.00	800.00
90.00	117.00	117.00	117.00	117.00	117.00	117.00	117.00	120.00
15.17	28.61	27.22	28.75	30.42	32.78	47.50	50.00	60.00
13.48	15.63	16.25	30.00	30.00	30.00	30.00	30.00	30.00
10.00	17.50	17.50	17.50	19.50	20.50	20.50	20.50	20.67
8.00	12.00	28.00	28.00	29.33	30.00	30.00	38.00	38.00
8.00	15.00	11.25	11.25	11.25	14.08	15.50	15.50	17.79
22.13	22.22	22.13	22.13	19.95	19.95	20.00	22.00	25.00
0.50	0.60	0.60	0.60	0.60	0.60	0.60	0.60	1.00
6.41	4.60	4.62	4.62	4.77	5.34	6.47	6.47	6.47
43.00	37.50	35.00	37.78	43.33	42.00	45.08	115.40	210.00
93.00	87.22	90.42	99.03	145.83	218.89	325.00	420.65	368.81

9-5 鲜菜价格指数(以上年价格为100)

VEGETABLE PRICE INDICES(Preceding last year=100)

单位:%

商品名称	2007年	2008年	2009年	2010年	2011年	2012年
大白菜	134.21	98.31	108.36	141.53	100.46	91.18
洋白菜	122.68	94.43	167.05	118.92	98.18	109.40
菠　菜	120.83	97.03	177.21	157.80	100.94	120.70
油　菜	112.61	103.28	192.81	131.98	107.54	110.26
芹　菜	112.62	110.41	109.24	134.31	105.25	100.99
韭　菜	111.42	117.55	113.75	141.25	121.06	92.09
菜　花	110.65	105.07	143.71	120.96	110.09	100.27
生　笋	107.86	107.33	140.97	111.73	116.14	120.09
黄　瓜	114.37	106.37	124.83	110.73	104.12	104.12
冬　瓜	97.80	121.01	122.52	106.70	111.52	104.80
西红柿	105.90	116.19	115.43	121.08	106.70	99.20
茄　子	123.54	112.73	104.32	130.74	92.81	105.51
萝　卜	102.47	113.91	146.88	122.20	114.13	88.67
胡萝卜	77.57	131.41	166.83	115.60	107.05	93.02
青　椒	116.91	110.30	114.44	103.17	113.96	107.48
豆　角	114.68	108.74	131.13	103.09	118.63	94.92
洋葱头	102.05	102.12	200.68	119.01	93.84	107.08
大　葱	107.99	178.54	102.42	109.51	104.34	130.54
大　蒜	78.39	66.96	190.93	253.80	78.78	82.43
蒜　苔	89.36	124.03	128.00	137.26	103.00	93.62
连　藕	107.49	106.99	134.52	114.64	107.54	108.88
豆　芽	119.71	145.61	131.51	116.34	111.04	106.63
生　姜	84.13	120.10	122.56	176.05	80.40	61.74
马铃薯	99.79	113.52	119.55	125.59	89.38	71.70

9-6 房地产价格指数(2012年)

PRICE INDICES OF REAL ESTATE(2012)

单位:%

指　　标	一季度	二季度	三季度	四季度
(以上年同期价格为100)				
土地交易价格指数总计	100.5	100.5	100.3	100.3
居住用地	100.2	99.1	98.7	99.1
工业用地	101.0	102.7	102.3	102.0
商业营业用地	100.2	100.4	100.3	100.9
其它用地	100.2	100.1	100.1	100.2
住宅租赁价格指数总计	102.1	103.4	103.4	103.6
经济适用房	100.0	100.0	100.0	100.0
廉租房	100.0	100.0	100.0	100.0
商品住宅	102.2	103.6	103.6	103.8
(以上季价格为100)				
土地交易价格指数总计	100.1	100.1	100.0	100.1
居住用地	100.0	99.0	99.9	100.2
工业用地	100.5	101.7	100.0	99.9
商业营业用地	100.0	100.3	100.3	100.4
其它用地	100.0	100.1	100.1	100.0
住宅租赁价格指数总计	102.0	101.2	100.0	100.2
经济适用房	100.0	100.0	100.0	
廉租房	100.0	100.0	100.0	100.0
商品住宅	102.1	101.3	100.0	100.2

9-7 工业生产者购进价格指数(2012年,以上月价格为100)

PURCHASING PRICE INDEX FOR INDUSTRIAL PRODUCERS(2012,PRECEDING LAST MONTH=100) 单位:%

指标	1月	2月	3月	4月	5月	6月
总指数	100.0	100.4	99.8	100.7	99.5	99.0
按初级中间最终产品分						
初级产品	99.1	101.8	99.7	101.8	98.7	96.8
农产品	98.5	101.1	99.5	100.4	100.6	100.1
矿产品	99.2	102.2	99.8	102.3	98.0	95.5
废料	100.0	99.7	100.0	100.0	100.0	100.7
中间产品	100.3	99.9	99.8	100.3	99.8	99.7
九大类原材料购进价格指数						
燃料、动力类	99.7	101.1	99.7	101.8	98.9	97.8
黑色金属材料类	99.9	100.4	99.6	100.9	99.8	98.9
钢材	100.1	99.6	99.6	100.6	99.3	99.2
其它	99.6	101.3	99.7	101.3	100.3	98.6
有色金属材料及电线类	98.6	100.6	99.5	98.6	100.1	98.6
化工原料类	98.9	99.8	100.7	99.6	99.3	99.7
木材及纸浆类	99.3	101.0	100.1	99.9	101.0	99.1
建筑材料及非金属类	99.8	100.0	99.8	99.5	99.7	100.1
其它工业原材料及半成品类	102.4	99.4	99.7	99.9	99.9	99.9
农副产品类	98.4	101.1	99.5	100.4	100.7	100.1
纺织原料类	99.8	99.2	98.1	100.9	100.0	100.0

9-7续

指标	7月	8月	9月	10月	11月	12月
总指数	98.6	99.7	100.9	100.3	99.3	99.8
按初级中间最终产品分						
初级产品	95.6	99.8	103.2	100.7	97.9	99.4
农产品	100.0	99.6	101.2	98.1	99.7	100.6
矿产品	93.8	99.9	104.1	101.8	97.2	98.9
废料	100.1	99.6	100.3	98.1	99.0	100.1
中间产品	99.6	99.7	100.1	100.1	99.8	99.9
九大类原材料购进价格指数						
燃料、动力类	96.7	99.8	102.5	101.0	98.6	99.4
黑色金属材料类	99.6	98.7	98.6	100.0	99.5	100.0
钢材	99.8	98.2	98.7	99.9	98.8	100.0
其它	99.5	99.2	98.6	100.1	100.1	99.9
有色金属材料及电线类	100.3	99.0	101.2	100.2	100.9	100.0
化工原料类	99.4	99.7	99.7	100.1	99.7	100.1
木材及纸浆类	99.6	99.4	100.0	99.8	100.2	99.8
建筑材料及非金属类	98.5	99.9	100.6	100.5	100.2	100.4
其它工业原材料及半成品类	100.1	100.2	100.2	99.8	99.7	99.8
农副产品类	100.0	99.6	101.3	98.0	99.6	100.6
纺织原料类	99.5	99.9	100.0	100.0	99.1	100.0

注:2011年是工业生产价格统计调查改革之年。完成了工业生产者定基改革工作:"工业品出厂价格指数"改为"工业生产者出厂价格指数";"原材料、燃料、动力购进价格指数"改为"工业生产者购进价格指数"。

9-8 工业生产者购进价格指数(2012年，以上年价格为100)

PURCHASING PRICE INDEX FOR INDUSTRIAL PRODUCERS(2012,PRECEDING LAST YEAR=100)　单位:%

指　　标	全年	1月	2月	3月	4月	5月	6月
总指数	99.4	104.2	103.2	101.5	100.4	99.7	98.0
按初级中间最终产品分							
初级产品	100.2	111.0	110.7	107.3	104.3	103.0	97.5
农产品	100.1	101.1	100.0	100.5	100.9	102.1	100.5
矿产品	100.2	114.8	114.8	109.9	105.7	103.5	96.3
废料	99.9	101.3	100.8	100.7	100.4	100.0	100.6
中间产品	99.0	101.9	100.7	99.4	99.0	98.5	98.2
九大类原材料购进价格指数							
燃料、动力类	101.2	110.5	109.3	105.8	103.6	102.1	98.9
黑色金属材料类	95.6	97.3	96.9	96.7	97.4	96.5	95.6
钢材	94.6	98.2	96.6	95.9	95.4	94.6	93.9
其它	96.6	96.4	97.3	97.5	99.5	98.5	97.4
有色金属材料及电线类	93.2	100.3	98.9	95.3	93.8	92.0	89.1
化工原料类	96.3	98.8	98.2	97.0	95.7	95.7	95.1
木材及纸浆类	100.7	101.6	102.6	102.4	101.6	102.7	101.5
建筑材料及非金属类	100.1	105.0	103.6	102.8	101.2	100.4	99.7
其它工业原材料及半成品类	101.7	103.4	103.1	102.5	102.0	101.5	101.2
农副产品类	100.1	101.1	100.0	100.4	100.9	102.1	100.5
纺织原料类	91.7	95.4	88.7	86.2	87.3	89.2	90.4

9-8续

指　　标	7月	8月	9月	10月	11月	12月
总指数	96.8	96.4	97.6	98.4	98.8	97.8
按初级中间最终产品分						
初级产品	93.9	92.3	95.7	97.8	97.6	94.3
农产品	100.4	99.8	99.6	98.3	98.9	99.3
矿产品	91.3	89.4	94.2	97.6	97.1	92.5
废料	100.7	100.2	100.4	98.4	97.4	97.5
中间产品	97.7	97.7	98.2	98.5	99.1	99.0
九大类原材料购进价格指数						
燃料、动力类	95.9	95.2	98.4	100.2	99.9	96.8
黑色金属材料类	94.9	94.1	92.6	93.3	95.6	96.0
钢材	94.0	93.4	92.4	92.7	93.5	94.0
其它	95.9	94.9	92.7	93.9	97.9	98.2
有色金属材料及电线类	89.2	87.7	89.5	92.0	95.0	97.6
化工原料类	95.1	95.0	96.0	95.9	96.6	96.8
木材及纸浆类	100.9	99.4	99.1	98.6	98.8	99.1
建筑材料及非金属类	97.8	97.0	97.1	99.3	98.1	98.9
其它工业原材料及半成品类	101.1	101.5	101.3	101.2	101.2	100.9
农副产品类	100.4	99.7	99.6	98.2	98.8	99.3
纺织原料类	90.9	93.3	94.4	94.2	95.7	96.5

注:2011年是工业生产价格统计调查改革之年。完成了工业生产者定基改革工作:“工业品出厂价格指数”改为“工业生产者出厂价格指数”;“原材料、燃料、动力购进价格指数”改为“工业生产者购进价格指数”。

9-9 工业生产者出厂

PRODUCER PRICE INDEX FOR MANUFACTURED

指　　标	1月	2月	3月	4月	5月
总指数	100.1	100.0	100.5	100.3	99.7
核心指数	100.0	99.7	100.3	100.3	99.7
高技术	101.1	99.8	99.6	100.3	100.5
能源	100.0	101.5	102.0	100.4	99.0
按轻重工业分					
轻工业	100.1	99.6	100.1	100.1	100.0
以农产品为原料	100.2	100.0	100.3	100.3	100.0
以非农产品为原料	99.9	99.0	99.7	99.9	100.1
重工业	100.1	100.0	100.5	100.3	99.6
采掘	100.7	102.6	99.7	96.8	97.8
原料	99.6	100.5	101.5	100.4	99.1
加工	100.2	99.9	100.3	100.4	99.7
按生产生活资料分					
生产资料	100.0	100.0	100.6	100.3	99.7
采掘	100.7	102.6	99.7	96.8	97.8
原料	99.6	100.6	101.6	100.4	99.1
加工	100.1	99.9	100.3	100.4	99.8
生活资料	100.3	99.6	99.9	100.1	99.8
食品	100.7	100.0	100.2	100.0	100.1
衣着	100.3	99.1	100.1	101.3	99.5
一般日用品	100.5	98.7	99.7	99.9	99.1
耐用消费品	99.4	99.9	99.3	100.1	100.0
按初级中间最终产品分					
初级产品	100.6	102.2	99.8	97.2	98.1
矿产品	100.7	102.6	99.7	96.8	97.8
废料	100.0	100.0	100.0	100.0	100.0
中间产品	100.1	99.8	100.7	100.4	99.6
最终产品	100.4	100.1	100.3	100.2	100.0
最终投资品	100.4	100.2	100.5	100.2	100.0
最终消费品	100.4	99.8	99.9	100.0	99.9
按工业部门分					
冶金工业	98.9	99.3	100.8	101.1	98.0
电力工业	100.5	100.7	100.1	100.0	100.1
煤炭及炼焦工业	100.0	100.2	100.0	98.3	99.4
石油工业	99.7	102.4	103.8	101.1	98.3
化学工业	100.2	99.4	100.8	100.1	99.6
机械工业	100.4	100.1	100.0	100.1	100.3
建筑材料工业	99.9	99.6	99.8	100.5	100.3
森林工业	100.0	100.0	100.0	99.4	99.6
食品工业	100.3	100.3	100.3	100.0	100.2
纺织工业	99.8	99.1	101.3	101.0	99.2
缝纫工业	99.9	98.8	100.2	100.7	100.0
皮革工业	101.8	100.2	100.0	103.4	97.8
造纸工业	100.5	100.0	99.6	100.1	99.8
文教艺术用品工业	100.0	96.0	100.2	100.1	100.1
其它工业	100.6	99.6	99.7	100.1	99.8

注:2011年,完成工业生产者定基改革工作:“工业品出厂价格指数”改为“工业生产者出厂价格指数”;“原材料、燃料、动力购进

价 格 总 指 数（2012年，以上月价格为100）

GOODS（2012,PRECEDING LAST MONTH=100）

单位：%

6月	7月	8月	9月	10月	11月	12月
99.4	99.8	99.2	100.0	99.9	99.8	99.6
99.6	99.9	99.0	99.7	99.7	99.8	99.5
100.0	99.7	101.0	99.6	99.1	100.1	100.0
97.9	98.8	100.4	101.1	100.9	99.7	99.2
99.8	100.3	99.5	100.3	100.1	100.1	100.0
99.9	100.2	99.9	100.0	100.1	100.1	100.2
99.6	100.6	98.7	100.7	100.0	100.1	99.8
99.3	99.7	99.1	99.9	99.9	99.7	99.5
98.4	95.2	98.4	98.8	100.2	100.0	100.0
98.2	99.2	100.2	100.3	100.0	100.0	99.6
99.7	99.9	98.8	99.8	99.8	99.7	99.4
99.3	99.6	99.1	99.8	99.9	99.7	99.4
98.4	95.2	98.4	98.8	100.2	100.0	100.0
98.1	99.2	100.2	100.4	100.0	100.0	99.6
99.6	99.8	98.9	99.7	99.8	99.7	99.4
100.1	100.7	99.4	100.5	100.1	100.2	100.1
100.0	100.1	100.0	100.1	100.0	100.0	100.2
99.4	101.1	98.8	100.8	98.4	101.0	100.5
99.7	101.3	98.3	101.3	100.5	99.8	100.2
100.9	101.1	99.5	100.3	100.2	100.6	99.7
98.6	95.9	98.7	99.0	100.2	100.0	100.0
98.4	95.2	98.4	98.8	100.2	100.0	100.0
100.0	100.0	100.0	100.0	100.0	100.0	100.0
99.3	99.7	98.9	100.0	99.9	99.7	99.5
99.6	100.0	100.0	100.1	100.0	99.9	99.8
99.4	99.8	100.2	100.0	100.0	99.7	99.7
100.1	100.5	99.5	100.4	100.1	100.2	100.0
98.8	99.1	94.3	99.0	99.9	99.1	97.8
100.0	100.0	99.9	100.0	100.1	100.2	99.9
99.7	99.1	99.3	99.4	100.0	99.8	99.8
96.0	97.8	101.1	102.3	101.6	99.2	98.6
99.4	100.3	99.0	100.3	99.4	99.3	100.1
99.9	100.1	100.2	99.9	99.7	100.1	99.9
99.6	100.0	99.7	99.7	99.7	100.2	99.4
99.8	99.6	100.0	99.5	100.0	100.0	100.2
99.9	100.2	100.1	100.3	100.2	99.9	100.2
100.1	99.6	99.8	98.4	100.4	101.1	100.7
100.0	100.9	98.6	100.4	99.2	101.1	99.8
96.9	102.2	99.6	102.7	95.7	100.6	103.4
100.2	100.0	99.3	99.8	101.0	99.2	99.5
100.1	100.7	100.1	99.9	100.0	100.0	100.0
100.3	99.6	99.9	99.1	100.4	99.4	100.0

价格指数"改为"工业生产者购进价格指数"。

9-10 工业生产者出厂

PRODUCER PRICE INDEX FOR MANUFACTURED

指　　标	全年	1月	2月	3月	4月	5月
总指数	98.4	100.5	99.4	99.4	99.3	98.6
核心指数	97.4	99.4	97.9	98.0	98.0	97.7
高技术	101.5	101.0	100.2	100.4	100.9	101.9
能源	102.3	104.2	105.7	105.4	104.5	102.9
按轻重工业分						
轻工业	100.2	103.0	102.3	101.5	101.1	99.5
以农产品为原料	100.5	102.5	102.1	101.8	101.7	99.6
以非农产品为原料	99.9	103.7	102.7	101.1	100.2	99.4
重工业	98.0	99.9	98.8	98.9	98.9	98.4
采掘	91.8	99.9	100.8	100.4	95.4	92.5
原料	98.4	100.5	99.7	99.8	99.6	98.7
加工	98.0	99.7	98.5	98.7	98.8	98.5
按生产生活资料分						
生产资料	97.9	100.0	98.7	98.8	98.8	98.3
采掘	91.8	99.9	100.8	100.4	95.4	92.5
原料	98.5	101.1	100.4	100.5	100.0	98.8
加工	97.8	99.7	98.2	98.4	98.5	98.3
生活资料	101.1	102.9	103.0	102.3	102.0	100.2
食品	102.0	104.8	104.8	104.3	104.1	101.4
衣着	102.0	106.8	103.5	103.3	101.8	101.5
一般日用品	99.4	101.1	99.5	99.5	100.1	98.7
耐用消费品	100.7	99.8	102.8	101.1	99.4	99.2
按初级中间最终产品分						
初级产品	92.8	99.9	100.7	100.3	96.0	93.4
矿产品	91.8	99.9	100.8	100.4	95.4	92.5
废料	100.0	100.0	100.0	100.0	100.0	100.0
中间产品	97.7	100.2	98.6	98.7	98.9	98.1
最终产品	101.0	102.1	102.1	101.8	101.6	101.0
最终投资品	100.8	101.6	101.5	101.3	101.0	101.0
最终消费品	101.6	103.5	103.8	103.2	103.0	101.1
按工业部门分						
冶金工业	88.4	94.9	90.3	91.0	92.0	89.9
电力工业	103.1	104.0	104.5	104.5	104.7	104.2
煤炭及炼焦工业	98.6	102.1	102.3	101.8	100.1	99.3
石油工业	102.8	104.8	107.3	107.0	105.7	103.1
化学工业	97.2	99.4	96.9	97.9	98.4	97.2
机械工业	100.7	101.0	101.0	100.8	100.3	100.7
建筑材料工业	100.5	102.8	102.0	101.1	101.4	101.5
森林工业	99.3	100.6	101.1	100.9	100.0	99.5
食品工业	101.9	104.5	104.7	104.2	104.0	101.1
纺织工业	93.0	91.8	89.7	90.8	91.7	90.9
缝纫工业	100.4	107.4	102.3	102.1	98.8	99.0
皮革工业	108.7	104.0	108.5	108.5	115.3	112.8
造纸工业	99.9	100.8	100.5	100.4	100.7	99.8
文教艺术用品工业	100.2	107.6	103.2	101.8	101.7	102.3
其它工业	98.5	99.2	98.9	99.0	98.2	97.7

注:2011年,完成工业生产者定基改革工作:“工业品出厂价格指数”改为“工业生产者出厂价格指数”;“原材料、燃料、动力购进

价 格 总 指 数(2012年,以上年同期价格为100)

GOODS (2012,PRECEDING LAST YEAR=100)

单位:%

6月	7月	8月	9月	10月	11月	12月
98.3	97.9	97.1	96.8	97.3	98.3	98.1
97.6	97.2	96.4	95.8	96.2	97.5	97.3
102.9	101.6	102.9	102.1	101.4	102.4	100.8
100.8	99.7	99.8	100.8	101.9	101.7	100.7
99.3	99.3	99.0	99.1	99.2	99.5	100.1
99.3	99.5	99.5	99.2	99.4	99.9	101.3
99.2	99.1	98.4	98.9	98.9	99.1	98.3
98.0	97.5	96.7	96.3	96.8	98.0	97.7
91.4	86.9	85.5	84.5	85.7	89.8	89.1
97.3	96.8	96.6	96.8	97.3	98.6	98.7
98.3	97.9	96.9	96.3	96.9	97.9	97.5
97.8	97.3	96.5	96.1	96.6	97.8	97.5
91.4	86.9	85.5	84.5	85.7	89.8	89.1
97.2	96.6	96.3	96.7	97.2	98.6	98.6
98.1	97.7	96.7	96.1	96.6	97.7	97.4
100.3	100.3	99.9	100.2	100.4	100.7	100.8
101.0	100.6	100.3	100.4	100.5	100.7	101.5
101.2	102.7	102.0	102.3	98.7	99.9	100.4
99.0	98.8	97.9	99.0	99.8	99.9	99.1
100.1	100.7	100.9	100.9	101.1	101.6	101.2
92.4	88.5	87.4	86.5	87.6	91.2	90.6
91.4	86.9	85.5	84.5	85.7	89.8	89.1
100.0	100.0	100.0	100.0	100.0	100.0	100.0
97.5	97.0	96.1	95.7	96.3	97.6	97.5
100.9	100.4	100.4	100.1	100.6	100.7	100.4
100.8	100.2	100.5	99.9	100.6	100.6	100.2
101.0	100.8	100.4	100.6	100.6	100.9	100.9
88.9	88.8	83.6	83.2	83.8	87.7	86.8
103.6	103.1	102.1	101.9	101.7	102.1	101.3
99.0	97.7	97.3	96.7	95.9	95.3	95.2
99.6	97.9	98.9	101.1	103.6	103.0	101.6
96.5	96.5	96.1	96.1	96.4	97.7	97.9
101.1	100.5	100.9	100.1	100.6	100.9	100.6
100.7	100.8	99.9	99.2	98.9	99.1	98.5
99.2	98.8	98.7	98.2	98.2	98.1	98.3
100.6	100.4	100.2	100.1	100.5	100.7	101.8
91.4	92.6	94.5	93.0	94.0	95.9	100.5
99.5	100.4	99.4	99.3	98.4	99.7	99.5
109.3	113.9	114.0	116.5	100.0	100.6	104.1
100.4	100.5	98.9	98.6	99.9	99.5	99.0
101.6	98.2	97.4	97.3	97.4	97.3	97.2
99.1	97.7	98.8	98.0	98.6	98.5	98.6

价格指数”改为“工业生产者购进价格指数”。

9-11 住宅销售价格指数(2012年,以上年同期价格为100)

SALES PRICE OF RESIDENTIAL BUILDINGS(2012,PRECEDING LAST YEAR=100)

单位:%

指　　标	1月	2月	3月	4月	5月	6月
新建住宅	100.6	100.2	99.5	98.4	98.1	97.8
保障性住房						
新建商品住宅	100.6	100.2	99.5	98.4	98.1	97.8
90平方米及以下	102.4	101.6	99.9	98.9	98.2	98.1
90-144平方米	100.3	99.9	99.6	98.5	98.2	97.9
144平方米以上	100.3	100.2	99.2	98.1	97.9	97.4
二手住宅	100.5	100.2	99.7	99.6	99.3	98.9
90平方米及以下	101.2	100.7	100.4	100.2	99.8	98.9
90-144平方米	99.2	99.0	98.6	98.5	98.5	98.7
144平方米以上	100.8	100.7	99.9	100.0	99.1	99.5

9-11续

指　　标	7月	8月	9月	10月	11月	12月
新建住宅	97.9	98.5	98.5	99.1	99.4	100.0
保障性住房						
新建商品住宅	97.9	98.5	98.5	99.1	99.4	100.0
90平方米及以下	98.3	99.1	98.9	99.3	99.6	100.2
90-144平方米	98.2	98.8	98.8	99.4	99.7	100.7
144平方米以上	97.4	97.8	97.9	98.5	98.7	98.8
二手住宅	99.0	99.0	99.0	99.1	99.0	99.2
90平方米及以下	98.7	98.3	98.3	98.1	97.8	97.7
90-144平方米	99.5	100.0	100.2	100.5	100.5	101.2
144平方米以上	98.9	99.1	98.6	99.3	99.7	100.2

注:2011年1月1日起,房地产价格统计调查实行新方案,新方案的变动为:第一,只统计住宅,不再统计非住宅,包括新建住宅和二手住宅;第二,新建住宅包括保障性住房和新建商品住宅,新建商品住宅分为90平方米及以下、90-144平方米、144平方米以上;第三,二手住宅分为90平方米及以下、90-144平方米、144平方米以上;第四,不再计算全年数。

9-12 住宅销售价格指数(2012年,以上月价格为100)

SALES PRICE OF RESIDENTIAL BUILDINGS(2012,PRECEDING LAST MONTH=100)

单位:%

指　　标	1月	2月	3月	4月	5月	6月
新建住宅	99.9	100.1	99.8	99.4	99.9	100.0
保障性住房						
新建商品住宅	99.9	100.1	99.8	99.4	99.9	100.0
90平方米及以下	100.0	100.1	99.9	99.2	99.8	100.0
90-144平方米	99.9	100.1	99.8	99.6	99.9	100.0
144平方米以上	99.9	100.0	99.6	99.2	99.9	99.9
二手住宅	99.9	99.9	99.8	100.0	99.8	99.8
90平方米及以下	99.8	100.1	100.0	100.1	100.0	99.3
90-144平方米	100.0	99.7	99.7	99.9	99.7	100.1
144平方米以上	100.1	99.8	99.4	100.0	99.3	100.7

9-12续

指　　标	7月	8月	9月	10月	11月	12月
新建住宅	100.2	100.2	100.1	100.1	100.1	100.4
保障性住房						
新建商品住宅	100.2	100.2	100.1	100.1	100.1	100.4
90平方米及以下	100.4	100.3	100.1	100.2	100.2	100.2
90-144平方米	100.3	100.3	100.0	100.1	100.1	100.6
144平方米以上	100.0	100.2	100.2	100.0	100.0	100.0
二手住宅	100.1	100.2	99.9	100.0	99.8	100.0
90平方米及以下	99.8	100.0	99.9	99.7	99.5	99.6
90-144平方米	101.0	100.3	100.2	100.1	100.1	100.5
144平方米以上	99.3	100.5	99.6	100.7	100.2	100.5

注:2011年1月1日起,房地产价格统计调查实行新方案,新方案的变动为:第一,只统计住宅,不再统计非住宅,包括新建住宅和二手住宅;第二,新建住宅包括保障性住房和新建商品住宅,新建商品住宅分为90平方米及以下、90-144平方米、144平方米以上;第三,二手住宅分为90平方米及以下、90-144平方米、144平方米以上;第四,不再计算全年数。

9-13 主要年份工业生产者出厂、购进价格指数(以上年价格为100)

PURCHASING PRICE INDEX FOR INDUSTRIAL PRODUCERS AND RODUCER PRICE INDEX FOR MANUFACTURED GOODS IN MAIN YEARS(Preceding last year=100)

单位:%

年份	工业品出厂价格指数	原材料购进价格指数
1998	94.5	95.2
1999	98.9	97.6
2000	104.8	114.5
2001	99.8	101.4
2002	97.9	100.4
2003	103.2	111.2
2004	106.7	116.4
2005	102.3	111.3
2006	100.2	105.6
2007	103.9	105.0
2008	109.2	116.9
2009	96.2	94.3
2010	104.7	109.9
2011	105.3	108.2
2012	98.4	99.4

注:2011年,完成工业生产者定基改革工作:"工业品出厂价格指数"改为"工业生产者出厂价格指数";"原材料、燃料、动力购进价格指数"改为"工业生产者购进价格指数"。

主要统计指标解释

EXPLANATORY NOTES ON MAIN STATISTICAL INDICATORS

居民消费价格 是指城乡居民支付生活消费品和服务项目消费的价格,是社会产品和服务项目的最终价格,同人民生活密切相关,在整个国民经济价格体系中具有极为重要的地位。

居民消费价格指数 是度量一组代表性消费品及服务项目价格水平随着时间而变动的相对数,反映居民家庭购买的消费品及服务项目价格水平的变动情况。它是宏观经济分析和决策、价格总水平监测和调控以及国民经济核算的重要指标。其按年度计算的变动率通常被用来作为反映通货膨胀(或紧缩)程度的指标。

按用途划分为8个大类,包括食品、烟酒及用品、衣着、家庭设备用品及维修服务、医疗保健及个人用品、交通和通信、娱乐教育文化用品及服务、居住等。下设262个基本分类,我市根据国家规定,确定代表规格品587种。对比基期分类分别为2010年(定基)、上年同月、上月和上年12月。定基价格指数是从2001年开始编制的。

商品零售价格 是指工业、商业、餐饮业和其它零售企业向城乡居民、机关团体出售生活消费品和办公用品的价格。

商品零售价格指数 是反映一定时期内商品零售价格变动趋势和变动程度的相对数。

商品零售价格的调查范围涉及到各种类型的工业、商业、餐饮业和其它行业的零售商品以及农民对非农业居民出售商品的价格。包括食品、饮料烟酒、服装鞋帽、纺织品、家用电器及音像器材、文化办公用品、日用品、体育娱乐用品、交通通信用品、家具、化妆品、金银珠宝、中西药品及医疗保健用品、书报杂志及电子出版物、燃料、建筑材料及五金电料等16个大类,229个基本分类的商品零售价格。

工业生产者价格 工业生产者价格包括工业企业产品第一次出售时的出厂价格和企业作为中间投入的原材料、燃料、动力购进价格(简称工业生产者购进价格)。工业生产者价格调查的目的在于及时、准确、科学地反映各工业行业产品价格水平及其变动趋势和幅度,为国民经济核算、计算工业发展速度、宏观经济分析和调控、理顺价格体系等提供科学、准确的依据。

土地交易价格 指房地产开发商或其他建设单位在进行项目开发之前,为获得土地使用权而实际支付的价格,不包括土地的后续开发费用、税费、各种手续费和拆迁费等。

住宅销售价格 指房产所有权转移时买卖双方实际成交的价格(合同价格)。房产买卖时,买房人购买的是房产的所有权,卖房人将房产所有权出让,同时要获得房产所有权出让的价格补偿。它主要包括新建住宅销售和二手住宅销售两部分。

住宅租赁价格 指房屋的所有人出租房屋的实际价格。在此种交易形式中,房屋所有权不变,承租者支付房租,获得一定时期内的房屋使用权;出租者放弃或出让一定时期内的房屋使用权。

10

人民生活

PEOPLE´S LIVELIHOOD

10-1 人民物质文化生活提高情况

IMPROVEMENT IN PEOPLE`S MATERIAL AND CULTURAL LIFE

指 标	单位	1978年	1985年	1990年	1995年	2000年	2009年	2010年	2011年	2012年
就 业										
每一农村劳动力负担人数	人	1.70	1.65	1.61	1.40	1.40	1.36	1.35	1.38	1.39
每一城市就业者负担人数	人	1.89	1.68	1.72	1.80	1.71	1.86	1.67	1.71	1.72
城镇登记失业率	%				2.30	3.70	3.90	3.84	3.61	3.08
收入与支出										
农村居民家庭人均纯收入	元	111	439	731	1813	3047	7805	8903	10412	11786
农村居民家庭人均生活费支出	元	83	331	570	1374	1977	4733	5407	5905	6932
农村居民恩格尔系数	%	69.9	51.8	50.5	56.1	43.5	35.6	33.6	36.4	35.6
农村居民基尼系数		0.20	0.21	0.23	0.25	0.25	0.31	0.32	0.31	0.30
城市居民家庭人均可支配收入	元	338	783	1620	4721	8471	22722	25321	28892	32570
城市居民家庭人均消费性支出	元	318	704	1360	3830	6892	14764	15973	18046	20032
城市居民恩格尔系数	%	57.1	56.5	57.5	47.6	34.6	32.8	31.6	31.7	30.8
城市居民基尼系数			0.15	0.16	0.21	0.26	0.27	0.25	0.26	0.26
职工年平均工资	元	578	1104	2211	5851	10422	34544	36833	41959	45924
居民储蓄										
城乡居民年末储蓄存款余额	亿元	1.3	8.1	51.1	222.1	463.0	1911.5	2187.7	2427.5	2888.7
人均储蓄存款余额	元	28.5	167.1	975.5	4114.4	8229.6	31686.0	36239	40106	47418
住房面积										
农村人均住房面积	平方米	9.6	16.9	22.5	24.7	28.6	39.4	40.2	41.3	42.9
城市人均住房面积	平方米	4.1	5.2	7.5	8.0	10.5	29.4	29.7	30.3	-
交通通讯										
农村每百户拥有摩托车	辆		1.0	4.0	26.0	61.0	84.8	84.9	71.1	62.5
城市每百户拥有摩托车	辆			7.7	13.0	34.3	14.3	13.3	9.9	10.3
城市公用事业										
自来水普及率	%	99.0	99.0	100.0	100.0	100.0	100.0	100.0	100.0	100.0
每万人拥有公共绿地	公顷	1.6	3.0	4.0	5.0	7.2	10.8	11.3	10.9	11.2
文化生活										
城市每百户有彩色电视机	台	-	11.5	61.3	95.0	132.3	113.5	115.5	118.3	116.3
农村每百户有电视机	台	-	25.0	70.0	106.0	125.0	122.0	122.2	116.3	118.1
教育卫生										
每万人口中在校大学生数	人	22.23	62.12	71.24	104.40	165.29	1048.00	1064	1057	1085
每万人拥有卫生技术人员	人	10.98	53.61	59.45	60.59	63.40	62.40	65.2	69.6	72.8
每万人拥有医院病床	张	22.01	28.24	32.88	36.03	38.57	51.20	52.9	57.7	64.0

注：1. 城市居民家庭人均消费性支出1990年以前为生活费支出。
2. 城市人均居住面积2002年以后为人均使用面积，2009年为建筑面积。

10-2 各时期城市居民生活情况

BASIC CONDITIONS OF URBAN HOUSEHOLDS IN EACH PERIOD

年份	人均可支配收入（元）	人均消费性支出（元）		就业者负担人数（人）	人均住宅居住面积（平方米）
			人均食品支出		
1949	64.53	61.30	37.39		4.09
1952	130.00	127.84	77.98		4.11
1957	206.50	194.15	117.69		3.64
1962	201.74	209.84	131.42		3.48
1965	219.51	212.82	131.59		3.31
1970					3.51
1975					3.66
1978	337.80	317.88	181.56	1.89	4.06
1980	440.09	405.53	230.11	1.67	4.22
“六五”时期					
1981	487.19	452.77	256.67	1.73	4.40
1982	502.97	468.03	275.30	1.70	4.57
1983	552.37	484.87	293.32	1.66	4.93
1984	671.89	537.27	326.97	1.69	5.10
1985	783.00	703.82	397.33	1.68	5.21
“七五”时期					
1986	946.46	836.50	474.62	1.70	7.40
1987	1057.48	943.58	534.12	1.73	7.30
1988	1272.83	1150.44	635.11	1.70	7.50
1989	1487.91	1355.64	745.32	1.71	7.50
1990	1619.50	1360.08	781.58	1.72	7.50
“八五”时期					
1991	1854.33	1569.26	896.62	1.71	7.60
1992	2148.49	1781.21	979.03	1.73	7.65
1993	2873.94	2394.03	1146.02	1.74	7.80
1994	3951.94	3224.73	1566.59	1.72	7.90
1995	4720.55	3830.38	1823.64	1.80	8.00
“九五”时期					
1996	5681.49	4422.91	2161.00	1.71	8.00
1997	6261.21	5210.40	2185.11	1.62	8.10
1998	6757.12	5440.10	2179.99	1.61	9.89
1999	7162.48	6415.39	2204.76	1.66	10.00
2000	8471.32	6891.75	2387.06	1.71	10.50
“十五”时期					
2001	9564.99	7465.04	2386.84	1.74	10.70
2002	10094.13	7818.33	2575.21	1.72	17.83
2003	11012.86	8395.36	2610.75	1.68	18.85
2004	12005.06	8580.54	2784.87	1.65	19.50
2005	13578.46	9226.61	3046.93	1.73	19.55
“十一五”时期					
2006	15340.17	10713.13	3335.31	1.74	20.1
2007	18005.10	12389.69	3900.91	1.72	21.0
2008	20802.17	13904.59	4466.18	1.87	21.5
2009	22721.65	14764.28	4836.78	1.86	29.4
2010	25321.06	15973.32	5051.18	1.67	29.7
“十二五”时期					
2011	28891.97	18045.58	5722.65	1.71	30.3
2012	32569.75	20031.67	6162.16	1.72	

注：1. 可支配收入1983年以前为生活费收入，消费性支出1992年以前为生活费支出。
2. 从2002年开始，“居民住宅居住面积”改为“使用面积”，2009年为“建筑面积”。

10-3 城市不同收入层次居

BASIC CONDITIONS OF URBAN HOUSEHOLDS BY LEVEL

指　　标	单　位	平　均	最低10%	
				更低5%
调查户情况				
调查户数	户	600	60	30
家庭人口	人/户	2.84	3.22	3.30
有收入者人数	人/户	2.11	2.04	1.95
就业人口数	人/户	1.72	1.43	1.30
国有经济单位职工	人/户	1.09	0.40	0.13
城镇集体单位职工	人/户	0.10	0.17	0.23
其他经济单位职工	人/户	0.12	0.15	0.03
城镇个体经营者	人/户	0.14	0.12	0.07
城镇个体被雇	人/户	0.13	0.32	0.46
离退休再就业人员	人/户	0.02		
其他就业人员	人/户	0.12	0.28	0.37
离退休人数	人/户	0.35	0.42	0.47
其他有收入者	人/户	0.05	0.19	0.19
无收入者人数	人/户	0.72	1.18	1.35
人均收入				
家庭总收入	元	36244.13	13552.52	10678.35
可支配收入	元	32569.75	11665.92	9096.76
借贷收入	元	8866.90	3018.46	1361.84
人均支出				
家庭总支出	元	26588.22	11651.76	9391.73
消费支出	元	20031.67	9264.62	7435.86
#食　品	元	6162.16	3939.73	3579.03
借贷支出	元	18290.05	4144.23	1941.69
人均手存现金				
期初手存现金	元	1148.01	674.32	604.53
期末手存现金	元	2346.00	1380.46	1273.26

民 家 庭 基 本 情 况[样本数](2012年)

OF INCOME[DATA OF SAMPLING SURVEY](2012)

低10%	较低20%	中间20%	较高20%	高10%	最高10%	更高5%
60	120	120	120	60	60	30
3.05	3.06	2.91	2.68	2.45	2.37	2.40
2.02	2.08	2.16	2.21	2.12	2.04	2.13
1.70	1.82	1.84	1.83	1.60	1.45	1.54
0.88	1.18	1.15	1.35	1.21	1.06	1.06
0.12	0.07	0.14	0.08	0.10	0.03	
0.22	0.10	0.09	0.14	0.07	0.13	0.10
0.13	0.13	0.23	0.08	0.10	0.17	0.27
0.18	0.15	0.11	0.10	0.05	0.03	0.05
	0.03	0.02	0.01	0.03	0.03	0.07
0.17	0.17	0.11	0.07	0.04		
0.23	0.22	0.28	0.36	0.50	0.58	0.59
0.09	0.04	0.03	0.02	0.02		
1.03	0.97	0.74	0.47	0.30	0.33	0.26
20984.71	27576.72	33891.50	43275.46	55251.70	79824.52	89356.82
18292.88	24255.96	30362.51	39132.50	49918.31	73924.84	84253.25
3749.57	4812.18	8365.00	11218.33	15503.81	23088.07	25157.05
15844.86	20699.26	26240.02	30411.22	39593.86	55024.42	61961.14
12271.60	16092.93	21343.75	24244.25	28876.36	33177.06	39565.77
5051.99	5400.04	6630.03	6735.83	8426.34	7833.47	8392.24
7754.77	10878.27	14845.17	21572.86	31587.06	57896.23	62444.63
842.30	811.10	1376.13	1059.81	1011.29	2832.00	2821.67
1906.65	1298.50	2448.14	3143.26	3343.67	3845.72	3998.78

10-4 城市不同收入层次居

BASIC CAPITA CASH INCOME OF URBAN

指　　　标	合　计	最低10%		低10%
			更低5%	
家庭总收入	36244.13	13552.52	10678.35	20984.71
其中：可支配收入	32569.75	11665.92	9096.76	18292.88
工薪收入	26940.03	9258.57	7159.74	16379.78
工资及补贴收入	26407.56	8502.07	6116.93	15965.47
其他劳动收入	532.48	756.50	1042.81	414.31
经营净收入	2864.55	948.93	435.96	1560.49
财产性收入	561.48	737.73	648.68	523.74
利息收入	37.82			
股息与红利收入	140.32	301.17	294.19	95.36
出租房屋收入	236.12	265.14	347.26	310.11
转移性收入	5878.06	2607.29	2433.97	2520.69
养老金或离退休金	5181.62	1917.85	1701.53	1846.08
社会救济收入	17.75	145.91	284.56	
保险收入	14.65	31.83	29.52	41.02
#失业保险金	10.06	31.83	29.52	41.02
赡养收入	44.34	51.84	10.11	
捐赠收入	317.49	69.46	8.09	101.14
借贷收入	8866.90	3018.46	1361.84	3749.57
提取储蓄存款	8776.68	3018.46	1361.84	3698.91
借入款	9.06			21.86
收回借出款	21.36			
收回储蓄性保险本金	0.16			1.48
住房贷款	23.16			
其他贷款	28.77			
其他借贷收入	7.71			27.32

民家庭人均现金收入（2012年）

HOUSEHOLDS BY LEVEL OF INCOME（2012）

单位：元

较低20%	中间20%	较高20%	高10%	最高10%	
					更高5%
27576.72	33891.50	43275.46	55251.70	79824.52	89356.82
24255.96	30362.51	39132.50	49918.31	73924.84	84253.25
22960.79	25820.76	34712.95	39353.36	47448.32	48974.68
22689.08	25283.22	34275.65	38019.13	47010.48	48430.27
271.71	537.54	437.30	1334.22	437.85	544.41
1817.42	3840.16	1679.36	3069.34	9974.14	15738.39
350.94	386.27	477.21	702.72	1394.93	1690.70
39.04	21.68	42.92	95.19	104.73	206.06
37.17	15.39	18.70	246.83	722.38	1257.51
68.05	216.37	322.30	224.96	400.07	143.01
2447.57	3844.31	6405.94	12126.29	21007.13	22953.05
1981.52	3248.42	5656.71	11581.42	19392.16	21629.31
1.37	4.25				
1.15	5.57	0.21	14.93	46.99	92.95
	3.45	0.21	14.93		
2.73	66.24	76.20	8.29	109.85	203.29
308.10	344.73	316.45	372.79	840.07	866.82
4812.18	8365.00	11218.33	15503.81	23088.07	25157.05
4768.45	8259.42	11023.11	15383.67	23010.54	25084.79
	14.36	18.66	2.65		
32.80		51.32	15.34	39.16	46.48
	12.35	108.85			
10.93	76.57	6.22	89.16	23.25	
	2.30	10.17	12.99	15.13	25.78

10-5 城市不同收入层次

COMPOSITION OF INCOME AND EXPENDITURE

指 标	平 均	最低10%	更低5%	低10%
家庭总收入				
其中：可支配收入	89.86	86.08	85.19	87.17
工薪收入	74.33	68.32	67.05	78.06
工资及补贴收入	72.86	62.73	57.28	76.08
其他劳动收入	1.47	5.58	9.77	1.97
经营净收入	7.90	7.00	4.08	7.44
财产性收入	1.55	5.44	6.07	2.50
利息收入	0.10	0.00	0.00	0.00
股息与红利收入	0.39	2.22	2.76	0.45
出租房屋收入	0.65	1.96	3.25	1.48
转移性收入	16.22	19.24	22.79	12.01
养老金或离退休金	14.30	14.15	15.93	8.80
社会救济收入	0.05	1.08	2.66	0.00
保险收入	0.04	0.23	0.28	0.20
#失业保险金	0.03	0.23	0.28	0.20
赡养收入	0.12	0.38	0.09	0.00
捐赠收入	0.88	0.51	0.08	0.48
借贷收入	24.46	22.27	12.75	17.87
提取储蓄存款	24.22	22.27	12.75	17.63
借入款	0.02	0.00	0.00	0.10
收回借出款	0.06	0.00	0.00	0.00
收回储蓄性保险本金	0.00	0.00	0.00	0.01
住房贷款	0.06	0.00	0.00	0.00
其他贷款	0.08	0.00	0.00	0.00
其他借贷收入	0.02	0.00	0.00	0.13
家庭总支出				
消费支出	75.36	79.51	79.17	77.45
食 品	23.18	33.81	38.11	31.88
衣 着	8.81	8.78	8.88	9.54
居 住	7.11	6.76	5.68	5.85
家庭设备用品及服务	5.72	4.65	3.49	4.86
医疗保健	5.33	3.62	3.84	4.49
交通和通信	13.07	12.83	8.35	10.81
教育文化娱乐服务	9.18	7.46	9.24	7.33
其它商品和服务	2.95	1.60	1.58	2.68
非消费性支出				
#购房与建房支出	5.09	0.00	0.00	0.00

居 民 家 庭 收 支 构 成 （2012年）

OF URBAN HOUSEHOLDS(2012)

单位:%

较低20%	中间20%	较高20%	高10%	最高10%	更高5%
87.96	89.59	90.43	90.35	92.61	94.29
83.26	76.19	80.21	71.23	59.44	54.81
82.28	74.60	79.20	68.81	58.89	54.20
0.99	1.59	1.01	2.41	0.55	0.61
6.59	11.33	3.88	5.56	12.50	17.61
1.27	1.14	1.10	1.27	1.75	1.89
0.14	0.06	0.10	0.17	0.13	0.23
0.13	0.05	0.04	0.45	0.90	1.41
0.25	0.64	0.74	0.41	0.50	0.16
8.88	11.34	14.80	21.95	26.32	25.69
7.19	9.58	13.07	20.96	24.29	24.21
0.00	0.01	0.00	0.00	0.00	0.00
0.00	0.02	0.00	0.03	0.06	0.10
0.00	0.01	0.00	0.03	0.00	0.00
0.01	0.20	0.18	0.02	0.14	0.23
1.12	1.02	0.73	0.67	1.05	0.97
17.45	24.68	25.92	28.06	28.92	28.15
17.29	24.37	25.47	27.84	28.83	28.07
0.00	0.04	0.04	0.00		
0.12	0.00	0.12	0.03	0.05	0.05
0.00	0.04	0.25			
0.04	0.23	0.01	0.16	0.03	
0.00	0.01	0.02	0.02	0.02	0.03
77.75	81.34	79.72	72.93	60.30	63.86
26.09	25.27	22.15	21.28	14.24	13.54
10.25	10.11	9.06	7.87	5.96	5.82
6.74	7.43	6.83	10.15	5.75	6.10
6.88	5.94	5.93	5.37	4.96	5.03
5.92	5.43	4.87	5.72	5.72	5.64
8.25	14.77	18.20	10.91	11.85	16.69
10.30	9.15	9.25	9.06	9.30	8.58
3.29	3.23	3.43	2.56	2.46	2.45
0.40	0.00	0.51	8.45	22.31	20.87

10-6 城市不同收入层次

BASIC CAPITA CASH EXPENDITURE OF URBAN

指　　标	平　均	最低10%	更低5%	低10%
人均家庭总支出	26588.22	11651.76	9391.73	15844.86
消费支出	20031.67	9264.62	7435.86	12271.60
购房与建房支出	1353.18			
转移性支出	1764.30	603.75	456.17	971.19
交纳的个人收入税	136.38	9.55	7.28	15.65
捐赠支出	1080.59	353.41	241.21	625.18
购买彩票	9.36	0.54	1.05	10.70
赡养支出	309.29	111.76	172.37	176.78
#在外就学子女费用	59.38	23.33	45.49	74.04
非储蓄性保险支出	152.45	68.92		96.35
财产性支出	23.16	1.59		1.69
社会保障支出	3411.50	1781.80	1499.70	2600.38
个人交纳的养老基金	1395.91	1102.56	1050.49	1302.70
个人交纳的住房公积金	1523.63	370.54	175.24	852.09
个人交纳的医疗基金	339.04	259.19	245.93	288.37
个人交纳的失业基金	103.09	37.81	20.95	73.73
其他社会保障支出	49.84	11.70	7.09	83.49
借贷支出	18290.05	4144.23	1941.69	7754.77
存入储蓄款	17504.62	3963.07	1833.82	7462.50
借出款	5.48			1.09
归还借款	69.43			21.86
储蓄性保险支出	134.16	38.62	6.77	90.56
购买有价证券	32.41			
其他投资支出	35.98	129.59	101.10	54.64
归还住房贷款	456.50	12.96		124.11
归还汽车贷款	23.47			
归还其他贷款	11.86			
其他借贷支出	16.15			

居 民 家 庭 总 支 出（2012年）

HOUSEHOLDS BY LEVEL OF INCOME(2012)

单位:元

较低20%	中间20%	较高20%	高10%	最高10%	
					更高5%
20699.26	26240.02	30411.22	39593.86	55024.42	61961.14
16092.93	21343.75	24244.25	28876.36	33177.06	39565.77
81.99		156.03	3346.11	12277.41	12931.55
1288.54	1541.38	2104.18	2402.49	4734.37	5290.47
31.15	48.72	96.25	220.82	960.34	900.73
860.81	1054.03	1308.61	1555.01	2294.81	2622.39
0.90	8.65	20.93	11.18	15.12	8.62
272.81	118.69	395.65	323.48	1104.69	1372.54
31.05		45.38	138.22	260.68	490.45
77.25	248.27	169.73	191.48	218.65	224.33
61.83	13.98	6.56	1.38	63.05	116.33
3173.96	3340.91	3900.20	4967.51	4772.51	4057.02
1415.23	1507.76	1490.85	1410.68	1360.31	991.80
1255.99	1373.14	1831.71	2983.59	2837.21	2670.76
358.79	343.87	372.84	368.12	343.99	258.99
77.08	98.39	146.15	145.57	167.75	111.19
66.88	17.75	58.65	59.54	63.26	24.29
10878.27	14845.17	21572.86	31587.06	57896.23	62444.63
10340.97	14214.74	20803.74	29487.17	55929.93	60644.58
13.67	1.15	8.09		7.80	14.02
17.00	83.88	2.80	467.20	70.27	102.56
60.12	153.11	163.13	334.45	195.16	189.56
			34.56	354.36	
48.45	1.44	8.71	3.43	32.18	
336.94	349.50	521.58	1083.34	1276.92	1435.31
24.60	30.97	62.36			
32.09	7.47	2.46	34.56		
4.43	2.91		142.37	29.62	58.60

10-7 城市不同收入层次居

CAPITAL LIVING EXPENDITURE OF URBAN

指　　标	平　均	最低10%	
			更低5%
消费支出	20031.67	9264.62	7435.86
#服务性消费支出	5024.54	1837.96	1625.12
食　品	6162.16	3939.73	3579.03
粮油类	664.55	607.43	573.07
#粮　食	378.72	337.16	310.98
淀粉及薯类	51.86	45.80	44.31
干豆类及豆制品	56.71	58.08	51.51
油脂类	177.26	166.38	166.27
肉禽蛋水产品类	1446.15	974.17	870.12
#肉　类	776.51	558.61	500.42
禽　类	144.77	112.37	96.05
蛋　类	137.64	115.97	107.97
水产品类	387.24	187.22	165.69
蔬菜类	463.98	379.29	394.67
#鲜　菜	416.61	340.53	364.32
干　菜	31.80	23.67	19.74
菜制品	15.57	15.09	10.61
调味品	75.27	73.72	70.12
糖烟酒饮料类	642.26	481.48	390.06
#糖　类	41.07	16.19	11.98
烟草类	173.48	130.32	143.30
酒　类	238.16	191.51	139.86
饮料	189.55	143.46	94.92
干鲜瓜果类	538.94	302.63	246.73
#鲜　果	321.10	178.76	147.77
鲜　瓜	75.35	41.35	32.71
干鲜瓜果类及制品	142.48	82.52	66.25
糕点、奶及奶制品	387.40	188.41	167.90

民家庭人均消费性支出（2012年）

HOUSEHOLDS BY LEVEL OF INCOME(2012)

单位:元

低10%	较低20%	中间20%	较高20%	高10%	最高10%	更高5%
12270.28	16088.48	21338.72	24244.03	28874.50	33152.17	39562.09
2526.07	4364.97	5222.99	5944.86	7699.67	9002.05	10188.15
5051.99	5400.04	6630.03	6735.83	8426.34	7833.47	8392.24
724.31	588.04	660.29	644.12	832.40	748.52	772.99
370.91	341.10	388.94	380.81	463.56	426.22	439.25
58.58	43.88	48.15	53.56	68.44	60.42	62.74
55.17	50.04	56.20	53.72	73.25	65.26	74.94
239.66	153.02	167.00	156.03	227.15	196.63	196.06
1222.65	1227.50	1606.87	1541.51	1803.16	1968.44	2225.14
716.43	657.58	884.70	809.56	953.86	936.58	975.03
139.03	121.57	159.05	160.58	157.97	171.81	186.39
131.58	127.00	135.76	140.90	182.83	153.64	158.43
235.60	321.35	427.35	430.47	508.50	706.40	905.30
453.49	390.37	464.83	476.57	613.62	600.02	653.08
401.52	354.08	412.47	430.86	553.47	539.71	611.90
37.31	22.58	33.19	30.70	46.11	44.14	23.41
14.65	13.71	19.17	15.01	14.05	16.17	17.76
66.00	58.43	83.70	81.54	88.38	84.60	80.24
603.11	603.00	682.66	573.41	1002.81	702.13	761.34
30.87	36.05	53.87	41.20	56.87	53.18	61.06
162.50	161.38	176.97	151.31	332.31	157.15	166.76
239.84	224.56	234.68	215.57	385.92	243.55	292.64
169.89	181.01	217.14	165.33	227.70	248.24	240.88
428.64	467.69	586.71	593.79	713.49	767.94	745.22
257.29	274.57	359.11	347.44	431.62	452.05	451.90
59.74	70.72	80.74	86.24	87.61	103.39	104.95
111.62	122.40	146.85	160.12	194.26	212.50	188.37
291.59	374.08	421.20	416.30	484.60	569.31	581.77

10-7续1

指　　标	平　均	最低10%	
			更低5%
#糕　点	135.66	60.18	45.27
奶及奶制品	251.74	128.23	122.63
其他食品	146.42	72.94	74.37
饮食服务	1797.20	859.67	791.99
#食品加工服务费	1.19	1.67	2.82
在外饮食	1796.01	857.99	789.17
非食品类			
衣　着	2341.10	1023.29	834.38
服　装	1715.51	692.67	534.89
衣着材料	16.78	12.14	11.60
鞋　类	528.16	283.61	259.19
其他衣着用品	72.81	32.54	27.16
衣着加工服务费	7.84	2.33	1.54
居住	1889.37	787.63	533.46
住　房	865.64	95.50	
#租赁房房租	101.53	66.35	
住房装潢支出	489.98	15.29	
维修用建筑材料	224.38	8.27	
其　他	49.74	5.59	
水电燃料及其他	907.31	661.82	512.73
#水	73.27	59.47	50.91
电	313.99	231.37	202.12
燃　料	130.06	149.81	150.47
其　他	43.36	130.97	2.02
居住服务费	116.43	30.30	20.74
#物业管理费	26.40	4.45	3.90

低10%	较低20%	中间20%	较高20%	高10%	最高10%	
						更高5%
99.13	127.77	148.87	147.25	175.77	206.58	165.26
192.47	246.30	272.33	269.05	308.82	362.74	416.51
98.37	122.04	176.63	163.77	210.43	192.68	206.03
1163.82	1568.90	1947.14	2244.82	2677.44	2199.84	2366.43
0.04	0.49	2.12	1.80	0.38	0.98	0.29
1163.79	1568.41	1945.02	2243.01	2677.05	2198.86	2366.13
1510.99	2122.40	2652.49	2755.46	3117.97	3277.48	3605.17
1069.62	1556.36	1916.85	2029.11	2348.14	2504.23	2902.57
8.22	13.08	19.00	22.18	11.12	31.91	27.68
393.23	475.16	634.26	587.09	662.81	640.87	560.86
38.22	70.65	73.40	108.37	81.45	86.95	94.14
1.70	7.15	8.99	8.71	14.45	13.51	19.93
926.67	1394.30	1950.49	2077.33	4018.01	3166.08	3779.44
148.97	448.03	1013.06	990.89	2604.66	1498.52	1739.31
8.74	117.80	178.25	128.66	53.40	26.09	0.24
100.81	202.29	701.77	546.75	1267.07	941.02	1226.67
24.92	119.06	100.35	282.60	963.63	466.91	473.47
14.50	8.88	32.68	32.87	320.56	64.50	38.93
728.17	850.35	831.06	943.85	1232.20	1394.64	1608.09
68.21	73.08	73.52	67.35	89.88	95.05	105.96
284.49	317.90	310.23	316.31	338.35	434.14	486.57
130.30	127.81	107.59	137.27	122.99	154.85	188.10
	32.08	13.75	33.64	134.33	10.95	9.05
49.53	95.93	106.37	142.59	181.15	272.92	432.04
9.28	16.99	36.86	42.07	20.37	47.66	80.67

10-7续2

指　　标	平　均	最低10%	更低5%
维修服务费	10.79	11.56	7.38
其　他	79.24	14.30	9.46
家庭设备用品及服务	1521.82	541.39	327.71
耐用消费品	826.97	250.54	119.92
#家具	366.06	73.39	25.27
家庭设备	460.91	177.15	94.64
室内装饰品	37.38	21.99	2.25
床上用品	83.67	56.15	33.10
家庭日用杂品	460.19	207.60	171.26
家具材料	22.25	0.25	0.18
家庭服务	91.36	4.85	0.99
医疗保健	1416.41	421.75	360.37
医疗器具	16.47	0.18	0.08
保健器具	12.71	1.46	0.30
药品费	525.05	249.58	226.83
滋补保健品	147.28	31.19	23.02
医疗费	697.87	138.79	109.43
其　他	17.04	0.54	0.71
交通和通信	3476.37	1495.13	784.51
交　通	2686.13	1148.85	472.60
#家庭交通工具	1656.65	901.32	323.50
车辆用燃料及零配件	508.62	77.63	69.85
交通工具服务支出	386.66	65.00	63.94
交通费	256.90	88.51	72.61
通　信	790.24	346.28	311.91
#通信工具	297.61	82.18	58.69
通信服务	492.63	264.11	253.22
教育文化娱乐服务	2440.04	869.49	867.55
文化娱乐用品	681.95	144.24	97.63
音像制品及软件	9.82	3.68	0.10
体育用品	9.63	5.31	2.23

低10%	较低20%	中间20%	较高20%	高10%	最高10%	
						更高5%
3.65	9.11	3.39	8.10	56.29	1.06	
36.60	69.83	66.11	92.41	104.49	224.19	351.37
769.81	1424.78	1559.18	1804.80	2126.89	2731.70	3114.36
364.06	786.19	767.33	1074.23	1156.91	1566.60	2139.13
147.58	290.85	268.71	634.54	350.34	889.12	1321.13
216.48	495.34	498.62	439.69	806.57	677.48	818.00
7.14	37.02	39.70	42.16	27.66	91.92	138.13
71.46	85.91	92.39	85.47	78.95	110.49	128.83
309.99	447.31	502.62	495.61	656.13	647.47	494.79
1.19	12.65	45.48	33.96	25.39	17.28	0.88
15.96	55.71	111.67	73.38	181.84	297.94	212.59
711.27	1226.39	1423.67	1481.22	2262.92	3150.00	3493.35
0.01	9.46	2.23	7.34	4.98	146.02	287.11
4.36	14.20	16.91	4.28	29.05	27.22	38.63
298.61	430.86	582.19	555.84	760.25	987.24	1039.22
75.94	127.59	150.78	160.16	261.76	294.16	309.58
317.13	621.71	657.17	748.06	1150.48	1675.41	1787.64
15.21	22.56	14.40	5.53	56.41	19.96	31.17
1713.38	1707.88	3874.97	5533.74	4320.23	6520.42	10341.88
1204.14	913.62	2999.33	4669.30	3234.87	5451.55	9092.62
653.42	88.78	1924.06	3412.79	1560.12	3493.50	6841.85
264.23	475.11	613.76	558.54	730.93	900.61	944.44
245.51	360.55	485.58	436.66	530.69	571.52	598.46
127.98	210.79	196.10	304.30	496.18	570.51	585.95
509.24	794.26	875.64	864.44	1085.36	1068.87	1249.26
135.22	283.43	364.98	369.03	415.58	389.66	547.45
374.02	510.83	510.66	495.41	669.78	679.22	701.81
1160.89	2131.64	2399.85	2812.47	3588.06	5119.24	5316.20
402.56	507.85	654.72	681.82	1126.65	1842.37	1567.05
7.31	9.64	6.71	11.52	18.82	16.55	9.40
5.05	8.26	12.01	16.65	3.37	9.64	12.23

10-7续3

指　　标	平　均	最低10%	更低5%
书报杂志	86.91	32.89	19.10
纸张文具	30.12	24.33	16.28
其他文娱用品	193.43	53.10	14.17
文化娱乐服务	787.02	117.51	62.44
#参观游览	397.65	60.46	27.70
健身活动	28.08	0.44	0.61
团体旅游	218.69		
其他文娱活动	133.32	53.75	31.59
文娱用品修理服务费	9.29	2.87	2.55
教　育	971.07	607.73	707.48
教　材	30.38	37.29	34.29
教育费用	940.69	570.44	673.19
#非义务教育学杂费	235.02	233.13	300.68
义务教育学杂费	42.49	31.68	61.79
托幼费	156.56	77.71	59.35
成人教育费	61.33	11.25	15.16
家教费	25.35	7.52	13.14
培训班	342.44	134.65	113.39
学校住宿费	14.20	14.25	26.28
其　他	63.29	60.25	83.39
其它商品和服务	784.40	186.22	148.85
其它商品	611.26	149.62	121.93
金银珠宝饰品	206.78	12.26	13.77
理发美容工具	10.61	3.94	4.01
化妆品	182.72	58.17	44.72
其他杂品	173.87	73.01	56.90
服　务	173.15	36.59	26.93
#旅馆住宿费	29.62	9.12	9.10
理发洗澡费	43.46	20.78	13.81
美容费	54.30	1.10	1.29
其他服务	45.77	5.59	2.73

低10%	较低20%	中间20%	较高20%	高10%	最高10%	更高5%
50.98	60.15	81.08	111.73	154.39	165.40	131.75
20.44	25.32	43.86	24.85	38.66	32.37	22.36
98.04	156.06	178.96	167.76	390.67	497.92	387.48
188.76	518.99	821.30	1110.34	1535.64	1584.33	2178.45
94.22	219.64	422.78	595.55	822.89	764.73	981.84
18.25	45.46	8.32	56.76	5.43	40.14	64.34
16.01	114.06	265.59	297.38	485.26	483.53	712.68
53.21	129.63	118.06	152.86	203.18	276.99	399.53
7.07	10.20	6.54	7.78	18.87	18.94	20.06
569.56	1104.80	923.83	1020.31	925.78	1692.54	1570.69
24.37	33.72	34.98	21.98	12.98	45.71	14.67
545.19	1071.08	888.85	998.33	912.80	1646.82	1556.03
159.85	308.00	173.30	173.96	162.30	511.89	361.98
63.09	13.11	64.71	6.09	51.97	125.19	16.33
65.53	233.88	132.76	160.20	168.11	220.52	425.58
15.14	53.10	49.71	54.41	76.52	239.89	114.53
5.46	27.17	32.31	27.93		73.71	145.81
195.33	387.15	314.75	538.71	345.62	319.20	450.54
27.32		6.18	4.67	69.11	19.14	
13.47	48.66	115.13	32.36	39.17	137.29	41.25
425.29	681.04	848.04	1043.18	1014.08	1353.79	1519.45
309.01	530.61	625.17	843.78	803.50	1082.22	1200.38
81.05	158.08	181.15	352.28	264.53	434.51	515.28
12.86	10.47	11.06	9.10	11.82	18.22	9.48
108.35	182.07	202.41	230.87	238.34	235.79	301.09
96.00	144.49	201.12	187.16	249.82	313.59	363.05
116.28	150.44	222.88	199.41	210.58	271.56	319.07
21.82	25.84	25.64	32.69	51.49	57.88	93.68
46.96	34.88	44.29	47.75	48.87	74.74	89.91
35.65	47.26	100.42	60.90	38.78	56.58	81.57
11.85	42.45	52.52	58.06	71.44	82.37	53.91

10-8 主要年份城市居民消费性支出构成

CAPITA LIVING EXPENDITURE COMPISITION OF URBAN HOUSEHOLDS IN MAJOR YEARS

单位:%

指标	1985年	1990年	1995年	2000年	2005年	2010年	2011年	2012年
消费性支出	100.00	100.00	100.00	100.00	100.00	100.00	100.00	100.00
食　品	56.45	57.47	47.61	34.64	33.02	31.62	31.71	30.76
#粮　食	5.26	4.46	6.16	3.18	2.50	2.14	2.00	1.89
油脂类	1.69	2.25	2.30	1.05	0.99	0.70	0.56	0.88
肉禽及制品	8.37	10.45	10.58	6.01	6.50	6.44	4.77	4.60
蛋　类	5.64	5.90	3.55	1.22	1.09	0.77	0.79	0.69
水产品类	2.24	3.22	2.44	2.00	1.59	1.64	1.74	1.93
菜　类	5.91	7.23	5.26	2.52	2.56	2.86	2.61	2.32
糖　类	1.22	0.61	0.61	0.38	0.27	0.21	0.22	0.21
烟草类	2.67	2.79	1.48	1.06	1.03	0.95	0.98	0.87
酒和饮料	3.94	4.22	2.50	2.33	2.09	2.10	2.38	2.14
干鲜瓜果类	4.41	4.64	2.82	2.19	2.86	2.60	2.83	2.69
糕点类	1.86	1.47	1.23	0.97	0.85	0.64	0.75	0.68
奶及奶制品	0.93	1.25	1.05	1.98	2.02	1.54	1.52	1.26
在外用餐	7.90	4.77	4.00	6.71	7.73	9.09	8.90	8.97
衣　着	13.97	13.17	13.36	10.98	10.02	11.78	12.21	11.69
#衣着材料	4.24	4.18	2.16	0.81	0.18	0.10	0.07	0.08
服装类	5.72	5.59	7.63	7.18	7.03	8.65	9.09	8.56
鞋　类	1.95	2.15	2.57	2.36	2.34	2.63	2.66	2.64
设备用品及服务	10.45	10.44	10.17	11.69	5.81	7.16	7.83	7.60
#家　具	1.99	2.04	1.26	1.92	0.82	1.32	1.32	1.83
家庭设备	4.89	4.90	4.38	4.35	2.19	2.33	2.44	2.30
室内装饰	0.06	0.26	0.19	0.62	0.24	0.12	0.18	0.19
医疗保健	0.58	1.27	3.07	6.61	8.60	7.40	7.21	7.07
#医药费			2.22	3.92	4.33	3.15	3.01	2.62
交通和通讯	1.67	1.81	6.80	6.69	15.70	16.56	15.68	17.35
娱乐教育和文化服务	9.81	8.63	7.86	15.49	12.80	11.88	11.90	12.18
文娱耐用消费品	6.72	4.52	1.53	4.05	4.36	3.52	3.22	3.40
教　育	1.22	1.82	3.84	8.17	6.53	5.00	4.48	4.85
文化娱乐	1.88	2.29	2.49	3.27	1.91	3.37	4.20	3.93
居　住	3.59	3.56	6.77	8.45	10.68	10.43	9.41	9.43
#房　租	1.04	0.81	1.52	2.63	0.23	0.28	0.41	0.51
水、电、燃及其它	2.45	2.65	4.32	4.24	5.50	5.93	5.30	4.53
住房装饰			1.41	1.29	2.31	2.08	1.44	2.45
杂项商品和服务	3.48	3.65	4.36	5.46	3.36	3.15	4.06	3.92
#金银珠宝饰品		0.42	0.66	0.47	0.34	0.53	0.95	1.03
美容化妆品	0.17	0.28	0.40	0.79	1.24	0.89	1.04	0.91
在消费性支出中								
购买商品支出	93.54	91.89	85.15	74.15	74.80	75.31	75.11	74.92
非商品支出	6.46	8.11	14.85	25.85	25.20	24.69	24.89	25.08
交通费	0.74	0.79	1.04	2.43	2.48	1.41	1.39	3.48
医疗保健费	0.21	0.40	0.40	2.07	8.60	3.17	3.09	3.48
学杂费	0.69	1.31	3.15	7.27	2.21	1.71	1.44	1.39
保育费	0.55	0.50	0.43	0.58	0.68	0.73	0.62	0.78
文娱费	0.25	0.41	0.89	1.07	1.84	3.37	4.20	3.93
修理服务费	1.42	1.58	4.13	2.84	6.29	5.59	5.57	4.75

10-9 城市居民家庭人均全年购买商品数量

NUMBER OF PER CAPITA PURCHASE OF GOODS IN URBAN HOUSEHOLDS

商品名称	单位	1985年	1990年	1995年	2000年	2005年	2010年	2011年	2012年
食品购买量									
粮　食	千克	137.40	126.85	108.54	95.84	69.80	75.28	69.41	66.81
食用植物油	千克	5.53	7.81	8.70	7.19	7.73	6.07	4.70	7.45
猪牛羊肉	千克	17.45	20.64	21.93	20.40	19.58	25.77	17.46	24.17
家　禽	千克	2.64	2.32	4.60	6.28	5.89	2.40	2.42	5.97
鱼	千克	5.16	6.21	5.91	6.73	5.82	5.82	5.92	6.53
鲜　蛋	千克	16.09	17.20	22.96	20.08	16.30	14.66	14.64	15.20
鲜　菜	千克	131.52	131.55	143.44	116.38	118.40	104.03	104.15	96.78
酒　类	千克	10.70	13.11	12.90	12.76	13.08	9.92	10.05	10.45
#白　酒	千克	3.05	3.21	2.60	2.11	2.80	2.13	2.10	1.83
啤　酒	千克	7.07	9.54	9.86	10.39	9.93	7.62	7.63	8.33
鲜瓜果	千克	50.39	51.38	63.87	87.26	77.59	63.26	61.3	65.82
茶　叶	千克		0.50	0.48	0.56	0.46	0.65	0.75	0.77
鲜乳品	千克	7.65	12.84	8.67	23.48	24.90	18.82	20.09	18.41
工业品购买量									
服　装	件			5.89	7.78	8.38	9.65	9.48	9.48
鞋	双	1.92	2.33	2.84	2.94	3.10	3.29	3.24	3.21
煤　炭	千克	281.87	284.66	233.97	127.54	166.86	67.64	39.22	31.39
液化石油气	千克	11.00	13.55	20.06	19.93	15.38	6.17	3.27	2.64

注：自2007年以来国家统计局修改了部分指标如粮食、酒类、液化石油气等。

10-10 城市不同收入层次居民家

NUMBER OF DURABLE CONSUMER GOODS OWNED

指　　标	单　位	平　均	最低10%		低10%
				更低5%	
摩托车	辆	10.33	8.33	6.67	15.00
助力车	辆	48.50	70.00	63.33	60.00
家用汽车	辆	27.83	10.00	6.67	15.00
洗衣机	台	97.00	90.00	86.67	90.00
电冰箱	台	100.17	96.67	93.33	101.67
彩色电视机	台	116.33	108.33	100.00	110.00
家用电脑	台	87.00	70.00	60.00	73.33
组合音响	套	19.50	8.33		16.67
摄像机	架	15.67	5.00		10.00
照相机	架	73.17	46.67	33.33	51.67
钢　琴	架	5.00			5.00
其他中高档乐器	件	5.33	1.67		6.67
微波炉	台	68.17	38.33	36.67	55.00
空调器	台	152.33	121.67	106.67	126.67
淋浴热水器	台	92.83	71.67	63.33	83.33
消毒碗柜	台	7.33			3.33
洗碗机	台	2.00			
健身器材	套	5.83			
普通电话	部	52.00	50.00	60.00	40.00
移动电话	部	206.33	190.00	166.67	201.67

庭每百户耐用消费品拥有量（2012年）

PER 100URBAN HOUSEHOLDS BY LEVEL OF INCOME(2012)

较低20%	中间20%	较高20%	高10%	最高10%	
					更高5%
12.50	12.50	7.50	10.00	5.00	6.67
47.50	59.17	46.67	30.00	18.33	30.00
30.00	35.00	35.83	25.00	26.67	30.00
100.00	96.67	98.33	100.00	100.00	96.67
100.83	98.33	100.83	101.67	101.67	96.67
118.33	120.00	113.33	123.33	118.33	116.67
89.17	92.50	91.67	86.67	93.33	96.67
15.00	21.67	22.50	16.67	35.00	36.67
20.00	15.00	19.17	15.00	18.33	20.00
75.00	74.17	78.33	76.67	101.67	93.33
1.67	7.50	5.83	3.33	11.67	6.67
5.00	5.83	5.83	5.00	6.67	10.00
64.17	72.50	82.50	75.00	75.00	63.33
155.00	155.00	160.00	160.00	175.00	170.00
94.17	95.00	98.33	98.33	100.00	100.00
5.83	9.17	11.67	8.33	8.33	3.33
4.17	1.67	3.33	1.67		
5.83	7.50	8.33	10.00	5.00	10.00
49.17	53.33	53.33	55.00	63.33	63.33
212.50	219.17	206.67	201.67	193.33	186.67

10-11 每百户城市居民家庭主要耐用消费品拥有量

NUMBER OF DURABLE CONSUMER GOODS OWNED PER 100URBAN HOUSEHOLDS IN MAJOR YEARS

商品名称	单位	1995年	2000年	2005年	2006年	2010年	2011年	2012年
成套家具	套	62.0	73.3	70.9	70.5			
自行车	辆	237.0	223.7	176.6	159.5			
助力车	辆	13.0	34.3	30.1	28.5	13.3	9.9	10.3
摩托车	辆			18.1	22.7	40.2	42.4	48.5
家用汽车	辆			5.4	6.8	22.7	25.1	27.8
电风扇	台	187.0	193.3	152.5	138.5			97.0
洗衣机	台	91.5	100.0	97.0	99.0	93.2	96.9	100.2
电冰箱	台	92.0	99.3	97.0	96.7	96.7	100.3	
冰　柜	台	11.5	17.7	13.7	14.1			
彩色电视机	台	95.0	132.3	126.8	121.9	115.5	118.3	116.3
影蝶机	台		50.0	62.2	64.0			
录放像机	台	24.5	31.7	21.1	21.9			
家用电脑	台		20.0	54.2	64.5	81.0	89.3	87.0
组合音响	台	10.5	29.0	26.8	27.5	16.2	16.7	19.5
摄像机	台		2.3	4.0	5.0	10.8	12.5	15.7
照相机	架	40.5	76.0	59.2	62.5	54.0	66.7	73.2
钢　琴	架		2.7	2.3	3.8	4.3	5.5	5.0
其它中高档乐器	件	6.5	12.3	6.4	8.6	3.5	6.3	5.3
微波炉	台		32.3	53.2	57.7	55.8	59.9	68.2
空调器	台	16.0	65.0	104.4	112.3	121.5	139.9	152.3
电炊具	个	47.0	106.7	82.6	80.1			
淋浴热水器	台	36.5	81.3	79.3	82.9	82.0	86.8	92.8
脱排油烟机	台	49.0	84.0	86.6	88.4			
消毒碗柜	台			5.4	5.8	6.5	7.3	7.3
洗碗机	台			1.0	2.0	0.3	0.7	2.0
吸尘器	台	6.5	19.3	18.1	16.1			
健身器材	件		4.7	6.4	5.0	4.3	5.6	5.8
住宅电话	部	38.0	86.7	88.6	83.9	46.3	48.2	52.0
移动电话	部		28.7	145.2	162.7	179.7	196.7	206.3

10-12 主要年份农村居民生活

BASIC CONDITIONS OF RURAL HOUSEHOLDS IN MAJOR YEARS

年份地区	农民人均纯收入(元)	人均生活费支出(元)		每一劳动力负担人数(人)	人均住宅居住面积（平方米）
			人均食品支出		
1952	49.4	39.2	29.2	1.8	7.5
1957	63.6	57.9	34.8	1.8	7.8
1962	67.7	59.9	36.3	1.8	8.0
1965	92.6	69.7	46.1	1.8	8.2
1970	82.7	67.2	42.2	1.7	8.5
1975	79.1	59.5	40.8	1.7	9.0
1978	110.5	83.2	58.2	1.7	9.6
1980	168.9	127.1	85.8	1.6	10.5
1985	439.2	330.5	171.1	1.6	16.9
1990	731.1	569.8	287.7	1.6	22.5
1991	810.1	610.6	303.7	1.6	23.7
1992	865.3	660.5	335.1	1.6	21.1
1993	1031.4	724.8	371.4	1.6	22.9
1994	1401.0	942.5	511.0	1.6	24.1
1995	1812.7	1373.6	770.8	1.4	24.7
1996	2328.1	1728.1	926.2	1.4	26.9
1997	2600.0	1799.7	922.0	1.4	27.1
1998	2826.4	1872.5	935.9	1.4	27.4
1999	2943.7	1841.2	876.7	1.4	28.3
2000	3046.8	1976.8	860.0	1.4	28.6
2001	3215.7	2057.8	852.5	1.5	29.9
2002	3355.8	2133.9	849.5	1.4	30.6
2003	3619.3	2316.2	900.7	1.4	32.5
2004	4198.7	2543.1	1040.4	1.4	32.9
2005	4812.3	2902.8	1134.8	1.4	33.8
2006	5480.0	3415.3	1199.8	1.4	35.3
2007	6300.1	3789.8	1423.0	1.4	37.3
2008	7180.2	4385.4	1628.2	1.4	38.7
2009	7804.8	4733.1	1686.3	1.4	39.4
2010	8903.3	5406.6	1818.3	1.4	40.2
2011	10411.8	5905.1	2147.3	1.4	41.2
2012	11786.2	6932.2	2465.4	1.4	42.9
2012年分地区					
市中区	13139.9	7065.0	3035.6	1.4	48.5
槐荫区	14397.7	9176.8	2624.5	1.4	37.4
天桥区	10690.9	4767.1	1879.7	1.4	29.4
历城区	12885.1	8748.7	3069.2	1.4	43.0
长清区	11329.2	5287.9	2157.0	1.3	42.8
平阴县	9631.9	6164.1	2427.2	1.4	41.5
济阳县	10749.2	5867.8	2008.1	1.4	39.0
商河县	9457.3	5982.6	2326.9	1.4	31.5
章丘市	13586.6	7839.5	2480.7	1.7	44.5

10-13 分 地 区 农 村 居

BASIC CONDITIONS OF RURAL

指　　标	单　位	济南市	市中区	槐荫区	天桥区
调查户数	户	780	60	60	60
调查人口	人	2808	215	244	237
户均基本情况					
常住人口	人	3.53	3.58	4.06	3.94
#整半劳力	人	2.49	2.62	2.83	2.82
常住人口外出劳动人数	人	0.48	0.43	0.75	1.08
每个劳动力负担人口	人	1.42	1.37	1.43	1.40
劳动力文化程度					
文盲或半文盲	人	0.07			0.12
小　学	人	0.34	0.22	0.20	0.28
初中程度	人	1.37	1.20	1.15	2.05
高中程度	人	0.29	0.38	0.62	0.18
中专程度	人	0.11	0.13	0.22	0.03
大专以上	人	0.07	0.18	0.22	0.02
平均每人年收入					
总收入	元	15596.9	15075.9	15269.4	13065.8
纯收入	元	11786.2	13139.9	14397.7	10690.9
现金收入	元	14461.8	14470.4	15007.0	11471.7
平均每人年支出					
总支出	元	10997.8	8554.1	10333.4	7351.0
#家庭经营费用支出	元	3136.0	1018.3	436.6	2166.9
生活消费支出	元	6932.2	7065.0	9176.8	4767.1
现金支出	元	10727.5	8340.8	10242.1	7326.9
#生产费用	元	3340.3	1022.7	729.6	2219.1
税费支出	元	18.6			1.0
生活消费支出	元	6728.2	6980.7	9096.1	4745.4
非消费性现金支出	元	1490.8	684.6	1068.8	589.1
人均经营耕地	亩	1.5	0.5	0.4	2.3
农民人均住房面积	平方米	42.9	48.5	37.4	29.4
#砖木结构	平方米	24.3	2.8	30.9	15.2
钢混结构	平方米	15.5	44.4	6.8	8.5
人均拥有住房价值	元	34480.2	95186.9	89013.3	16376.3

民家庭基本情况（2012年）

HOUSEHOLDS BY REGION(2012)

历城区	长清区	平阴县	济阳县	商河县	章丘市
100	100	100	100	100	100
317	344	335	376	389	353
3.17	3.44	3.35	3.76	3.89	3.53
2.34	2.65	2.44	2.75	2.82	2.11
0.31	0.86	0.57	0.64	0.65	0.10
1.35	1.30	1.37	1.37	1.38	1.67
0.06	0.05	0.07	0.13	0.14	0.03
0.26	0.53	0.24	0.62	0.51	0.12
1.26	1.72	1.47	1.27	1.80	1.04
0.40	0.27	0.33	0.37	0.24	0.12
0.13	0.07	0.13	0.20	0.09	0.05
0.06	0.01	0.10	0.13	0.04	0.04
14590.7	12621.0	11991.2	14978.5	14934.1	20502.1
12885.1	11329.2	9631.9	10749.2	9457.3	13586.6
13730.9	11419.1	11107.1	13926.5	13554.0	19042.7
10721.8	6723.6	8902.9	9987.9	11880.6	15252.4
1047.0	812.6	1880.9	3353.3	4982.5	6016.2
8748.7	5287.9	6164.1	5867.8	5982.6	7839.5
10481.3	6515.8	8594.7	9630.4	11640.4	14909.7
1123.1	937.1	2032.5	3370.3	5192.0	6529.5
			29.9	98.2	0.1
8579.6	5093.0	5940.3	5648.3	5827.9	7530.7
2968.1	612.4	1403.0	1673.1	1211.7	1228.8
0.8	1.1	1.4	2.4	2.5	1.5
43.0	42.8	41.5	39.0	31.5	44.5
23.2	10.4	27.2	31.9	30.6	27.2
20.4	31.0	10.0	5.5	0.9	17.1
42005.7	27371.2	25797.5	25000.0	17921.6	31927.0

10-14 农村居民家庭基本情况

BASIC CONDITIONS OF RURAL HOUSEHOLDS

指　　标	单　位	2007年	2008年	2009年	2010年	2011年	2012年
调查户数	户	1000	1000	960	960	780	780
调查人口	人	3661	3636	3477	3463	2829	2808
户均基本情况							
常住人口	人	3.66	3.64	3.62	3.61	3.55	3.53
#整半劳力	人	2.69	2.69	2.67	2.68	2.57	2.49
常住人口外出劳动人数	人	0.38	0.47	0.52	0.44	0.48	0.48
每个劳动力负担人口	人	1.36	1.35	1.36	1.35	1.38	1.42
劳动力文化程度							
文盲或半文盲	人	0.07	0.07	0.08	0.08	0.09	0.07
小　学	人	0.42	0.41	0.40	0.39	0.39	0.34
初中程度	人	1.53	1.51	1.50	1.52	1.55	1.37
高中程度	人	0.44	0.45	0.41	0.40	0.31	0.29
中专程度	人	0.15	0.16	0.15	0.15	0.11	0.11
大专以上	人	0.08	0.09	0.12	0.13	0.06	0.07
平均每人年收入							
总收入	元	8067.6	9219.0	10175.7	11494.6	13629.8	15596.9
纯收入	元	6300.1	7180.2	7804.8	8903.3	10411.8	11786.2
现金收入	元	7256.8	8509.5	9343.2	10565.6	12646.0	14461.8
平均每人年支出							
总支出	元	5671.1	6654.2	7285.9	8085.8	9547.8	10997.8
#家庭经营费用支出	元	1488.7	1716.0	1895.0	2153.0	2746.8	3136.0
生活消费支出	元	3789.8	4385.4	4733.1	5406.6	5905.1	6932.2
现金支出	元	5323.3	6341.6	6988.6	7783.2	9265.9	10727.5
#生产费用	元	1571.7	1906.6	2192.0	2268.4	2954.2	3340.3
生活消费支出	元	3515.8	4125.7	4477.0	5152.9	5702.4	6728.2
人均经营耕地	亩	1.3	1.3	1.3	1.4	1.4	1.5
农民人均住房面积	平方米	37.3	38.7	39.4	40.2	41.2	42.9
#砖木结构	平方米	26.5	26.6	26.5	28.4	24.0	24.3
钢混结构	平方米	10.2	11.7	12.7	11.3	14.9	15.5
人均拥有住房价值	元	16113.4	19885.2	20635.0	21286.6	33274.9	34480.2

10-15 农村居民人均总收入和总支出

GROSS EXPENDITURE AND NET INCOME OF RURAL HOUSEHOLDS PER CAPITA 单位:元

指标名称	2007年	2008年	2009年	2010年	2011年	2012年
总收入	8067.6	9219.0	10175.7	11494.6	13629.8	15596.9
工资性收入	2645.9	3178.5	3483.5	4125.0	4971.1	5871.3
在非企业组织中得到收入	465.8	541.7	586.3	638.9	293.5	292.3
在本地企业中得到收入	1387.3	1737.3	1929.2	2281.0	3287.9	3852.5
常住人口外出从业得到收入	792.8	899.4	968.0	1205.1	1389.7	1726.5
家庭经营收入	4850.7	5333.5	5876.9	6416.6	7474.2	8133.4
农业收入	2216.8	2434.8	2542.0	3008.5	3885.9	4183.6
林业收入	117.8	142.4	112.4	164.4	166.8	228.1
牧业收入	862.0	875.5	905.6	663.6	842.4	840.5
渔业收入	29.2	19.1	17.2	5.6	31.7	14.5
工业收入	194.5	249.2	409.7	645.3	948.5	1276.0
建筑业收入	408.2	395.3	616.0	615.2	427.9	331.4
交通、运输和邮电业收入	369.1	345.0	357.2	312.8	401.5	481.0
批发零售贸易、餐饮业收入	405.3	528.6	539.0	653.5	410.9	560.7
社会服务业收入	71.1	118.8	149.0	171.6	201.0	160.6
文教卫生业收入	16.4	20.0	19.3	16.1	23.7	19.8
其他家庭经营收入	160.3	204.8	209.5	160.2	133.8	37.2
财产性收入	305.1	367.3	415.0	561.0	470.2	470.5
利息	7.8	10.7	18.4	29.2	24.4	21.9
股息	8.7	37.5	45.4	56.4	72.6	85.9
租金	43.8	50.3	34.8	63.8	252.4	247.3
红利	22.5	1.4	6.4	8.5	11.9	13.1
土地征用补偿	137.7	190.3	195.5	318.1		
其他	84.6	77.1	114.5	85.1	109.0	102.2
转移性收入	266.0	339.7	400.1	392.0	714.3	1121.8
家庭非常住人口寄回	17.1	15.1	27.5	15.0	0.1	
亲友赠送	63.7	100.3	151.2	118.6	154.6	391.7
#农村外部亲友赠送	4.4	17.3	21.2	28.7	10.0	23.9
调查补贴	21.5	25.8	34.0	37.6	56.0	101.4
救济金	1.1	4.4	1.0	0.3	0.1	2.6
救灾款					0.8	0.1
保险年金						
退休金	51.0	74.1	73.6	79.2	198.9	326.1
抚恤金	5.7	5.8	2.8	4.0	7.1	6.8
其他	105.9	114.2	110.0	137.3	352.7	394.5
总支出	5671.1	6654.2	7285.9	8085.8	9547.8	10997.8
家庭经营费用支出	1488.7	1716.0	1895.0	2153.0	2746.8	3136.0
农业生产	581.9	730.5	693.7	807.9	1165.4	1314.1

10-15续

指 标 名 称	2007年	2008年	2009年	2010年	2011年	2012年
#林业生产	21.2	18.4	10.7	10.3	77.3	83.7
牧业生产	385.6	378.9	411.9	346.5	448.2	491.4
渔业生产	0.2	2.1	3.7	2.9	28.1	15.8
工业生产	102.0	150.7	232.2	407.8	736.4	800.5
建筑业生产	108.6	119.3	217.3	291.3	63.8	68.2
交通、运输和邮电业	106.6	124.1	130.6	76.4	72.5	109.0
批发和零售贸易、餐饮业	163.4	170.8	155.7	168.0	123.7	205.0
社会服务业	5.1	11.1	23.0	26.5	13.6	33.7
文教卫生业	5.5	4.1	6.1	8.6	1.7	3.9
其他家庭经营支出	8.6	6.0	10.0	6.8	16.0	10.7
购置生产性固定资产支出	151.7	226.8	322.6	161.7	259.4	238.8
税费支出	14.9	12.8	17.0	10.9	25.5	18.6
缴纳生产税	0.3	2.9	1.2	2.0	2.9	0.3
缴纳其他直接税	14.6	9.9	15.8	8.9	22.6	18.3
生活消费支出	3789.8	4385.4	4733.1	5406.6	5905.1	6932.2
食品消费支出	1423.0	1628.2	1686.3	1818.3	2147.3	2465.4
#主食	299.4	306.0	324.5	346.6	359.1	407.1
副食	567.2	685.8	677.1	742.0	925.9	1030.1
其他食品	373.9	437.0	451.0	494.4	599.4	682.2
在外饮食	174.9	191.3	228.0	228.2	262.9	346.0
衣着消费	224.0	252.9	269.9	288.5	359.1	411.8
居住消费	709.7	790.1	925.3	946.3	991.6	1221.5
#住房装饰	75.8	62.9	30.9	86.5	61.5	60.4
家庭设备、用品及服务	225.6	285.6	273.1	335.0	381.9	441.3
医疗保健	278.6	394.4	405.4	556.1	674.6	885.2
交通通讯消费	524.2	634.8	746.7	982.8	888.1	1002.6
文教娱乐用品及服务	359.7	355.5	377.8	416.8	387.5	435.9
其他商品和服务消费	45.0	43.9	48.6	62.8	74.9	68.6
财产性支出	17.6	9.1	14.1	30.3	9.0	6.2
转移性支出	204.3	296.9	295.8	323.2	593.4	663.4
寄给或带给家庭非常住人口	5.5	24.1	6.6	16.1	145.6	143.4
赠送亲友	116.2	164.6	154.6	165.2	192.1	217.5
#赠送农村外部亲友	13.2	9.1	12.4	8.8	22.6	30.3
缴纳保险费	36.1	41.1	70.9	102.1	181.8	238.6
缴纳罚款	8.0	8.6	0.8	14.2	20.3	17.7
其他	38.5	58.5	62.9	25.6	53.6	46.2

10-16 农村居民人均生活消费现金支出

LIVING CONSUMER EXPENDITURE OF PEASANT HOUSEHOLD PER CAPITAL　单位:元

指标名称	2007年	2008年	2009年	2010年	2011年	2012年
农村住户生活消费现金支出	3515.8	4125.7	4477.0	5152.9	5702.4	6728.2
食　品	1158.3	1379.3	1433.4	1566.9	1945.0	2272.0
主　食	80.0	90.3	107.1	134.4	190.8	265.5
副　食	580.4	712.9	696.0	749.6	887.2	1015.3
蔬　菜	116.2	126.9	127.3	162.1	200.6	202.5
豆制品	9.7	11.2	11.4	13.1	11.7	12.9
油脂类	74.7	104.6	94.5	89.9	112.1	140.3
食　糖	3.1	3.7	3.3	3.7	5.4	5.7
肉、禽及其制品	229.2	307.4	302.7	329.6	350.9	435.4
蛋　类	56.7	66.8	62.7	65.8	85.8	90.8
水产品	36.1	41.3	43.0	46.8	48.8	54.3
调味品	21.2	26.6	29.4	32.4	35.4	43.3
其　他	33.4	24.4	21.7	6.2	36.5	30.1
其他食品	318.1	378.3	398.3	449.9	599.9	641.7
烟草类	77.4	85.6	93.3	97.7	126.7	138.2
酒　类	99.3	105.9	113.1	123.5	142.5	155.8
饮料类	26.2	36.8	31.0	36.5	38.6	45.5
干鲜果品	56.5	69.2	75.2	83.8	114.0	139.5
糖果糕点	21.6	27.2	25.5	26.4	34.0	36.3
奶和奶制品	25.1	24.6	24.9	26.6	38.7	48.1
罐头类	…	–	–			
其　他	12.0	29.0	35.3	55.4	105.4	78.3
在外饮食	174.9	191.3	228.3	228.2	262.9	345.9
食品加工费	4.9	6.5	3.7	4.8	4.2	3.6
衣　着	220.5	246.7	268.1	286.7	359.1	411.0
服　装	142.9	155.8	176.3	195.6	242.6	267.4
衣着材料	9.7	10.8	9.7	8.4	16.0	23.6
鞋、帽、袜类	56.3	69.6	69.5	72.3	82.5	102.9
衣着加工费	1.3	1.0	1.1	0.3	0.5	0.4
其他	10.3	9.5	11.5	10.0	17.5	16.7
居　住	706.0	785.4	925.0	946.3	991.6	1215.0
住　房	467.1	494.3	628.4	604.8	565.6	694.4
建筑材料	273.0	176.9	217.4	176.7	263.1	256.4
住房装饰、装修	75.8	118.8	86.1	126.3	150.6	191.0
房租	5.2	5.0	8.7	6.0	23.3	24.3
其他	113.1	193.6	316.2	295.8	128.6	222.7
电　费	76.8	94.1	105.8	127.5	126.7	151.2
水　费	5.0	5.7	7.1	6.9	8.7	7.5
燃　料	133.5	157.2	168.5	193.6	290.6	341.2
煤　炭	102.3	125.5	136.1	155.4	246.4	295.0
液化气(煤气、天然气)	28.5	29.7	30.0	35.3	38.7	39.9
柴草	0.2	0.4	0.1	0.1	1.1	0.3
其　他	2.5	1.6	2.3	2.7	4.4	6.0
其　他	23.6	34.1	15.2	13.6		20.7
家庭设备、用品及服务	225.5	285.6	271.9	334.5	381.9	437.3

10-16续

指 标 名 称	2007年	2008年	2009年	2010年	2011年	2012年
耐用消费品	141.4	190.5	174.7	225.1	237.6	240.3
家具	52.1	61.4	54.7	67.1	66.6	75.3
家庭设备	81.6	98.5	103.5	146.0	157.0	149.4
其他	7.7	30.6	16.5	12.0	14.0	15.6
床上用品	12.3	12.1	14.3	16.9	23.3	32.3
家庭日用杂品	60.9	71.0	71.8	78.5	98.1	130.5
日用小五金						
日用百货						
其他						
设备用品加工修理费	7.1	7.5	7.4	7.2	18.5	22.1
其他	3.8	4.5	3.7	6.8	4.4	12.2
医疗保健	278.6	394.4	405.4	556.1	674.6	885.2
医疗卫生保健用品	71.4	108.2	100.4	117.4	167.7	245.8
医疗保健服务费	204.2	284.6	300.8	436.5	505.0	625.4
医疗卫生保健设备	0.9	1.6	4.2	2.2	1.9	4.1
其他	2.1	–				
交通和通讯	524.2	634.8	746.7	982.8	888.1	1002.6
交通工具	229.7	298.4	392.7	582.5	453.2	481.1
通讯工具	34.9	31.7	27.5	23.7	48.9	50.9
交通费	33.9	43.4	39.9	43.0	56.5	52.2
客运交通费	33.0	42.4	38.5	42.1	56.3	51.8
货运费	0.9	1.0	1.4	0.8	0.2	0.4
邮电费	143.6	161.1	147.1	140.8	100.2	118.8
交通、通讯工具修理费	12.4	24.3	53.4	13.9	34.7	40.0
动力燃料及其他	69.7	75.9	86.1	178.9	194.6	259.5
文化教育、娱乐用品及服务	359.7	355.5	377.8	416.8	387.5	435.9
文化教育、娱乐用品	85.4	98.5	109.7	119.8	156.6	142.7
文化教育娱乐用机电消费品	34.9	69.0	77.1	84.4	94.5	80.9
书、报、杂志	12.2	8.4	8.2	6.7	9.5	10.9
纸张、文具	5.5	5.7	4.9	7.4	11.2	11.8
其他用品	32.8	15.4	19.5	21.3	41.4	39.1
文化教育、娱乐服务	274.2	257.1	268.2	297.0	230.9	293.2
学杂费	199.7	194.9	180.3	189.3	111.4	124.3
技术培训费	18.1	4.8	13.8	10.9	27.8	30.9
文娱费	29.2	27.7	33.7	36.3	55.2	79.1
用品加工修理服务费	0.8	1.7	0.9	1.0	0.9	0.9
其他	26.4	28.0	39.5	59.6	35.6	58.0
其他商品和服务	43.0	43.9	48.6	62.8	74.9	68.6
商品性支出	25.9	27.9	28.8	34.4	38.4	41.0
化妆品	2.5	3.5	5.0	4.8	5.4	9.1
首饰饰品	4.9	5.3	6.5	7.4	10.5	10.3
其他	18.5	19.1	17.3	22.2	22.5	21.6
服务支出	17.1	16.0	19.7	28.5	36.6	27.6
旅店住宿费	1.7	1.1	0.7	0.4	0.8	1.2
殡殓费	3.5	4.3	3.1	7.8	4.1	2.2
其他	11.9	10.6	15.9	20.7	31.7	24.2

10-17 农村每百户居民家庭主要耐用消费品拥有量

NUMBER OF MAJOR DURABLE CONSUMER GOODS OWEND PER 100RURAL HOUSEHOLDS

商 品 名 称	单位	2007年	2008年	2009年	2010年	2011年	2012年
自行车	辆	147	153	151	155	143	142
洗衣机	台	63	70	75	79	82	86
电冰箱	台	61	70	76	83	88	91
摩托车	辆	89	88	85	85	71	62
黑白电视机	台	5	3	3	2	2	1
彩色电视机	台	113	118	119	120	116	118
照相机	架	9	12	12	14	15	14
抽油烟机	台	17	18	19	22	27	28
空调器	台	22	26	28	36	36	39
热水器	台	31	38	48	55	64	69
电话机	部	92	87	81	80	60	58
移动电话	部	105	128	139	153	175	186
影碟机	台	70	73	71	65	56	43
家用计算机	台	13	19	23	28	36	39

10-18 农村居民人均购买商品情况

AVERAGE GOODS PURCHASING OF PEASANT HOUSEHOLD

指标名称	单位	2007年	2008年	2009年	2010年	2011年	2012年
购买生活消费品情况		2442.57	2923.89	3202.86	3742.66	4202.42	4892.92
食品类	元	975.76	1180.07	1199.76	1331.66	1675.91	1919.72
购买谷物数量	公斤	37.89	36.15	38.32	43.16	56.98	75.27
购买谷物金额	元	66.33	73.06	88.40	112.86	161.06	229.17
其中：购买小麦	公斤	2.22	0.46	0.99	0.30	18.15	21.88
金额	元	2.26	0.84	1.82	0.77	58.53	74.30
购买面粉	公斤	16.15	17.37	18.67	23.98	23.53	30.16
金额	元	24.76	29.44	34.16	55.40	50.89	71.25
购买稻谷	公斤	0.07	0.06	0.11	0.07	0.99	1.06
金额	元	0.18	0.29	0.39	0.48	4.91	5.33
购买大米	公斤	5.84	6.22	6.10	7.01	5.75	13.98
金额	元	12.20	14.08	15.18	20.06	17.71	44.65
购买玉米	公斤	6.26	3.47	3.56	2.21	1.98	1.31
金额	元	9.50	4.96	5.28	4.47	5.30	5.24
购买玉米面	公斤	0.13	0.13	0.15	0.18	0.40	0.50
金额	元	0.29	0.35	0.45	0.48	0.87	1.16
购买高梁	公斤	0.00	0.01	0.01	0.01	0.14	0.01
金额	元	0.02	0.04	0.02	0.05	0.31	0.04
购买谷子	公斤	0.46	0.41	0.46	0.60	1.59	1.08
金额	元	1.16	1.74	2.00	3.24	6.74	6.17
购买薯类	公斤	0.65	0.63	0.47	0.44	0.65	0.65
金额	元	5.74	7.77	6.30	7.56	11.60	12.98
其中：购买红薯	公斤	0.23	0.28	0.20	0.19	0.25	0.24
金额	元	1.42	1.81	1.47	1.75	2.87	2.89
购买马铃薯	公斤	0.10	0.10	0.10	0.09	0.22	0.20
金额	元	0.70	0.93	0.93	1.28	2.85	2.21
购买豆类	公斤	2.58	2.24	3.93	2.94	3.85	4.44
金额	元	7.98	9.36	12.38	13.96	18.18	23.39
其中：购买大豆	公斤	0.60	0.48	1.55	0.81	1.01	0.83
金额	元	2.07	2.30	2.80	4.16	4.41	5.69
购买食用油	公斤	7.83	8.45	8.45	7.59	7.58	9.56
金额	元	74.65	104.61	94.46	89.94	112.10	140.30
其中：购买植物油	公斤	7.67	8.28	8.34	7.52	7.50	9.47
金额	元	73.26	102.22	93.57	89.17	111.13	139.15
购买动物油	公斤	0.15	0.17	0.11	0.07	0.08	0.09
金额	元	1.40	2.38	0.89	0.77	0.97	1.15
购买蔬菜及制品金额	元	116.22	126.89	127.28	162.05	200.63	202.50
购买蔬菜	公斤	63.55	64.40	60.20	57.31	66.04	61.07
金额	元	109.63	121.81	122.45	156.29	194.64	193.94
购买肉、禽、蛋、奶及其制品金额	元	311.01	398.83	390.25	422.00	548.23	604.32
购买猪肉	公斤	8.77	8.58	9.97	10.58	10.87	11.21
金额	元	126.25	173.14	166.01	186.75	250.37	272.70
购买牛肉	公斤	0.45	0.42	0.44	0.38	0.49	0.46
金额	元	7.81	10.53	11.30	12.05	16.47	19.04
购买羊肉	公斤	0.52	0.63	0.49	0.44	0.25	0.27
金额	元	9.25	10.91	11.81	13.81	9.52	13.93
购买鸡	公斤	2.89	3.31	2.84	2.67	3.16	3.01
金额	元	29.40	39.08	32.16	33.86	49.51	47.81
购买鸭	公斤	0.07	0.12	0.11	0.13	0.18	0.14
金额	元	1.03	2.02	1.87	1.79	3.33	2.59

10-18续1

指 标 名 称	单 位	2007年	2008年	2009年	2010年	2011年	2012年
购买鹅	公斤	0.01	0.00	0.00	0.00	0.00	0.00
金额	元	0.08	0.01	0.03	0.00	0.01	0.01
购买生畜下水	公斤	1.04	0.66	0.84	0.93	0.91	1.18
金额	元	7.90	10.75	14.89	17.63	18.62	25.61
购买禽下水	公斤	0.11	0.09	0.12	0.12	0.18	0.23
金额	元	0.73	0.87	0.93	1.18	3.03	4.06
购买鲜鸡蛋	公斤	8.80	10.31	9.71	9.01	9.59	10.58
金额	元	56.29	65.96	62.07	64.99	84.52	89.52
购买鲜鸭蛋	公斤	0.06	0.16	0.13	0.11	0.17	0.18
金额	元	0.36	0.81	0.66	0.77	1.23	1.28
购买鲜奶	公斤	6.72	4.67	4.25	4.09	5.31	6.12
金额	元	25.11	24.58	24.85	26.60	38.42	47.75
购买酥油	公斤	0.01	0.00	0.00	0.00	0.02	0.03
金额	元	0.03	0.05	0.04	0.00	0.25	0.32
购买水产品及制品金额	元	36.10	41.27	43.01	46.78	48.85	54.31
其中：购买海水鱼类	公斤	1.37	1.41	1.55	1.33	1.43	1.44
金额	元	10.95	13.93	14.83	15.08	19.26	21.34
购买海水虾类	公斤	0.28	0.65	0.36	0.32	0.31	0.27
金额	元	5.34	5.95	7.29	7.87	7.41	8.30
购买海水贝类	公斤	0.02	0.02	0.04	0.02	0.01	0.01
金额	元	0.16	0.19	0.24	0.22	0.08	0.12
购买海水蟹类	公斤	0.00	0.00	0.00	0.00	0.00	0.00
金额	元	0.04	0.14	0.02	0.07	0.04	0.04
购买海水藻类	公斤	0.06	0.04	0.06	0.05	0.06	0.05
金额	元	0.38	0.31	0.60	0.52	0.58	0.43
购买淡水鱼类	公斤	1.81	1.79	1.66	1.80	1.36	1.44
金额	元	12.10	15.15	13.50	16.31	15.16	18.10
购买淡水虾类	公斤	0.21	0.13	0.12	0.11	0.07	0.07
金额	元	2.17	2.22	2.40	3.28	1.66	1.89
购买淡水贝类	公斤	0.01	0.01	0.00	0.00	0.00	0.01
金额	元	0.07	0.05	0.02	0.02	0.08	0.04
购买淡蟹	公斤	0.00	0.00	0.00	0.00	0.00	0.00
金额	元	0.04	0.06	0.06	0.01	0.06	0.02
购买烟酒金额	元	181.26	193.40	208.16	222.70	271.49	297.53
其中：购买卷烟	盒	24.93	22.62	22.32	20.76	21.82	20.67
金额	元	77.04	85.35	93.00	97.36	125.76	137.52
购买烟丝、烟叶	公斤	0.06	0.04	0.04	0.03	0.06	0.05
金额	元	0.35	0.27	0.27	0.34	0.91	0.71
购买啤酒	公斤	10.91	8.55	8.86	8.01	7.85	7.11
金额	元	33.11	34.89	37.45	38.36	35.24	40.02
购买白酒	公斤	5.67	5.66	5.39	5.15	6.54	5.87
金额	元	65.92	70.70	75.38	84.53	106.84	115.19
购买果酒	公斤	0.02	0.02	0.02	0.04	0.03	0.03
金额	元	0.24	0.35	0.25	0.57	0.42	0.62
购买茶叶、饮料金额	元	26.16	36.81	32.85	36.46	38.61	45.50
其中：购买茶叶	公斤	0.50	1.01	0.81	0.71	0.80	0.60
金额	元	16.57	24.82	21.53	24.59	24.30	30.24
购买冷饮金额	元	2.36	2.83	2.61	2.53	3.35	4.05
购买碳酸类饮料金额	元	2.38	2.98	2.41	2.69	2.78	2.70
购买果汁类饮料金额	元	2.17	3.55	3.28	3.84	4.91	5.59
购买瓶(桶)装水金额	元	0.80	0.89	1.20	0.85	0.95	0.99
购买其他种类食品金额	元	150.31	188.09	196.66	217.34	265.17	309.72
其中：购买豆制品	元	9.72	11.18	11.35	13.11	11.68	12.94
购买调味	元	21.25	26.57	29.36	32.44	35.37	43.28

10-18续2

指 标 名 称	单 位	2007年	2008年	2009年	2010年	2011年	2012年
购买食糖	公斤	0.79	0.68	0.95	0.75	0.91	0.70
金额	元	3.09	3.73	3.33	3.67	5.35	5.70
购买西瓜	公斤	9.16	9.57	10.21	10.92	7.89	8.85
金额	元	7.55	9.81	11.69	11.04	12.05	15.69
购买其他果用瓜	公斤	0.41	0.73	0.88	0.79	2.15	1.69
金额	元	0.84	1.52	2.04	2.32	7.84	7.70
购买水果	公斤	14.28	15.53	15.74	15.21	16.71	19.16
金额	元	34.48	39.91	43.36	50.68	69.87	84.83
购买坚果、果仁及制品	元	13.63	17.95	18.10	19.80	24.19	31.32
购买糖果	元	3.86	4.65	3.43	4.08	5.52	5.33
购买糕点	元	17.77	22.56	22.11	22.33	28.46	30.93
购买营养滋补品	元	5.27	5.99	6.19	5.70	9.56	12.38
衣着类		218.95	244.91	266.87	286.36	357.81	411.02
其中：购买服装	件	2.99	3.30	3.36	3.38	3.84	4.19
金额	元	142.85	155.80	176.27	195.61	242.55	267.37
购买鞋类	双	2.51	2.49	2.48	2.34	2.43	2.64
金额	元	56.28	69.57	69.46	72.29	82.54	102.94
居住类		518.08	590.56	733.00	752.52	757.43	930.16
购买建筑生活用房材料支出	元	262.99	162.49	201.09	164.04	263.12	256.41
其中：购买水泥	公斤	144.15	45.36	91.74	51.53	96.52	57.78
金额	元	36.41	20.50	26.54	22.90	44.22	41.32
购买木材	立方米	0.04	0.04	0.02	0.05	0.01	0.11
金额	元	5.10	1.87	2.65	3.11	2.30	5.07
购买钢材	公斤	8.96	4.68	6.69	3.55	7.03	7.57
金额	元	29.77	15.56	18.50	12.99	25.12	37.59
购买水泥预制件	件	1.20	0.36	0.58	0.74	1.32	0.40
金额	元	9.52	6.42	5.76	9.95	5.91	13.53
购买玻璃	平方米	0.02	0.02	0.05	0.11	0.05	0.01
金额	元	0.44	0.21	0.73	0.13	0.42	1.24
购买砖	块	322.12	117.53	208.11	169.05	214.15	91.17
金额	元	59.53	24.22	51.95	39.67	74.31	37.26
购买瓦	块	10.33	4.68	2.41	1.98	3.54	3.46
金额	元	4.13	3.78	6.45	3.23	4.58	6.04
购买沙石	立方米	6.97	1.78	2.43	1.81	1.32	0.99
金额	元	30.97	16.12	30.01	25.54	32.49	30.61
购买生活用房支出	元	35.80	193.64	316.17	295.75	119.80	222.68
其中：购买砖木结构房屋间数	间	0.00	0.01	0.00	0.00	0.00	0.00
面积	平方米	0.04	0.10	0.09	0.01	0.03	0.00
金额	元	16.60	18.72	19.88	1.12	64.53	4.81
购买钢筋混凝土房屋间数	间	0.01	0.01	0.00	0.02	0.00	0.01
面积	平方米	0.03	0.11	0.13	0.10	0.04	0.14
金额	元	19.20	174.92	289.42	294.63	53.74	217.87
购买其他结构房屋间数	间			0.00		0.00	
面积	平方米			0.00		0.04	
金额	元			6.87		1.54	
购买生活用燃料	元	133.54	157.16	168.53	193.58	290.61	341.21
其中：购买柴	公担	0.05	0.38	0.04	0.17	0.27	0.02
金额	元	0.14	0.35	0.04	0.08	0.90	0.31
购买草	公担	0.05		0.09		0.12	
金额	元	0.10		0.09		0.25	
购买煤	公斤	239.95	174.36	167.77	145.24	191.58	154.66
金额	元	102.26	125.46	136.05	155.45	246.39	295.02

10-18续3

指标名称	单位	2007年	2008年	2009年	2010年	2011年	2012年
液化气	元	28.53	29.69	30.04	35.35	38.66	39.86
购买生活用水	吨	3.58	4.18	5.09	3.87	3.74	3.99
金额	元	5.01	5.68	7.07	6.89	8.65	7.53
购买生活用电	度	116.69	168.02	185.41	218.69	224.27	267.63
金额	元	76.80	94.08	105.81	127.45	126.72	151.15
家用设备和日用品		214.66	273.70	260.84	320.44	358.98	403.03
其中：购买洗涤及卫生用品	元	32.19	36.24	41.25	47.00	48.56	59.13
购买厨具、餐具、茶具	元	12.05	15.85	15.53	13.07	23.67	37.79
购买家具及做家具材料	元	52.12	61.44	54.73	67.09	66.56	75.28
购买洗衣机	台	0.01	0.01	0.01	0.01	0.01	0.01
金额	元	10.69	12.00	13.07	10.82	11.33	12.15
购买缝纫机	台	0.00	0.00	0.00	0.00		0.00
金额	元	0.10	0.24	0.26	0.50		0.75
购买电风扇	台	0.02	0.02	0.03	0.03	0.02	0.03
金额	元	1.42	1.95	2.19	2.32	1.95	3.50
购买电冰箱	台	0.02	0.01	0.02	0.02	0.02	0.01
金额	元	33.26	26.76	30.59	41.48	40.69	26.27
购买空调机	台	0.00	0.01	0.00	0.01	0.01	0.01
金额	元	12.72	17.08	12.33	42.24	24.00	23.29
购买吸尘器	台	0.00			0.00		
金额	元	0.15			0.10		
购买抽油烟机	台	0.00	0.01	0.12	0.00	0.01	0.01
金额	元	0.78	2.03	0.49	1.42	3.19	2.95
购买热水器	台	0.01	0.01	0.01	0.01	0.01	0.01
金额	元	4.19	8.15	14.55	16.55	18.71	13.14
微波炉	台	0.00	0.00	0.00	0.00	0.00	0.00
金额	元	0.95	1.04	0.42	0.46	1.77	0.84
购买电饭锅	个	0.02	0.03	0.01	0.02	0.02	0.02
金额	元	2.28	4.05	1.83	2.28	2.87	3.82
购买液化气炉具	套	0.01	0.02	0.01	0.02	0.03	0.02
金额	元	1.29	2.71	2.00	3.47	5.46	2.66
交通、通讯工具和用品		329.41	398.46	499.31	777.99	687.69	785.48
其中：购买自行车	辆	0.03	0.04	0.03	0.02	0.03	0.02
金额	元	8.33	7.50	6.60	3.64	7.84	5.35
购买电动自行车	辆	0.02	0.02	0.12	0.03	0.06	0.05
金额	元	48.62	48.95	50.95	62.48	136.98	101.88
购买摩托车	辆	0.01	0.01	0.01	0.01	0.01	0.01
金额	元	46.80	36.59	36.45	33.50	29.19	30.61
购买汽车(生活用)	辆	0.00	0.00	0.01	0.01	0.01	0.01
金额	元	125.76	194.30	294.65	458.31	266.11	304.96
购买电话	部	0.03	0.04	0.02	0.02	0.02	0.02
金额	元	1.60	1.24	1.47	0.88	5.69	2.81
购买手机	部	0.05	0.06	0.07	0.06	0.10	0.10
金额	元	33.07	30.09	25.92	22.59	43.06	47.94
文化、教育、娱乐用品		85.43	98.49	109.66	119.79	156.59	142.66
其中：购买收录机	台	0.01	0.01	0.01	0.01	0.01	0.02
金额	元	0.26	0.34	0.20	0.18	0.62	0.83
购买组合音响	台	0.00	0.00	0.00	0.00	0.00	0.00
金额	元	0.53	1.45	0.94	0.40	0.32	0.47
购买电子游戏机	台	0.00	0.00		0.00	0.00	0.00
金额	元	0.03	0.54		0.02	0.19	0.01
购买黑白电视机	台	0.00	0.00	0.00	0.00	0.00	
金额	元	0.01	0.26	0.57	0.61	0.02	

10-18续4

指 标 名 称	单 位	2007年	2008年	2009年	2010年	2011年	2012年
购买彩色电视机	台	0.01	0.02	0.01	0.01	0.01	0.01
金额	元	14.84	19.68	27.65	26.32	18.56	25.49
购买录放像机	台						0.00
金额	元						0.16
购买影碟机	台	0.01	0.00	0.00	0.00	0.00	0.00
金额	元	3.12	1.29	1.11	0.55	0.18	0.25
购买摄像机	台			0.00	0.00		
金额	元			0.50	6.25		
购买照相机	只	0.00	0.00	0.00	0.00	0.00	0.00
金额	元	0.21	1.34	1.03	2.18	2.89	2.65
购买家用计算机(电脑)	台	0.00	0.01	1.66	0.01	0.02	0.02
金额	元	11.47	41.17	38.75	42.18	49.50	43.01
购买家用计算机外部设备	元	0.51	0.56	2.00	0.18	1.75	1.45
购买中高档乐器	元		0.08	1.40	0.14	0.03	0.02
购买体育健身器材	元	0.01	0.03	0.16	0.11	7.44	0.20
购买观赏盆栽植物	盆	0.50	0.02	0.02	0.02	0.03	0.04
金额	元	9.73	0.28	0.31	0.42	0.37	0.95
购买宠物	只	0.03	0.02	0.02	0.03	0.02	0.01
金额	元	0.14	0.05	0.05	0.05	1.14	0.31
医疗卫生保健用品		74.40	109.79	104.60	119.55	169.65	259.84
其中：购买药品	元	71.09	105.76	93.76	113.25	160.91	198.08
购买医疗卫生器械	元	0.49	0.36	0.41	0.34	0.76	1.35
购买药品类保健品	元	1.74	1.78	6.29	3.23	4.31	7.22
购买保健器材	元	0.40	1.15	3.78	1.89	1.16	2.75
其他杂项商品		25.89	27.91	28.81	34.36	38.36	41.00
其中：购买首饰	元	4.85	5.30	6.46	7.42	10.52	6.06
购买手表	只	0.01	0.01	0.01	0.01	0.01	0.02
金额	元	1.28	0.44	0.40	0.74	1.97	4.26
购买化妆品	元	2.51	3.47	5.01	4.76	5.36	9.12
购买迷信、宗教用品	元	3.53	3.76	4.13	4.77	5.16	5.91
购买生产资料情况		1034.57	1234.74	1229.67	1056.36	2257.19	2536.34
购买农业用种籽	公斤	11.44	19.57	14.58	19.35	20.28	19.11
金额	元	45.88	53.82	53.78	64.89	119.58	116.00
购买小麦种籽	公斤	5.78	6.44	7.51	7.67	10.19	8.54
金额	元	11.87	15.46	17.29	20.00	28.92	27.67
购买稻谷种籽	公斤	0.27	0.28	0.13	0.33	0.23	0.09
金额	元	0.82	0.77	0.50	1.45	1.49	0.26
购买玉米种籽	公斤	2.24	4.09	3.58	3.07	2.73	2.13
金额	元	15.65	20.50	21.57	24.95	34.79	38.98
购买其他粮食种籽	公斤	0.34	3.15	0.81	0.62	0.31	0.43
金额	元	1.31	4.39	3.42	3.54	3.41	4.49
购买其他种籽	公斤	2.82	5.62	2.54	7.67	6.82	7.92
金额	元	16.24	12.70	11.00	14.96	50.97	44.60
购买农业用饲料	公斤	10.53	5.51	13.54	11.88	7.88	9.57
金额	元	17.65	11.86	25.64	25.99	20.90	39.27
购买小麦饲料	公斤	0.14	0.01	0.05	0.01	0.67	0.34
金额	元	0.19	0.03	0.09	0.07	0.89	0.75
购买稻谷饲料	公斤	0.01	0.01	0.01	0.01	0.01	0.02
金额	元	0.02	0.01	0.02	0.02	0.01	0.04
购买玉米饲料	公斤	4.17	0.37	1.70	0.39	0.91	0.11
金额	元	6.12	0.33	2.77	0.82	2.04	0.58
购买其他生产饲料	公斤	6.21	5.13	11.78	11.47	6.30	9.11
金额	元	11.32	11.48	22.77	25.08	17.96	37.89

10-18续5

指 标 名 称	单 位	2007年	2008年	2009年	2010年	2011年	2012年
购买农业用其他生产资料	元	383.32	499.57	433.03	484.07	723.49	824.78
其中：购买化肥	公斤	145.07	147.79	140.68	246.27	170.36	145.39
金额	元	250.37	350.40	291.12	309.09	471.84	474.96
购买微量元素肥	克	10.47	8.17	11.59	10.54	22.79	7.83
金额	元	8.80	8.62	14.04	23.24	16.73	37.01
购买饼肥	公斤	0.51	1.97	1.43	3.50	0.19	0.22
金额	元	0.93	2.94	2.64	10.88	1.65	2.82
购买农药	元	28.52	29.69	30.39	37.71	59.14	61.95
购买薄膜	公斤	1.73	3.20	1.15	1.77	4.30	3.63
金额	元	17.97	19.01	13.08	19.45	30.10	35.91
购买燃料	公斤	7.84	7.51	8.19	5.74	9.13	8.35
金额	元	42.46	51.37	44.99	38.02	67.02	68.78
购买林业用饲料	公斤	0.07	0.09	0.27	0.15	0.11	0.07
金额	元	0.19	0.17	0.36	0.25	1.07	0.36
购买小麦饲料	公斤	0.00			0.00	0.04	0.04
金额	元	0.00			0.03	0.22	0.11
购买稻谷饲料	公斤	0.00					
金额	元	0.00					
购买玉米饲料	公斤	0.07		0.23	0.06	0.00	0.02
金额	元	0.19		0.33	0.11	0.00	0.17
购买其他生产饲料	公斤	0.00	0.09	0.04	0.09	0.07	0.02
金额	元	0.01	0.17	0.03	0.11	0.84	0.09
购买林业用其他生产资料	元	19.95	16.99	9.82	9.86	75.44	79.12
其中：购买树种	公斤	0.22	0.45	0.00	0.01	0.27	0.07
金额	元	0.39	0.38	0.01	0.01	0.69	0.10
购买树苗	株	6.89	7.56	3.59	2.88	2.08	2.11
金额	元	12.59	8.87	4.80	5.00	7.21	10.63
购买化肥	公斤	2.75	1.99	1.61	1.03	10.72	5.56
金额	元	5.52	5.91	3.80	3.09	43.06	16.68
购买微量元素肥	克	0.02	0.11	0.01	0.01	2.04	0.00
金额	元	0.00	0.08	0.03	0.02	0.98	0.02
购买农药	元	0.57	1.13	0.72	1.10	8.67	10.64
购买燃料	公斤		0.04	0.02	0.01	0.18	0.00
金额	元		0.26	0.10	0.07	1.26	0.08
购买牧业用饲料	公斤	110.55	121.32	325.59	118.48	164.26	135.76
金额	元	225.54	273.81	322.70	271.68	370.18	376.89
购买小麦	公斤	0.06	0.11	0.00	0.09	0.02	1.35
金额	元	0.19	0.14	0.12	0.26	0.05	3.50
购买稻谷	公斤	0.00	0.01		0.00	0.04	
金额	元	0.01	0.01		0.01	0.05	
购买玉米	公斤	16.33	17.67	32.13	22.82	36.62	15.77
金额	元	25.39	26.52	60.79	43.16	69.18	39.37
购买其他生产饲料	公斤	94.16	103.53	293.46	95.57	127.59	118.63
金额	元	199.95	247.16	261.79	228.24	300.91	334.02
购买牧业用其他生产资料	元	83.71	55.56	54.14	36.82	42.99	94.66
其中：购买仔、幼畜	头	0.07	0.13	0.11	0.04	1.05	0.08
金额	元	13.64	16.00	17.17	2.89	13.33	42.52
购买育肥周转畜	头	0.08	0.01	0.01	0.00	0.00	0.00
金额	元	8.66	10.47	6.09	3.76	2.97	4.92
仔、幼禽	元	17.62	7.89	5.25	14.92	3.17	24.82
仔、幼小动物	元	23.43	1.07	2.40	1.56	1.47	0.29
购买种蛋	公斤	0.00	0.00			0.00	

10-18续6

指标名称	单位	2007年	2008年	2009年	2010年	2011年	2012年
金额	元	0.05	0.08			0.02	
兽药	元	3.71	11.03	20.49	9.91	14.95	10.69
燃料	元	11.84	0.16	0.15	0.30	0.62	0.30
购买渔业用生产饲料	公斤	0.08	0.63	0.24	0.13	6.89	3.24
金额	元	0.07	1.81	0.45	1.36	18.96	13.68
购买小麦饲料	公斤		0.13	0.01	0.02	0.00	
金额	元		0.42	0.02	0.02	0.01	
购买玉米饲料	公斤					0.00	0.01
金额	元					0.02	0.02
购买其他生产资料	公斤	0.08	0.50	0.23	0.11	6.89	3.23
金额	元	0.07	1.39	0.43	1.34	18.93	13.66
购买渔业用生产资料	元	0.11	0.19	1.99	0.56	6.70	1.28
其中：购买种苗	元	0.08	0.03	1.47	0.43	6.44	0.28
购买渔用药	元	0.02	0.04			0.14	0.18
购买燃料	元		0.03	0.02		0.07	0.80
购买工业生产用原料	元	41.69	39.56	40.62	20.92	656.74	677.97
购买工业用燃料	公斤	0.52	0.69	0.28	0.16	0.40	0.18
金额	元	4.22	4.03	1.44	0.77	2.93	1.39
购买建筑业生产用原料	元	1.52	14.94	49.97	13.49	4.85	0.29
购买建筑业生产用燃料	公斤	0.90	4.32	4.42	2.41	1.47	0.80
金额	元	7.83	25.37	28.36	14.47	9.87	5.85
购买交通运输业邮电业燃料	公斤	11.88	13.14	13.31	5.24	7.12	3.76
金额	元	53.27	77.66	66.49	27.26	52.23	30.02
购买批零贸易业用原料	元	80.11	122.33	87.57	18.42	37.93	122.57
购买批零贸易业用燃料	公斤	85.61	1.30	1.12	2.67	0.40	0.55
金额	元	48.24	7.42	7.39	16.29	2.81	3.93
购买社会服务业用原料	元	0.20	6.89	16.41	10.70	3.88	0.15
购买社会服务业用燃料	公斤	0.01	0.21	0.00	0.75	0.23	0.01
金额	元	0.07	1.73	0.01	9.51	2.00	0.10
购买文教卫生业用原料	元	5.38	4.05	3.81	4.75		
购买其他行业用原料	元	0.36	1.39	4.37	0.44	7.14	0.36
购买其他行业用燃料	公斤	1.40	0.24	0.28	0.36	0.01	0.07
金额	元	4.91	1.39	1.50	2.26	0.11	2.49
购买生产用电情况	度	9.35	9.48	13.71	13.90	37.38	27.62
金额	元	6.62	5.82	8.93	8.75	24.05	18.86
农业生产用电	度	7.18	6.61	9.79	9.87	15.44	13.41
金额	元	5.09	4.03	6.34	6.09	10.96	9.21
林业生产用电	度	0.02	0.18	0.29		0.08	
金额	元	0.04	0.13	0.21		0.07	
牧业生产用电	度	0.21	1.33	0.83	0.16	0.19	0.03
金额	元	0.11	0.76	0.45	0.09	0.11	0.01
渔业生产用电	度					3.30	1.04
金额	元					2.00	0.76
工业生产用电	度	1.34	0.83	0.96	2.27	11.74	10.97
金额	元	0.90	0.55	0.56	1.43	7.01	7.28
建筑业生产用电	度			0.06	0.43	5.08	0.47
金额	元			0.04	0.35	2.70	0.29
交通运输邮电业生产用电	度	0.01	0.07	0.02	0.02		
金额	元	0.02	0.06	0.01	0.01		
批零贸易业生产用电	度	0.21	0.02	0.19		0.01	0.84
金额	元	0.21	0.01	0.19		0.02	0.63
社会服务业生产用电	度	0.14	0.30	1.57	1.15	1.41	0.86
金额	元	0.11	0.18	1.12	0.78	1.01	0.68

10-18续7

指标名称	单位	2007年	2008年	2009年	2010年	2011年	2012年
文教卫生业生产用电	度					0.02	
金额	元					0.01	
其他行业生产用电	度	0.23	0.14			0.10	
金额	元	0.14	0.10			0.16	
购买生产性固定资产情况		151.71	226.77	322.55	161.69	259.39	238.79
购买建筑生产用建筑物材料	元	6.93	20.56	16.08	9.54	80.54	113.80
其中：购买水泥	公斤	2.55	2.79	9.03	0.18	11.18	4.26
金额	元	0.89	2.96	4.17	0.25	5.45	1.79
购买木材	立方米	0.00	0.00	0.00		0.03	1.37
金额	元	0.13	0.12	0.01		14.28	68.66
购买钢材	公斤		1.03	0.10	0.23	1.76	0.57
金额	元		4.19	1.47	0.91	9.76	2.72
购买水泥预制作	件	0.01	0.05	0.05		0.04	0.03
金额	元	0.32	0.72	0.68		1.83	0.74
购买玻璃	平方米	0.01		0.01	0.00	0.00	
金额	元	0.05		0.19	0.01	0.06	
购买砖瓦	块	10.70	16.71	19.14	10.68	54.80	12.29
金额	元	4.06	4.51	4.14	2.39	21.34	12.75
购买沙石	立方米	0.03	0.09	0.02	0.33	0.07	0.02
金额	元	0.59	2.63	1.43	0.22	4.14	2.84
购买生产用房间数	间		0.00				0.00
面积	平方米		0.49				0.01
金额	元		49.11				6.53
购买役畜	头	0.00	0.00	0.00		0.00	
金额	元	7.04	7.32	7.25		0.04	
购买产品畜	差别	0.00	0.01	0.03	0.01		
金额	元	3.12	0.13	0.87	0.52		
购买农林牧渔业机械支出	元	46.15	71.71	127.55	65.51	76.63	77.17
其中：购买大中型铁木家具	元	0.53	1.78	2.94	0.81	11.63	8.17
购买小型拖拉机	台	0.00	0.00	0.00	0.00	0.00	0.00
金额	元	9.21	6.60	10.66	2.73	5.17	23.95
购买大中型拖拉机	台	0.00	0.00	0.00	0.00	0.00	
金额	元	12.82	0.67	23.67	49.93	11.72	
购买机动脱粒机	台	0.00		0.00	0.00	0.00	0.01
金额	元	0.37		1.57	0.11	1.31	5.89
购买收割机	…		0.00	0.00	0.00	0.00	0.00
金额	元		39.48	67.00	0.03	14.52	10.17
购买动力机	台	0.00	0.00	0.00	0.00	0.00	0.00
金额	元	0.71	2.53	1.08	2.06	3.67	9.98
购买胶轮大车	辆		0.00			0.00	0.00
金额	元		3.28			10.88	0.17
购买水泵	台	0.01	0.01	0.01	0.00	0.01	0.00
金额	元	2.78	2.21	2.80	1.02	4.50	2.33
购买风力发电机	台	0.00					
金额	元	0.09					
购买工业机械支出	元	22.78		8.75		15.70	20.31
购买运输机械支出	元	59.53	21.38	69.33	85.81	49.50	13.34
其中：购买小型拖拉机	辆	0.00	0.00	0.00		0.00	
金额	元	2.38	3.37	4.17		4.87	
购买汽车	辆	0.00	0.00	0.00	0.00	0.00	0.00
金额	元	40.27	17.25	65.14	82.08	15.54	11.37

10-19 农村居民人均现金收支

AVERGE CASH INCOME AND EXPERDITURE OF PEASANT HOUSEHOLD PER CAPITAL　单位:元

指标名称	2007年	2008年	2009年	2010年	2011年	2012年
期内现金收入	7256.8	8509.5	9343.2	10565.6	12646.0	14461.8
工资性收入	2641.5	3175.1	3475.1	4123.7	4956.0	5852.0
在非企业组织中得到收入	465.6	541.3	584.8	638.6	290.8	291.3
在本地企业中得到收入	1383.9	1735.3	1922.4	2280.7	3281.6	3835.3
#在本地乡企得到收入	252.9					
常住人口外出从业得到收入	792.1	898.5	967.9	1204.3	1383.7	1725.4
家庭经营收入	4088.7	4651.6	5113.6	5546.6	6586.1	7105.7
出售产品的收入	2365.6	2652.0	2685.3	2799.9	4003.3	4100.9
出售农业产品收入	1428.7	1630.2	1670.0	1989.1	2769.8	3044.6
#种植业						
出售林业产品收入	81.5	123.3	98.8	137.7	157.0	171.1
出售牧业产品收入	817.6	879.1	894.4	652.2	798.0	809.8
出售渔业产品收入	27.3	16.9	17.2	18.9	31.7	14.5
出售工业产品的收入	3.4	1.0	4.7	1.3	231.7	58.9
出售其他产品的收入	7.1	1.5	0.2	0.7	15.1	2.0
工业加工费	191.1	248.2	405.0	644.0	716.9	1217.1
建筑业	407.2	395.3	616.0	615.2	427.7	331.4
交通运输、邮电	369.1	345.0	357.2	312.8	401.5	481.0
批发和零售贸易、餐饮业	405.3	528.6	539.0	653.5	410.9	560.7
社会服务业	71.1	118.8	149.0	171.6	201.0	160.6
文教卫生业	16.4	20.0	19.3	16.1	23.7	19.8
其他家庭经营收入	262.9	343.7	343.0	333.5	401.1	234.2
财产性收入	269.3	363.3	401.0	541.1	436.8	466.9
利　息	7.8	10.7	18.4	29.2	24.4	21.9
股　息	8.7	37.5	45.4	56.4	72.6	85.9
租　金	43.8	50.3	34.8	63.8	252.4	247.3
红　利	22.5	1.4	6.4	8.5	11.9	13.1
土地征用补偿	137.7	190.3	195.5	318.1		
其　他	48.8	73.1	100.5	65.2	75.6	98.7
转移性收入	257.3	319.5	353.5	354.3	667.1	1037.3
家庭非常住人口寄回或带回	17.1	15.1	26.4	14.9		
亲友赠送	55.0	80.5	107.3	82.2	108.7	317.8
#其中:农村外部亲友赠送	3.5	10.5	20.8	54.4	7.5	19.5
调查补贴	21.5	25.8	34.0	37.6	56.0	101.4
救济金	1.1	4.4	1.0	0.3	0.1	2.6

10-19续1

指 标 名 称	2007年	2008年	2009年	2010年	2011年	2012年
退休金	51.0	74.1	73.6	79.2	198.9	326.1
抚恤金	5.7	5.8	2.8	4.0	7.1	6.8
其 他	105.6	113.8	108.4	136.0	288.8	282.6
非收入所得	754.9	774.9	1270.6	1174.5	1122.1	1320.3
从银行信用社得到的贷款	59.1	99.2	53.3	81.9	116.8	91.4
借入款	224.8	159.6	293.3	220.7	319.8	440.1
收回借出款	46.8	32.7	45.8	32.9	47.0	39.8
从银行信用社取回存款	241.4	294.0	644.4	567.2	230.2	314.8
收回投资款	1.3	0.5	0.3	4.5	12.8	11.8
出售财产得款	30.6	38.6	36.4	31.5	30.9	26.8
一次性工伤补贴	–		0.6			4.4
保险公司赔付	1.7	1.8	–	1.2	1.6	7.4
其 他	149.2	148.5	196.5	234.6	363.1	383.8
期内现金支出	5323.3	6341.6	6988.6	7783.2	9265.9	10727.5
生产费用支出	1571.7	1906.6	2192.0	2268.4	2954.2	3340.3
家庭经营费用支出	1415.9	1672.6	1861.1	2106.6	2686.2	3098.9
农业生产支出	580.0	726.2	684.6	796.3	1128.6	1291.2
#种植业支出						
林业生产支出	20.7	18.4	10.7	10.3	77.3	83.7
牧业生产支出	315.7	339.8	387.0	311.9	424.6	477.3
渔业生产支出	0.2	2.1	3.7	2.9	28.1	15.8
工业生产支出	102.0	150.7	232.2	407.8	736.4	800.5
建筑业生产支出	108.6	119.3	217.3	291.1	63.8	68.2
交通运输支出	106.3	124.1	130.6	76.4	72.5	109.0
批发和零售贸易、餐饮业	163.4	170.7	155.7	168.0	123.7	204.9
社会服务业支出	4.9	11.1	23.0	26.5	13.6	33.7
文教卫生业	5.5	4.1	6.1	8.6	1.7	3.9
其他经营支出	8.6	6.0	10.0	6.7	16.0	10.7
购置生产性固定资产支出	151.7	226.8	322.6	161.7	259.4	238.8
其中：房屋及建筑物	6.9	69.7	16.1	9.5	80.5	120.3
农林牧渔业机械	46.1	71.7	127.6	65.5	76.6	77.2
工业机械	22.8	0.0	8.7		15.7	20.3

10-19续2

指 标 名 称	2007年	2008年	2009年	2010年	2011年	2012年
运输机械	59.5	21.4	69.3	85.8	49.5	13.3
役 畜	7.1	7.3	7.2			
产品畜	3.1	0.1	0.9	0.5	0.0	
税费支出	14.9	12.8	17.0	9.7	25.5	18.3
缴纳生产税	0.3	2.9	1.2	2.0	2.9	18.3
第一产业	0.1	–	–			
第二产业	–	1.2	0.7			
第三产业	0.2	1.7	0.5			
缴纳其他直接税	14.6	9.9	15.8	7.7	22.6	18.3
生活消费支出	3515.8	4125.7	4477.0	5152.9	5702.4	6728.2
财产性支出	17.6	9.1	14.1	30.3	9.0	6.2
转移性支出	203.2	287.4	288.5	321.8	574.8	634.1
寄给或带给家庭非常住人口	5.5	24.1	6.6	16.1		
赠送亲友支出	115.2	156.4	147.4	163.8	173.9	188.4
#赠送农村外部亲友	13.1	8.4	9.0	8.5	17.8	24.4
支付保险费支出	38.2	60.4	70.9	102.1	181.8	238.6
缴纳罚款	8.0	8.6	0.8	14.2	20.3	17.7
其 他	23.2	37.9	62.8	25.6	181.0	189.5
非消费性现金支出	1002.9	1332.5	1747.0	2158.5	1349.1	1490.8
归还银行信用社贷款	24.4	45.4	78.0	32.6	119.7	157.5
借出款	22.9	27.6	39.4	66.7	29.7	117.5
归还借款	194.9	148.6	137.7	173.8	213.4	220.7
存入银行信用社	530.0	764.1	1089.4	1446.4	281.5	199.7
购买股票支出	0.6	2.2	3.7	3.3	6.8	
其 他	230.1	344.6	398.8	435.7	698.0	795.5
期末金融资产余额	6385.4	7883.9	8970.5	10105.0	8231.9	8927.6
债 券	–	–	–	–	25.0	1.7
股 票	11.2	11.6	9.6	18.5		
银行存款	5614.3	7179.9	8192.7	9184.4	7507.4	8098.2
手存现金	751.5	675.8	757.6	902.1	696.3	827.7
其 他	8.4	16.6	10.6		3.2	
期末债务余额	341.6	269.9	327.5	328.2	696.3	393.0
银行、信用社贷款	240.7	177.3	229.8	210.8	291.7	244.6
乡村集体组织、企业借款	1.4					
个人借（欠）款	90.3	87.0	87.5	94.9	391.7	130.3
其 他	9.1	5.6	10.2	22.5	3.3	18.1

10-20 农村不同收入层次居民家庭收支(2012年)

INCOME AND EXPERDITURE OF PEASANT HOUSEHOLD BY LEVEL OF INCOME(2012)

单位:元

指标名称	平均	低20%	较低20%	中间20%	较高20%	高20%
人均总收入	15596.9	7439.2	10530.1	12396.6	17468.3	28833.9
工资性收入	5871.3	2344.2	4272.5	6120.7	8256.5	9223.5
在非企业组织中劳动得到收入	292.3	72.9	250.5	281.5	403.3	728.4
在本乡地域内劳动得到收入	3852.5	1622.1	2722.2	3754.6	5012.6	5618.4
外出从业得到收入	1726.5	649.2	1299.8	2084.5	2840.6	2876.7
家庭经营收入	8133.4	4432.7	5409.1	5162.1	7492.9	16127.8
第一产业收入	5266.7	4000.2	4777.6	4056.7	4380.1	8182.9
农业收入	4183.6	3340.2	4007.1	3662.7	3681.2	5912.7
林业收入	228.1	117.8	75.7	154.8	152.8	289.9
牧业收入	840.5	542.2	616.5	239.2	546.1	1979.8
渔业收入	14.5		78.4			0.5
第二产业收入	1607.4	82.6	97.6	247.0	2026.2	3706.8
工业收入	1276.0	12.4	71.2	11.5	1734.6	2112.0
建筑业收入	331.4	70.1	26.4	235.5	291.6	1594.8
第三产业收入	1259.2	349.9	533.8	858.4	1086.6	4238.2
其他产品收入	2.0	3.1	4.7	1.1	0.1	
第三产业服务性收入	1257.3	346.8	529.1	857.3	1086.5	4238.2
交通.运输.邮电业收入	481.0	192.7	70.2	312.0	456.2	1473.4
批零贸易业.饮食业收入	560.7	97.8	271.4	382.6	402.0	2027.6
社会服务业收入	160.6	41.5	78.9	142.8	218.9	363.9
文教卫生业收入	19.8		100.6			68.4
其他行业收入	35.2	14.8	8.1	19.9	9.4	304.9
财产性收入	470.5	106.7	169.3	315.5	575.1	1753.2
转移性收入	1121.8	555.6	679.2	798.4	1143.8	1729.3
人均总支出	10997.8	7555.5	7650.3	8074.2	11890.2	16813.5
家庭经营费用支出	3136.0	2288.8	1954.2	1383.3	3176.8	4717.8
第一产业生产费用支出	1905.0	2049.7	1866.3	1254.5	1452.0	2271.7
农业生产费用支出	1314.1	1380.1	1380.2	1079.2	1050.4	1478.5
林业生产费用支出	83.7	51.5	19.7	65.1	46.4	99.8
牧业生产费用支出	491.4	618.1	401.2	108.2	354.4	690.6
渔业生产费用支出	15.8		65.3	2.1	0.7	2.7
第二产业生产费用支出	868.7	102.2	16.6	44.3	1299.9	1381.0
工业生产费用支出	800.5	0.4	16.4	30.4	1277.1	1124.5
建筑业生产费用支出	68.2	101.9	0.1	13.9	22.8	256.5
第三产业生产费用支出	362.3	136.9	71.3	84.4	425.0	1065.1
交通运输邮电业生产费用支出	109.0	52.0	20.0	20.0	151.8	261.6
批零贸易餐饮业生产费用支出	205.0	34.2	32.9	39.5	209.6	591.8
社会服务业生产费用支出	33.7	47.7	6.4	22.9	62.8	33.0
文教卫生业生产费用支出	3.9		10.1			36.2
其他行业生产费用支出	10.7	3.0	1.9	2.0	0.7	142.5
购置生产性固定资产支出	238.8	247.8	101.1	92.4	189.3	396.0
建.造生产性固定资产雇工支出	2.6	10.3			1.8	
税费支出	18.6	20.0	23.7	12.4	11.0	21.1
生活消费支出	6932.2	4590.2	5182.7	6044.3	7772.7	10658.1
食品消费支出	2465.4	1871.6	2172.1	2313.5	2538.7	3368.3
衣着消费支出	411.8	254.5	306.4	399.0	445.3	647.6
居住消费支出	1221.5	807.9	582.0	1074.1	2015.3	1358.2
家庭设备.用品消费支出	441.3	276.9	433.5	405.7	483.0	590.3
交通和通讯消费支出	1002.6	441.2	581.5	709.6	953.1	2431.8
文化教育.娱乐消费支出	435.9	288.0	321.7	448.2	472.1	673.4
医疗保健消费支出	885.2	611.3	739.4	645.7	744.6	1423.9
其他商品和服务消费支出	68.6	38.8	46.1	48.4	120.7	164.6
财产性支出	6.2	3.5	2.8	5.4	4.2	8.5
转移性支出	663.4	394.8	385.9	536.3	734.3	1012.0
人均纯收入	11786.2	4675.3	8061.6	10604.4	13720.0	22932.8
工资性收入	5871.3	2344.2	4272.5	6120.7	8256.5	9223.5
家庭经营纯收入	4678.6	1811.6	3178.1	3624.2	4056.8	10611.6
财产性纯收入	470.5	106.7	169.3	315.5	575.1	1753.2
转移性纯收入	765.8	412.8	441.7	544.0	831.6	1344.4

10-21 农村居民家庭人均主要食品消费量

AVERGE CASH INCOME AND EXPERDITURE OF PEASANT HOUSEHOLD PER CAPITAL

指标名称	单位	2007年	2008年	2009年	2010年	2011年	2012年
粮食	公斤	203.79	184.89	176.35	164.26	149.27	154.02
谷物	公斤	198.70	180.31	171.04	159.68	143.70	148.42
#小麦	公斤	146.70	131.49	120.39	110.99	108.64	110.25
稻谷	公斤	8.19	6.83	8.60	8.68	6.04	15.42
玉米	公斤	34.80	31.09	31.40	29.32	22.36	15.84
薯类	公斤	0.95	0.78	0.55	0.53	0.71	0.71
豆类	公斤	4.14	3.80	4.76	4.05	4.86	4.88
油脂类	公斤	7.83	8.45	8.51	7.68	7.62	9.56
植物油	公斤	7.67	8.28	8.40	7.62	7.54	9.47
动物油	公斤	0.15	0.17	0.11	0.07	0.08	0.09
豆制品	公斤	3.69	3.23	3.20	3.65	2.55	2.62
蔬菜及菜制品	公斤	129.60	119.61	113.81	103.45	114.56	106.45
瓜类	公斤	12.78	11.38	11.66	12.80	11.87	11.17
西瓜	公斤	12.17	10.58	10.66	11.98	9.69	9.48
其他瓜果	公斤	0.61	0.80	1.00	0.83	2.19	1.69
水果类	公斤	15.14	16.37	16.61	16.69	17.86	19.80
消费茶叶	公斤	0.50	1.01	0.81	0.71	0.80	0.60
坚果	公斤	2.03	2.31	2.57	2.48	2.24	3.12
肉禽及其制品	公斤	17.00	17.28	17.56	17.99	18.42	19.63
猪肉	公斤	8.77	8.58	9.97	10.58	10.90	11.21
牛肉	公斤	0.62	0.42	0.44	0.38	0.50	1.05
羊肉	公斤	0.62	0.63	0.49	0.44	0.25	0.27
家禽	公斤	3.13	3.55	3.01	2.82	3.38	3.21
其他肉禽及制品	公斤	3.86	4.12	3.65	3.77	3.39	3.88
蛋类及蛋制品	公斤	9.79	11.24	10.52	9.74	10.20	11.22
奶和奶制品	公斤	9.17	7.80	7.32	7.04	8.24	8.67
水产品	公斤	4.10	4.45	4.07	3.85	3.46	3.50
食糖	公斤	0.79	0.68	0.95	0.75	0.91	0.70
酒类	公斤	16.63	14.25	14.31	13.21	14.46	13.02
#白酒	公斤	5.67	5.66	5.39	5.15	6.54	5.87
啤酒	公斤	10.91	8.55	8.86	8.01	7.85	7.11

主要统计指标解释

EXPLANATORY NOTES ON MAIN STATISTICAL INDICATORS

城镇居民家庭就业人口 指城镇居民从事社会劳动并取得劳动报酬或经营收入的人口。就业人口包括通过国家统筹规划和指导由劳动部门介绍就业,自愿组织起来就业和自谋职业等方式,在国有制、集体所有制、中外合资、中外合作、外资在华独资的企事业单位和私营企业单位工作或从事个体劳动的有固定性职业或临时性职业的人口。被聘用和留用的离退休人员也计入就业人口。

城镇居民家庭全部收入 指被调查城镇居民家庭全部的实际现金收入,包括经常或固定得到的收入和一次性收入。不包括周转性收入,如提取银行存款、向亲友借入款、收回借出款以及其他各种暂收款。

城镇居民家庭可支配收入 指被调查城镇居民家庭在支付个人所得税之后,所余下的实际收入。

可支配收入=实际收入-个人所得税-家庭副业生产支出-记帐补贴

现金收入 包括实际收入和借贷收入。

(1)实际收入 指调查户的全部实际的现金收入;不包括借贷收入,如提银行存款、向亲友借入款、收回借出款以及其他各种暂收款。

(2)借贷收入 指周转性收入。包括提取银行存款、储金会款、借入款、收回借出款、兑售有价证券、赊购、为购买房屋从银行贷款等。

城镇居民家庭生活费收入 指被调查的城镇居民家庭全部收入中能用于安排家庭日常生活的实际收入。即城镇居民家庭的全部实际收入除"赡养支出"、"赠送支出"和缴纳的各种税款以及被调查户非本家庭人口的经济用饭人口所交的"搭伙费"。

现金支出 包括现金的实际支出和借贷支出

(1)实际支出 包括消费性支出、非消费性支出和家庭副业生产支出。

(2)借贷支出 包括存入储蓄款、存入储金会款、归还借款、借出款、储蓄性保险支出、购买有价证券、预购、归还为购买住房的银行贷款等。

城镇居民家庭消费性支出 指被调查的城镇居民家庭用于日常生活的全部支出,包括购买商品支出和文化生活、服务等非商品性支出。不包括罚没、丢失款和缴纳的各种税款(如个人所得税、牌照税、房产税等),也不包括个体劳动者生产经营过程中发生的各项费用。

城镇居民家庭购买商品支出 指被调查的城镇居民家庭为自用或赠送亲友而购买商品的全部支出,包括从商店、工厂、饮食业、工作单位食堂、集市以及直接从农民手中购买各种商品的开支。商品支出分为以下八类:食品;衣着;家庭设备用品及服务;医疗保健;交通与通信;娱乐、教育、文化服务;居住;杂项商品和服务。

农民总收入 是指农村住户年内从各种来源得到的全部实际收入(包括现金收入和实物收入)。由基本收入,转移性收入和财产性收入等三部分组成。

基本收入:包括劳动者报酬收入和家庭经营收入。

劳动者报酬收入:指受雇于单位或个人,出卖劳动而得到的报酬收入。包括在乡村组织中劳动得到的报酬收入、在企业劳动得到的报酬收入和在其他单位劳动得到的报酬收入。

工资性收入:指农村住户成员受雇于单位或个人,靠出卖劳动而获得的收入。按来源渠道划分为,在非企业组织中劳动得到的收入、在本地企业劳动得到的收入、常住人口外出务工收入和从其他单位劳动得到的收入。

家庭经营收入主要用来反映以家庭为生产单位的收入水平、生产规模和经济效益情况。它是农村住户从事各项生产的收入,包括种植业收入、林业收入、牧业收入、渔业收入、手工业收入、采集捕猎收入、工业收入、建筑业收入、运输业收入、商业收入、饮食业收入、服务业收入和其他家庭经营收入。

转移性收入:包括在外人口寄回和带回、农村外部亲友赠送的收入、调查补贴、保险赔款、救济金、救灾款、退休金、抚恤金、五保户的供给、奖励收入、土地征用补偿收入和其他转移性收入。

财产性收入:包括利息收入、股息收入、租金收入、出让特许权收入、集体财产收入、其他财产收入。

农民纯收入 是总收入扣除相应的各项费用性支出后归农民所有的收入。它既可以用于生产、非生产投资,改善个指标用来观察农民实际收入水平,以及农民扩大再生产和改善生活的能力。

全年纯收入＝总收入－家庭经营费用支出－生产用固定资产折旧－税收－上交集体承包任务－调查补贴－赠送农村外部亲友的支出

农民总支出 是指农村住户全年用于生产、生活和再分配等方面的全部实际支出。包括家庭经营费用支出、购置生产用固定资产支出、缴纳税款、上交集体承包任务、集体提留和摊派、生活消费支出和其他非借贷性支出。但借贷性支出不包括在内。

农 业

AGRICULTURE

11-1 各时期农业主要经济指标

MAJOR ECONOMIC INDICATORS OF AGRICULTURE IN EACH PERIOD

年份	农村劳动力（万人）	农林牧渔业总产值（亿元）	农用机械总动力（万千瓦）	年末实有耕地面积（千公顷）	粮食总产量（万吨）	蔬菜总产量（万吨）	肉类总产量（万吨）	粮食单产(千克/公顷)
1949	106.51	1.50	…	469.85	51.63	10.72	0.24	825
1952	112.35	1.91	…	481.17	62.75	8.61	0.40	960
1957	121.09	2.79	0.32	479.58	67.92	15.86	0.66	1065
1962	108.44	1.33	2.98	412.34	39.74	27.67	0.72	765
1965	111.74	2.61	4.84	410.02	73.80	29.12	1.12	1350
1970	123.91	2.75	14.32	396.49	75.47	31.81	1.21	1470
1975	141.00	4.07	48.04	382.05	100.46	42.00	2.07	2025
1978	140.05	6.57	69.70	373.19	115.38	49.19	2.50	2475
1979	141.60	7.48	80.63	372.45	122.56	49.42	2.92	2610
1980	143.19	7.79	88.45	370.87	116.54	58.13	3.69	2565
“六五”时期								
1981	146.52	11.73	94.47	369.80	121.27	49.85	3.99	2865
1982	149.07	14.47	106.60	369.22	121.13	63.45	4.31	3060
1983	152.39	18.07	112.19	368.45	147.41	65.66	4.66	3570
1984	158.23	19.00	123.92	367.35	160.60	86.91	5.03	3915
1985	162.51	18.36	130.41	357.41	163.50	84.11	5.43	3915
“七五”时期								
1986	165.86	20.91	147.36	353.96	168.16	118.86	6.44	3855
1987	168.56	24.65	156.23	352.18	167.25	101.52	7.13	3945
1988	171.44	34.24	172.89	350.56	167.95	122.83	8.68	4080
1989	173.38	35.14	182.40	349.59	162.45	117.99	9.70	3945
1990	176.83	36.92	183.40	347.56	181.47	126.09	11.38	4273
“八五”时期								
1991	180.09	40.13	191.00	344.76	207.55	146.87	13.50	4779
1992	182.51	45.14	191.50	343.29	198.29	170.61	15.36	4655
1993	183.78	57.81	194.40	341.54	232.21	205.62	19.12	4963
1994	183.42	85.37	207.40	339.97	237.66	226.39	26.14	5237
1995	183.55	114.07	241.20	339.30	252.48	253.54	28.68	5512
“九五”时期								
1996	184.68	117.65	247.07	337.25	267.08	350.36	30.43	5602
1997	186.68	131.69	258.50	335.90	240.34	328.64	24.75	5064
1998	186.54	141.45	273.30	334.83	273.10	344.67	27.38	5634
1999	188.27	148.61	297.55	333.72	279.01	366.78	29.89	5752
2000	189.15	154.30	349.47	333.72	240.27	405.95	31.82	5354
“十五”时期								
2001	189.87	162.27	409.07	331.75	239.08	435.20	33.23	5480
2002	190.98	167.99	410.17	329.35	189.86	478.34	31.87	4440
2003	192.71	180.30	417.43	325.18	220.56	504.81	33.29	5448
2004	191.31	204.39	418.54	324.89	242.74	515.26	35.35	5807
2005	190.21	230.46	426.76	366.99	260.11	529.37	37.93	5932
“十一五”时期								
2006	190.80	247.70	429.62	361.74	267.91	536.28	38.74	6042
2007	191.16	265.50	446.60	358.80	268.01	522.24	31.85	6064
2008	190.45	308.70	466.00	361.33	281.50	548.36	36.20	6230
2009	195.56	329.00	486.00		289.47	591.18	37.61	6246
2010	196.85	378.43	509.68	362.30	289.43	601.44	38.08	6192
“十二五”时期								
2011	197.38	422.99	527.39	361.25	295.84	617.82	38.85	6315
2012	198.74	451.86	538.66	361.08	286.03	633.62	39.80	6285

注：1. 自2005年始年末实有耕地面积有国土资源局提供，暂无2009年数据。
2. 依据2006年农业普查数据，对1997年至2007年蔬菜面积、产量做了相应调整。
3. 2012年粮食产量、播种面积数据为山东调查总队反馈数据（自2012年起粮食产量改为山东调查总队负责）。

11-2 农村基层组织和农业基本情况

BASIC CONDITIONS OF RURAL GRASSROOTS UNITS AND AGRICULTURE

指　　标	单位	2007年	2008年	2009年	2010年	2011年	2012年
乡镇数量	个	61	61	61	55	55	55
#镇	个	50	50	50	49	51	51
村民委员会	个	4619	4600	4608	4552	4538	4532
乡村户数	万户	98.64	98.34	99.92	99.68	100.05	100.62
乡村人口	万人	353.04	350.80	353.86	353.59	354.2	355.41
家庭从业人员	万人	191.16	190.45	195.56	196.85	197.37	198.74
男	万人	100.98	101.81	104.33	105.27	105.07	105.56
女	万人	90.18	88.64	91.23	91.58	92.31	93.18
按行业分家庭从业人员							
农林牧渔业	万人	77.07	76.46	76.48	76.66	74.95	74.32
工业	万人	30.73	31.34	33.12	32.56	34.02	34.51
建筑业	万人	27.17	27.51	28.70	29.69	29.97	30.40
交通运输、仓储及邮电通讯业	万人	14.60	13.50	13.67	13.6	13.41	13.35
批零贸易及餐饮业	万人	22.55	22.37	23.63	23.96	24.71	25.49
其他非农行业	万人	19.04	19.27	19.96	20.38	18.38	20.66
地类面积	公顷				799841	799841	799841
耕地	公顷				362303	361251	361077
其中水浇地	公顷				266913	266031	265914
园地	公顷				26790	26632	26581
林地	公顷				86663	86070	85770
草地	公顷				58894	58404	58310
城镇村及工矿用地	公顷				135194	137306	137798
交通运输用地	公顷				28190	28459	28767
水域及水利设施用地	公顷				51195	51324	51312
其它土地	公顷				50612	50395	50226
年末耕地总资源	公顷				390152	388724	388417
农业机械总动力	万千瓦	446.55	466.02	486.00	509.68	527.39	538.66
农用大中型拖拉机	台	11707	15376	16523	17952	19611	21415
农用小型拖拉机	台	45714	41734	42219	42103	42791	65647
联合收割机	台	4300	5170	6795	7567	8608	9416
柴油机	台	95041	83277	85453	85107	85157	84971
割晒机	台	5654	3048	4483	4083	4042	3873
脱粒机	台	24728	18534	18276	18948	18996	18934
农村用电量	亿千瓦小时	24.88	24.03	25.32	25.57	25.68	26.02
农作物总播种面积	千公顷	596.4	606.0	618.5	620.94	622.32	606.88

注:2012年粮食播种面积数据为山东调查总队反馈数据。

11-3 分地区农村基层组织

BASIC CONDITIONS OF RURAL GRASSROOTSUNITS

指　　标	单　位	济南市			
			历下区	市中区	槐荫区
乡镇数量	个	55			2
#镇	个	51			2
村民委员会	个	4532	19	77	92
乡村户数	万户	100.62		4.24	3.30
乡村总人口	万人	355.41		14.57	11.44
乡村劳动力	万人	198.74		7.10	6.38
男	万人	105.56		3.83	3.33
女	万人	93.18		3.27	3.05
按行业分乡村劳动力					
农林牧渔业	万人	74.32		2.32	2.40
工业	万人	34.51		0.93	0.88
建筑业	万人	30.40		1.45	0.53
交通运输、仓储及邮电通讯业	万人	13.35		0.47	0.48
批零贸易及餐饮业	万人	25.49		1.08	1.06
其他非农行业	万人	20.66		0.85	1.03
地类面积	公顷	799841	10118	28149	15161
耕地	公顷	361077	424	5690	3763
其中水浇地	公顷	265914	144	1525	1637
园地	公顷	26581	34	1244	45
林地	公顷	85770	1932	3768	464
草地	公顷	58310	455	4211	140
城镇村及工矿用地	公顷	137798	7030	9511	7143
交通运输用地	公顷	28767	60	826	701
水域及水利设施用地	公顷	51312	40	363	2752
其它土地	公顷	50226	143	2535	153
年末耕地总资源	公顷	388417	424	6849	4111
农业机械总动力	万千瓦	538.66	6.23	12.34	8.84
农用大中型拖拉机	台	21415	525	469	293
农用小型拖拉机	台	65647	756	65	227
联合收割机	台	9416	92	74	107
柴油机	台	84971	70	65	5
割晒机	台	3873			43
脱粒机	台	18934	55		2773
农村用电量	亿千瓦小时	26.02		2.30	0.64
农作物总播种面积	千公顷	606.88		7.57	4.12

和农业基本情况（2012年）

AND AGRICULTURE BY REGION(2012)

天桥区	历城区	长清区	平阴县	济阳县	商河县	章丘市
2	6	6	6	8	11	14
2	6	6	6	8	7	14
120	648	585	337	812	948	894
2.37	19.39	13.00	8.54	12.02	13.37	24.39
8.65	64.05	45.11	29.06	48.82	52.22	81.49
4.33	37.39	23.20	15.94	28.15	28.07	48.18
2.33	19.31	12.42	8.29	15.71	15.08	25.26
2.00	18.09	10.78	7.65	12.44	12.98	22.92
1.44	13.42	9.86	7.15	10.96	14.48	12.29
0.65	6.22	2.90	2.57	4.89	2.55	12.92
0.58	5.72	4.49	2.39	3.51	3.80	7.93
0.20	2.40	1.25	0.88	1.41	1.01	5.25
0.99	5.12	2.48	1.10	3.62	3.06	6.98
0.48	4.51	2.22	1.84	3.77	3.17	2.79
25897	130121	120859	71506	109881	116240	171909
9917	34844	46870	33370	70704	76171	79324
9344	19662	21096	16294	67330	75660	53221
97	13966	4468	2118	402	295	3912
1888	23400	20837	10600	4590	3014	15276
184	15978	15295	4109	619	358	16960
8391	25897	13808	9146	15010	15010	26851
1267	4773	3657	2637	3822	5177	5847
3897	4675	4929	3232	11707	11623	8096
256	6588	10995	6295	3026	4592	15643
11173	38034	50710	37325	73899	77228	88664
19.57	62.91	49.76	46.02	118.94	92.20	121.84
540	2575	2437	3084	3717	2769	5006
3300	3043	4729	9110	19317	11755	13345
275	1093	714	599	1754	2060	2648
4520	1969	1335	2033	27101	34439	13434
		79	105	1725	1921	
	1319	602	1152	5724	4015	3294
0.53	5.17	2.49	1.93	1.06	1.25	10.65
14.19	58.99	65.24	853.89	117.69	132.45	152.75

11-4 各时期农林牧渔业增加值(按当年价格计算)

ADDED VALUE OF FARMING,ANIMAL HUSBANDRY AND FISHERY IN EACH PERIOD 单位:亿元

年份地区	合计	农业	林业	牧业	渔业	农林牧渔服务业
1952	1.45	1.09	…	0.36	…	–
1957	1.89	1.42	…	0.47	…	–
1962	1.01	0.76	…	0.25	…	–
1965	1.85	1.39	…	0.46	…	–
1970	2.11	1.58	…	0.53	…	–
1975	2.84	2.13	…	0.71	…	–
1978	4.08	2.94	0.19	0.89	0.06	–
1980	5.84	4.21	0.27	1.28	0.08	–
1985	12.16	8.75	0.57	2.66	0.18	–
“七五”时期						
1986	13.94	10.03	0.65	3.05	0.21	–
1987	16.21	11.66	0.76	3.55	0.24	–
1988	22.05	15.87	1.03	4.83	0.32	–
1989	22.74	16.37	1.06	4.98	0.33	–
1990	22.70	16.34	1.06	4.97	0.33	–
“八五”时期						
1991	24.68	18.00	0.95	5.31	0.42	–
1992	27.74	19.52	1.31	6.38	0.53	–
1993	35.66	23.83	1.45	9.72	0.66	–
1994	49.44	33.39	2.02	13.48	0.55	–
1995	67.24	49.59	1.97	14.95	0.75	–
“九五”时期						
1996	72.74	55.35	2.68	13.49	1.22	–
1997	81.07	62.25	2.95	14.66	1.21	–
1998	88.06	67.07	2.67	16.92	1.40	–
1999	92.52	67.30	2.21	21.33	1.68	–
2000	95.01	67.57	2.51	23.56	1.37	–
“十五”时期						
2001	97.17	68.96	2.25	24.49	1.47	–
2002	98.74	68.88	2.44	25.99	1.43	–
2003	104.90	70.71	2.87	28.51	1.22	1.60
2004	120.47	80.17	3.15	33.86	1.50	1.77
2005	134.34	88.66	4.05	38.14	1.59	1.90
“十一五”时期						
2006	145.12	95.80	4.54	40.32	1.77	2.69
2007	150.30	97.13	5.31	42.46	1.90	3.50
2008	175.00	108.91	7.71	51.79	2.88	3.71
2009	187.07	120.34	8.34	51.22	2.88	4.29
2010	215.17	149.43	4.73	53.08	3.02	4.91
“十二五”时期						
2011	237.86	152.55	5.69	70.61	3.35	5.66
2012	252.92	160.77	6.68	75.28	3.54	6.65
2012年分地区						
历下区						
市中区	3.64	1.22	0.31	2.01		0.10
槐荫区	3.72	1.85	0.27	1.09	0.46	0.05
天桥区	3.54	1.84	0.09	1.44	0.14	0.03
历城区	39.03	26.41	1.31	10.06	0.40	0.85
长清区	26.61	18.01	1.20	6.79	0.10	0.51
平阴县	25.91	16.82	0.51	7.66	0.16	0.76
济阳县	43.63	28.69	0.71	13.18	0.64	0.41
商河县	38.45	26.03	0.89	8.73	0.58	2.22
章丘市	68.39	39.90	1.39	24.32	1.06	1.72

11-5 各时期农林牧渔业总产值(按当年价格计算)

GROSS OUTPUT VALUE OF FARMING、FORESTRY、ANIMAL HUSBANDRY IN EACH PERIOD

单位:亿元

年份地区	合计	农业	林业	牧业	渔业	农林牧渔服务业
1952	1.91	1.67	0.04	0.18	0.02	–
1957	2.79	2.41	0.09	0.28	0.01	–
1962	1.33	1.18	0.03	0.12	…	–
1965	2.61	2.25	0.07	0.28	0.01	–
1970	2.75	2.32	0.10	0.32	0.01	–
1975	4.07	3.48	0.13	0.44	0.02	–
1978	6.57	5.63	0.20	0.72	0.02	–
1980	7.78	6.66	0.18	0.93	0.01	–
1985	18.36	14.63	0.75	2.93	0.05	–
"七五"时期						
1986	20.91	16.81	0.79	3.23	0.08	–
1987	24.65	19.50	0.99	4.05	0.11	–
1988	34.24	24.83	1.42	7.67	0.32	–
1989	35.14	25.04	1.24	8.47	0.39	–
1990	36.92	24.70	1.41	10.36	0.45	–
"八五"时期						
1991	40.13	26.44	1.47	11.64	0.58	–
1992	45.14	29.01	1.70	13.71	0.72	–
1993	57.81	36.00	1.98	18.86	0.97	–
1994	85.37	52.36	2.80	29.38	0.83	–
1995	114.07	71.48	2.71	38.69	1.19	–
"九五"时期						
1996	117.65	77.16	3.35	35.25	1.89	–
1997	131.69	87.91	3.86	38.04	1.88	–
1998	141.45	93.56	3.55	42.17	2.17	–
1999	148.61	96.81	3.12	46.27	2.41	–
2000	154.30	100.18	3.64	48.34	2.14	–
"十五"时期						
2001	162.27	105.54	3.27	51.16	2.30	–
2002	167.99	106.27	3.51	55.84	2.37	–
2003	180.30	109.41	4.11	60.90	2.05	3.83
2004	204.39	121.28	4.49	71.87	2.50	4.25
2005	230.46	137.01	5.56	80.56	2.69	4.64
"十一五"时期						
2006	247.72	147.98	6.44	84.86	2.89	5.55
2007	265.49	156.88	7.34	91.90	3.06	6.31
2008	308.68	179.13	10.82	105.85	4.20	8.68
2009	329.00	202.74	11.46	100.84	4.26	9.70
2010	378.43	246.82	7.12	109.10	4.54	10.85
"十二五"时期						
2011	422.99	261.48	8.34	135.74	4.97	12.45
2012	451.86	277.71	9.49	145.26	5.44	13.96
2012年分地区						
历下区						
市中区	5.79	1.94	0.39	3.29		0.17
槐荫区	5.28	2.54	0.40	1.59	0.67	0.08
天桥区	5.60	2.89	0.13	2.33	0.19	0.06
历城区	68.91	45.48	1.96	19.33	0.69	1.45
长清区	42.83	26.62	1.72	13.47	0.15	0.87
平阴县	48.71	30.63	0.68	15.57	0.25	1.58
济阳县	85.78	57.01	0.98	26.07	0.95	0.77
商河县	76.46	51.95	1.25	17.63	1.08	4.55
章丘市	112.50	58.65	1.98	45.98	1.46	4.43

11-6 各时期农林牧渔业总产值定基指数(以1952年为100)

GROSS OUTPUT VALUE AND INDICES OF FARMING、FORESTRY、ANIMAL HUSBANDRY IN EACH PERIOD(Preceding 1952=100)

年份	农林牧渔业定基指数	农业	林业	牧业	渔业
1952	100.00	100.00	100.00	100.00	100.00
1957	116.18	114.55	170.35	119.90	109.96
1962	73.32	74.42	69.10	69.25	20.68
1965	123.31	121.76	147.34	141.38	28.95
1970	151.35	146.28	254.82	184.02	58.65
1975	201.09	196.80	317.61	226.74	78.38
“五五”时期					
1976	198.67	185.64	340.19	269.52	118.70
1977	197.95	190.19	373.20	218.87	56.26
1978	208.10	203.90	304.32	239.93	57.89
1979	233.93	224.05	316.47	293.89	53.70
1980	264.53	259.07	286.30	330.80	43.98
“六五”时期					
1981	279.36	279.29	281.28	377.56	55.36
1982	312.68	308.75	346.83	460.13	51.95
1983	402.03	369.18	434.91	460.59	57.98
1984	493.28	436.59	572.67	651.29	69.52
1985	505.48	460.68	992.56	841.94	161.47
“七五”时期					
1986	531.29	488.47	964.62	857.25	229.32
1987	560.14	506.85	1075.00	960.76	291.92
1988	585.14	510.86	992.11	1191.92	383.08
1989	571.95	483.32	886.96	1320.55	495.30
1990	607.77	449.63	1126.99	1931.15	695.49
“八五”时期					
1991	670.19	488.17	1189.04	2204.93	830.45
1992	712.62	491.78	1298.34	2574.55	1007.33
1993	844.31	566.55	1420.51	3221.58	1209.21
1994	945.74	603.90	1671.10	2864.71	1064.29
1995	1093.57	657.49	1508.72	4905.57	1945.11
“九五”时期					
1996	1197.20	727.03	1818.36	5258.95	2224.25
1997	1273.56	820.27	2002.99	5116.96	2202.07
1998	1426.28	914.05	1858.14	5907.41	2516.54
1999	1486.09	934.64	2110.21	6277.65	2639.47
2000	1569.90	991.58	2255.81	6620.62	2441.73
“十五”时期					
2001	1599.32	1005.16	1700.16	6905.18	2646.43
2002	1638.09	997.16	1826.57	7349.57	2712.97
2003	1711.88	1072.24	1977.78	7726.93	2324.25
2004	1804.32	1132.29	1979.76	8121.00	2803.05
2005	1930.62	1188.90	2237.13	8770.68	2802.30
“十一五”时期					
2006	2046.15	1249.31	2454.25	9245.35	3003.10
2007	2046.15	1334.26	2610.83	9006.43	3540.65
2008	2148.45	1422.32	2783.14	9231.59	3204.85
2009	2260.17	1524.73	2964.04	9342.35	3323.43
2010	2367.76	1584.02	1815.08	10311.68	3416.48
“十二五”时期					
2011	2471.94	1658.47	2016.56	10600.40	3508.72
2012	2588.12	1724.80	2216.20	11151.62	3768.36

11-7 主要农作物播种面积及产量

SOWN AREAS AND OUTPUT OF MAIN FARM CROPS

指　　标	2007年	2008年	2009年	2010年	2011年	2012年
农作物总播种面积(万公顷)	59.64	60.60	61.85	62.09	62.23	60.69
粮食作物	44.20	45.19	46.34	46.74	46.85	45.51
谷　物						
小　麦	20.06	20.76	21.36	21.63	21.57	21.31
稻　谷	1.11	0.97	0.88	0.87	0.85	0.75
玉　米	18.93	19.78	20.52	20.85	21.12	20.62
谷　子	0.66	0.65	0.65	0.63	0.63	0.46
高　粱	0.14	0.14	0.11	0.10	0.10	0.10
其　他	0.04	0.04	0.01	0.01	0.01	0.02
豆　类	1.26	1.20	1.19	1.14	1.09	1.00
薯　类	2.01	1.67	1.61	1.50	1.47	1.25
油料作物	1.59	1.62	1.62	1.57	1.53	1.49
#花　生	1.46	1.50	1.19	1.44	1.40	1.37
棉　花	3.11	2.99	2.67	2.55	2.52	2.20
蔬　菜	8.99	9.12	9.64	9.71	9.79	9.93
果用瓜	1.56	1.51	1.41	1.36	1.36	1.32
其他作物	0.15	0.11	0.10	0.11	0.13	0.16
果园种植面积(万公顷)	3.60	3.17	3.20	2.96	3.18	3.30
#苹　果	1.89	1.68	1.60	1.54	1.49	1.54
梨	0.21	0.18	0.18	0.17	0.18	0.18
葡　萄	0.24	0.14	0.13	0.13	0.13	0.12
桃	0.36	0.40	0.46	0.53	0.54	0.53
农作物总产量(万吨)						
粮食作物产量	268.01	281.50	289.47	289.43	295.84	286.03
谷　物						
小　麦	114.61	123.20	122.81	126.32	128.95	128.53
稻　谷	8.18	7.15	6.56	6.45	6.34	5.30
玉　米	125.36	133.48	142.49	139.83	143.96	139.78
谷　子	2.29	2.38	2.41	2.36	2.25	1.86
高　粱	0.36	0.36	0.28	0.26	0.27	0.29
其　他	0.16	0.16	0.03	0.04	0.05	0.07

11-7续

指　　　标	2007年	2008年	2009年	2010年	2011年	2012年
豆　类	3.56	3.49	3.67	3.49	3.39	2.71
薯　类	13.49	11.28	11.22	10.70	10.64	7.47
油料作物	5.82	5.95	6.07	5.88	5.48	5.67
#花　生	5.54	5.68	5.75	5.59	5.16	5.38
棉　花	3.56	3.54	3.19	2.94	2.84	2.72
蔬　菜	522.24	548.36	591.18	601.44	617.82	633.62
果用瓜	93.96	91.10	86.28	82.24	95.32	80.22
水果总产量(万吨)	44.87	45.32	46.23	47.44	48.01	50.56
#苹　果	26.03	24.17	24.85	24.74	23.47	24.58
梨	2.47	3.80	3.76	2.54	3.21	3.73
葡　萄	2.71	2.48	2.27	2.17	2.07	2.16
桃	4.74	5.52	5.98	8.69	9.91	10.33
杏	2.05	2.78	2.67	3.12	4.21	4.31
枣(鲜)	1.44	1.60	1.43	1.33	0.97	0.97
柿子(鲜)	2.58	2.75	2.76	2.58	2.00	2.04
山　楂	1.16	1.20	1.39	1.09	1.03	1.07
其　他	1.69	0.57	0.45	0.44	0.45	0.46
农作物单位面积产量(公斤/公顷)						
粮食作物单位面积产量	6064	6229	6246	6192	6315	6285
谷　物						
小　麦	5714	5933	5750	5838	5978	6032
稻　谷	7384	7396	7473	7451	7467	7059
玉　米	6623	6756	6944	6708	6816	6779
谷　子	3476	3677	3678	3737	3579	4077
高　粱	2495	2507	2526	2478	2669	2870
其　他	3934	3981	2886	3522	3648	3300
豆　类	2833	2895	3075	3053	3102	2716
薯　类	6726	6762	6954	7112	7226	5960
油料作物	3660	3662	3743	3749	3594	3798
#花　生	3787	3780	3855	3872	3681	3935
棉　花	1147	1185	1194	1154	1128	1233
麻　类						
蔬　菜	58122	60109	61316	61931	63128	63830
果用瓜	60382	60153	61059	60684	69891	60963

注：1. 依据2006年农业普查数据，对1997年至2007年蔬菜面积、产量做了相应调整。
2. 2012年主要粮食产量、播种面积数据为山东调查总队反馈数据。

11-8 林、牧、渔业生产情况

BASIC STATISTICS ON FORESTRY、ANIMAL HUSBANDRY AND FISHERY

指　　标	单　位	2007年	2008年	2009年	2010年	2011年	2012年
林业生产							
造林面积	公顷	10546	12364	9534	13589	15496	14300
迹地更新	公顷	528	354	167	63	179	226
四旁植树	万株	1113	1496	1355	1363	1350	1399
本年育苗面积	公顷	6197	6735	5526	5929	5326	6525
幼林抚育面积	公顷	23016	24009	36252	33971	27429	
成林抚育	公顷	36738	33203	51869	54846	56355	46429
果品产量	吨	539844	547694	551827	568858	564891	587133
木材采伐量	立方米	94623	111281	106753	382256	114792	148014
牧业生产							
大牲畜存栏	万头	68.33	73.64	73.83	74.5	74.6	77.06
#役　畜	万头	5.59	3.69	3.30	2.50	2.00	1.75
#牛	万头	67.71	72.74	73.65	74.4	74.5	76.46
猪存栏	万头	174.67	194.07	199.33	201.4	201.5	205.15
羊存栏	万只	124.64	133.99	137.67	141.5	148.1	151.09
家禽存栏	万只	2771.43	3381.47	3543.62	3639.7	3679.9	3776.89
猪出栏数	万头	238.81	276.27	289.67	300.3	294.5	304.04
羊出栏数	万只	181.62	175.83	185.47	195.3	214.3	220.67
肉类总产量	吨	318521	362021	376093	380751	388451	397994
#猪牛羊肉	吨	261768	282080	294963	297695	305893	315239
猪　肉	吨	188684	205622	217290	217940	215581	224637
牛　肉	吨	55890	55920	56242	58768	67827	67492
羊　肉	吨	17194	20538	21431	20987	22485	23110
禽　肉	吨	52381	76293	77624	79045	78471	78591
奶　类	吨	257641	282411	301309	311971	314047	332312
#牛　奶	吨	257641	282360	301262	311971	314047	332312
禽　蛋	吨	391269	352691	358824	360309	351894	361178
#鸡　蛋	吨	381521	339158	344462	345032	336659	344115
渔业生产							
水产品产量	吨	39758	40886	41362	42564	43692	45169
捕　捞	吨	2627	1910	1867	1587	1352	1024
养　殖	吨	37131	38976	39495	40977	42340	44145
养殖面积	公顷	7692	6722	6776	6782	6853	6936
养殖单产	公斤/公顷	4827	5798	6104	6276	6178	6365

11-9 分地区主要农作物

SOWN AREAS AND OUTPUT OF

指标	济南市	历下区	市中区	槐荫区
农作物播种总面积(公顷)	606882		7574	4118
粮食	455133		7287	3800
谷物				
小麦	213089		3518	1840
稻谷	7513			1173
玉米	206202		3437	773
谷子	4571		165	
高粱	1008			
其他	228			
豆类	9983		94	13
薯类	12539		73	
油料作物	14940		47	
#花生	13675		47	
棉花	22035		29	
蔬菜	99267		210	318
果用瓜	13159			
其他作物	1596			
果园种植面积(公顷)	33030		166	
#苹果	15358		59	
梨	1800		0	
葡萄	1242		57	
桃	5329		47	
农作物产量(吨)				
粮食作物产量	2860290		33555	22150
谷物				
小麦	1285311		14603	9712
稻谷	53037			7593
玉米	1397817		18078	4820
谷子	18638		438	
高粱	2892			
其他	750			

播种面积及产量（2012年）

MAIN FARM CROPS BY REGION(2012)

天桥区	历城区	长清区	平阴县	济阳县	商河县	章丘市
14185	58989	65241	53886	117687	132450	152752
12913	42420	50600	36747	82040	105113	114213
6180	20260	21533	16513	39220	50353	53671
807	833			4587		113
5787	18020	21938	13660	36853	54533	51200
	702	1255	550			1899
	149	23	62			774
	15	103				110
140	718	904	3135	1333	113	3533
	1723	4843	2827	47	113	2913
263	885	4835	2873	3376	123	2539
263	885	4697	1919	3376	123	2366
399	209	429	3556	4402	7574	5438
558	14467	8734	8053	22588	18918	25422
52	870	272	1045	5227	557	5137
	65		1367		164	
23	11656	3595	9279	2098	707	5506
3	3882	262	6813	1413	259	2668
17	916	119	56	54	345	293
1	56	12	433	137	71	476
1	3487	316	285	116	12	1065
79611	229908	311190	213866	530795	750509	688706
37082	108230	124254	88833	240455	343681	318461
5324	5006			34708		406
36931	105417	148921	96301	251382	405309	330660
	1429	5339	6445			4987
	404	92	180			2216
	54	400				296

11-9续

指　　标	济南市	历下区	市中区	槐荫区
豆　类	27114		112	25
薯　类	74732		324	
油料作物	56742		65	
#花　生	53797		65	
棉　花	27155		34	
蔬　菜	6336225		9100	9029
果用瓜	802232			
水果总产量(吨)	503441		2698	
#苹　果	245759		1028	
梨	37254		7	
葡　萄	21568		665	
桃	103305		699	
杏	43052		257	
枣(鲜)	9686		0	
柿子(鲜)	20441		26	
山　楂	10723		16	
其　他	4610		0	
农作物单位面积产量(公斤/公顷)				
粮食作物单位面积产量	6285		4605	5829
谷　物				
小　麦	6032		4151	5278
稻　谷	7059			6472
玉　米	6779		5259	6232
谷　子	4077		2008	
高　粱	2870			
其　他	3300			
豆　类	2716		1189	
薯　类	5960		4465	
油料作物	3798		1380	
#花　生	3935		1380	
棉　花	1233		1155	
蔬　菜	63830		43270	28402
果用瓜	60963			

天桥区	历城区	长清区	平阴县	济阳县	商河县	章丘市
273	1400	2757	7059	3957	384	11147
	7969	29428	15048	293	1136	20533
682	3323	16133	10731	17270	651	7887
682	3323	15903	8259	17270	651	7644
599	341	536	3954	5041	9960	6690
23709	993535	657336	575338	1306414	911551	1850212
2430	44236	14919	66183	384120	30196	260148
628	177718	46055	126917	51831	30816	66778
46	39288	5341	105997	40560	10788	42712
178	21551	3570	1579	624	7737	2009
16	2238	360	5188	2530	7230	3341
25	82164	6214	3535	1089	432	9147
9	23104	13589	1727	516	1154	2695
354	101	389	408	1298	2348	4788
	4068	10995	2785	391	1126	1050
	3319	221	1344	4823		1000
	171	70	4334			35
6165	5420	6150	5820	6470	7140	6030
6000	5342	5770	5379	6131	6825	5934
6600	6008			7567		3578
6382	5850	6788	7050	6821	7432	6458
	2037	4253	11708			2626
	2700	4034	2926			2864
	3599	3897				2691
1949	1950	3050	2252	2968	3404	3155
	4626	6076	5324	6284	10024	7048
2597	3754	3337	3736	5116	5281	3106
2597	3754	3386	4303	5116	5281	3231
1500	1635	1250	1112	1145	1315	1230
42488	68676	75263	71448	57837	48185	72781
46800	50865	54956	63350	73487	54179	50640

11-10 分地区林、牧、渔

BASIC STATISTICS ON FORESTRY、

指标	单位	济南市	历下区	市中区	槐荫区
林业生产					
造林面积	公顷	14300		650	67
迹地更新	公顷	226			
四旁植树	万株	1399	95	92	88
本年育苗面积	公顷	6525		65	38
幼林抚育面积	公顷				
成林抚育	公顷	46429		534	180
果品产量	吨	587133		15670	
木材采伐量	立方米	148014			341
牧业生产					
大牲畜存栏	万头	77.1		0.6	0.2
#役　畜	万头	1.75			
#牛	万头	76.5		0.6	0.2
猪存栏	万头	205.2		3.9	0.6
		0.0		0.0	0.0
羊存栏	万只	151.1		1.8	0.4
家禽存栏	万只	3776.9		116.9	13.6
猪出栏数	万头	304.0		6.2	2.1
羊出栏数	万只	220.7		3.0	0.6
肉类总产量	吨	397994		7040	2508
#猪牛羊肉	吨	315239		5455	1881
猪　肉	吨	224637		4652	1593
牛　肉	吨	67492		367	236
羊　肉	吨	23110		436	52
禽　肉	吨	78591		1585	627
奶　类	吨	332312		18128	9897
#牛　奶	吨	332312		18128	9897
禽　蛋	吨	361178		10732	1092
#鸡　蛋	吨	344115		10732	1092
渔业生产					
水产品产量	吨	45169			3250
捕　捞	吨	1024			
养　殖	吨	44145			3250
养殖面积	公顷	6936			340
养殖单产	公斤/公顷	6365			9559

业 生 产 情 况 (2012年)

ANIMALHUSBANDRY AND FISHERY BY REGION(2012)

天桥区	历城区	长清区	平阴县	济阳县	商河县	章丘市
226	2519	2711	1095	1070	2088	3874
		171	55			
29	177	163	136	130	159	330
155	2610	1877	98	297	620	727
333	6667	6226	9657	9274	7450	6108
2700	338099	89153	60263	26356	18025	36867
1581	12305	24671	33967	11682	4017	59450
0.8	4.6	6.9	8.3	21.8	8.7	25.2
	0.10	0.48	0.59	0.08	0.42	0.08
0.8	4.6	6.9	8.1	21.7	8.6	25.1
1.3	30.2	24.8	18.5	30.7	38.8	56.4
0.0	0.0	0.0	0.0	0.0	0.0	0.0
0.9	11.9	25.6	35.9	22.6	23.3	28.8
34.8	507.4	305.4	271.6	423.9	501.1	1602.1
3.4	42.4	31.1	32.2	33.9	67.6	85.2
2.9	11.7	27.3	65.4	30.6	42.3	36.9
6121	44768	29924	45627	59613	80361	122031
5117	35386	24446	37135	55168	65587	85064
2697	30494	18973	23016	28486	52830	61897
2071	3529	3257	6417	23828	8252	19536
350	1363	2216	7702	2855	4505	3632
1004	8710	5123	7459	4350	14627	35106
3028	101307	36683	35478	40898	6554	80339
3028	101307	36683	35478	40898	6554	80339
4040	50170	30930	33115	47808	33380	149912
4031	49886	28298	32703	45002	25777	146592
2048	5300	1150	2076	9505	10480	11360
	100	230		123	519	52
2048	5200	920	2076	9382	9961	11308
270	1028	347	456	1462	1313	1720
7585	5058	2651	4553	6417	7586	6574

11-11 农业"四化"情况(2012年)

BASIC STATISTICS ON FOUR MODERNIZATION OF AGRICULTURE(2012)

指标	机耕面积(千公顷)	有效灌溉面积(千公顷)	旱涝保收面积(千公顷)	化肥施用量(吨折纯)	每公顷耕地化肥施用量(公斤折纯)	农药施用量(吨)	每公顷耕地农药施用量(公斤)
全市	302.93	253.9	184.3	232905	645.0	3248.9	9.0
历下区	6.36						
市中区	5.94	4.2	3.4	1229	216.0	50.9	8.9
槐荫区	3.88	3.8	3.8	683	181.5	44.3	11.8
天桥区	7.70	5.6	4.0	5490	553.6	51.6	5.2
历城区	25.28	24.1	17.1	17972	515.8	514.6	14.8
长清区	31.30	23.3	21.1	14636	312.3	425.0	9.1
平阴县	30.77	18.7	13.0	15272	457.7	148.7	4.5
济阳县	47.10	52.3	35.9	51008	721.4	955.0	13.5
商河县	60.41	61.5	47.4	70575	926.5	497.3	6.5
章丘市	84.19	57.9	38.6	56040	706.5	561.4	7.1

11-12 主要农副产品产量与上年和历史最高年份比较

OUTPUT OF MAJOR AGRICULTRAL PRODUCTS IN COMPARISION WITH LAST YEAR AND PERK YEAR

指标	2012年	2011年	历史最高年		2012年为历史最高年的%	2012年为2011年的%
			年份	产量		
农产品产量(万吨)						
粮食总产量	286.03	295.84	2011	295.84	96.7	96.7
#小麦	128.53	128.95	2011	128.95	99.7	99.7
稻谷	5.3	6.34	2000	9.89	53.6	83.6
玉米	139.78	143.96	2011	143.96	97.1	97.1
薯类	7.47	10.64	1995	23.10	32.3	70.2
经济作物(万吨)						
#棉花	2.72	2.84	1999	5.00	54.4	95.7
油料花生	5.67	5.48	2009	6.07	93.4	103.4
蔬菜总产量	633.62	617.82	2011	617.82	102.6	102.6
水果总产量	50.56	48.01	2011	48.01	105.3	105.3
水产品总产量(万吨)	4.52	4.37	2011	4.37	103.4	103.4

11-13 农户积累的生产用固定资产

PRODUCTIVE FIXED ASSETS OF RURAL HOUSEHOLDS

指　　标	合　计	市　区	历城区	长清区	平阴县	济阳县	商河县	章丘市
农户积累的生产用固定资产原值(万元)								
1985	37760	8607	4988	3291	2938	6620	6715	9589
1986	48098	11978	7610	6379	4687	7528	7325	10201
1987	65227	15254	12297	6884	5482	10523	10656	16428
1988	77633	20233	15161	7252	6346	13323	12686	17793
1989	87488	24902	18529	8160	6526	15002	13494	19404
1990	93706	24862	19175	8338	7614	16615	15406	20871
1991	108426	25497	20069	10647	8968	20762	19782	22770
1992	131110	33546	21034	11961	10230	23368	24394	27611
1993	148881	35460	22348	12198	11226	30292	25729	33976
1994	166021	37578	26026	12804	14931	31161	27518	42029
1995	187499	42896	26904	17788	15127	35747	33767	42174
1996	212343	44653	36037	22723	16746	36967	39342	51912
1997	239129	53273	42386	31267	18051	36313	45214	55011
1998	287541	58608	46436	40365	22120	44544	50180	71724
1999	300114	59486	46918	44760	23048	47114	44476	81230
2000	324679	77164	40790	48285	22664	41932	49571	85285
2001	413917	131804	42562	55575	26531	48137	56987	102313
2002	443339	142554	46756	62187	26597	49768	59115	110099
2003	460589	153507	51440	65766	27667	51134	65261	121057
2004	469168	179248	61169	69709	30258	57395	72165	130102
2005	539834	199737	84753	71725	38838	68626	75037	146670
2006	540611	198168	93495	63162	38975	72079	76020	149003
2007	686576	241922	95190	88427	43262	110443	97686	187446
2008	820343	321235	152101	90134	46499	129019	124740	198850
2009	973050	371273	167271	112669	64220	141881	137181	258495
2010	1144327	455827	193998	135485	64541	178344	164617	280998
2011	1201618	441737	188183	127948	86093	188273	182365	303149
2012	1294614	482566	180941	129150	103483	199576	196556	312433
农村居民人均拥有生产用固定资产(元)								
1985	107	110	79	71	90	149	139	112
1986	135	130	118	139	114	167	151	119
1987	183	168	164	150	168	234	218	191
1988	217	221	201	158	196	296	258	204
1989	243	251	244	177	200	329	273	225
1990	258	251	250	180	232	357	294	241
1991	296	256	260	230	272	428	380	262
1992	357	336	272	257	310	501	448	317
1993	406	357	289	262	340	629	490	390
1994	459	379	338	291	471	650	530	486
1995	521	432	350	400	481	748	650	490
1996	595	451	472	512	597	775	769	600
1997	670	541	558	702	644	764	870	637
1998	807	600	611	897	790	928	965	834
1999	842	612	624	998	807	990	854	943
2000	907	789	691	1073	793	880	950	983
2001	1156	923	722	1235	927	1010	1089	1185
2002	1239	998	787	1385	928	1044	1126	1278
2003	1288	1078	866	1468	964	1072	1236	1406
2004	1349	1264	1053	1556	1051	1201	1357	1547
2005	1518	1469	1459	1591	1349	1436	1411	1744
2006	1531	1458	1607	1452	1350	1507	1463	1805
2007	1945	1780	1638	2032	1499	2260	1880	2270
2008	2317	2757	2573	2064	1697	2712	2390	2407
2009	2780	2819	2830	2580	2049	2984	2630	3129
2010	3236	3199	3062	2982	2233	3392	3055	3430
2011	3472	3101	2971	2817	2979	3898	3505	3701
2012	3602	3212	2825	2863	3561	4088	3764	3834

主要统计指标解释

EXPLANATORY NOTES ON MAIN STATISTICAL INDICATORS

农林牧渔业产值 是以货币表现的农、林、牧、渔业全部产品的总量，它反映一定时期内农林牧渔业生产的总规模和总成果。

农、林、牧、渔四业的统计范围是辖区内各种经济组织类型、各个系统的全部农林牧渔业生产单位和非农行业单位附属的农林牧渔业生产活动单位。不包括农业科学试验机构进行的农业生产。

农林牧渔业总产值的核算范围是本辖区内在一定时期内生产的农业、林业、牧业、渔业产品的价值和对农林牧渔业生产活动进行的各种支持性服务活动的价值总和，执行日历年度。

（1）农业产值，包括谷物和其他作物产值：蔬菜，园艺作物产值：水果，坚果，饮料和香料产值；中药材产值。其中谷物和其他作物产值包括谷物、薯类、豆类、棉花、油料，糖料，麻类、烟叶和其他农作物的产值。其他农作物包括青饲料，绿肥、牧草、桑叶及采集的野生植物。

（2）林业，包括林木的培育和种植（不包括茶园、桑园和果园的栽培，管理和收获等活动）。林产品的采集和竹木采伐。

（3）牧业，包括除渔业养殖以外的一切动物饲养和放牧以及捕猎野兽野禽产值。

（4）渔业，包括水生动物和海藻类植物的养殖和捕捞。

（5）农林牧渔服务业，包括灌溉，农产品初加工。农机服务，病虫害防治、森林防火、兽医服务、鱼苗及鱼种场等对农林牧渔业生产活动进行的各种支持性服务活动。但不包括各种科学技术和专业技术服务活动。农林牧渔业总产值核算采用“产品法”进行计算，即用产品产量乘以价格以求出各种产品产值，然后加总求得各业产值，最后各业相加求得农林牧渔业总产值。

1957年以前的农业总产值中包括了厩肥和农民自给性手工业（如农民自制衣服、鞋、袜，自己从事粮食初步加工等）。1958年及以后的农业总产值，林业中增加了村及村以下竹木采伐产值；牧业中取消了厩肥产值；副业中取消了农民自给性手工业产值，增加了村及村以下办的工业产值；渔业中增加了海洋捕捞水产品产值。1980年及以后的农业总产值，在副业中增加了农民家庭兼营工业商品性部分的产值。从1984年起村及村以下办工业产值划归工业。从1993年起取消副业，将采集野生植物产值和农民家庭兼营商品性工业产值划归农业产值，捕猎野兽、野禽产值划入牧业产值。2003年根据新的国民经济行业分类，农林牧渔服务业划归第一产业。原农业产值中的农民家庭兼营商品性工业产值划归工业产值；林业中竹木采伐产值统计范围由村及村以下改为全社会。

农林牧渔业增加值 是指农、林、牧、渔及农林牧渔服务业生产货物或提供服务活动而增加的价值，为农林牧渔业现价总产值扣除农林渔业现价中间投入后的余额。

农林牧渔业增加值的核算范围同农林牧渔业总产值的核算范围相同。

农林牧渔业增加值的计算方法：采用生产法和分配法（收入法）两种。

1．生产法计算公式：

农林牧渔业增加值=农林牧渔业总产值—农林牧渔业中间消耗

2．分配法计算公式：

农林牧渔业增加值=固定资产折旧+劳动者报酬+生产税净额+营业盈余

其中：生产税净额=生产税收—生产补贴

农林牧渔业中间消耗 指在农林牧渔业生产过程中投入(或消耗)的各种物质产品和劳务价值的总和。包括中间物质消耗和对非物质生产部门的劳务支出两部分。计算中间消耗有两个原则：一是计算的口径范围要与总产值保持一致，二是本期消耗的不属于固定资产的低值易耗品。某些小农具即使使用年限超过一年，但价值在50元以下，也作为中间物质消耗处理。

粮食产量 指全社会的粮食作物产量。包括国营农场等全民所有制经营的、集体统一经营和农民家庭经营的粮食产量，还包括工矿企业家属办的农场和其他生产单位的产量粮食除包括稻谷、小麦、玉米、高粱、谷子及其他杂粮外，还包括薯类和大豆。其产量计算方法，豆类按去豆荚后的干豆计算；薯类包括甘薯和马铃薯，不包括芋头和木薯。1963年以前按每4公斤鲜薯1公斤粮食计算，从1964年以后按5公斤鲜薯折1公斤粮食计算。其他粮食一律按脱粒后的原粮计算。

油料产量 指全部油料作物的生产量。包括花生、油菜籽、芝麻、向日葵籽、胡麻籽（亚麻籽）和其他油料。不包括大豆、木本油料和野生油料。花生以带壳干花生计算。

水产品产量 指人工养殖的水产品和天然生长的水产的捕捞量。包括海水的鱼类、虾蟹类、贝类和藻类以及淡水的鱼类、虾蟹类和贝类，不包括淡水水生植物。

猪、牛、羊肉产量 指当年出栏并已屠宰的猪、牛、羊的肉产量。即屠宰后除去头蹄下水后带骨肉(即胴体重)的重量。

耕地面积 指年初可以用来种植农作物、经常进行耕锄的田地，包括熟地、当年新开荒地、连续撂荒未满三年的耕地和当年的休闲地（轮歇地），还包括以种植农作物为主并附带种植桑树、茶树、果树和其他林木的土地，以及沿海、沿湖地区已围垦利用的“海涂”、“湖田”等面积。

不包括属于专业性的桑园、茶园、果园、果木苗圃、林地、芦苇地、天然或人工草地面积。

农作物播种面积 指实际播种或移植有农作物的面

积。凡是实际种植有农作物的面积，不论种植在耕地上还是种植在非耕地上，均包括在农作物播种面积中。在播种季节基本结束后，因遭灾而重新改种和补种的农作物面积，也包括在内。

灌溉面积 指有效灌溉面积，即具有一定的水源，地块比较平整，灌溉工程或设备已经配套，在一般年景下半年能够进行正常灌溉的耕地面积。

农用化肥施用量 指本年内实际用于农业生产的化肥数量，包括氮肥、磷肥、钾肥和复合肥。化肥施用量要求按折纯量计算数量。折纯量是指把氮肥、磷肥、钾肥分别按含氮、含五氧化二磷、含氧化钾的百分之一百成份进行折算后的数量。复合肥按其所含主要成分折算。

农业机械总动力 指主要用于农、林、牧、渔业的各种动力机械的动力总和。包括耕作机械、排灌机械、收获机械、农产品加工机械、运输机械、植物保护机械、牧业机械、林业机械、渔业机械和其他农业机械(内燃机按引擎马力折成瓦(特)计算)，电动机按功率折成瓦特计算。不包括专门用于乡办工业、基本建设、非农业运输、科学试验和教学等非农业生产方面用的动力机械与作业机械。

工 业

INDUSTRY

12-1 各时期全部工业基本情况

BASIC STATISTICS OF TOTAL INDUSTRY IN EACH PERIOD

年份	全部工业单位数(个)		工业总产值(亿元)		工业增加值(亿元)		国有独立核算工业(万元)	
		国有单位		国有单位		国有单位	利润总额	利税总额
1949	52	–	1.20	0.52	0.40	0.15	190	541
1952	92	–	2.97	1.65	1.09	0.52	1616	2761
1957	399	–	6.90	6.13	2.18	1.84	5742	10065
1962	847	286	6.67	5.61	2.36	1.80	3293	8242
1965	724	247	11.99	10.09	4.34	3.39	16246	22906
1970	828	285	23.12	17.93	7.56	5.64	19347	31834
1975	1041	326	26.41	18.87	8.46	5.50	11555	27846
1978	1319	398	39.06	25.87	12.89	7.11	28852	53031
1979	1353	359	42.95	28.90	14.10	8.01	31875	57532
1980	1535	356	45.31	30.37	14.24	8.85	32909	59572
“六五”时期								
1981	1538	350	47.61	31.72	15.11	9.47	35077	62657
1982	1619	357	51.98	33.91	15.79	10.01	32062	64673
1983	1674	369	59.06	36.99	17.96	11.49	35870	60308
1984	1981	325	66.96	39.78	20.10	13.17	45869	83520
1985	2584	477	74.41	44.66	27.54	16.97	61274	112154
“七五”时期								
1986	3005	369	86.93	48.71	28.69	17.53	54804	115006
1987	3957	361	107.63	56.16	32.88	19.40	58715	125775
1988	5252	372	138.05	68.58	47.49	25.09	80173	156056
1989	7655	380	158.53	76.19	54.66	30.51	76571	170703
1990	11020	394	222.63	116.92	60.43	37.11	25084	125522
“八五”时期								
1991	12211	376	245.73	131.35	67.73	43.35	36715	151718
1992	15374	373	303.33	162.35	86.85	48.97	55463	193000
1993	19392	376	448.25	230.93	115.36	69.65	57984	223445
1994	22009	366	614.08	236.40	154.49	69.64	60393	240473
1995	24621	495	752.23	279.16	194.16	83.12	65335	316289
“九五”时期								
1996	32902	425	834.45	260.16	238.31	91.30	79615	337807
1997	33000	325	897.59	263.34	278.87	92.99	95267	343426
1998	32793	227	966.62	234.03	298.41	94.28	42152	292991
1999	29319	211	981.78	212.95	318.80	79.51	–2340	254619
2000	30899	195	994.00	237.14	336.61	81.00	34824	292198
“十五”时期								
2001	34135	169	1090.70	140.44	356.72	64.69	49222	226242
2002	30064	155	1302.00	144.78	410.98	49.16	28011	234986
2003	30258	126	1544.50	167.30	494.55	68.80	53363	302975
2004	31163	115	1981.80	150.70	620.14	37.21	–3943	72684
2005	31370	102	2447.51	177.00	786.11	66.49	268573	354111
“十一五”时期								
2006	35370	86	2806.94	193.10	861.48	73.95	315323	458191
2007	36112	76	3389.09	283.32	985.78	103.65	364790	751182
2008	36416	80	4829.16	338.24	1140.14	136.55	418265	853091
2009	37656	77	5096.98	345.44	1191.36	166.36	422898	885006
2010	37521	66	5800.39	404.38	1352.42	284.75	643216	1162785
“十二五”时期								
2011	36750	54	5544.60	478.10	1507.88		561683	1217350
2012	35917	52	5535.25	491.20	1603.08		646193	1401892

注:1. 工业增加值、工业总产值按当年价格计算。

2. 1985、1995年因工业普查对教育局校办工厂统计方法的规定,故国有单位较多。

3. 2001年后炼油、浪潮、将军等原国有企业陆续改制,故国有数字较以前年份有所减小。

4. 2004年第一次经济普查后,统计年鉴包含济南供电公司年报数据。

12-2 各时期规模以上工业基本情况

BASIC STATISTICS OF INDUSTRIAL ENTERPRISES ABOVE DESIGNATED SIZE IN EACH PERIOD

年份	单位数(个)	工业总产值(亿元)	工业增加值(亿元)	主营业务收入(亿元)	利税总额(亿元)	利润总额(亿元)	资产总计(亿元)	所有者权益(亿元)
1949	52	1.06	0.40	0.91	0.07	0.03	0.58	0.17
1952	92	2.83	1.02	2.40	0.32	0.18	1.89	0.55
1957	399	6.04	2.08	5.85	1.04	0.60	2.85	0.83
1962	847	6.65	2.15	6.87	0.92	0.39	5.66	1.65
1965	724	11.89	4.07	9.49	2.47	1.73	5.93	1.73
1970	828	22.94	7.29	19.30	3.66	2.22	10.67	3.10
1975	1041	26.16	7.94	19.70	3.47	1.55	17.21	5.01
1978	1319	37.67	9.94	31.39	6.80	3.88	25.68	7.47
1979	1353	38.79	11.18	35.51	7.21	4.13	27.19	7.91
1980	1535	43.60	12.15	36.90	7.51	4.26	29.22	8.50
“六五”时期								
1981	1538	42.26	12.77	39.84	7.98	4.37	31.49	9.20
1982	1619	45.58	13.63	42.94	8.13	4.18	34.52	10.08
1983	1674	49.64	14.86	46.38	8.84	4.74	38.09	11.12
1984	1981	55.95	17.91	52.16	10.46	5.82	41.66	12.16
1985	1915	66.98	23.10	64.76	13.98	7.62	47.09	13.75
“七五”时期								
1986	2036	75.67	24.54	73.98	14.38	7.07	56.79	16.70
1987	2004	88.17	27.24	86.19	15.88	7.52	64.21	18.88
1988	1984	107.76	35.39	113.84	19.65	10.37	81.67	24.01
1989	1993	118.88	43.20	131.86	20.88	9.73	104.34	30.68
1990	2008	174.89	41.63	136.29	15.57	3.23	125.25	36.82
“八五”时期								
1991	1985	194.29	44.84	160.58	18.46	4.97	138.34	40.81
1992	1941	236.37	60.16	200.54	23.48	7.84	167.44	49.39
1993	2156	319.49	104.43	309.91	31.88	10.26	338.15	99.61
1994	2202	414.81	113.71	346.13	41.69	13.61	462.34	136.14
1995	2648	526.48	130.88	432.17	53.59	16.30	578.55	180.86
“九五”时期								
1996	2301	549.40	175.21	494.99	66.82	27.83	705.50	225.53
1997	1843	603.30	194.42	605.81	70.12	26.99	882.36	286.59
1998	1060	593.83	189.88	539.29	58.56	18.62	882.38	297.81
1999	1064	628.59	201.38	579.64	59.17	15.97	931.22	302.21
2000	1038	680.04	219.19	629.72	64.62	21.69	958.10	363.37
“十五”时期								
2001	1015	786.70	252.61	746.92	77.79	28.45	984.71	369.40
2002	1125	1009.04	325.98	917.31	92.71	32.13	1120.60	407.36
2003	1319	1318.54	426.30	1223.76	132.84	54.71	1312.97	440.85
2004	1512	1781.78	560.15	1677.93	175.98	83.68	1473.90	507.63
2005	1670	2237.51	722.11	2142.84	244.61	131.30	1868.06	630.06
“十一五”时期								
2006	1752	2591.65	797.70	2490.94	289.78	153.74	2000.62	702.78
2007	1820	3189.09	926.58	3086.85	358.87	199.73	2337.09	903.87
2008	2016	3862.64	1052.48	3766.93	425.72	220.79	2899.47	1123.03
2009	2156	3950.77	1154.01	3868.70	500.63	275.85	3478.94	1572.11
2010	2021	4485.61	1313.00	4497.17	584.53	339.76	3904.42	1481.75
“十一五”时期								
2011	1417	4028.49		4165.19	453.47	242.63	3932.90	1407.89
2012	1647	4248.29		4454.97	498.24	253.06	4109.29	1582.77

注：1. 工业增加值、工业总产值按当年价格计算。
2. 1997年及以前统计口径为乡及乡以上工业企业，1998年及以后为全部国有及年销售收入500万元以上工业企业（规模以上工业企业），2011年及以后为年主营业务收入2000万元以上工业企业（规模以上工业企业）。
3. 1991年及以前“工业增加值”指标为“工业净产值”指标。
4. 2004年第一次经济普查后，统计年鉴包含济南供电公司年报数据。

12-3 各时期规模以上工业总产值、增加值环比指数（以上年为100）

GROSS OUTPUT AND INDICES OF INDUSTRIAL ENTERPRISES ABOVE DESIGNATED SIZE IN EACH PERIOD（Preceding last year=100）

年份	规模以上工业总产值	轻工业	重工业	规模以上工业增加值	轻工业	重工业
1952	128.7	125.8	143.9	126.2	125.8	143.9
1957	93.9	91.4	97.1	93.9	91.4	97.1
1962	81.3	78.3	84.6	81.3	78.3	84.6
1965	132.9	122.2	143.1	132.9	122.2	143.1
1970	130.8	128.6	143.3	130.8	128.6	143.3
1975	160.4	150.1	171.6	162.8	150.1	171.6
“五五”时期						
1976	113.4	101.2	120.0	112.1	104.9	122.8
1977	113.6	114.0	111.7	108.2	106.9	110.5
1978	111.9	108.5	114.6	109.6	106.5	112.3
1979	108.9	107.0	99.3	108.1	110.5	106.6
1980	106.9	110.4	102.5	105.7	109.6	101.7
“六五”时期						
1981	103.6	109.0	97.6	106.1	110.1	99.6
1982	107.6	103.4	113.9	106.7	102.8	110.1
1983	109.1	101.2	118.4	109.0	102.2	119.6
1984	111.8	106.4	118.5	116.8	111.5	122.4
1985	115.9	112.3	118.9	113.5	109.6	117.9
“七五”时期						
1986	112.1	119.0	104.5	101.8	105.4	99.4
1987	117.4	118.4	114.9	111.0	113.8	110.5
1988	122.2	127.6	117.4	129.9	134.5	125.4
1989	110.3	107.1	113.4	108.9	105.7	114.9
1990	107.8	108.5	107.1	109.1	103.3	114.1
“八五”时期						
1991	106.8	104.3	108.6	107.1	110.8	104.8
1992	121.8	115.4	127.1	123.8	119.6	127.1
1993	122.9	120.4	125.6	123.8	120.1	128.2
1994	114.6	118.0	111.5	115.9	105.9	120.5
1995	111.8	114.1	110.1	115.1	121.5	111.5
“九五”时期						
1996	116.5	122.0	109.5	114.3	118.7	109.1
1997	114.9	112.1	115.9	108.7	110.7	106.7
1998	108.9	96.8	115.1	104.3	95.1	108.6
1999	110.9	113.5	106.9	110.6	112.6	108.1
2000	110.2	106.2	114.3	111.2	108.2	111.5
“十五”时期						
2001	113.7	110.7	115.9	113.9	112.1	114.6
2002	115.6	110.7	120.5	116.5	106.0	123.1
2003	122.5	120.7	124.1	122.4	118.5	125.6
2004	123.1	116.5	128.5	126.9	116.5	132.1
2005	120.4	118.8	127.4	125.2	115.1	131.6
“十一五”时期						
2006	119.3	109.4	122.1	122.4	105.6	129.5
2007	115.8	121.1	112.1	117.5	122.1	115.1
2008	110.9	115.6	108.2	112.0	106.5	113.2
2009	102.3	108.9	101.2	111.2	119.7	108.2
2010	113.5	106.2	115.4	114.4	113.1	114.8
“十二五”时期						
2011	89.8	82.5	91.5			
2012	105.5	112.6	103.9			

注：1997年及以前统计口径为乡及乡以上工业企业，1998年及以后为全部国有及年销售收入500万元以上工业企业，2011年及以后为年主营业务收入2000万元以上工业企业。

12-4 各时期主要工业产品产量

OUTPUT OF MAJOR INDUSTRIAL PRODUCTS IN EACH PERIOD

年份	钢(万吨)	发电量(亿千瓦小时)	水泥(万吨)	化肥(万吨)	金切机床(台)	汽车(辆)	电视机(万部)	布(万米)
1949	–	0.29	0.15	–	40	–	–	2682
1952	–	0.55	1.08	1.62	565	–	–	5104
1957	0.03	1.07	1.29	0.48	2312	–	–	5573
1962	0.57	4.20	4.85	0.81	1140	12	–	2160
1965	0.54	5.65	19.24	3.79	2061	335	–	4853
1970	7.01	11.28	38.06	4.87	4718	1775	–	11665
1975	22.81	11.07	58.48	9.06	3994	3507	0.04	12547
1978	34.54	12.65	87.55	18.02	3610	4025	0.48	13806
1979	33.19	11.92	93.77	11.07	3771	4515	3.03	14300
1980	36.34	11.95	98.86	12.78	4414	5641	4.63	15236
“六五”时期								
1981	34.23	11.12	96.50	11.62	3336	5099	5.50	16290
1982	34.96	11.15	104.64	13.23	4262	5993	3.44	17657
1983	41.24	13.01	112.38	15.37	4816	7249	4.60	17963
1984	43.80	23.49	117.17	14.53	5533	7947	6.77	16522
1985	52.64	26.44	135.10	11.44	6686	9400	10.84	18082
“七五”时期								
1986	57.24	27.01	154.51	12.31	7472	7600	5.05	12346
1987	64.09	28.83	158.92	13.00	7007	5225	10.00	20137
1988	75.23	42.97	182.80	13.69	7280	6741	10.93	19374
1989	81.58	43.98	198.95	14.48	6806	7701	13.60	21744
1990	87.68	44.71	211.56	14.44	5121	6239	13.90	20155
“八五”时期								
1991	105.42	56.43	248.33	14.90	5330	7096	15.80	20109
1992	113.34	61.46	335.61	14.64	7443	8544	16.05	14896
1993	139.35	69.00	340.35	14.47	6724	10132	15.59	13205
1994	166.19	66.87	384.00	15.62	3297	9380	18.00	16062
1995	172.72	68.75	425.02	14.03	4109	5657	19.72	15046
“九五”时期								
1996	205.49	63.50	379.32	13.73	3855	7125	15.20	13710
1997	237.70	59.14	392.23	13.89	2526	5656	32.69	14213
1998	267.33	60.06	379.40	17.29	1508	3615	47.25	11286
1999	265.29	64.24	474.47	22.91	1955	3738	60.60	14782
2000	277.04	69.29	485.12	28.41	2908	3078	41.46	16493
“十五”时期								
2001	293.83	69.81	572.28	28.71	3528	7395	50.83	14107
2002	394.41	69.12	867.71	28.29	4522	12152	44.56	16027
2003	507.70	77.60	925.20	28.50	6751	19989	44.30	17040
2004	688.30	74.70	1343.90	40.30	8904	29648	42.00	16336
2005	1046.60	90.80	1595.70	28.90	7166	42214	31.70	14018
“十一五”时期								
2006	1131.26	100.14	1960.64	31.44	10057	59242	32.16	22852
2007	1214.90	130.37	733.98	40.31	9473	100133	20.99	27469
2008	1123.20	124.25	734.58	48.52	5110	109107	24.08	11786
2009	1051.67	128.76	761.72	57.77	2400	129900	25.32	7500
2010	959.33	131.45	729.79	49.09	2165	212047	26.49	8191
“十二五”时期								
2011	835.80	154.48	824.70	44.20	2024	170717	67.80	11461
2012	694.50	156.60	776.00	55.20	4237	141269	33.60	14908

注:按经济普查规定汽车产量不含底盘。

12-5 规模以上工业主要经济指标(2012年)

MAIN ECONOMIC INDICATORS OF INDUSTRIAL ENTERPRISES ABOVE DESIGNATED SIZE(2012)

指标	企业单位数(个)	亏损企业数(个)	工业总产值(现价)(万元)	工业销售产值(现价)(万元)	全部从业人员年平均人数(人)
总计	1647	172	42482934	41697933	407849
按登记注册类型分					
内资企业	1475	138	38301852	37536615	358997
国有企业	52	17	4912012	4797769	31346
中央企业	18	1	3963487	3854196	15542
省属企业	9	4	110394	109790	5256
市属企业	8	5	124079	124979	3109
市以下	17	7	714052	708804	7439
集体企业	37	3	374634	367741	8168
省属企业	1		6449	5742	160
市属企业	5	1	38699	39068	1368
市以下	31	2	329486	322931	6640
股份合作企业	14	1	224265	222910	2461
联营企业	4	1	712003	694786	10981
国有联营企业	1	1	656001	657235	10712
集体联营企业	2		53401	35054	203
有限责任公司	481	47	15841119	15468310	163661
国有独资企业	15	4	4669087	4702254	49449
其他有限责任公司	466	43	11172032	10766057	114212
股份有限公司	58	10	6697785	6644688	43717
私营企业	771	50	8747838	8546274	92293
私营独资企业	131	5	1678676	1639213	15593
私营合伙企业	11	1	42904	40334	1107
私营有限责任公司	591	39	6112054	5959137	66375
私营股份有限公司	38	5	914205	907590	9218
港澳台商投资	51	9	983807	987152	16794
与港澳台商合资经营	26	3	532211	514300	7649
与港澳台商合作经营	1	1	21581	21215	1519
港澳台商独资	23	5	378421	389933	6776
港澳台商投资股份有限公司	1		51594	61704	850
外商投资	121	25	3197274	3174165	32058
中外合资经营	69	14	1900135	1884077	19911
中外合作经营	6	1	135433	162817	1610
外商独资	44	10	855792	828372	9433
外商投资股份有限公司	2		305914	298900	1104
按轻重工业分					
轻工业	456	46	7968630	7836403	100942
重工业	1191	126	34514303	33861529	306907
按企业规模分					
大型企业	44	10	20873660	20605304	156086
中型企业	192	35	8325872	8151775	115137
小型企业	1411	127	13283402	12940855	136626

12-5续

指　　标	企业单位数(个)	亏损企业数(个)	工业总产值(现价)(万元)	工业销售产值(现价)(万元)	全部从业人员年平均人数(人)
按工业行业分					
煤炭开采和洗选业	7	2	121106	119964	8387
石油和天然气开采业	2		57279	57279	456
黑色金属矿采选业	2	1	44006	43946	606
非金属矿采选业	12		214539	214466	1970
农副食品加工业	67	2	698973	683763	6524
食品制造业	47	4	960444	957409	13139
酒、饮料和精制茶制造业	18	2	826480	806807	11109
烟草制品业	2		1124745	1118246	1780
纺织业	46	7	625859	615450	9662
纺织服装、服饰业	29	1	265313	258535	8610
皮革、毛皮、羽毛及其制品和制鞋业	6	1	49958	47835	1344
木材加工和木、竹、藤、棕、草制品业	12		101591	97099	903
家具制造业	11		134146	133681	977
造纸和纸制品业	26	2	190073	181962	3640
印刷和记录媒介复制业	33	6	262033	270553	6545
文教、工美、体育和娱乐用品制造业	20	1	106296	99736	1984
石油加工、炼焦和核燃料加工业	15	1	3502594	3470130	4419
化学原料和化学制品制造业	123	12	3063078	3007509	25597
医药制造业	54	7	1110639	1075166	15784
化学纤维制造业	2		25367	25398	153
橡胶和塑料制品业	57	8	510551	502020	5041
非金属矿物制品业	164	14	2628767	2629722	26350
黑色金属冶炼和压延加工业	30	6	3675676	3659733	33152
有色金属冶炼和压延加工业	12	1	156408	152762	2383
金属制品业	183	16	2788976	2741884	29797
通用设备制造业	216	23	3336013	3195450	47327
专用设备制造业	116	10	1020988	974374	15771
汽车制造业	75	10	5075808	5117679	46395
铁路、船舶、航空航天和其他运输设备制造业	26	5	984085	966293	12620
电气机械和器材制造业	84	9	2354242	2260541	19086
计算机、通信和其他电子设备制造业	45		3133342	2917827	19227
仪器仪表制造业	52	10	387402	357677	6955
其他制造业	3		8222	11698	97
废弃资源综合利用业	3		27340	27340	346
金属制品、机械和设备修理业	4		178545	177466	2439
电力、热力生产和供应业	22	6	2461730	2454203	12097
燃气生产和供应业	14	3	161439	158318	2704
水的生产和供应业	7	2	108884	108016	2473

12-6 规模以上国有及国有控股工业主要经济指标(2012年)

MAIN ECONOMIC INDICATORS OF STATE-OWNED AND STATE-CONTROLLED INDUSTRIAL ENTERPRISES ABOVE DESIGNATED SIZE(2012)

指　　标	企业单位数(个)	亏损企业数(个)	工业总产值(现价)(万元)	工业销售产值(现价)(万元)	全部从业人员年平均人数(人)
总　计	141	36	20007426	19668209	153620
按登记注册类型分					
内资企业	126	33	19588520	19252842	147191
国有企业	52	17	4912012	4797769	31346
中央企业	18	1	3963487	3854196	15542
省属企业	9	4	110394	109790	5256
市属企业	8	5	124079	124979	3109
市以下	17	7	714052	708804	7439
联营企业	1	1	656001	657235	10712
国有联营企业	1	1	656001	657235	10712
有限责任公司	63	11	8775825	8572447	81453
国有独资企业	15	4	4669087	4702254	49449
其他有限责任公司	48	7	4106738	3870194	32004
股份有限公司	10	4	5244681	5225391	23680
港澳台商投资	4	1	99342	99322	2588
与港澳台商合资经营	4	1	99342	99322	2588
外商投资	11	2	319565	316046	3841
中外合资经营	10	2	306236	302717	3729
中外合作经营	1		13329	13329	112
按轻重工业分					
轻工业	34	12	1837957	1841415	19735
重工业	107	24	18169469	17826795	133885
按企业规模分					
大型企业	21	8	16367084	16134336	102960
中型企业	53	14	2496503	2433275	39813
小型企业	67	14	1143839	1100599	10847

12-6续

指　　标	企业单位数（个）	亏损企业数（个）	工业总产值(现价)(万元)	工业销售产值(现价)(万元)	全部从业人员年平均人数(人)
按工业行业分					
煤炭开采和洗选业	4	2	106600	107765	6829
石油和天然气开采业	2		57279	57279	456
黑色金属矿采选业	1		41547	41547	563
农副食品加工业	2	1	16621	15910	403
食品制造业	2		4646	4646	670
酒、饮料和精制茶制造业	3		79777	93110	1346
烟草制品业	2		1124745	1118246	1780
纺织业	3	2	16914	15455	651
纺织服装、服饰业	2		30163	30741	2153
造纸和纸制品业	1		2989	2989	305
印刷和记录媒介复制业	6	2	61845	61075	1923
石油加工、炼焦和核燃料加工业	4	1	3416247	3383963	3798
化学原料和化学制品制造业	11	1	505948	493542	5031
医药制造业	2		15959	17849	1115
橡胶和塑料制品业	1		3083	2856	75
非金属矿物制品业	8	1	107112	106653	1356
黑色金属冶炼和压延加工业	4	3	3065084	3049986	26772
有色金属冶炼和压延加工业	1	1	23375	23490	1375
金属制品业	11	3	266605	271427	3229
通用设备制造业	11	5	721856	677499	16316
专用设备制造业	4	1	88944	78716	2621
汽车制造业	6	2	3892352	3943714	33183
铁路、船舶、航空航天和其他运输设备制造业	8	4	747740	735676	9272
电气机械和器材制造业	10	1	646590	573773	6564
计算机、通信和其他电子设备制造业	7		2359640	2166533	9920
仪器仪表制造业	2		30664	28063	714
废弃资源综合利用业	1		13064	13064	111
金属制品、机械和设备修理业	1		15600	15065	80
电力、热力生产和供应业	15	3	2392508	2385646	11082
燃气生产和供应业	3	1	80249	80249	1887
水的生产和供应业	3	2	71683	71683	2040

12-7 国有工业主要经济指标(2012年)

MAIN ECONOMIC INDICATORS OF STATE-OWNED INDUSTRIAL ENTERPRISES(2012)

指 标	企业单位数(个)	亏损企业数(个)	工业总产值(现价)(万元)	工业销售产值(现价)(万元)	全部从业人员年平均人数(人)
总 计	52	17	4912012	4797769	31346
按隶属关系分					
中央企业	18	1	3963487	3854196	15542
省属企业	9	4	110394	109790	5256
市属企业	8	5	124079	124979	3109
市以下	17	7	714052	708804	7439
按轻重工业分					
轻工业	10	6	1186633	1180431	5101
重工业	42	11	3725379	3617338	26245
按企业规模分					
大型企业	6	2	2991170	2964635	11119
中型企业	21	6	1527297	1460718	15637
小型企业	25	9	393546	372416	4590
按工业行业分					
煤炭开采和洗选业	2	1	77455	79184	3819
石油和天然气开采业	2		57279	57279	456
黑色金属矿采选业	1		41547	41547	563
烟草制品业	2		1124745	1118246	1780
纺织业	2	2	11521	11431	504
印刷和记录媒介复制业	2	1	16384	15693	880
石油加工、炼焦和核燃料加工业	3		685151	650807	1491
化学原料和化学制品制造业	5	1	194101	182336	1993
医药制造业	1		7658	8994	757
非金属矿物制品业	3	1	23770	23704	389
黑色金属冶炼和压延加工业	1	1	21373	23466	466
有色金属冶炼和压延加工业	1	1	23375	23490	1375
金属制品业	1		4786	4786	126
通用设备制造业	6	3	311363	291660	5013
专用设备制造业	1		7165	6137	213
汽车制造业	4	2	52078	51936	1179
铁路、船舶、航空航天和其他运输设备制造业	1	1	19588	19500	838
电气机械和器材制造业	1		134705	97775	802
计算机、通信和其他电子设备制造业	1		7988	6681	261
电力、热力生产和供应业	11	2	2085867	2079006	8151
水的生产和供应业	1	1	4113	4113	290

12-8 规模以上工业主要经济指标比重(2012年)

MAIN INDICATORS'STRUCTURE ON ECONOMIC BENIFIT OF INDUSTRIAL ENTERPRISES ABOVE DESIGNATED SIZE(2012)

单位:%

指　　标	企业单位数	工业总产值(现价)	资产总额	所有者权益	利税总额	全部从业人员年平均人数
总　计	100.00	100.00	100.00	100.00	100.00	100.00
按登记注册类型分						
内资企业	89.56	90.16	90.47	85.57	88.11	88.02
国有企业	3.16	11.56	12.41	11.06	28.14	7.69
中央企业	1.09	9.33	9.85	8.56	26.68	3.81
省属企业	0.55	0.26	0.67	0.30	0.10	1.29
市属企业	0.49	0.29	0.46	0.44	0.33	0.76
市以下	1.03	1.68	1.43	1.77	1.03	1.82
集体企业	2.25	0.88	0.49	0.43	0.99	2.00
省属企业	0.06	0.02	0.01	0.03	0.00	0.04
市属企业	0.30	0.09	0.14	–0.07	0.07	0.34
市以下	1.88	0.78	0.33	0.47	0.92	1.63
股份合作企业	0.85	0.53	0.28	0.34	0.87	0.60
联营企业	0.24	1.68	2.24	2.05	–0.52	2.69
国有联营企业	0.06	1.54	2.15	1.86	–0.59	2.63
集体联营企业	0.12	0.13	0.09	0.18	0.07	0.05
有限责任公司	29.20	37.29	50.52	47.27	27.64	40.13
国有独资企业	0.91	10.99	29.52	24.00	5.23	12.12
其他有限责任公司	28.29	26.30	21.00	23.27	22.41	28.00
股份有限公司	3.52	15.77	11.10	10.59	10.59	10.72
私营企业	46.81	20.59	12.25	12.72	18.65	22.63
私营独资企业	7.95	3.95	1.07	1.69	4.34	3.82
私营合伙企业	0.67	0.10	0.07	0.03	0.07	0.27
私营有限责任公司	35.88	14.39	9.34	9.00	12.60	16.27
私营股份有限公司	2.31	2.15	1.78	2.00	1.65	2.26
港澳台商投资	3.10	2.32	3.57	5.64	3.73	4.12
与港澳台商合资经营	1.58	1.25	1.96	3.00	2.15	1.88
与港澳台商合作经营	0.06	0.05	0.03	0.04	–0.04	0.37
港澳台商独资	1.40	0.89	1.26	1.95	1.37	1.66
港澳台商投资股份有限公司	0.06	0.12	0.32	0.64	0.26	0.21
外商投资	7.35	7.53	5.96	8.79	8.15	7.86
中外合资经营	4.19	4.47	3.31	4.06	3.74	4.88
中外合作经营	0.36	0.32	0.25	0.41	0.47	0.39
外商独资	2.67	2.01	1.65	2.68	2.81	2.31
外商投资股份有限公司	0.12	0.72	0.75	1.64	1.14	0.27
按轻重工业分						
轻工业	27.69	18.76	16.67	24.75	33.53	24.75
重工业	72.31	81.24	83.33	75.25	66.47	75.25
按企业规模分						
大型企业	2.67	49.13	57.19	52.04	53.43	38.27
中型企业	11.66	19.60	22.79	23.35	16.79	28.23
小型企业	85.67	31.27	20.02	24.61	29.77	33.50

12-8续

指　　标	企业单位数	工业总产值（现价）	资产总额	所有者权益	利税总额	全部从业人员年平均人数
按工业行业分						
煤炭开采和洗选业	0.43	0.29	0.53	0.58	0.33	2.06
石油和天然气开采业	0.12	0.13	0.11	0.21	0.37	0.11
黑色金属矿采选业	0.12	0.10	0.11	0.23	0.17	0.15
非金属矿采选业	0.73	0.51	0.15	0.20	0.72	0.48
农副食品加工业	4.07	1.65	0.55	0.67	1.14	1.60
食品制造业	2.85	2.26	1.56	2.50	3.05	3.22
酒、饮料和精制茶制造业	1.09	1.95	0.99	1.65	2.32	2.72
烟草制品业	0.12	2.65	2.62	4.39	15.20	0.44
纺织业	2.79	1.47	0.84	0.84	1.03	2.37
纺织服装、服饰业	1.76	0.62	0.47	0.74	0.44	2.11
皮革、毛皮、羽毛及其制品和制鞋业	0.36	0.12	0.05	0.04	0.11	0.33
木材加工和木、竹、藤、棕、草制品业	0.73	0.24	0.08	0.07	0.33	0.22
家具制造业	0.67	0.32	0.39	0.18	0.20	0.24
造纸和纸制品业	1.58	0.45	0.26	0.19	0.36	0.89
印刷和记录媒介复制业	2.00	0.62	1.11	1.34	0.59	1.60
文教、工美、体育和娱乐用品制造业	1.21	0.25	0.09	0.09	0.19	0.49
石油加工、炼焦和核燃料加工业	0.91	8.24	2.19	1.88	9.12	1.08
化学原料和化学制品制造业	7.47	7.21	6.12	4.39	5.40	6.28
医药制造业	3.28	2.61	4.17	7.18	5.50	3.87
化学纤维制造业	0.12	0.06	0.05	0.08	0.03	0.04
橡胶和塑料制品业	3.46	1.20	0.75	1.02	1.45	1.24
非金属矿物制品业	9.96	6.19	5.44	5.43	7.18	6.46
黑色金属冶炼和压延加工业	1.82	8.65	8.07	5.83	-2.48	8.13
有色金属冶炼和压延加工业	0.73	0.37	0.21	-0.10	0.02	0.58
金属制品业	11.11	6.56	3.81	5.05	7.89	7.31
通用设备制造业	13.11	7.85	7.81	8.83	7.55	11.60
专用设备制造业	7.04	2.40	1.91	2.55	2.31	3.87
汽车制造业	4.55	11.95	27.01	21.07	5.02	11.38
铁路、船舶、航空航天和其他运输设备制造业	1.58	2.32	2.43	2.14	1.09	3.09
电气机械和器材制造业	5.10	5.54	5.85	6.76	4.71	4.68
计算机、通信和其他电子设备制造业	2.73	7.38	3.61	4.98	4.21	4.71
仪器仪表制造业	3.16	0.91	1.02	1.04	0.77	1.71
其他制造业	0.18	0.02	0.03	0.04	0.01	0.02
废弃资源综合利用业	0.18	0.06	0.04	0.04	0.05	0.08
金属制品、机械和设备修理业	0.24	0.42	0.89	2.03	1.30	0.60
电力、热力生产和供应业	1.34	5.79	6.41	3.02	11.48	2.97
燃气生产和供应业	0.85	0.38	1.00	1.52	0.65	0.66
水的生产和供应业	0.43	0.26	1.25	1.30	0.18	0.61

12-9 规模以上国有及国有控股工业主要经济指标比重（2012年）

MAIN INDICATORS' STRUCTURE ON ECONOMIC BENIFIT OF STATE-OWNED AND STATE-CONTROLLED INDUSTRIAL ENTERPRISES ABOVE DESIGNATED SIZE(2012)

指　　标	企业单位数	工业总产值（现价）	资产总额	所有者权益	利税总额	全部从业人员年平均人数（人）
总　计	100.00	100.00	100.00	100.00	100.00	100.00
按登记注册类型分						
内资企业	89.36	97.91	97.45	95.47	98.08	95.81
国有企业	36.88	24.55	20.92	22.12	65.08	20.40
中央企业	12.77	19.81	16.61	17.11	61.71	10.12
省属企业	6.38	0.55	1.13	0.60	0.23	3.42
市属企业	5.67	0.62	0.77	0.87	0.76	2.02
市以下	12.06	3.57	2.42	3.54	2.39	4.84
联营企业	0.71	3.28	3.62	3.73	-1.36	6.97
国有联营企业	0.71	3.28	3.62	3.73	-1.36	6.97
有限责任公司	44.68	43.86	60.77	59.39	19.92	53.02
国有独资企业	10.64	23.34	49.74	48.00	12.09	32.19
其他有限责任公司	34.04	20.53	11.03	11.39	7.83	20.83
股份有限公司	7.09	26.21	12.14	10.23	14.44	15.41
港澳台商投资	2.84	0.50	1.46	2.76	0.94	1.68
与港澳台商合资经营	2.84	0.50	1.46	2.76	0.94	1.68
外商投资	7.80	1.60	1.09	1.77	0.98	2.50
中外合资经营	7.09	1.53	1.06	1.68	0.92	2.43
中外合作经营	0.71	0.07	0.03	0.09	0.06	0.07
按轻重工业分						
轻工业	24.11	9.19	9.20	15.52	37.18	12.85
重工业	75.89	90.81	90.80	84.48	62.82	87.15
按企业规模分						
大型企业	14.89	81.81	80.78	77.03	91.62	67.02
中型企业	37.59	12.48	13.54	14.58	4.10	25.92
小型企业	47.52	5.72	5.68	8.39	4.28	7.06

12-9续

指 标	企业单位数	工业总产值（现价）	资产总额	所有者权益	利税总额	全部从业人员年平均人数(人)
按工业行业分						
煤炭开采和洗选业	2.84	0.53	0.84	1.13	0.68	4.45
石油和天然气开采业	1.42	0.29	0.18	0.41	0.86	0.30
黑色金属矿采选业	0.71	0.21	0.18	0.45	0.40	0.37
农副食品加工业	1.42	0.08	0.08	0.02	0.00	0.26
食品制造业	1.42	0.02	0.02	0.01	0.01	0.44
酒、饮料和精制茶制造业	2.13	0.40	0.34	0.84	0.85	0.88
烟草制品业	1.42	5.62	4.42	8.78	35.15	1.16
纺织业	2.13	0.08	0.11	0.18	0.01	0.42
纺织服装、服饰业	1.42	0.15	0.22	0.45	0.10	1.40
造纸和纸制品业	0.71	0.01	0.02	0.01	0.01	0.20
印刷和记录媒介复制业	4.26	0.31	0.46	0.90	0.27	1.25
石油加工、炼焦和核燃料加工业	2.84	17.07	3.44	3.57	20.88	2.47
化学原料和化学制品制造业	7.80	2.53	2.88	1.65	1.03	3.27
医药制造业	1.42	0.08	0.43	0.73	0.33	0.73
橡胶和塑料制品业	0.71	0.02	0.01	0.00	0.00	0.05
非金属矿物制品业	5.67	0.54	0.36	0.58	0.52	0.88
黑色金属冶炼和压延加工业	2.84	15.32	12.59	10.39	−7.29	17.43
有色金属冶炼和压延加工业	0.71	0.12	0.04	−0.53	−0.37	0.90
金属制品业	7.80	1.33	0.81	0.65	0.45	2.10
通用设备制造业	7.80	3.61	6.35	6.92	0.06	10.62
专用设备制造业	2.84	0.44	0.53	0.80	0.31	1.71
汽车制造业	4.26	19.45	42.30	39.52	8.84	21.60
铁路、船舶、航空航天和其他运输设备制造业	5.67	3.74	2.90	3.61	1.78	6.04
电气机械和器材制造业	7.09	3.23	3.98	3.98	1.69	4.27
计算机、通信和其他电子设备制造业	4.96	11.79	3.63	5.50	6.09	6.46
仪器仪表制造业	1.42	0.15	0.26	0.50	0.10	0.46
废弃资源综合利用业	0.71	0.07	0.03	0.04	0.07	0.07
金属制品、机械和设备修理业	0.71	0.08	0.03	0.07	0.10	0.05
电力、热力生产和供应业	10.64	11.96	9.63	4.33	26.17	7.21
燃气生产和供应业	2.13	0.40	1.23	2.45	0.80	1.23
水的生产和供应业	2.13	0.36	1.70	2.04	0.13	1.33

12-10 国有工业主要经济指标比重(2012年)

MAIN INDICATORS´STRUCTURE ON ECONOMIC BENIFIT OF STATE-OWNED INDUSTRIAL ENTERPRISES(2012)

指　　标	企业单位数	工业总产值(现价)	资产总额	所有者权益	利税总额	全部从业人员年平均人数
总　计	100.00	100.00	100.00	100.00	100.00	100.00
按隶属关系分						
中央企业	34.62	80.69	79.38	77.35	94.82	49.58
省属企业	17.31	2.25	5.40	2.70	0.35	16.77
市属企业	15.38	2.53	3.67	3.94	1.16	9.92
市以下	32.69	14.54	11.55	16.01	3.68	23.73
按轻重工业分						
轻工业	19.23	24.16	24.92	45.15	54.71	16.27
重工业	80.77	75.84	75.08	54.85	45.29	83.73
按企业规模分						
大型企业	11.54	60.89	59.32	50.41	91.79	35.47
中型企业	40.38	31.09	28.02	28.41	5.37	49.89
小型企业	48.08	8.01	12.66	21.18	2.83	14.64
按工业行业分						
煤炭开采和洗选业	3.85	1.58	3.27	4.31	0.84	12.18
石油和天然气开采业	3.85	1.17	0.88	1.85	1.32	1.45

12-10续

指　　标	企业单位数	工业总产值(现价)	资产总额	所有者权益	利税总额	全部从业人员年平均人数
黑色金属矿采选业	1.92	0.85	0.87	2.02	0.62	1.80
烟草制品业	3.85	22.90	21.12	39.69	54.01	5.68
纺织业	3.85	0.23	0.16	0.27	0.01	1.61
印刷和记录媒介复制业	3.85	0.33	0.84	1.46	0.26	2.81
石油加工、炼焦和核燃料加工业	5.77	13.95	7.26	7.67	1.04	4.76
化学原料和化学制品制造业	9.62	3.95	8.33	2.65	0.31	6.36
医药制造业	1.92	0.16	1.36	1.53	0.42	2.41
非金属矿物制品业	5.77	0.48	0.35	0.42	0.13	1.24
黑色金属冶炼和压延加工业	1.92	0.44	0.55	0.16	0.01	1.49
有色金属冶炼和压延加工业	1.92	0.48	0.20	–2.38	–0.57	4.39
金属制品业	1.92	0.10	0.10	0.08	0.02	0.40
通用设备制造业	11.54	6.34	13.67	21.36	0.36	15.99
专用设备制造业	1.92	0.15	0.22	0.23	0.05	0.68
汽车制造业	7.69	1.06	2.12	2.31	–0.15	3.76
铁路、船舶、航空航天和其他运输设备制造业	1.92	0.40	0.94	1.42	0.08	2.67
电气机械和器材制造业	1.92	2.74	4.32	3.78	1.35	2.56
计算机、通信和其他电子设备制造业	1.92	0.16	0.41	–0.45	0.18	0.83
电力、热力生产和供应业	21.15	42.46	32.56	10.94	39.79	26.00
水的生产和供应业	1.92	0.08	0.46	0.68	–0.07	0.93

12-11 规模以上工业资产结构(2012年)

CAPITAL STRUCTURE OF INDUSTRIAL ENTERPRISES ABOVE DESIGNATED SIZE(2012)

指　　标	自有资本构成比率	资本负债比　率	流动资产构成比率	流动比率	负债比率
总　计	38.52	62.78	54.96	114.61	61.36
按登记注册类型分					
内资企业	36.43	57.43	55.34	111.14	63.44
国有企业	34.32	52.28	38.40	88.59	65.63
中央企业	33.44	50.24	39.39	91.49	66.56
省属企业	17.15	20.97	31.40	46.19	81.79
市属企业	36.81	58.26	50.27	110.46	63.17
市以下	47.56	90.59	31.04	93.82	52.50
集体企业	34.02	51.62	58.12	126.63	65.91
省属企业	83.24	496.84	98.61	588.53	16.75
市属企业	-19.59	-16.38	72.85	80.88	119.59
市以下	54.96	122.31	49.99	177.63	44.93
股份合作企业	47.15	89.20	39.87	167.09	52.85
联营企业	35.25	54.44	27.24	49.11	64.75
国有联营企业	33.44	50.24	27.66	48.51	66.56
集体联营企业	80.73	418.98	17.54	91.01	19.27
有限责任公司	36.04	56.44	62.81	126.28	63.86
国有独资企业	31.31	45.61	65.22	129.13	68.65
其他有限责任公司	42.68	74.73	59.43	122.11	57.12
股份有限公司	36.75	58.15	42.50	73.34	63.21
私营企业	40.02	67.26	58.26	120.55	59.50
私营独资企业	61.13	163.15	41.80	142.26	37.47
私营合伙企业	16.72	20.26	65.95	83.16	82.52
私营有限责任公司	37.13	59.51	59.50	107.97	62.40
私营股份有限公司	43.40	76.74	61.30	267.96	56.56
港澳台商投资	60.84	155.58	49.02	187.20	39.10
与港澳台商合资经营	59.11	144.77	54.07	184.61	40.84
与港澳台商合作经营	52.69	111.35	45.40	174.94	47.31
港澳台商独资	59.62	147.95	44.24	199.67	40.29
港澳台商投资股份有限公司	76.84	331.70	37.49	161.82	23.16
外商投资	56.85	131.87	52.64	159.53	43.11
中外合资经营	47.22	89.57	53.51	136.88	52.72
中外合作经营	64.71	183.37	49.30	139.71	35.29
外商独资	62.80	169.14	55.79	199.49	37.13
外商投资股份有限公司	83.48	505.41	43.07	260.96	16.52
按轻重工业分					
轻工业	57.18	133.99	51.90	153.33	42.68
重工业	34.78	53.43	55.57	109.45	65.09
按企业规模分					
大型企业	35.05	53.96	54.79	111.15	64.95
中型企业	39.47	65.30	54.86	109.21	60.45
小型企业	47.35	90.83	55.55	133.79	52.13

12-11续

指　　标	自有资本构成比率	资本负债比　率	流动资产构成比率	流动比率	负债比率
按工业行业分					
煤炭开采和洗选业	42.05	74.60	25.79	47.97	56.36
石油和天然气开采业	72.43	262.75	67.04	256.54	27.57
黑色金属矿采选业	79.39	385.10	67.05	483.99	20.61
非金属矿采选业	51.61	106.67	56.03	136.52	48.39
农副食品加工业	46.55	87.14	55.38	126.71	53.42
食品制造业	61.47	160.83	46.56	151.97	38.22
酒、饮料和精制茶制造业	64.41	181.00	38.67	123.83	35.59
烟草制品业	64.48	181.56	49.88	143.68	35.52
纺织业	38.30	62.32	50.84	91.73	61.45
纺织服装、服饰业	60.60	153.83	41.52	146.19	39.40
皮革、毛皮、羽毛及其制品和制鞋业	30.18	43.53	68.55	134.15	69.33
木材加工和木、竹、藤、棕、草制品业	34.98	56.35	56.38	102.92	62.07
家具制造业	17.26	20.92	68.29	341.32	82.48
造纸和纸制品业	28.74	40.37	58.89	86.79	71.18
印刷和记录媒介复制业	46.37	86.72	47.27	106.14	53.47
文教、工美、体育和娱乐用品制造业	39.66	65.73	50.10	91.32	60.34
石油加工、炼焦和核燃料加工业	32.97	49.20	44.06	65.97	67.03
化学原料和化学制品制造业	27.60	38.17	46.00	92.87	72.32
医药制造业	66.30	197.04	59.84	187.94	33.65
化学纤维制造业	65.04	196.20	68.09	205.40	33.15
橡胶和塑料制品业	52.84	113.62	60.24	158.66	46.51
非金属矿物制品业	38.46	62.63	62.03	118.85	61.41
黑色金属冶炼和压延加工业	27.81	38.53	31.16	48.30	72.18
有色金属冶炼和压延加工业	-19.25	-16.16	80.21	70.54	119.14
金属制品业	51.14	106.12	61.27	146.92	48.19
通用设备制造业	43.57	77.73	67.26	133.28	56.05
专用设备制造业	51.40	106.74	61.54	139.57	48.15
汽车制造业	30.05	42.99	65.79	125.16	69.91
铁路、船舶、航空航天和其他运输设备制造业	33.84	51.16	49.78	85.64	66.16
电气机械和器材制造业	44.50	80.28	64.92	129.11	55.43
计算机、通信和其他电子设备制造业	53.11	113.56	67.52	206.96	46.76
仪器仪表制造业	39.07	64.13	67.73	114.85	60.92
其他制造业	54.95	153.53	58.09	211.01	35.79
废弃资源综合利用业	36.09	56.48	81.56	127.63	63.91
金属制品、机械和设备修理业	87.67	711.12	66.11	788.11	12.33
电力、热力生产和供应业	18.16	22.20	15.89	41.91	81.84
燃气生产和供应业	58.59	141.50	54.28	162.30	41.41
水的生产和供应业	40.07	66.85	38.43	287.76	59.93

12-12 规模以上国有及国有控股工业资产结构(2012年)

CAPITAL STRUCTURE OF STATE-OWED AND STATE-CONTROLLED INDUSTRIAL ENTERPRISES ABOVE DESIGNATED SIZE(2012)

指　　标	自有资本构成比率	资本负债比　率	流动资产构成比率	流动比率	负债比率
总　计	32.45	48.06	52.58	103.75	67.52
按登记注册类型分					
内资企业	31.79	46.63	52.60	102.68	68.18
国有企业	34.32	52.28	38.40	88.59	65.63
中央企业	33.44	50.24	39.39	91.49	66.56
省属企业	17.15	20.97	31.40	46.19	81.79
市属企业	36.81	58.26	50.27	110.46	63.17
市以下	47.56	90.59	31.04	93.82	52.50
联营企业	33.44	50.24	27.66	48.51	66.56
国有联营企业	33.44	50.24	27.66	48.51	66.56
有限责任公司	31.71	46.46	62.69	124.34	68.25
国有独资企业	31.31	45.61	65.22	129.13	68.65
其他有限责任公司	33.52	50.44	51.24	102.50	66.45
股份有限公司	27.34	37.63	34.01	50.67	72.66
港澳台商投资	61.28	158.28	47.37	164.61	38.72
与港澳台商合资经营	61.28	158.28	47.37	164.61	38.72
外商投资	52.84	112.05	57.67	185.02	47.16
中外合资经营	51.59	106.58	56.84	177.73	48.41
中外合作经营	98.31	5810.17	87.91	5195.83	1.69
按轻重工业分					
轻工业	54.78	121.14	48.52	149.30	45.22
重工业	30.19	43.27	52.99	100.89	69.78
按企业规模分					
大型企业	30.95	44.82	53.73	102.87	69.05
中型企业	34.94	53.79	47.28	102.28	64.95
小型企业	47.91	92.43	48.82	124.47	51.83

12-12续

指　　标	自有资本构成比率	资本负债比　率	流动资产构成比率	流动比率	负债比率
按工业行业分					
煤炭开采和洗选业	43.47	79.26	24.27	46.59	54.85
石油和天然气开采业	72.43	262.75	67.04	256.54	27.57
黑色金属矿采选业	79.90	397.51	67.63	515.49	20.10
农副食品加工业	8.56	9.37	61.80	73.18	91.44
食品制造业	24.38	32.25	71.28	99.20	75.61
酒、饮料和精制茶制造业	81.55	442.03	37.85	323.83	18.45
烟草制品业	64.48	181.56	49.88	143.68	35.52
纺织业	53.73	116.44	38.45	87.09	46.14
纺织服装、服饰业	65.51	189.96	45.32	140.60	34.49
造纸和纸制品业	9.37	10.46	95.59	106.70	89.59
印刷和记录媒介复制业	62.88	169.40	45.42	145.50	37.12
石油加工、炼焦和核燃料加工业	33.64	50.69	42.31	63.79	66.36
化学原料和化学制品制造业	18.64	22.91	30.51	51.73	81.36
医药制造业	54.97	122.09	52.03	135.73	45.03
橡胶和塑料制品业	7.20	7.75	96.54	104.02	92.80
非金属矿物制品业	52.84	112.04	41.62	113.49	47.16
黑色金属冶炼和压延加工业	26.78	36.58	29.21	44.56	73.22
有色金属冶炼和压延加工业	-406.12	-80.24	23.79	4.70	506.12
金属制品业	25.95	35.20	68.98	104.57	73.71
通用设备制造业	35.40	54.80	69.25	122.56	64.60
专用设备制造业	49.09	96.42	73.61	142.62	50.91
汽车制造业	30.32	43.53	66.95	130.20	69.65
铁路、船舶、航空航天和其他运输设备制造业	40.41	67.82	48.54	100.17	59.59
电气机械和器材制造业	32.39	47.90	64.08	107.14	67.61
计算机、通信和其他电子设备制造业	49.14	96.62	67.48	216.56	50.86
仪器仪表制造业	62.14	164.16	50.17	132.52	37.86
废弃资源综合利用业	56.27	128.70	89.98	205.79	43.73
金属制品、机械和设备修理业	85.98	613.03	21.69	154.62	14.02
电力、热力生产和供应业	14.60	17.10	14.51	37.05	85.40
燃气生产和供应业	64.68	183.16	51.20	198.07	35.32
水的生产和供应业	38.98	63.89	40.75	333.77	61.02

12-13　国有工业资产结构(2012年)

CAPITAL STRUCTURE OF STATE-OWNED INDUSTRIAL ENTERPRISES(2012)

指　　标	自有资本构成比率	资本负债比　率	流动资产构成比率	流动比率	负债比率
总　计	34.32	52.28	38.40	88.59	65.63
按隶属关系分					
中央企业	33.44	50.24	39.39	91.49	66.56
省属企业	17.15	20.97	31.40	46.19	81.79
市属企业	36.81	58.26	50.27	110.46	63.17
市以下	47.56	90.59	31.04	93.82	52.50
按轻重工业分					
轻工业	62.18	164.44	48.41	135.61	37.82
重工业	25.07	33.48	35.07	76.45	74.87
按企业规模分					
大型企业	29.16	41.17	31.29	76.84	70.84
中型企业	34.79	53.33	51.09	92.34	65.23
小型企业	57.42	136.31	43.59	149.97	42.12
按工业行业分					
煤炭开采和洗选业	45.15	81.95	22.66	43.83	55.09
石油和天然气开采业	72.43	262.75	67.04	256.54	27.57
黑色金属矿采选业	79.90	397.51	67.63	515.49	20.10
烟草制品业	64.48	181.56	49.88	143.68	35.52

12-13续

指　　标	自有资本构成比率	资本负债比　率	流动资产构成比率	流动比率	负债比率
纺织业	57.84	138.54	76.58	218.45	41.75
印刷和记录媒介复制业	59.63	147.73	48.82	195.72	40.37
石油加工、炼焦和核燃料加工业	36.24	56.84	56.45	88.60	63.76
化学原料和化学制品制造业	10.92	12.26	23.90	42.51	89.08
医药制造业	38.60	62.88	38.19	66.03	61.40
非金属矿物制品业	40.59	68.32	40.06	267.22	59.41
黑色金属冶炼和压延加工业	9.88	10.96	18.44	20.46	90.12
有色金属冶炼和压延加工业	-406.12	-80.24	23.79	4.70	506.12
金属制品业	26.79	36.60	84.68	116.94	73.21
通用设备制造业	53.61	115.55	62.97	157.99	46.39
专用设备制造业	36.06	56.39	36.37	50.36	63.94
汽车制造业	37.40	62.44	64.30	229.28	59.90
铁路、船舶、航空航天和其他运输设备制造业	52.12	108.87	34.08	113.43	47.88
电气机械和器材制造业	29.99	42.84	82.17	118.14	70.01
计算机、通信和其他电子设备制造业	-37.42	-27.23	73.56	210.10	137.42
电力、热力生产和供应业	11.53	13.03	12.51	33.63	88.47
水的生产和供应业	51.19	104.86	27.50	56.76	48.81

12-14 分隶属关系规模以上工业主要经济指标(2012年)

MAIN ECONOMIC INDICATORS OF INDUSTRIAL ENTERPRISES ABOVE DESIGNATED SIZE(2012)

指标	全市	中央属企业	省属企业	市属企业	县属企业	县属以下及其它企业
企业个数（个）	1647	37	39	97	97	1377
工业总产值（万元）	42482934	7804923	10051616	2482512	2810629	19333254
资产与负债（万元）						
实收资本	7869627	1434142	2664422	727950	436501	2606612
#国家资本金	1496155	957269	147776	190981	92737	107394
应收账款净额	4557131	528932	979106	325426	461186	2262482
流动资产合计	22583916	2227588	8916177	2000242	1451602	7988308
#存货	5790278	665245	2470453	537587	262124	1854870
固定资产合计	12152646	2680283	3923428	1180718	880547	3487670
资产总计	41092887	5819551	15373034	3883043	2663971	13353289
流动负债合计	19704767	2756521	8220011	1986400	1032386	5709449
非流动负债合计	4641184	1191703	2303500	417780	176334	551867
所有者权益	15827747	1870614	4817492	1338540	1421677	6379424
损益及分配(万元)						
主营业务收入	44549670	7732361	12233387	2570465	2956864	19056594
主营业务成本	36877409	5813695	11024713	2213478	2467297	15358225
主营业务税金及附加	1231698	959412	53637	18122	27259	173268
管理费用	2160779	208597	679736	201557	178708	892182
#税金	107692	12709	29197	13587	7980	44219
亏损企业亏损额	432579	54274	215302	90619	17610	54775
利润总额	2530637	613305	-23195	67087	224330	1649110
利税总额	4982387	1807291	226250	149782	360871	2438194
应交所得税	363204	8657	36708	28436	48763	240641
应交增值税	1220052	234574	195808	64573	109282	615815
主要效益指标						
产品销售率（%）	98.15	98.33	98.12	95.29	98.79	98.37
总资产贡献率（%）	13.56	32.47	3.51	4.82	14.4	19.28
流动资产周转次数（次）	1.97	3.47	1.37	1.29	2.04	2.39
经济效益综合指数（%）	278.72	652.22	253.31	146.34	253.85	282.59

12-15 规模以上工业主要经济指标(2010-2012年)

MAIN ECONOMIC INDICATORS OF INDUSTRIAL ENTERPRISES ABOVE DESIGNATED SIZE(2010-2012)

指标	2010年规模以上工业	国有	2011年规模以上工业	国有	2012年规模以上工业	国有
企业个数(个)	2021	66	1417	54	1647	52
工业总产值(万元)	44856080	4043840	40284872	4781027	42482934	4912012
资产与负债(万元)						
实收资本	6582968	733965	6907447	940267	7869627	936166
#国家资本金	776427	249392	1123568	606638	1496155	683106
应收账款净额	2729250	294828	3325533	313432	4557131	374819
流动资产合计	21312777	1783196	21682947	1533467	22583916	1958892
#存货	5740441	701872	5801431	426314	5790278	447127
固定资产合计	11774705	1865436	11906052	2364995	12152646	2368104
资产总计	39044247	4894036	39328977	4580616	41092887	5101629
流动负债合计	17808179	1894670	19117883	1948193	19704767	2211154
非流动负债合计	5646096	1353168	5486562	1283171	4641184	1100185
所有者权益	14817485	1627750	14078889	1289658	15827747	1750665
损益及分配(万元)						
主营业务收入	44971709	4169301	41651863	4891427	44549670	4924053

12-15续

指　　标	2010年规模以上工业	国　有	2011年规模以上工业	国　有	2012年规模以上工业	国　有
主营业务成本	37107681	2936405	34590634	3254317	36877409	3431840
主营业务税金及附加	1060901	356404	1042707	468537	1231698	555275
管理费用	2216190	291354	1964020	227454	2160779	190909
#税金	204807	35598	85807	10285	107692	13524
亏损企业亏损额	97610	19079	271784	61846	432579	25591
利润总额	3397574	643216	2426309	561683	2530637	646193
利税总额	5845254	1162785	4534664	1217350	4982387	1401892
应交所得税	484739	26082	310967	22905	363204	17636
应交增值税	1386779	163165	1065648	187131	1220052	200424
主要效益指标						
产品销售率（%）	98.71	100.63	98.52	97.05	98.15	97.67
总资产贡献率（%）	15.98	24.51	13.05	27.80	13.56	28.63
流动资产周转次数（次）	2.11	2.34	1.92	2.59	1.97	2.51
经济效益综合指数（%）	300.38	592.84	293.06	558.77	278.72	552.92

12-16 规模以上工

CAPITAL POWER OF INDUSTRIAL ENTERPRISES

指　　标	实收资本	国家资本金	应收帐款净额	流动资产合　计	存　货
总　计	7869627	1496155	4557131	22583916	5790278
按登记注册类型分					
内资企业	6737694	1432854	4129739	20575670	5357628
国有企业	936166	683106	374819	1958892	447127
中央企业	787500	614826	292758	1595262	385075
省属企业	52401	3754	25306	86516	25402
市属企业	36018	21438	27411	94200	21609
市以下	60248	43088	29344	182915	15042
集体企业	34836	1027	29893	116313	37226
省属企业	229		1086	5897	1290
市属企业	5429	977	11782	42603	20999
市以下	29179	50	17025	67813	14937
股份合作企业	15771	422	13776	46060	15661
联营企业	68675		37940	250318	100350
国有联营企业	61358		37747	243951	95016
集体联营企业	6100		193	6189	5317
有限责任公司	3780335	446866	2194128	13039682	3451303
国有独资企业	2286531	262611	620022	7910825	2187908
其他有限责任公司	1493805	184255	1574106	5128857	1263395
股份有限公司	897005	293985	520385	1938870	537355
私营企业	916875	6038	896649	2931726	691108
私营独资企业	110707	400	41166	182929	58221
私营合伙企业	3551		2439	18372	3216
私营有限责任公司	720188	2261	705835	2282369	549579
私营股份有限公司	82429	3377	147209	448055	80092
港澳台商投资	409309	46500	105481	719535	104424
与港澳台商合资经营	211777	46500	42589	434742	45528
与港澳台商合作经营	508		1642	5833	2421
港澳台商独资	171741		57304	229225	51550
港澳台商投资股份有限公司	25283		3946	49736	4926
外商投资	722624	16802	321911	1288711	328227
中外合资经营	400882	13794	223314	727780	200501
中外合作经营	28417	3008	9823	49875	13963
外商独资	216730		80395	377460	97408
外商投资股份有限公司	76595		8379	133596	16355
按轻重工业分					
轻工业	1520589	106577	598940	3555248	709923
重工业	6349038	1389578	3958191	19028668	5080356

业 资 产 实 力（2012年）

ABOVE DESIGNATED SIZE(2012)

单位:万元

固定资产合计	固定资产原价	资产总计	流动负债	非流动负债合计	所有者权益
12152646	17167143	41092887	19704767	4641184	15827747
10782463	15169730	37177150	18512591	4335210	13543236
2368104	3293238	5101629	2211154	1100185	1750665
1805325	2411891	4049462	1743628	951646	1354182
137893	184205	275542	187285	13631	47267
77089	106094	187373	85279	33094	68967
347798	591049	589253	194961	101813	280249
62428	82083	200113	91855	26227	68074
82	545	5980	1002		4978
15243	17510	58482	52676	17202	-11454
47103	64028	135650	38177	9025	74550
59716	68025	115527	27566	15795	54465
544879	821385	918851	509736	84192	323907
534774	811008	882095	502936	84192	294967
10105	10377	35292	6800		28492
4383972	5772151	20759367	10326366	2744621	7481865
1901204	2090526	12128884	6126141	2100802	3798083
2482768	3681625	8630483	4200226	643818	3683782
2104486	3519605	4561546	2643796	237984	1676517
1130752	1472995	5032421	2431869	124434	2013836
154096	182076	437641	128589	5360	267536
8258	9047	27858	22092	302	4658
838921	1100554	3836024	2113981	117093	1424425
129477	181318	730898	167207	1679	317217
591433	879326	1467758	384365	186254	892949
314604	445313	804053	235495	92261	475315
6329	13540	12847	3334		6769
228749	357721	518178	114801	93993	308921
41750	62753	132680	30735		101946
778750	1118088	2447979	807811	119721	1391561
469746	703024	1360102	531701	99694	642299
45957	72666	101159	35699		65460
243236	317606	676568	189216	19992	424882
19811	24792	310151	51195	35	258921
2018255	2996992	6850700	2318752	351250	3917320
10134390	14170151	34242187	17386014	4289934	11910427

12-16续

指　　标	实收资本	国家资本金	应收帐款净额	流动资产合　计	存　货
按企业规模分					
大型企业	4016153	966197	1804568	12877818	3494132
中型企业	1712538	369102	1410365	5136320	1134306
小型企业	2140936	160856	1342198	4569779	1161841
按工业行业分					
煤炭开采和洗选业	42355	9184	8892	56016	5814
石油和天然气开采业	4980	4000	22687	30040	
黑色金属矿采选业	15268		4603	30664	4003
非金属矿采选业	10668	1750	8786	34978	3455
农副食品加工业	27530	310	37224	125252	52779
食品制造业	119127		55845	299348	72633
酒、饮料和精制茶制造业	142644	6680	14036	157073	71070
烟草制品业	150901		1860	537479	65
纺织业	61410	2322	32879	176497	70260
纺织服装、服饰业	61452	399	19097	80374	24375
皮革、毛皮、羽毛及其制品和制鞋业	4279		2896	14793	6435
木材加工和木、竹、藤、棕、草制品业	5100		5400	18326	7720
家具制造业	106055		55821	109874	31470
造纸和纸制品业	13337	300	15821	62816	20603
印刷和记录媒介复制业	118164	7503	54707	215914	31926
文教、工美、体育和娱乐用品制造业	7932		4575	18400	7675
石油加工、炼焦和核燃料加工业	391012	383066	73927	396558	232473
化学原料和化学制品制造业	333326	68233	238349	1156899	295946
医药制造业	297322	9955	193592	1025426	187008
化学纤维制造业	6704		1780	12886	9333
橡胶和塑料制品业	77979		44258	184648	42809
非金属矿物制品业	321728	9141	404995	1385457	200907
黑色金属冶炼和压延加工业	404011	3927	220638	1033080	377538
有色金属冶炼和压延加工业	6217		8503	69149	23812
金属制品业	323505	32861	294153	958628	242084
通用设备制造业	770478	369111	558979	2158443	710357
专用设备制造业	165711	13028	134101	484020	137670
汽车制造业	2226252	104397	595607	7300798	1998706
铁路、船舶、航空航天和其他运输设备制造业	302761	41317	203275	497540	135929
电气机械和器材制造业	380718	32019	533161	1560792	396046
计算机、通信和其他电子设备制造业	250873	57397	289395	1003006	256133
仪器仪表制造业	100112	1038	82913	285151	62612
其他制造业	3610		679	6280	847
废弃资源综合利用业	2189	854	2708	14829	6190
金属制品、机械和设备修理业	60886	40836	232949	242815	6610
电力、热力生产和供应业	357807	219617	68252	418588	47866
燃气生产和供应业	118360	45000	10188	223096	4830
水的生产和供应业	76869	31913	19603	197987	4294

固定资产合计	固定资产原价	资产总计	流动负债	长期负债	所有者权益
7053457	10008660	23502838	11585907	3427382	8236640
2657570	3970342	9363130	4703224	819622	3695765
2441618	3188142	8226920	3415635	394180	3895342
123963	181390	217217	116765	5638	91330
14902	34424	44810	11710	643	32457
2465	14302	45733	6336	3092	36305
20811	25444	62428	25621	669	32221
76248	100749	226169	98850	6694	105289
203973	317483	642872	196982	32708	395152
217440	308105	406227	126843	13143	261657
250227	433577	1077638	374069	8665	694904
131809	184409	347179	192418	14065	132956
114861	129317	193560	54980	20691	117305
5567	6752	21581	11027	2333	6512
10692	13231	32504	17805	953	11369
49579	49977	160899	32191	23068	27770
34321	48955	106661	72380	1586	30651
156112	225306	456791	203423	38777	211833
15547	17562	36724	20149	85	14565
381806	743562	900140	601156	263	296821
703567	1083146	2515239	1245761	234279	694282
422432	606749	1713696	545610	29195	1136175
5524	8012	18925	6274		12309
95193	153545	306540	116383	12281	161977
593503	799946	2233512	1165689	136791	859088
1995833	3270208	3315286	2138983	252576	922069
11883	29197	86212	98026		-16596
377643	497589	1564547	652494	48946	800061
690274	924702	3208946	1619449	158788	1398011
132785	170288	786506	346787	20581	404228
1586968	1715011	11097837	5833343	1895425	3335285
288344	405944	999417	580981	80090	338246
441582	565831	2404160	1208892	104148	1069951
387356	542474	1485425	484648	202347	788870
73246	90588	421023	248282	1107	164499
904	1291	10810	2976		5940
3210	7462	18181	11619		6562
120869	241135	367307	30810	14475	322023
2091801	2802122	2633955	998797	1143503	478419
146594	170049	411022	137456	30746	240824
172813	247313	515209	68804	102834	206426

12-17 规模以上国有及

CAPITAL POWER OF STATE-OWNED AND STATE-CONTROLLED

指标	实收资本	国家资本金	应收帐款净额	流动资产合计	存货
总计	4714972	1398768	1708144	12819819	3572853
按登记注册类型分					
内资企业	4502762	1350064	1668980	12498054	3544657
国有企业	936166	683106	374819	1958892	447127
中央企业	787500	614826	292758	1595262	385075
省属企业	52401	3754	25306	86516	25402
市属企业	36018	21438	27411	94200	21609
市以下	60248	43088	29344	182915	15042
联营企业	61358		37747	243951	95016
国有联营企业	61358		37747	243951	95016
有限责任公司	2919297	383943	951700	9288362	2640517
国有独资企业	2286531	262611	620022	7910825	2187908
其他有限责任公司	632766	121332	331678	1377537	452609
股份有限公司	585941	283015	304713	1006848	361998
港澳台商投资	110970	43500	12627	168921	3624
与港澳台商合资经营	110970	43500	12627	168921	3624
外商投资	101240	5204	26538	152844	24571
中外合资经营	99140	5204	23288	146609	24351
中外合作经营	2100		3250	6235	220
按轻重工业分					
轻工业	495929	90815	81622	1088109	80362
重工业	4219043	1307954	1626523	11731710	3492490
按企业规模分					
大型企业	3531460	949069	1269405	10582131	2981649
中型企业	733499	308376	267127	1561210	424695
小型企业	450013	141323	171612	676479	166509

国有控股工业资产实力（2012年）

INDUSTRIAL ENTERPRISES ABOVE DESIGNATED SIZE(2012)

单位:万元

固定资产合计	固定资产原价	固定资产净值 资产总计	流动负债	非流动负债合计	所有者权益
7706872	10952047	24382949	12356541	3963978	7912815
7481642	10630555	23761356	12171312	3886176	7554258
2368104	3293238	5101629	2211154	1100185	1750665
1805325	2411891	4049462	1743628	951646	1354182
137893	184205	275542	187285	13631	47267
77089	106094	187373	85279	33094	68967
347798	591049	589253	194961	101813	280249
534774	811008	882095	502936	84192	294967
534774	811008	882095	502936	84192	294967
2841658	3475989	14817160	7470050	2538756	4699170
1901204	2090526	12128884	6126141	2100802	3798083
940454	1385463	2688276	1343909	437954	901087
1737105	3050320	2960472	1987173	163043	809456
151224	184899	356570	102619	35433	218512
151224	184899	356570	102619	35433	218512
74007	136593	265024	82610	42370	140045
73150	135703	257932	82490	42370	133072
857	890	7092	120		6972
628171	1004576	2242597	728787	184719	1228456
7078701	9947472	22140352	11627754	3779259	6684359
6068051	8426540	19695456	10286575	3313514	6095366
1200227	1871901	3301948	1526460	510168	1153667
438595	653607	1385545	543505	140296	663782

12-17续

指标	实收资本	国家资本金	应收帐款净额	流动资产合计	存货
按工业行业分					
煤炭开采和洗选业	41922	9184	8701	50004	4894
石油和天然气开采业	4980	4000	22687	30040	
黑色金属矿采选业	14580		4374	29952	3849
农副食品加工业	2696	300	2562	12740	6240
食品制造业	400		157	2849	513
酒、饮料和精制茶制造业	56711	372	1658	30971	8342
烟草制品业	150901		1860	537479	65
纺织业	12322	2322	1010	10396	8358
纺织服装、服饰业	3488	399	3030	24720	2834
造纸和纸制品业	505	300	493	5144	866
印刷和记录媒介复制业	50275	7121	28167	51213	6064
石油加工、炼焦和核燃料加工业	383066	383066	62080	354876	218256
化学原料和化学制品制造业	76003	60305	18283	214036	75672
医药制造业	23646	5550	7121	54998	9082
橡胶和塑料制品业	150		192	1952	872
非金属矿物制品业	23640	3700	5200	36033	6944
黑色金属冶炼和压延加工业	325810	3000	205666	896728	326623
有色金属冶炼和压延加工业	500		154	2441	1545
金属制品业	53204	32420	40090	136470	64947
通用设备制造业	441034	353764	233166	1071469	395405
专用设备制造业	32127	11493	28182	95137	24854
汽车制造业	2086406	103867	481091	6905093	1873279
铁路、船舶、航空航天和其他运输设备制造业	263932	41017	111143	343458	109138
电气机械和器材制造业	83409	23478	200766	622385	215096
计算机、通信和其他电子设备制造业	95479	52473	141824	597609	154286
仪器仪表制造业	39040	918	17630	32120	3223
废弃资源综合利用业	1139	854	729	5526	1437
金属制品、机械和设备修理业	5836	5836	635	1472	765
电力、热力生产和供应业	306225	217617	57430	340628	44369
燃气生产和供应业	89835	43500	5482	153164	3485
水的生产和供应业	45713	31913	16584	168717	1550

固定资产合计	固定资产原价	固定资产净值 资产总计	流动负债	非流动负债合计	所有者权益
118880	174795	206026	107338	5638	89567
14902	34424	44810	11710	643	32457
2193	13818	44290	5810	3092	35387
7185	9475	20615	17408	1442	1765
1146	1924	3996	2872	150	974
36982	51536	81820	9564	4985	66725
250227	433577	1077638	374069	8665	694904
2096	6651	27040	11936	542	14530
39317	24318	54548	17582	1230	35736
157	320	5382	4821		505
56654	79690	112747	35199	6652	70896
364641	723779	838769	556341	263	282164
179612	257858	701536	413778	157007	130751
14149	16297	105715	40519	7080	58116
70	134	2022	1877		146
40247	53741	86571	31751	8804	45743
1907282	3155774	3069695	2012395	235224	822077
3767	16368	10258	51920		–41662
52831	93719	197845	130504	15299	51335
324545	438851	1547280	874247	120498	547719
16647	40020	129241	66708	–911	63444
1360259	1435430	10313331	5303356	1855800	3127090
222927	319709	707545	342891	78712	285943
248173	271340	971328	580907	75836	314585
268040	364881	885651	275950	174491	435210
24810	27239	64025	24238		39788
473	2585	6141	2685		3456
5020	6030	6788	952		5836
1906704	2584972	2347115	919337	1072447	342723
116905	131694	299151	77328	28318	193499
120032	181102	414030	50549	102076	161406

12-18 国 有 工 业

CAPITAL POWER OF STATE-OWNED

指　　标	实收资本		应收帐款净额	流动资产合　计	
		国家资本金			存　货
总　计	936166	683106	374819	1958892	447127
按隶属关系分					
中央企业	787500	614826	292758	1595262	385075
省属企业	52401	3754	25306	86516	25402
市属企业	36018	21438	27411	94200	21609
市以下	60248	43088	29344	182915	15042
按轻重工业分					
轻工业	190987	18440	26316	615396	16433
重工业	745179	664665	348504	1343497	430695
按企业规模分					
大型企业	491444	441743	163830	947077	139037
中型企业	225051	166617	146492	730354	262442
小型企业	219672	74745	64497	281461	45648
按工业行业分					
煤炭开采和洗选业	34184	9184	8693	37847	4381
石油和天然气开采业	4980	4000	22687	30040	
黑色金属矿采选业	14580		4374	29952	3849
烟草制品业	150901		1860	537479	65
纺织业	2322	2322	1220	6196	3948
印刷和记录媒介复制业	7736	2736	13032	20955	2364
石油加工、炼焦和核燃料加工业	121092	121092	5251	209191	140301
化学原料和化学制品制造业	39607	39541	4759	101601	36712
医药制造业	16646		4032	26432	4600
非金属矿物制品业	3419	619	704	7208	1906
黑色金属冶炼和压延加工业	3000	3000	1236	5147	3196
有色金属冶炼和压延加工业	500		154	2441	1545
金属制品业	1100	1100	2438	4337	50
通用设备制造业	320734	320734	151606	439206	154224
专用设备制造业	1980	1980	560	4129	1061
汽车制造业	13189	4209	14032	69444	25565
铁路、船舶、航空航天和其他运输设备制造业	10470	10470	4979	16293	4100
电气机械和器材制造业	20000		91588	181275	53456
计算机、通信和其他电子设备制造业	2590	2590	4139	15424	2861
电力、热力生产和供应业	165225	157617	36687	207898	2483
水的生产和供应业	1913	1913	788	6399	461

资　产　实　力（2012年）

INDUSTRIAL ENTERPRISES(2012)

单位:万元

固定资产合计	固定资产原价	资产总计	流动负债	长期负债	所有者权益
2368104	3293238	5101629	2211154	1100185	1750665
1805325	2411891	4049462	1743628	951646	1354182
137893	184205	275542	187285	13631	47267
77089	106094	187373	85279	33094	68967
347798	591049	589253	194961	101813	280249
329290	523762	1271178	453798	26904	790443
2038814	2769476	3830451	1757356	1073281	960222
1645256	2105925	3026434	1232519	911372	882543
503804	826058	1429428	790959	137429	497321
219045	361255	645768	187676	51383	370801
103742	135790	167024	86354	5638	75405
14902	34424	44810	11710	643	32457
2193	13818	44290	5810	3092	35387
250227	433577	1077638	374069	8665	694904
1842	6384	8090	2836	542	4680
21688	23457	42925	10707	6621	25597
81003	128616	370580	236100	180	134300
75581	93364	425063	238978	139678	46407
8155	10789	69220	40031	2467	26721
6204	11324	17994	2697	7720	7304
22195	21020	27908	25150		2757
3767	16368	10258	51920		-41662
585	867	5122	3709	41	1372
239914	244637	697489	277998	45584	373907
4646	4807	11354	8200	-941	4094
32373	52680	107997	30288	10229	40396
31162	31114	47812	14363	8528	24921
34064	54186	220603	153437	1000	66166
4672	11521	20968	7341	21474	-7847
1413559	1947172	1661220	618178	838944	191490
15633	17325	23265	11275	82	11909

12-19 规模以上工

PROFIT、LOSS AND DISTRIBUTION OF INDUSTRIAL

指　　标	主营业务收入				管理费用	
		主营业务成本	营业费用	主营业务税金及附加		税　金
总　计	44549670	36877409	1530953	1231698	2160779	107692
按登记注册类型分						
内资企业	40403263	33586495	1305133	1189344	1928417	95791
国有企业	4924053	3431840	55881	555275	190909	13524
中央企业	3924879	2555762	33343	546674	96613	8684
省属企业	143664	99857	2829	1612	22759	662
市属企业	133436	110554	1612	815	12226	605
市以下	722074	665668	18097	6174	59311	3574
集体企业	421724	348154	9782	4706	21247	811
省属企业	5579	5397		21	336	
市属企业	112549	105893	1305	151	7559	620
市以下	303596	236864	8477	4534	13352	191
股份合作企业	215598	161785	9142	5104	8462	655
联营企业	737768	713790	9659	582	35568	1789
国有联营企业	711846	692398	9317		35038	1675
集体联营企业	23157	19716	342	576	426	114
有限责任公司	17520187	14743048	780424	105410	1040747	47465
国有独资企业	6281251	5636548	241346	25639	338527	21286
其他有限责任公司	11238936	9106499	539078	79771	702220	26179
股份有限公司	7223696	6470937	88097	431350	242393	12134
私营企业	8547497	7049410	318830	78831	356199	17909
私营独资企业	1546569	1278369	41038	20980	40714	2090
私营合伙企业	42849	36644	921	219	2394	43
私营有限责任公司	6062284	5041168	235308	52739	264492	13622
私营股份有限公司	895794	693229	41564	4893	48600	2154
港澳台商投资	972783	712946	78669	6164	61784	4552
与港澳台商合资经营	529695	375546	56946	3531	31430	2017
与港澳台商合作经营	21026	19954	722	125	2431	133
港澳台商独资	368462	278542	16777	2123	22292	1953
港澳台商投资股份有限公司	53600	38904	4225	384	5632	449
外商投资	3173624	2577968	147151	36190	170578	7349
中外合资经营	1866367	1566752	66012	29721	106219	4250
中外合作经营	164117	122829	17398	1064	4429	424
外商独资	844823	658708	27930	4589	49335	2169
外商投资股份有限公司	298317	229680	35812	817	10595	507
按轻重工业分						
轻工业	8019070	5846060	395552	609745	410092	17694
重工业	36530600	31031349	1135401	621953	1750687	89998
按企业规模分						
大型企业	23077563	19199307	684067	1023960	1036369	45433
中型企业	8354197	6888181	356771	75413	513847	26508
小型企业	13117910	10789921	490115	132326	610563	35752

业 损 益 及 分 配 （2012年）

ENTERPRISES ABOVE DESIGNATED SIZE（2012）

单位：万元

利息支出	利润总额	亏损企业亏损额	利税总额	应交所得税	应交增值税
591274	2530637	432579	4982387	363204	1220052
563302	2123925	407363	4390101	287932	1076832
58892	646193	25591	1401892	17636	200424
47337	628882	3732	1329213	6248	153657
4395	-8520	10442	4873	190	11782
287	10211	1830	16275	1895	5250
6872	15621	9587	51531	9303	29736
2886	28360	62	49438	4356	16373
	38		210	36	151
776	2262	6	3631	699	1218
2109	26060	56	45597	3621	15003
940	29773	7	43174	6596	8296
25535	-41942	44249	-25685	3348	15674
25403	-44249	44249	-29377	3022	14872
132	2205		3578	326	797
330814	849562	106521	1377167	152654	422195
205634	127191	6557	260366	25275	107536
125180	722372	99965	1116801	127379	314659
83270	-36426	203369	527662	23781	132738
55807	587249	16348	929291	68367	263211
3715	139928	1170	216090	15191	55183
351	1912	12	3345	116	1214
40098	391657	14325	627816	45298	183419
11643	53752	841	82039	7762	23395
12448	131537	8917	186055	23788	48354
5677	77709	1253	107042	13578	25802
63	-2314	2314	-2180		8
6709	46339	5350	68065	9243	19603
	9803		13127	967	2940
15524	275175	16300	406232	51485	94867
10778	97793	12096	186345	20795	58830
165	18250	2425	23381	2713	4068
4581	108454	1778	139839	22021	26797
	50678		56666	5956	5171
46402	709503	37787	1670704	95528	351455
544872	1821134	394793	3311684	267676	868597
399252	1067379	256629	2662302	138324	570964
121767	501508	123559	836678	96117	259758
70255	961751	52391	1483407	128764	389330

12-19续

指　　　标	主营业务收入	主营业务成本	营业费用	主营业务税金及附加	管理费用	税　金
按工业行业分						
煤炭开采和洗选业	121627	81232	1259	2432	30130	879
石油和天然气开采业	57261	42540		3118	3746	37
黑色金属矿采选业	46801	35873	642	428	5016	145
非金属矿采选业	224934	190817	3211	2661	2982	632
农副食品加工业	718023	597885	24131	3248	21585	827
食品制造业	971353	774549	56289	8838	39478	2470
酒、饮料和精制茶制造业	766667	611076	50385	22980	29850	1223
烟草制品业	1122260	411758	64	535356	7583	638
纺织业	627552	560961	9944	2444	13609	1318
纺织服装、服饰业	271840	231580	4401	3375	20229	790
皮革、毛皮、羽毛及其制品和制鞋业	52794	40495	2177	2260	2291	99
木材加工和木、竹、藤、棕、草制品业	98427	82602	1253	1432	1438	19
家具制造业	137368	103365	11283	583	16523	238
造纸和纸制品业	192956	164647	6756	1168	10644	134
印刷和记录媒介复制业	280082	226395	10413	1304	21429	1451
文教、工美、体育和娱乐用品制造业	100947	83582	3754	903	3987	305
石油加工、炼焦和核燃料加工业	3439316	2987314	5263	414689	48522	3638
化学原料和化学制品制造业	3259047	2737180	117051	27508	140900	6107
医药制造业	1197872	748368	117326	11222	123902	3608
化学纤维制造业	18796	15811	255	18	997	56
橡胶和塑料制品业	512016	425727	15523	3010	16723	1320
非金属矿物制品业	2572147	2089619	97797	38313	104611	7126
黑色金属冶炼和压延加工业	4315836	4247311	36227	8449	136663	5903
有色金属冶炼和压延加工业	152880	134655	777	383	12793	371
金属制品业	2762617	2267001	70629	25397	98451	6533
通用设备制造业	3180955	2497714	183328	23144	206127	11579
专用设备制造业	965631	752239	39725	7546	66676	4054
汽车制造业	6642413	5950627	236345	27513	317972	23506
铁路、船舶、航空航天和其他运输设备制造业	946043	799764	29843	10974	87351	1524
电气机械和器材制造业	2337436	1934051	111130	8203	109965	5899
计算机、通信和其他电子设备制造业	3098917	2466851	220615	15572	293062	5947
仪器仪表制造业	364270	271770	28085	4884	43351	1605
其他制造业	13670	11998	325	9	691	137
废弃资源综合利用业	45375	39556	842	151	3406	173
金属制品、机械和设备修理业	177788	85689	735	2990	12248	621
电力、热力生产和供应业	2480116	1939242	16533	6841	79975	5448
燃气生产和供应业	174641	143669	12500	1737	13587	430
水的生产和供应业	100999	91899	4137	615	12288	904

利息支出	利润总额	亏损企业亏损额	利税总额	应交所得税	应交增值税
5153	840	2424	16631	942	13358
	7813		18436	2136	7505
212	5812	7	8642	1543	2402
445	23200		36029	2705	10167
2880	38655	308	57008	4127	15106
9884	105051	1093	152133	19856	38244
1593	63360	892	115609	14541	29269
422	110045		757179		111778
7004	30712	2155	51541	1570	18385
628	12180	44	21831	2072	6276
215	2198	125	5543	380	1085
343	10706		16247	2039	4110
36	6643		9742	100	2516
942	10926	196	17990	957	5896
4668	19806	1979	29581	2214	8471
330	5517	72	9298	527	2877
16702	−28270	35959	454185	−420	67766
46200	182462	13806	268853	30850	58882
9485	195767	12055	274140	32213	67151
60	1486		1277	233	−227
3740	47161	3259	72320	9567	22150
36306	224113	9113	357867	36217	95441
81008	−175569	197796	−123682	8283	43438
−401	−1179	8609	1045	1130	1842
14068	258440	6686	392958	33757	109122
22679	234140	73854	376197	40836	118913
7802	78268	1622	115306	9013	29492
200697	120764	15863	250234	27107	101958
7438	19818	17369	54361	5519	23568
21360	187386	5229	234773	28116	39184
26899	123779		209561	16826	70210
1681	21284	10253	38204	2600	12035
60	608		658	60	41
304	1132		2420	276	1137
334	45097		64723	10971	16637
52226	511222	9169	571783	7308	53720
92	25019	679	32548	5690	5792
7782	4246	1965	9217	1343	4355

12-20 规模以上国有及国有

PROFIT、LOSS AND DISTRIBUTION OF STATE-OWNED AND STATE-CONTROLLED

指　　标	主营业务收入				管理费用	
		主营业务成本	营业费用	主营业务税金及附加		税　金
总　计	22125078	18758432	588200	1032073	1090252	50275
按登记注册类型分						
内资企业	21718539	18410252	567760	1024876	1055283	48934
国有企业	4924053	3431840	55881	555275	190909	13524
中央企业	3924879	2555762	33343	546674	96613	8684
省属企业	143664	99857	2829	1612	22759	662
市属企业	133436	110554	1612	815	12226	605
市以下	722074	665668	18097	6174	59311	3574
联营企业	711846	692398	9317		35038	1675
国有联营企业	711846	692398	9317		35038	1675
有限责任公司	10326803	8974203	473811	54185	693983	28946
国有独资企业	6281251	5636548	241346	25639	338527	21286
其他有限责任公司	4045552	3337655	232466	28546	355456	7661
股份有限公司	5755837	5311811	28752	415417	135354	4788
港澳台商投资	105318	87681	8438	551	10997	563
与港澳台商合资经营	105318	87681	8438	551	10997	563
外商投资	301222	260498	12002	6646	23971	778
中外合资经营	287372	248110	11984	6639	23685	512
中外合作经营	13850	12388	18	8	287	266
按轻重工业分						
轻工业	1873368	1036247	40048	554512	78856	4124
重工业	20251710	17722185	548151	477561	1011396	46151
按企业规模分						
大型企业	18415827	15497911	490197	999355	790916	32432
中型企业	2504223	2223468	73668	23698	193163	8983
小型企业	1205028	1037054	24335	9020	106172	8859

控股工业损益及分配（2012年）

INDUSTRIAL ENTERPRISES ABOVE DESIGNATED SIZE(2012)

单位:万元

利息支出	利润总额	亏损企业亏损额	利税总额	应交所得税	应交增值税
418909	616941	344426	2154014	73954	505000
417497	595129	342304	2112589	69575	492584
58892	646193	25591	1401892	17636	200424
47337	628882	3732	1329213	6248	153657
4395	-8520	10442	4873	190	11782
287	10211	1830	16275	1895	5250
6872	15621	9587	51531	9303	29736
25403	-44249	44249	-29377	3022	14872
25403	-44249	44249	-29377	3022	14872
266599	178961	81355	429029	48018	195884
205634	127191	6557	260366	25275	107536
60965	51770	74799	168663	22743	88347
66604	-185776	191109	311045	899	81404
761	15065	653	20310	3212	4694
761	15065	653	20310	3212	4694
651	6747	1469	21115	1167	7722
651	5622	1469	19782	976	7522
	1125		1333	191	200
9387	108692	16692	800797	2523	137592
409522	508248	327735	1353217	71431	367408
361745	568870	251694	1973502	41861	405276
49648	-6444	85906	88369	15806	71114
7515	54514	6827	92144	16287	28610

12-20续

指　　标	主营业务收入				管理费用	
		主营业务成本	营业费用	主营业务税金及附加		税　金
按工业行业分						
煤炭开采和洗选业	108030	70607	1259	2155	27661	860
石油和天然气开采业	57261	42540		3118	3746	37
黑色金属矿采选业	44402	33567	642	426	4918	143
农副食品加工业	20948	19044	1575	34	1115	91
食品制造业	5940	4766	615	15	504	2
酒、饮料和精制茶制造业	91969	72176	2703	9365	4228	342
烟草制品业	1122260	411758	64	535356	7583	638
纺织业	21735	20780	158	45	655	48
纺织服装、服饰业	30665	22173	1382	309	5774	183
造纸和纸制品业	2880	2597	308	80	1254	36
印刷和记录媒介复制业	68317	56796	478	247	6558	441
石油加工、炼焦和核燃料加工业	3351994	2909873	2747	414041	45133	3434
化学原料和化学制品制造业	550394	483477	17341	1788	25268	1040
医药制造业	51340	22842	2587	557	3502	137
橡胶和塑料制品业	2856	2599		4	215	0
非金属矿物制品业	103322	88972	3492	620	5204	147
黑色金属冶炼和压延加工业	3659575	3641309	24217	6345	119876	4975
有色金属冶炼和压延加工业	23393	23941	229	55	8468	280
金属制品业	324235	309024	3713	808	18642	3016
通用设备制造业	648780	514081	39408	3445	74691	4561
专用设备制造业	86445	69258	1911	387	11993	622
汽车制造业	5479332	4921318	212540	21981	276037	17908
铁路、船舶、航空航天和其他运输设备制造业	716748	597147	23178	9387	76258	1272
电气机械和器材制造业	617498	506690	34571	1443	46611	2478
计算机、通信和其他电子设备制造业	2317399	1843846	183511	12063	215259	1108
仪器仪表制造业	28063	21512	2028	143	6908	62
废弃资源综合利用业	13064	10762	272	93	1137	
金属制品、机械和设备修理业	15065	13170	108	350	120	87
电力、热力生产和供应业	2410337	1883105	14918	6648	73771	5303
燃气生产和供应业	86168	70557	9086	264	7761	195
水的生产和供应业	64666	68146	3161	505	9404	828

利息支出	利润总额	亏损企业亏损额	利税总额	应交所得税	应交增值税
5150	621	2424	14600	887	11824
	7813		18436	2136	7505
211	5819		8627	1543	2383
390	-254	255	28	21	248
	65		140	2	60
342	4570		18407	1110	4473
422	110045		757179		111778
30	-251	341	181	25	387
182	1174		2055	89	573
	25		138		33
347	3826	955	5842	426	1769
15384	-30901	35959	449837	-684	66697
15496	15088	103	22099	2791	5223
167	2121		7030	234	4353
	38		75		33
717	6569	32	11196	981	4007
77840	-193389	196063	-157107	5266	29937
	-8609	8609	-8021		534
2211	2118	3674	9621	882	6695
10606	-22980	68387	1219	7382	20754
1924	3106	646	6621	634	3129
194103	82202	3120	190518	22367	86336
7078	10900	13073	38326	3582	18039
9880	25726	2783	36351	3858	9183
23698	70178		131276	10484	49036
22	1878		2161	208	141
140	653		1460	171	714
14	1303		2053	391	400
47582	504940	5547	563673	6374	52086
	14515	491	17202	2792	2423
4973	-1965	1965	2789		4249

12-21 国有工业

PROFIT、LOSS AND DISTRIBUTION OF

指标	主营业务收入				管理费用	
		主营业务成本	营业费用	主营业务税金及附加		税金
总计	4924053	3431840	55881	555275	190909	13524
按隶属关系分						
中央企业	3924879	2555762	33343	546674	96613	8684
省属企业	143664	99857	2829	1612	22759	662
市属企业	133436	110554	1612	815	12226	605
市以下	722074	665668	18097	6174	59311	3574
按轻重工业分						
轻工业	1225283	481026	2097	536139	15857	976
重工业	3698770	2950814	53783	19135	175052	12548
按企业规模分						
大型企业	2974982	1695246	15127	539817	49309	3799
中型企业	1532622	1384380	31345	9679	105761	3627
小型企业	416450	352215	9409	5779	35839	6098
按工业行业分						
煤炭开采和洗选业	77715	52691	924	1415	15184	366
石油和天然气开采业	57261	42540		3118	3746	37
黑色金属矿采选业	44402	33567	642	426	4918	143
烟草制品业	1122260	411758	64	535356	7583	638
纺织业	12235	11830	110	45	602	48
印刷和记录媒介复制业	22863	18537	98	73	1266	80
石油加工、炼焦和核燃料加工业	624132	591018	1826	5941	16309	3133
化学原料和化学制品制造业	213235	184467	6805	845	11301	140
医药制造业	42485	18023	968	482	1830	68
非金属矿物制品业	23701	20452	1348	119	851	34
黑色金属冶炼和压延加工业	23466	22335		28	1261	218
有色金属冶炼和压延加工业	23393	23941	229	55	8468	280
金属制品业	4786	3957	245	26	397	2
通用设备制造业	291018	249496	14793	1381	30579	2602
专用设备制造业	6029	4670	169	40	1356	126
汽车制造业	45072	39893	3462	72	4000	249
铁路、船舶、航空航天和其他运输设备制造业	18883	15412	725	138	2440	9
电气机械和器材制造业	153767	109709	9696	-103	10773	552
计算机、通信和其他电子设备制造业	6681	3196	222	31	1920	43
电力、热力生产和供应业	2106558	1570955	13466	5757	64413	4671
水的生产和供应业	4113	3393	88	32	1712	87

损 益 及 分 配 （2012年）

STATE-OWNED INDUSTRIAL ENTERPRISES(2012)

单位:万元

利息支出	利润总额	亏损企业亏损额	利税总额	应交所得税	应交增值税
58892	646193	25591	1401892	17636	200424
47337	628882	3732	1329213	6248	153657
4395	-8520	10442	4873	190	11782
287	10211	1830	16275	1895	5250
6872	15621	9587	51531	9303	29736
723	112512	2515	766931	109	118280
58168	533681	23076	634960	17527	82144
35622	599205	4436	1286842	1432	147820
19734	30416	15953	75334	9750	35239
3536	16572	5203	39716	6455	17365
4332	2190	704	11838	717	8234
	7813		18436	2136	7505
211	5819		8627	1543	2383
422	110045		757179		111778
30	-341	341	91		387
90	3134	732	3592		385
7312	5058		14585	1259	3586
7744	2582	103	4331	813	904
10	1116		5953	109	4356
518	920	32	1806	177	767
	-93	93	209		275
	-8609	8609	-8021		534
	109		334	29	199
7173	-4225	5266	5068	1263	7912
	291		640	85	309
547	-2482	3120	-2058	42	352
71	-27	27	1084		973
4272	19009		18906	2873	
-2	2356		2488	350	102
26061	502843	5252	557787	6239	49187
101	-1312	1312	-984		296

12-22 规模以上工业主要经济效益指标(2012年)

MAIN INDICATORS ECONOMIC BENEFIT OF INDUSTRIAL ENTERPRISES ABOVE DESIGNATED SIZE(2012)

指　　标	产品销售率（%）	总资产贡献率（%）	流动资产周转次数（次）	经济效益综合指数（%）
总　计	98.15	13.56	1.97	278.72
按登记注册类型分				
内资企业	98.00	13.32	1.96	281.45
国有企业	97.67	28.63	2.51	552.92
中央企业	97.24	33.99	2.46	771.37
省属企业	99.45	3.36	1.66	195.78
市属企业	100.72	8.84	1.42	164.51
市以下	99.27	9.91	3.95	359.56
集体企业	98.16	26.15	3.63	242.70
省属企业	89.03	3.52	0.95	168.94
市属企业	100.95	7.54	2.64	116.70
市以下	98.01	35.17	4.48	288.17
股份合作企业	99.40	38.18	4.68	437.96
联营企业	97.58	-0.02	2.95	657.30
国有联营企业	100.19	-0.45	2.92	665.81
集体联营企业	65.64	10.51	3.74	332.67
有限责任公司	97.65	8.23	1.34	221.04
国有独资企业	100.71	3.84	0.79	162.96
其他有限责任公司	96.37	14.39	2.19	262.65
股份有限公司	99.21	13.39	3.73	254.06
私营企业	97.70	19.58	2.92	288.32
私营独资企业	97.65	50.22	8.45	442.71
私营合伙企业	94.01	13.27	2.33	349.57
私营有限责任公司	97.50	17.41	2.66	267.99
私营股份有限公司	99.28	12.82	2.00	277.05
港澳台商投资	100.34	13.52	1.35	235.11
与港澳台商合资经营	96.63	14.02	1.22	267.00
与港澳台商合作经营	98.30	-16.48	3.60	27.00
港澳台商独资	103.04	14.43	1.61	221.37
港澳台商投资股份有限公司	119.60	9.89	1.08	257.75
外商投资	99.28	17.23	2.46	277.76
中外合资经营	99.15	14.49	2.56	256.30
中外合作经营	120.22	23.28	3.29	296.47
外商独资	96.80	21.35	2.24	264.06
外商投资股份有限公司	97.71	18.27	2.23	711.39
按轻重工业分				
轻工业	98.34	25.06	2.26	308.28
重工业	98.11	11.26	1.92	273.41
按企业规模分				
大型企业	98.71	13.03	1.79	321.47
中型企业	97.91	10.24	1.63	215.40
小型企业	97.42	18.89	2.87	292.93

12—22续

指　　标	产品销售率（%）	总资产贡献率（%）	流动资产周转次数（次）	经济效益综合指数（%）
按工业行业分				
煤炭开采和洗选业	99.06	10.03	2.17	165.57
石油和天然气开采业	100.00	41.14	1.91	681.49
黑色金属矿采选业	99.86	19.36	1.53	307.55
非金属矿采选业	99.97	58.43	6.43	313.55
农副食品加工业	97.82	26.48	5.73	313.49
食品制造业	99.68	25.20	3.24	264.28
酒、饮料和精制茶制造业	97.62	28.85	4.88	306.43
烟草制品业	99.42	70.30	2.09	2385.89
纺织业	98.34	16.86	3.56	234.39
纺织服装、服饰业	97.45	11.60	3.38	157.13
皮革、毛皮、羽毛及其制品和制鞋业	95.75	26.68	3.57	191.49
木材加工和木、竹、藤、棕、草制品业	95.58	51.04	5.37	300.79
家具制造业	99.65	6.08	1.25	166.68
造纸和纸制品业	95.73	17.75	3.07	338.75
印刷和记录媒介复制业	103.25	7.50	1.30	164.14
文教、工美、体育和娱乐用品制造业	93.83	26.22	5.49	246.29
石油加工、炼焦和核燃料加工业	99.07	52.31	8.67	1280.06
化学原料和化学制品制造业	98.19	12.53	2.82	297.94
医药制造业	96.81	16.55	1.17	357.19
化学纤维制造业	100.12	7.07	1.46	164.95
橡胶和塑料制品业	98.33	24.81	2.77	344.93
非金属矿物制品业	100.04	17.65	1.86	269.63
黑色金属冶炼和压延加工业	99.57	-1.29	4.18	299.17
有色金属冶炼和压延加工业	97.67	0.75	2.21	89.20
金属制品业	98.31	26.02	2.88	318.23
通用设备制造业	95.79	12.43	1.47	220.88
专用设备制造业	95.43	15.65	2.00	229.69
汽车制造业	100.82	4.06	0.91	167.65
铁路、船舶、航空航天和其他运输设备制造业	98.19	6.18	1.90	168.87
电气机械和器材制造业	96.02	10.65	1.50	271.42
计算机、通信和其他电子设备制造业	93.12	15.92	3.09	361.03
仪器仪表制造业	92.33	9.47	1.28	214.03
其他制造业	142.27	6.65	2.18	107.68
废弃资源综合利用业	100.00	14.98	3.06	282.62
金属制品、机械和设备修理业	99.40	17.71	0.73	396.35
电力、热力生产和供应业	99.69	23.69	5.92	641.21
燃气生产和供应业	98.07	7.94	0.78	277.30
水的生产和供应业	99.20	3.30	0.51	160.79

12-23 规模以上国有及国有控股工业主要经济效益指标(2012年)

MAIN INDICATORS ON ECONOMIC BENEFIT OF STATE-OWNED AND STATE-CONTROLLED INDUSTRIAL ENTERPRISES ABOVE DESIGNATED SIZE(2012)

指　　标	产品销售率(%)	总资产贡献率(%)	流动资产周转次数(次)	经济效益综合指数(%)
总　计	98.30	10.55	1.73	307.61
按登记注册类型分				
内资企业	98.29	10.65	1.74	313.48
国有企业	97.67	28.63	2.51	552.92
中央企业	97.24	33.99	2.46	771.37
省属企业	99.45	3.36	1.66	195.78
市属企业	100.72	8.84	1.42	164.51
市以下	99.27	9.91	3.95	359.56
联营企业	100.19	-0.45	2.92	665.81
国有联营企业	100.19	-0.45	2.92	665.81
有限责任公司	97.68	4.69	1.11	201.09
国有独资企业	100.71	3.84	0.79	162.96
其他有限责任公司	94.24	8.54	2.94	278.40
股份有限公司	99.63	12.76	5.72	275.41
港澳台商投资	99.98	5.91	0.62	192.51
与港澳台商合资经营	99.98	5.91	0.62	192.51
外商投资	98.90	8.21	1.97	171.69
中外合资经营	98.85	7.92	1.96	168.53
中外合作经营	100.00	18.79	2.22	265.27
按轻重工业分				
轻工业	100.19	36.13	1.72	420.34
重工业	98.11	7.96	1.73	294.97
按企业规模分				
大型企业	98.58	11.86	1.74	355.61
中型企业	97.47	4.18	1.60	182.74
小型企业	96.22	7.19	1.78	255.98
按工业行业分				
煤炭开采和洗选业	101.09	9.59	2.16	171.11
石油和天然气开采业	100.00	41.14	1.91	681.49

12-23续

指　　标	产品销售率（%）	总资产贡献率（%）	流动资产周转次数（次）	经济效益综合指数（%）
黑色金属矿采选业	100.00	19.96	1.48	324.13
农副食品加工业	95.73	2.02	1.64	95.58
食品制造业	100.00	3.51	2.09	72.06
酒、饮料和精制茶制造业	116.71	22.92	2.97	239.76
烟草制品业	99.42	70.30	2.09	2385.89
纺织业	91.37	0.78	2.09	92.76
纺织服装、服饰业	101.92	4.10	1.24	93.04
造纸和纸制品业	100.00	2.56	0.56	57.40
印刷和记录媒介复制业	98.76	5.49	1.33	152.08
石油加工、炼焦和核燃料加工业	99.05	55.46	9.45	1439.08
化学原料和化学制品制造业	97.55	5.36	2.57	232.53
医药制造业	111.84	6.81	0.93	553.08
橡胶和塑料制品业	92.63	3.70	1.46	54.48
非金属矿物制品业	99.57	13.76	2.87	219.66
黑色金属冶炼和压延加工业	99.51	-2.58	4.08	307.02
有色金属冶炼和压延加工业	100.49	-78.19	9.58	-244.49
金属制品业	101.81	5.98	2.38	270.09
通用设备制造业	93.86	0.76	0.61	101.00
专用设备制造业	88.50	6.61	0.91	125.69
汽车制造业	101.32	3.73	0.79	175.39
铁路、船舶、航空航天和其他运输设备制造业	98.39	6.42	2.09	162.29
电气机械和器材制造业	88.74	4.76	0.99	192.33
计算机、通信和其他电子设备制造业	91.82	17.50	3.88	484.74
仪器仪表制造业	91.52	3.41	0.87	99.02
废弃资源综合利用业	100.00	26.05	2.36	317.25
金属制品、机械和设备修理业	96.57	30.45	10.23	607.53
电力、热力生产和供应业	99.71	26.04	7.08	690.84
燃气生产和供应业	100.00	5.75	0.56	227.28
水的生产和供应业	100.00	1.87	0.38	81.17

12-24 国有工业主要经济效益指标(2012年)

MAIN INDICATORS ON ECONOMIC BENEFIT OF STATE-OWNED INDUSTRIAL ENTERPRISES(2012)

指 标	产品销售率(%)	总资产贡献率(%)	流动资产周转次数(次)	经济效益综合指数(%)
总 计	97.67	28.63	2.51	552.92
按隶属关系分				
中央企业	97.24	33.99	2.46	771.37
省属企业	99.45	3.36	1.66	195.78
市属企业	100.72	8.84	1.42	164.51
市以下	99.27	9.91	3.95	359.56
按轻重工业分				
轻工业	99.48	60.39	1.99	1106.81
重工业	97.10	18.10	2.75	436.79
按企业规模分				
大型企业	99.11	43.70	3.14	971.48
中型企业	95.64	6.65	2.10	270.98
小型企业	94.63	6.70	1.48	275.25
按工业行业分				
煤炭开采和洗选业	102.23	9.68	2.05	198.19
石油和天然气开采业	100.00	41.14	1.91	681.49
黑色金属矿采选业	100.00	19.96	1.48	324.13

12-24续

指　　标	产品销售率（%）	总资产贡献率（%）	流动资产周转次数（次）	经济效益综合指数（%）
烟草制品业	99.42	70.30	2.09	2385.89
纺织业	99.22	1.49	1.97	99.10
印刷和记录媒介复制业	95.78	8.58	1.09	168.13
石油加工、炼焦和核燃料加工业	94.99	5.91	2.98	649.24
化学原料和化学制品制造业	93.94	2.84	2.10	211.77
医药制造业	117.45	8.62	1.61	775.13
非金属矿物制品业	99.72	12.92	3.29	228.38
黑色金属冶炼和压延加工业	109.79	0.75	4.56	76.07
有色金属冶炼和压延加工业	100.49	-78.19	9.58	-244.49
金属制品业	100.00	6.53	1.10	147.15
通用设备制造业	93.67	1.75	0.66	150.58
专用设备制造业	85.64	5.64	1.46	137.16
汽车制造业	99.73	-1.40	0.65	83.55
铁路、船舶、航空航天和其他运输设备制造业	99.55	2.42	1.16	75.71
电气机械和器材制造业	72.58	10.51	0.85	250.90
计算机、通信和其他电子设备制造业	83.63	11.86	0.43	237.09
电力、热力生产和供应业	99.67	35.15	10.13	880.19
水的生产和供应业	100.00	-3.80	0.64	-37.27

12-25 分 地 区 规 模 以 上

MAIN ECONOMIC INDICATORS OF INDUSTRIAL

指　　标	全 市	历下区	市中区	槐荫区	天桥区
企业个数（个）	1647	30	43	59	69
工业总产值（万元）	42482934	3445051	2774523	1492834	813985
资产与负债（万元）					
实收资本	7869627	508702	1450673	350501	226300
#国家资本金	1496155	369412	204468	54060	107058
应收账款净额	4557131	128333	479849	268225	141513
流动资产合计	22583916	527219	4527245	1289072	665865
#存货	5790278	154479	1215796	405983	195418
固定资产合计	12152646	473290	968845	341740	482708
资产总计	41092887	1125451	6896108	1993007	1488524
流动负债合计	19704767	643733	3484643	1066776	741928
非流动负债合计	4641184	45578	1161850	89598	239669
所有者权益	15827747	434133	2143292	834772	466629
损益及分配（万元）					
主营业务收入	44549670	3465225	3646499	1549554	811717
主营业务成本	36877409	2944185	3245042	1236759	713813
主营业务税金及附加	1231698	413135	15461	6840	2970
管理费用	2160779	95442	198979	115399	69215
#税金	107692	7374	12427	3984	3096
亏损企业亏损额	432579	50006	63099	5412	1481
利润总额	2530637	-25565	15434	147724	27388
利税总额	4982387	467045	92446	185182	43931
应交所得税	363204	2405	15230	14858	5443
应交增值税	1220052	79475	61552	30618	13573
主要效益指标					
产品销售率（%）	98.15	99.57	99.84	96.75	99.28
总资产贡献率（%）	13.56	42.82	3.1	9.92	4.09
流动资产周转次数（次）	1.97	6.57	0.81	1.2	1.22
经济效益综合指数（%）	278.72	551.01	153.11	221.78	137.05

工 业 主 要 经 济 指 标 （2012年）

ENTERPRISES ABOVE DESIGNATED SIZE（2012）

历城区	长清区	平阴县	济阳县	商河县	章丘市	高新区
213	149	133	156	125	470	198
6808573	1477784	2171212	2633690	1115340	10961941	7608887
1130734	638879	235406	354084	125158	1578718	1270473
161357	329867	4600	40945	6023	94808	123557
819146	398311	241594	336715	108270	713514	921662
3160649	1334587	1233789	746737	402105	4316848	4375381
849648	354757	238494	158384	101587	1140853	974851
3211692	624241	501579	646377	249645	2391835	1618074
7077783	2248085	1843713	1527499	827050	8217828	7200705
4098107	1022306	829540	473479	422247	3494434	3317879
567780	211085	100612	107899	43572	935066	601035
2280890	960418	882136	919153	342610	3291488	3272226
7550358	1497881	2123583	2505335	1103756	11438281	7666066
6956757	1258824	1666580	1962840	947652	9585355	5658911
47162	7167	13404	27889	8278	103888	582685
334359	105896	113533	109307	38728	433782	546139
15558	9523	6497	4068	2305	29609	13253
214209	18731	10428	6110	2861	31362	28882
27707	50021	276508	259954	49134	755992	458068
192555	92138	382326	384455	88754	1226808	1307028
43955	13905	39939	42731	6323	120279	58138
117686	34950	92414	96613	31343	366929	266276
99.19	97.47	97.68	96.08	98.75	99.26	95.13
4.54	5.51	22.09	26.05	12.42	16.71	19.07
2.39	1.12	1.72	3.36	2.74	2.65	1.75
289.39	204.23	289.03	312.12	221.72	274.36	329.28

12-26 规模以上大中型

MAIN INDICATORS OF LARGE AND

指标	企业单位数（个）	亏损企业数（个）	工业总产值（万元）	工业销售产值（万元）
总计	236	45	29199532	28757078
按登记注册类型分				
内资企业	200	37	26838059	26387575
国有企业	27	8	4518466	4425353
中央企业	13	1	3831370	3733764
省属企业	4	3	90776	91201
市属企业	4	3	98081	100086
市以下	6	1	498240	500303
集体企业	11		152369	149003
市属企业	2		21182	21813
市以下	9		131186	127190
股份合作企业	2		144399	141883
联营企业	1	1	656001	657235
国有联营企业	1	1	656001	657235
有限责任公司	89	15	12467813	12175911
国有独资企业	11	4	4585670	4620133
其他有限责任公司	78	11	7882144	7555779
股份有限公司	26	7	6412198	6364479
私营企业	40	5	2350920	2328082
私营独资企业	3		259146	255137
私营合伙企业	1		10000	8420
私营有限责任公司	31	4	1474733	1456466
私营股份有限公司	5	1	607041	608060
港澳台商投资	15	3	693707	707072
与港澳台商合资经营	9	2	395112	379356
与港澳台商合作经营	1	1	21581	21215
港澳台商独资	4		225420	244796
港澳台商投资股份有限公司	1		51594	61704
外商投资	21	5	1667766	1662432
中外合资经营	13	4	958433	952314
中外合作经营	2		101801	128931
外商独资	5	1	318392	298377
外商投资股份有限公司	1		289140	282810
按隶属关系分				
中央	22	5	7382995	7276494
省属	20	6	9866729	9699237

工 业 企 业 经 营 情 况（2012年）

MEDIUM-SIZED ENTERPRISES(2012)

资产总额（万元）	负债总额（万元）	所有者权益（万元）	主营业务收入（万元）	利税总额（万元）	利润总额（万元）	全部从业人员年平均人数（人）
32865968	20924791	11932405	31431760	3498980	1568886	271223
30300083	19961088	10330231	29065897	3099378	1280275	239012
4455862	3076352	1379864	4507604	1362176	629621	26756
3689435	2579272	1110159	3767431	1319579	625310	14614
213228	189871	23356	125146	3452	-8930	4546
146261	85119	61141	102324	9651	4219	2349
406938	222089	185208	512703	29494	9022	5247
103337	88283	15053	199873	19023	12443	4914
44411	60509	-16099	71056	2169	1473	763
58926	27774	31152	128817	16855	10970	4151
76236	43650	32585	135872	29019	22612	1355
882095	587128	294967	711846	-29377	-44249	10712
882095	587128	294967	711846	-29377	-44249	10712
18363563	11897330	6460415	14097332	1020355	596748	125281
12005642	8239896	3761889	6137124	262460	126217	48935
6357921	3657434	2698526	7960208	757894	470531	76346
4298444	2739694	1557619	6936226	495810	-63085	39938
1966066	1412607	551289	2322436	198384	123306	28391
89924	36907	52134	221744	26929	17252	5115
9772	8345	1427	9370	1315	723	348
1325283	1038983	285012	1473026	120254	69950	17206
541088	328373	212715	618295	49886	35381	5722
1090428	399652	690769	695046	164478	118819	12833
659357	273889	385461	392597	95088	70049	5861
12847	6078	6769	21026	-2180	-2314	1519
285544	88950	196594	227823	58443	41281	4603
132680	30735	101946	53600	13127	9803	850
1475456	564050	911406	1670817	235125	169793	19378
837144	418574	418570	934332	76944	38757	13021
72544	21833	50711	128931	24207	19372	1211
267625	81284	186341	325328	77586	61051	4248
298144	42359	255785	282226	56388	50612	898
5152479	3597168	1555306	7287384	1784738	597561	26200
15129026	10429973	4699054	12075320	213560	-30400	80385

12-26续

指　　标	企业单位数(个)	亏损企业数(个)	工业总产值(万元)	工业销售产值(万元)
市属	35	10	1992611	1887437
县属及以下	159	24	9957197	9893910
按企业规模分				
大型企业	44	10	20873660	20605304
中型企业	192	35	8325872	8151775
按工业行业分				
煤炭开采和洗选业	6	2	119133	117991
黑色金属矿采选业	1		41547	41547
非金属矿采选业	1		139213	139213
农副食品加工业	6		235707	230761
食品制造业	11	2	605212	600710
酒、饮料和精制茶制造业	8	1	723516	704931
烟草制品业	1		1117811	1111312
纺织业	5	1	296997	288988
纺织服装、服饰业	8		134692	132698
皮革、毛皮、羽毛及其制品和制鞋业	1		10342	9778
造纸和纸制品业	4		41952	39567
印刷和记录媒介复制业	6	3	108997	118415
石油加工、炼焦和核燃料加工业	3	1	3370395	3338686
化学原料和化学制品制造业	17	3	1575661	1548546
医药制造业	10	2	849073	814471
非金属矿物制品业	18	2	1334079	1343004
黑色金属冶炼和压延加工业	9	4	3564070	3553055
有色金属冶炼和压延加工业	2	1	63329	62343
金属制品业	16	3	795110	799352
通用设备制造业	27	6	1600819	1521096
专用设备制造业	12	1	326138	308237
汽车制造业	10	3	4415233	4479084
铁路、船舶、航空航天和其他运输设备制造业	7	4	777836	761316
电气机械和器材制造业	15	2	1504298	1443509
计算机、通信和其他电子设备制造业	9		2817978	2620974
仪器仪表制造业	6	2	55266	52366
金属制品、机械和设备修理业	2		144912	144911
电力、热力生产和供应业	11	1	2301477	2301477
燃气生产和供应业	2		61170	61170
水的生产和供应业	2	1	67570	67570

资产总额 (万元)			主营业务收入 (万元)	利税总额 (万元)	利润总额 (万元)	全部从业人员 年平均人数 (人)
	负债总额 (万元)	所有者权益 (万元)				
3253797	2147802	1105926	2055479	107049	46511	39563
9330665	4749848	4572120	10013577	1393634	955214	125075
23502838	15265067	8236640	23077563	2662302	1067379	156086
9363130	5659723	3695765	8354197	836678	501508	115137
216503	121901	91147	119554	16365	826	8149
44290	8902	35387	44402	8627	5819	563
26587	16069	10518	139213	15351	10060	650
74392	40847	33545	247069	8390	5002	2429
412354	172059	239008	652211	104239	78005	9463
363285	125276	238009	663528	98345	56129	10162
798620	292098	506521	1111312	753578	107952	1621
198299	136036	62262	294538	29002	14457	5216
133513	47906	85607	137677	11011	6120	5669
6102	6051	51	14589	131	31	590
31982	25628	6298	39543	6088	3786	1496
291766	172481	119285	113432	18094	12234	3597
785274	548784	236490	3305245	448230	-31283	3653
1943141	1462317	480824	1743646	114418	83986	17203
1505187	462431	1042756	935570	250024	180659	11605
1480030	960446	518708	1305880	213077	138216	13550
3251756	2367009	884747	4207154	-135791	-184025	31779
41967	63140	-21172	63346	-156	-2009	1950
647807	295040	352767	774723	152140	105383	12565
2236710	1331796	903334	1521362	132978	62084	28064
313437	149909	162644	316886	47118	32679	6596
10736501	7542601	3193901	5987926	190224	83723	38523
908423	628758	279665	741227	25606	2483	10648
1813698	955902	857796	1520533	173638	143267	12132
1141245	561646	579007	2770560	166011	87898	14759
168853	112428	56425	61375	2215	244	2277
359153	43587	315567	144911	61481	43104	2319
2253914	1933389	320490	2327108	567082	507704	10548
290415	99087	191321	66688	17693	15007	1697
390765	241268	149497	60553	3773	-653	1750

12-27 规模以上大中型工业企业一览表(2012年)

SUMMARY OF LARGE AND MEDIUM-SIZED ENTERPRISES(2012)

企业名称	登记注册类型	企业规模	隶属关系	所属行业
华能济南黄台发电有限公司	国有	大型	中央属	火力发电
浪潮集团有限公司	其他有限责任公司	大型	省属	计算机整机制造
山东桑乐太阳能有限公司	其他有限责任公司	大型	市属	燃气、太阳能及类似能源家用器具制造
济南锅炉集团有限公司	其他有限责任公司	大型	其他	锅炉及辅助设备制造
济钢集团有限公司	国有联营	大型	省属	钢压延加工
中国石油集团济柴动力总厂	国有	大型	中央属	内燃机及配件制造
山东电力集团公司济南供电公司	国有	大型	中央属	电力供应
济南热电有限公司	国有独资公司	大型	市属	热力生产和供应
山东明水大化集团	其他有限责任公司	大型	市属	氮肥制造
山东省属章丘鼓风机股份有限公司	股份有限公司	大型	县市（区）属	风机、风扇制造
山东晋煤日月化工有限公司	其他有限责任公司	大型	县市（区）属	氮肥制造
济南利民制药有限责任公司	其他有限责任公司	大型	县市（区）属	化学药品制剂制造
济南圣泉集团股份有限公司	私营有限股份公司	大型	其他	初级形态塑料及合成树脂制造
章丘海尔电机有限公司	其他有限责任公司	大型	县市（区）属	微电机及其他电机制造
山东福胶集团有限公司	其他有限责任公司	大型	其他	中成药生产
齐鲁宏业纺织集团有限公司	其他有限责任公司	大型	其他	棉纺纱加工
济南二机床集团有限公司	国有独资公司	大型	市属	金属成形机床制造
济南重工股份有限公司	股份有限公司	大型	市属	矿山机械制造
西电济南变压器股份有限公司	股份有限公司	大型	中央属	变压器、整流器和电感器制造
山东齐鲁电机制造有限公司	国有独资公司	大型	省属	发电机及发电机组制造
济南轻骑摩托车有限公司	其他有限责任公司	大型	中央属	摩托车整车制造
济南轻骑铃木摩托车有限公司	中外合资经营	大型	其他	摩托车整车制造
济南玫德铸造有限公司	股份有限公司	大型	县市（区）属	建筑装饰及水暖管道零件制造
齐鲁制药有限公司	其他有限责任公司	大型	其他	化学药品制剂制造
中国重型汽车集团有限公司	国有独资公司	大型	省属	汽车整车制造
济南轨道交通装备有限责任公司	其他有限责任公司	大型	中央属	铁路机车车辆及动车组制造
山东中创软件工程股份有限公司	股份有限公司	大型	省属	其他计算机制造
中国石油化工股份有限公司济南分公司	股份有限公司	大型	中央属	原油加工及石油制品制造
济南庚辰钢铁有限公司	其他有限责任公司	大型	县市（区）属	炼铁
山东钢铁股份有限公司	股份有限公司	大型	省属	钢压延加工
山东大汉建设机械有限公司	其他有限责任公司	大型	其他	起重机制造
山东力诺瑞特新能源有限公司	中外合资经营	大型	其他	光学玻璃制造
山东山水水泥集团有限公司	港澳台商独资	大型	其他	水泥制造
济南裕兴化工有限责任公司	国有	大型	中央属	专项化学用品制造
山东旺旺食品有限公司	外资企业	大型	其他	乳制品制造
山东闽源钢铁有限公司	其他有限责任公司	大型	市属	钢压延加工
费斯托气动有限公司	外资企业	大型	其他	液压和气压动力机械及元件制造
山东佳宝集团有限公司	其他有限责任公司	大型	市属	乳制品制造
山东新阳能源有限公司	国有	大型	省属	烟煤和无烟煤开采洗选
济南达利食品有限公司	私营独资	大型	其他	含乳饮料和植物蛋白饮料制造
济南伊利乳业有限责任公司	其他有限责任公司	大型	其他	乳制品制造
山东同欣电子有限公司	私营有限责任公司	大型	其他	电子元件及组件制造
山东银鹭食品有限公司	中外合资经营	大型	县市（区）属	含乳饮料和植物蛋白饮料制造
山东中烟工业有限责任公司济南卷烟厂	国有	大型	中央属	卷烟制造
山东北方现代化学有限公司	国有独资公司	中型	中央属	专项化学用品制造
山东新华印刷厂	国有	中型	省属	书、报刊印刷
山东重骑摩托车(集团)厂	国有	中型	市属	摩托车整车制造

12-27 续1

企业名称	登记注册类型	企业规模	隶属关系	所属行业
山东天鹅棉业机械股份有限公司	股份有限公司	中型	省属	棉花加工机械制造
山东电力设备有限公司	国有	中型	中央属	变压器、整流器和电感器制造
山东福瑞达医药集团公司	国有	中型	省属	生物药品制造
山东胜利股份有限公司	股份有限公司	中型	省属	生物药品制造
山东省属兴业发展有限公司	国有独资公司	中型	省属	机织服装制造
济南长城炼油有限责任公司	国有	中型	中央属	原油加工及石油制品制造
中闻集团济南印务有限公司	国有独资公司	中型	中央属	书、报刊印刷
济南镇海机械厂	国有	中型	中央属	液压和气压动力机械及元件制造
济南市冶金科学研究所	股份合作	中型	市属	有色金属合金制造
济南宏济堂制药有限责任公司	其他有限责任公司	中型	市属	中成药生产
济南风机厂有限责任公司	其他有限责任公司	中型	其他	风机、风扇制造
济南沃德汽车零部件有限公司	中外合资经营	中型	其他	汽车零部件及配件制造
济南济钢铁合金厂	集体	中型	市属	铁合金冶炼
中国人民解放军六四五五厂	国有	中型	中央属	改装汽车制造
山东塑料试验厂	集体	中型	市属	无机碱制造
济南一机床集团有限公司	其他有限责任公司	中型	市属	金属切削机床制造
济南金钟电子衡器股份有限公司	股份有限公司	中型	市属	衡器制造
中国人民解放军第七四二三工厂（液压泵）	国有	中型	中央属	液压和气压动力机械及元件制造
济南元首针织股份有限公司	股份有限公司	中型	市属	针织或钩针编织服装制造
济南水务集团有限公司	国有独资公司	中型	市属	自来水生产和供应
济南瑞通铁路电务有限责任公司	其他有限责任公司	中型	中央属	电线、电缆制造
济南市历城区供电公司	国有	中型	县市（区）属	电力供应
济南周家实业总公司	集体	中型	村委会	加工纸制造
济南镁碳砖厂有限公司	股份有限公司	中型	镇	耐火陶瓷制品及其他耐火材料制造
济南沃德机械制造有限公司	股份有限公司	中型	其他	汽车零部件及配件制造
济南野风酥食品有限公司	私营有限责任公司	中型	其他	饼干及其他焙烤食品制造
山东璟华标志服厂	集体	中型	村委会	机织服装制造
济南钢铁集团新事业有限公司	其他有限责任公司	中型	县市（区）属	环境污染处理专用药剂材料制造
山东银鹰炊事机械有限公司	其他有限责任公司	中型	村委会	食品、酒、饮料及茶生产专用设备制造
章丘市铜铝铸造厂	集体	中型	村委会	汽车零部件及配件制造
山东省属章丘市卫东电信工具厂	集体	中型	村委会	供应用仪表及其他通用仪器制造
章丘东风煤炭集团总公司	国有	中型	县市（区）属	烟煤和无烟煤开采洗选
章丘市供电公司	国有	中型	县市（区）属	电力供应
章丘市金属颜料有限公司	其他有限责任公司	中型	村委会	锻件及粉末冶金制品制造
山东汇丰铸造科技股份有限公司	集体	中型	村委会	锻件及粉末冶金制品制造
山东明威起重设备有限公司	其他有限责任公司	中型	街道	起重机制造
章丘华明水泥有限公司	其他有限责任公司	中型	县市（区）属	水泥制造
济南市长清计算机应用公司	集体	中型	县市（区）属	供应用仪表及其他通用仪器制造
济南冶金化工设备有限公司	股份有限公司	中型	县市（区）属	其他专用设备制造
山东宏达科技集团有限公司	股份有限公司	中型	其他	气体、液体分离及纯净设备制造
山东平阴丰源炭素有限责任公司	其他有限责任公司	中型	其他	石墨及碳素制品制造
济南市平阴县玛钢厂	集体	中型	镇	建筑装饰及水暖管道零件制造
济南格蓝压缩机有限公司	其他有限责任公司	中型	县市（区）属	气体压缩机械制造
济南市琦泉热电有限责任公司	其他有限责任公司	中型	县市（区）属	火力发电
济南黄河特钢有限责任公司	其他有限责任公司	中型	其他	钢压延加工
平阴鲁西化工第三化肥厂有限公司	其他有限责任公司	中型	其他	金属压力容器制造
商河县供电公司	国有	中型	县市（区）属	电力供应

12–27续2

企业名称	登记注册类型	企业规模	隶属关系	所属行业
山东力诺新材料有限公司	私营有限责任公司	中型	其他	技术玻璃制品制造
济阳县供电公司	国有	中型	县市（区）属	电力供应
山东明仁福瑞达制药有限公司	其他有限责任公司	中型	省属	中成药生产
山东小鸭集团有限责任公司	国有独资公司	中型	市属	制冷、空调设备制造
济南天辰机器集团有限公司	私营有限责任公司	中型	其他	其他专用设备制造
保利民爆济南科技有限公司	其他有限责任公司	中型	中央属	炸药及火工产品制造
济南晶恒电子有限责任公司	私营有限责任公司	中型	其他	半导体分立器件制造
山东绿霸化工股份有限公司	股份有限公司	中型	县市（区）属	化学试剂和助剂制造
济南群康食品有限公司	股份有限公司	中型	其他	冷冻饮品及食用冰制造
济南四机数控机床有限公司	其他有限责任公司	中型	其他	金属切削机床制造
济南德佳机器控股有限公司	私营有限责任公司	中型	其他	玻璃、陶瓷和搪瓷制品生产专用设备制造
山东建设机械股份有限公司	股份有限公司	中型	市属	建筑材料生产专用机械制造
山东中德设备有限公司	股份有限公司	中型	省属	食品、酒、饮料及茶生产专用设备制造
中电装备恩翼帕瓦（山东）高压开关有限公司	中外合资经营	中型	其他	配电开关控制设备制造
济南铸造锻压机械研究所有限公司	国有	中型	中央属	其他金属加工机械制造
济南市长清区供电公司	国有	中型	中央属	电力供应
济南帅潮实业有限公司	其他内资	中型	镇	弹簧制造
济南大阳食品有限公司	私营有限责任公司	中型	其他	禽类屠宰
中电装备山东电子有限公司	中外合资经营	中型	其他	电工仪器仪表制造
商河三亿制衣有限公司	私营有限责任公司	中型	其他	机织服装制造
中集车辆（山东）有限公司	中外合资经营	中型	其他	改装汽车制造
山东松下电子信息有限公司	中外合资经营	中型	其他	电视机制造
济南西门子变压器有限公司	中外合资经营	中型	县市（区）属	变压器、整流器和电感器制造
东港股份有限公司	港澳台商投资股份有限公司	中型	县市（区）属	包装装潢及其他印刷
济南台有玻璃制品有限公司	与港澳台商合作经营	中型	其他	日用玻璃制品制造
济南弘正科技有限公司	港澳台商独资	中型	其他	摩托车零部件及配件制造
山东圣泉化工股份有限公司	股份合作	中型	其他	初级形态塑料及合成树脂制造
济阳县济北石化有限责任公司	其他有限责任公司	中型	县市（区）属	其他机械和设备修理业
济南银花纺织有限公司	其他有限责任公司	中型	县市（区）属	棉纺纱加工
山东鲁信天一印务有限公司	港澳台商独资	中型	其他	包装装潢及其他印刷
济南华鲁食品有限公司	私营有限责任公司	中型	其他	食品及饲料添加剂制造
山东博士伦福瑞达制药有限公司	与港澳台商合资经营	中型	其他	生物药品制造
济南民天面粉有限责任公司	其他有限责任公司	中型	市属	谷物磨制
济南试金集团有限公司	其他有限责任公司	中型	县市（区）属	试验机制造
山东兴牛乳业有限公司	其他有限责任公司	中型	省属	乳制品制造
济南六和双利食品有限公司	其他内资	中型	镇	禽类屠宰
济南联德重工机械有限公司	其他有限责任公司	中型	其他	锻件及粉末冶金制品制造
章丘市顺营冶金辅料有限公司	私营有限责任公司	中型	其他	石灰石、石膏开采
济南华阳炭素有限公司	私营合伙	中型	其他	石墨及碳素制品制造
济南万瑞炭素有限公司	其他有限责任公司	中型	其他	石墨及碳素制品制造
山东力诺太阳能电力股份有限公司	股份有限公司	中型	省属	技术玻璃制品制造
济南安达刹车系统有限公司	股份有限公司	中型	其他	铁路机车车辆配件制造
济南娃哈哈恒枫饮料有限公司	中外合资经营	中型	市属	含乳饮料和植物蛋白饮料制造
山东三龙智能技术有限公司	其他有限责任公司	中型	其他	供应用仪表及其他通用仪器制造
济南二机床铸造有限公司	国有	中型	市属	黑色金属铸造
山东省属鲁棉集团天元纺织有限公司	其他有限责任公司	中型	省属	棉纺纱加工
山东宏业纤维科技股份有限公司	私营有限股份公司	中型	其他	棉纺纱加工

12-27续3

企业名称	登记注册类型	企业规模	隶属关系	所属行业
山东美鹰食品设备有限公司	私营有限责任公司	中型	其他	食品、酒、饮料及茶生产专用设备制造
山东太古飞机工程有限公司	中外合资经营	中型	省属	航空航天器修理
济南趵突泉酿酒有限责任公司	其他有限责任公司	中型	县市（区）属	白酒制造
济南腾龙排气管有限公司	集体	中型	街道	风机、风扇制造
华电章丘发电有限公司	其他有限责任公司	中型	中央属	火力发电
山东科芯电子有限公司	其他有限责任公司	中型	县市（区）属	通信系统设备制造
华熙福瑞达生物医药有限公司	中外合作经营	中型	其他	化妆品制造
山东东方药业集团有限责任公司	其他有限责任公司	中型	其他	化学药品制剂制造
山东华凌电缆有限公司	私营有限责任公司	中型	其他	电线、电缆制造
济南第二汽车配件有限公司	私营有限责任公司	中型	其他	汽车零部件及配件制造
济南盛源化肥有限责任公司	私营有限责任公司	中型	其他	氮肥制造
济南钢城矿业有限公司	国有	中型	市属	铁矿采选
济南泉华包装制品有限公司	与港澳台商合资经营	中型	其他	纸和纸板容器制造
济南民泰煤矿有限公司	私营有限责任公司	中型	其他	烟煤和无烟煤开采洗选
积成电子股份有限公司	股份有限公司	中型	其他	其他计算机制造
山东通发实业有限公司	其他有限责任公司	中型	其他	建筑工程用机械制造
山东鲁能智能技术有限公司	其他有限责任公司	中型	其他	配电开关控制设备制造
济南宝世达实业发展有限公司	其他有限责任公司	中型	其他	电线、电缆制造
山东山大华天科技股份有限公司	股份有限公司	中型	省属	配电开关控制设备制造
章丘重型锻造有限公司	私营独资	中型	其他	锻件及粉末冶金制品制造
山东宏业纺织股份有限公司	股份有限公司	中型	其他	棉纺纱加工
山东百脉泉酒业有限公司	其他有限责任公司	中型	县市（区）属	白酒制造
济南恒升工程机械有限公司	私营有限责任公司	中型	其他	起重机制造
济南中燃科技发展有限公司	其他有限责任公司	中型	其他	其他金属加工机械制造
济阳元首针织有限责任公司	其他有限责任公司	中型	其他	针织或钩针编织服装制造
济南澳海炭素有限公司	其他有限责任公司	中型	其他	石墨及碳素制品制造
济南金魁工程机械有限公司	私营有限责任公司	中型	其他	起重机制造
济南慧成铸造有限公司	其他有限责任公司	中型	市属	黑色金属铸造
济南力诺玻璃制品有限公司	私营有限责任公司	中型	其他	玻璃仪器制造
山东中孚信息产业股份有限公司	私营有限股份公司	中型	其他	电子元件及组件制造
山东华森混凝土有限公司	私营有限责任公司	中型	其他	水泥制品制造
山东大旺食品有限公司	外资企业	中型	其他	饼干及其他焙烤食品制造
济南希尔康印务有限公司	私营有限股份公司	中型	其他	包装装潢及其他印刷
山东法因数控机械股份有限公司	股份有限公司	中型	其他	金属切削机床制造
九阳股份有限公司	外商投资股份有限公司	中型	其他	家用厨房电器具制造
济南百事可乐饮料有限公司	与港澳台商合资经营	中型	其他	碳酸饮料制造
济南万方炭素有限责任公司	其他有限责任公司	中型	其他	石墨及碳素制品制造
济南明鑫制药股份有限公司	股份有限公司	中型	县市（区）属	化学药品原料药制造
山东奥太电气有限公司	其他有限责任公司	中型	其他	金属切割及焊接设备制造
济南德馨斋食品有限公司	其他有限责任公司	中型	其他	酱油、食醋及类似制品制造
济南莱钢钢结构有限公司	其他有限责任公司	中型	其他	金属结构制造
山东力诺光伏高科技有限公司	私营有限责任公司	中型	其他	光学玻璃制造
济南巨鑫机车车辆配件有限公司	私营有限责任公司	中型	其他	锻件及粉末冶金制品制造
济南鲍德钢结构有限公司	其他有限责任公司	中型	市属	金属结构制造
济南汇弘科技有限公司	其他有限责任公司	中型	其他	锻件及粉末冶金制品制造
蓝星石油有限公司济南分公司	国有	中型	中央属	原油加工及石油制品制造
平阴建昌机械制造厂	私营独资	中型	其他	建筑材料生产专用机械制造

12-27续4

企 业 名 称	登记注册类型	企业规模	隶属关系	所 属 行 业
山东华塑建材有限公司	其他有限责任公司	中型	县市（区）属	初级形态塑料及合成树脂制造
济南港华燃气有限公司	与港澳台商合资经营	中型	其他	燃气生产和供应业
山东嘉元食用菌科技有限公司	私营有限责任公司	中型	其他	蔬菜加工
济南喜哥马服装有限公司	与港澳台商合资经营	中型	其他	羽毛（绒）制品加工
山东鲍德翼板有限公司	国有独资公司	中型	其他	锻件及粉末冶金制品制造
山东明龙建筑机械有限公司	其他有限责任公司	中型	其他	起重机制造
章丘矿业有限公司	国有独资公司	中型	县市（区）属	烟煤和无烟煤开采洗选
平阴山水水泥有限公司	与港澳台商合资经营	中型	其他	水泥制造
山东中氟化工科技有限公司	中外合资经营	中型	市属	化学试剂和助剂制造
山东爱普电气设备有限公司	其他有限责任公司	中型	其他	其他输配电及控制设备制造
章丘鑫岳有限责任公司	其他有限责任公司	中型	县市（区）属	烟煤和无烟煤开采洗选
济南市煤炭工业供销总公司圣井煤矿	集体	中型	街道	烟煤和无烟煤开采洗选
富美科技集团有限公司	私营有限责任公司	中型	其他	装订及印刷相关服务
山东胜邦绿野化学有限公司	其他内资	中型	其他	生物化学农药及微生物农药制造
山东神思电子技术股份有限公司	其他有限责任公司	中型	其他	其他计算机制造
山东晟隆实业有限公司	私营有限责任公司	中型	其他	食品及饲料添加剂制造
济南东海水泥有限公司	其他有限责任公司	中型	其他	水泥制造
中粮可口可乐饮料(济南)有限公司	中外合作经营	中型	其他	果菜汁及果菜汁饮料制造
济钢集团重工机械有限公司成套设备事业部	国有	中型	市属	起重机制造
济南中森机械制造有限公司	其他内资	中型	街道	轴承制造
济南青年汽车有限公司	私营有限责任公司	中型	其他	汽车整车制造
重汽集团济南考格尔专用汽车有限公司	其他有限责任公司	中型	其他	改装汽车制造
山东济华燃气有限公司	与港澳台商合资经营	中型	市属	燃气生产和供应业
山东宝世达电缆有限公司	其他有限责任公司	中型	其他	电线、电缆制造
山东冠世针织有限公司	外资企业	中型	其他	针织或钩针编织服装制造
山东北辰机电设备股份有限公司	私营有限股份公司	中型	其他	金属压力容器制造
山东华氟化工有限责任公司	其他有限责任公司	中型	市属	化学试剂和助剂制造
安莉芳(山东)服装有限公司	港澳台商独资	中型	其他	针织或钩针编织服装制造
中车集团济南车辆有限公司	私营有限责任公司	中型	其他	铁路专用设备及器材、配件制造
济南宇飞食品有限公司	其他有限责任公司	中型	县市（区）属	禽类屠宰
山东伊莱特重工有限公司	中外合资经营	中型	镇	锻件及粉末冶金制品制造
济南万润肉类加工有限公司	其他有限责任公司	中型	其他	牲畜屠宰
济南吉利汽车有限公司	其他有限责任公司	中型	市属	汽车整车制造
济南时代试金试验机有限公司	其他有限责任公司	中型	市属	电工仪器仪表制造
山东真旺包装材料有限公司	外资企业	中型	其他	初级形态塑料及合成树脂制造
肥矿集团平阴铝业有限公司	国有	中型	省属	铝压延加工
青岛啤酒(济南)有限公司	其他有限责任公司	中型	市属	啤酒制造
济南金牛砖瓦机械有限公司	私营有限责任公司	中型	其他	其他非金属加工专用设备制造
济南泓泉制水有限公司	与港澳台商合资经营	中型	市属	自来水生产和供应
济南海川投资集团有限公司	其他有限责任公司	中型	其他	石墨及碳素制品制造
济南佳明正远服装有限公司	与港澳台商合资经营	中型	其他	机织服装制造
山东金德利集团快餐连锁配送有限责任公司	其他有限责任公司	中型	市属	米、面制品制造
山东新纪元重工有限公司	私营有限责任公司	中型	市属	黑色金属铸造
济南金百利包装用品有限公司	私营有限责任公司	中型	其他	纸和纸板容器制造
济南晨光纸业有限公司	其他有限责任公司	中型	市属	机制纸及纸板制造
济南新峨嵋实业有限公司	私营有限责任公司	中型	其他	锻件及粉末冶金制品制造
章丘市热力公司	国有	中型	县市（区）属	热力生产和供应
济南吉隆锻造有限公司	私营有限责任公司	中型	其他	锻件及粉末冶金制品制造

12-28 主要工业产品生产量（2012年）

OUTPUT OF MAJOR INDUSTRIAL PRODUCTS（2012）

主要工业产品名称	单位	生产量	主要工业产品名称	单位	生产量
原煤	万吨	214.9	铸钢件	万吨	1.8
铁矿石原矿	万吨	106.8	钢材	万吨	785.6
小麦粉	万吨	17.6	大型型钢	万吨	6.6
饲料	万吨	41.4	中小型型钢	万吨	35.3
精制食用植物油	万吨	0.4	棒材	万吨	95.5
鲜、冷藏肉	万吨	10.3	钢筋	万吨	112
速冻米面食品	万吨	0.3	特厚板	万吨	19.4
乳制品	万吨	36.9	厚钢板	万吨	161.2
液体乳	万吨	12.2	中板	万吨	178.5
酱油	万吨	4.5	中厚宽钢带	万吨	132.8
冷冻饮品	万吨	3	冷轧薄宽钢带	万吨	30.8
食品添加剂	万吨	0.9	镀层板（带）	万吨	6.8
饮料酒	万千升	27.3	涂层板（带）	万吨	0.5
白酒(折65度,商品量)	万千升	2.9	焊接钢管	万吨	4.8
啤酒	万千升	22.8	其它钢材	万吨	1.4
软饮料	万吨	99.3	铁合金	万吨	1
碳酸饮料类(汽水)	万吨	22.9	铝合金	万吨	0.3
包装饮用水类	万吨	32.7	铝材	万吨	1.7
卷烟	亿支	523.5	金属切削工具	万件	20.6
纱	万吨	10.7	不锈钢日用制品	万吨	0.1
棉纱	万吨	5.4	锻件	万吨	71
棉混纺纱	万吨	4.1	电站锅炉	蒸发量吨	12140
化学纤维纱	万吨	1.3	工业锅炉	蒸发量吨	5444
布	万米	14907.51	发动机	万千瓦	1364.9
棉布	万米	4623.84	汽车用发动机	万千瓦	1181.4
棉混纺布	万米	8627.67	电站用汽轮机	万千瓦	37.5
化学纤维布	万米	1656	金属切削机床	台	4237
无纺布(无纺织物)	万吨	0.7	数控金属切削机床	台	2612
服装	万件	5883.2	金属成形机床	台	388
针织服装	万件	3419.8	数控金属成形机床(数控锻压设备)	台	309
梭织服装	万件	2463.4	铸造机械	万台	4.1
衬衫	万件	158	起重机	万吨	165.5
人造板	万立方米	8.8	泵	万台	1.5

12-28续1

主要工业产品名称	单位	生产量	主要工业产品名称	单位	生产量
纤维板	万立方米	2.1	真空泵	万台	1.2
人造板表面装饰板	万平方米	9.6	气体压缩机	台	597
家具	万件	34.4	阀门	万吨	1.8
木质家具	万件	26.8	液压元件	万件	0.3
软体家具	万件	1.9	气动元件	万件	126.8
机制纸及纸板(外购原纸加工除外)	万吨	1.7	齿轮	万吨	9.4
未涂布印刷书写用纸	万吨	1.7	工业电炉	台	52
纸制品	万吨	7.1	风机	万台	2.5
瓦楞纸箱	万吨	1.4	其中:鼓风机	万台	2
单色印刷品	万令	232.6	气体分离及液化设备	台	1
多色印刷品	万对开色令	548.7	衡器(秤)	万台	0.6
原油加工量	万吨	562.7	金属紧固件	万吨	1.7
汽油	万吨	137	弹簧	万吨	0.2
柴油	万吨	238	矿山专用设备	万吨	2.3
润滑油	万吨	11	挖掘、铲土运输机械	台	305
燃料油	万吨	18.4	水泥专用设备	吨	36174
石脑油	万吨	21.9	混凝土机械	台	3414
溶剂油	万吨	2.3	金属冶炼设备	吨	46815.5
润滑脂	万吨	0.9	金属轧制设备	吨	3929
液化石油气	万吨	30.3	炼油、化工生产专用设备	吨	665
石油焦	万吨	41.2	模具	万套	57.8
石油沥青	万吨	11.2	农产品初加工机械	万台	3.7
焦炭	万吨	298.8	收获后处理机械	台	2324
其中:机焦	万吨	298.8	棉花加工机械	台	3059
盐酸(氯化氢,含量31%)	万吨	0.3	环境污染防治专用设备	台(套)	268
浓硝酸(折100%)	万吨	10.9	大气污染防治设备	台	57
烧碱(折100%)	万吨	3.7	汽车	万辆	14.1
纯苯	万吨	0.9	基本型乘用车(轿车)	万辆	4.6
精甲醇	万吨	24	1升<排量≤1.6升	万辆	3.1
合成氨(无水氨)	万吨	87.7	2.0升<排量≤2.5升	万辆	1.5
农用氮、磷、钾化学肥料总计(折纯)	万吨	55.2	载货汽车	万辆	9.6
氮肥(折含N100%)	万吨	43.9	改装汽车	万辆	0.7
尿素(折含N100%)	万吨	40.9	铁路货车	辆	2942

12-28续2

主要工业产品名称	单位	生产量	主要工业产品名称	单位	生产量
钾肥(折氧化钾100%)	万吨	11.4	摩托车整车	万辆	55.8
化学农药原药(折有效成分100%)	万吨	2.4	发电机组(发电设备)	万千瓦	735.8
除草剂原药	万吨	2.1	汽轮发电机	万千瓦	735.8
涂料	万吨	1.2	交流电动机	万千瓦	257.1
初级形态的塑料	万吨	33.3	变压器	万千伏安	6530.4
聚丙烯树脂	万吨	11.1	电力变压器(额定容量≥8000kVA，电压≥500kV)	万千伏安	616
合成橡胶	万吨	2.9	低压开关板	面	1758
化学试剂	万吨	3.4	通信及电子网络用电缆	万对千米	10.2
合成洗涤剂	万吨	3.5	电力电缆	万千米	15.9
化学药品原药	万吨	1.8	家用洗衣机	万台	27.1
中成药	万吨	0.4	家用燃气灶具	万台	3.8
化学纤维	万吨	1	太阳能热水器	万平方米	311.8
合成纤维	万吨	1	灯具及照明装置	万套(台、个)	3.5
橡胶轮胎外胎	万条	120.7	电子计算机整机	万台	35.1
塑料制品	万吨	17.6	微型计算机设备	万台	20.4
塑料薄膜	万吨	1.7	服务器	万台	14.7
农用薄膜	万吨	0.9	显示器	万台	1
泡沫塑料	万吨	3.6	微波终端机	部	29009
硅酸盐水泥熟料	万吨	544.8	彩色电视机	万台	33.6
窑外分解窑水泥熟料	万吨	544.8	液晶(LCD)电视机	万台	33.6
水泥	万吨	776	半导体分立器件	亿只	27.5
强度等级42.5水泥(含R型)	万吨	27.6	光电子器件	亿只(片、套)	0.7
商品混凝土	万立方米	761.9	电子元件	亿只	1.4
水泥混凝土压力管	千米	3795.3	印制电路板	万平方米	17.7
砖	亿块	1.6	工业自动调节仪表与控制系统	万台(套)	1.2
天然花岗石建筑板材	万平方米	6.1	电工仪器仪表	万台	1.3
钢化玻璃	万平方米	67.3	试验机	万台	0.6
日用玻璃制品	万吨	11.6	汽车仪器仪表	万台	2
玻璃包装容器	万吨	1	钟	万只	318.9
耐火材料制品	万吨	95.2	发电量	亿千瓦小时	156.6
石墨及炭素制品	万吨	152.3	火力发电量	亿千瓦小时	156
生铁	万吨	825.5	风力发电量	亿千瓦小时	0.4
粗钢	万吨	694.5	煤气生产量	亿立方米	135.4
铸铁件	万吨	4.1	自来水生产量	亿立方米	4.7

12-29 工业企业能源购进、消费及库存(2012年)

PURCHASES、CONSUMPTION AND INVETORY OF MAIN ENERGY SOURCE IN INDUSTRIAL ENTERPRISES(2012)

能源名称	计量单位	年初库存量	本年购进量	本年消费	工业生产消费	非工业生产消费	年末库存量
能源合计	吨标准煤			28909398	28793073	116326	
原煤	吨	497564	10024964	9527966	9487973	39993	967580
洗精煤	吨	173647	4492211	4437536	4437536	0	228372
其他洗煤	吨	234291	2315290	2439965	2437977	1988	109616
型煤	吨	70073	808807	801367	801365	2	77513
焦炭	吨	30619	480204	3917063	3917015	48	45899
其他煤气	万立方米	0	0	0	0	0	0
天然气	万立方米	0	27722	27744	27654	90	0
液化天然气	吨	3	41	45	45	0	0
原油	吨	109327	5372664	5384149	5384149	0	97836
汽油	吨	149	14328	14738	10273	4465	126
煤油	吨	30	2757	1288	1288	0	39
柴油	吨	1215	41532	41816	22574	19242	1210
燃料油	吨	5044	240733	253143	253143	0	3427
液化石油气	吨	369	26713	26873	26836	38	209
炼厂干气	吨	0	0	142963	142963	0	0
其他石油制品	吨	5624	23508	430693	430682	11	2530
热力	百万千焦	0	5773378	8190926	7841105	349821	0
电力	万千瓦时	0	990720	1444341	1414787	29554	0
其他燃料	吨标准煤	0	2090	2144	2103	41	4

注:按照经济普查要求,免填能源合计中,年初库存、购进量、年末库存。

12-30 工业分行业主要能源消费量(2012年)

CONSUMPTION OF MAIN ENERGY SOURCE IN INDUSTRIAL ENTERPRISES BY SECTOR(2012)

指　标	原煤（吨）	汽油（吨）	煤油（吨）	柴油（吨）	燃料油（吨）	热　力（百万千焦）	电　力（万千瓦时）
总　计	9527966	14738	1288	41816	253143	8190926	1444341
采矿业	3124	104	0	543	0	0	12732
煤炭开采和洗选业	3124	63	0	504	0	0	8312
石油和天然气开采业	0	41	0	35	0	0	1908
黑色金属矿采选业	0	0	0	0	0	0	1164
非金属矿采选业	0	0	0	4	0	0	1348
制造业	4410712	13434	1288	38285	253143	8183023	1198746
农副食品加工业	6804	344	0	147	0	0	6038
食品制造业	18623	318	0	684	0	252375	12301
饮料制造业	28154	45	0	332	0	230482	21071
纺织业	6600	181	0	57	1	127067	31190
纺织服装、鞋、帽制造业	673	130	0	6	0	160562	3819
皮革、毛皮、羽毛(绒)及其制品业	2341	23	0	0	0	0	600
木材加工及木、竹、藤、棕、草制品业	5200	63	0	68	0	0	2299
家具制造业	0	38	1	24	0	0	376
造纸及纸制品业	3110	147	0	35	0	9195	3490
印刷业和记录媒介的复制	0	145	0	95	0	8499	5252
文教体育用品制造业	299	126	0	104	0	0	750
石油加工、炼焦及核燃料加工业	1380	256	0	111	252774	860886	39188
化学原料及化学制品制造业	1664540	835	1006	1382	239	3499589	219442
医药制造业	78913	711	0	393	0	2152841	58186
化学纤维制造业	0	0	0	0	0	0	722
橡胶制品业	1288	19	3	8	0	0	972
塑料制品业	1194	139	0	116	0	0	7817
非金属矿物制品业	918801	850	0	15471	128	39103	118315
黑色金属冶炼及压延加工业	1456175	1185	23	8791	0	286466	475526
有色金属冶炼及压延加工业	2015	156	0	81	0	0	3039
金属制品业	102662	457	2	1356	0	400	49740
通用设备制造业	36730	2304	145	3915	0	18206	35715
专用设备制造业	3629	885	0	287	0	2378	9757
交通运输设备制造业	45180	778	41	3366	0	531504	53745
电气机械及器材制造业	25785	1561	67	144	0	0	19065
通信设备、计算机及其他电子设备制造业	0	943	0	114	0	3469	10525
仪器仪表及文化、办公用机械制造业	34	521	0	1023	0	0	3317
工艺品及其他制造业	183	23	0	11	0	0	75
电力、燃气及水的生产和供应业	5114131	1200	0	2988	0	7903	232863
电力、热力的生产和供应业	5114131	646	0	2835	0	7903	215696
燃气生产和供应业	0	293	0	90	0	0	1223
水的生产和供应业	0	261	0	63	0	0	15944

主要统计指标解释

EXPLANATORY NOTES ON MAIN STATISTICAL INDICATORS

按照国家统计方法制度规定，1998年独立核算工业统计范围由原乡及乡以上调整为全部国有及年销售收入500万元以上非国有工业企业，2011年规模以上工业企业统计范围调整为年主营业务收入2000万元以上。同时，统计分类中的原经济组织类型分组相应地调整为按企业登记注册类型分组。

工业 指从事自然资源的开采，对采掘品和农产品进行加工和再加工的物质生产部门。具体包括：(1)对自然资源的开采，如采矿、晒盐、森林采伐等(但不包括禽兽捕猎和水产捕捞)；(2)对农副产品的加工、再加工，如粮油加工、食品加工、轧花、缫丝、纺织、制革等；(3)对采掘品的加工、再加工，如炼铁、炼钢、化工生产、石油加工、机器制造、木材加工等，以及电力、自来水、煤气的生产和供应等；(4)对工业品的修理、翻新，如机器设备的修理、交通运输工具(包括小卧车)的修理等。

1984年以前农村的村及村以下办工业归属农业，1984年以后划归工业。

工业统计调查单位 工业统计调查单位分为两类：独立核算法人工业企业和工业活动单位。

(1)独立核算法人工业企业 是指从事工业生产经营活动的单位。独立核算法人工业企业应同时具备以下条件：①依法成立，有自己的名称、组织机构和场所，能够承担民事责任；②独立拥有和使用资产，承担负债，有权与其他单位签订合同；③独立核算盈亏，并能够编制资产负债表。

(2)工业活动单位 是指在一个场所从事一种或主要从事一种工业生产活动的经济单位。它包括独立核算工业企业按主营业务活动(即工业生产活动)划分的主营业务活动单位和非工业企业所属的工业生产活动单位(即原非独立核算工业生产单位)。工业活动单位，一般应同时具备以下三个条件：①具有一个场所，从事一种或主要从事一种工业活动；②单独组织工业生产、经营或业务活动；③单独核算收入和支出。

企业登记注册类型 是指具有法人资格的各类企业在工商行政管理机关登记注册的类型。本年鉴中，国有经济、集体经济、股份制经济、国有控股等概念与过去含义有所区别。

(一)国有企业：是指企业全部资产归国有家所有，并按《中华人民共和国企业法人登记管理条例》规定登记注册的非公司制的经济组织。不包括有限责任公司中的国有独资公司。

(二)集体企业：是指企业资产归集体所有，并按《中华人民共和国企业法人登记管理条例》规定登记注册的经济组织。

(三)股份合作企业：是指以合作制为基础，由企业职工共同出资入股，吸收一定比例的社会资产投资组建，实行自主经营，自负盈亏，共同劳动，民主管理，按劳分配下按股分红相结合的一种集体经济组织。

(四)联营企业：是指两个及两个以上相同或不同所有制性质的企业法人或事业单位法人，按自愿、平等、互利的原则，共同投资组成的经济组织。联营企业包括：

1. 国有联营企业：指国有企业与国有企业间的联营；

2. 集体联营企业：指集体企业与集体企业间的联营；

3. 国有与集体联营企业：指国有企业与集体企业间的联营；

4. 其他联营企业：指国有企业与私人企业间的联营，集体企业与私人企业间的联营，国有、集体与私人企业间的联营。

(五)有限责任公司：是指根据《中华人民共和国公司登记管理条例》规定登记注册，由两个以上，五十个以下的股东共同出资，每个股东以其所认缴的出资额对公司承担有限责任，公司以其全部资产对其债务承担责任的经济组织。有限责任公司包括国有独资公司以及其他有限责任公司。

1. 国有独资公司：是指国家授权的投资机构或者国家授权的部门单独投资设立的有限责任公司。

2. 其他有限责任公司：是指国有独资公司以外的其他有限责任公司。

(六)股份有限公司：是指根据《中华人民共和国公司登记管理条例》规定登记注册，其全部注册资本由等额股份构成并通过发行股票筹集资本，股东以其认购的股份对公司承担有限责任，公司以其全部资产对其债务承担责任的经济组织。

(七)私营企业：是指由自然人投资设立或由自然人控股，以雇佣劳动为基础的营利性经济组织。包括按照《公司法》、《合伙企业法》、《私营企业暂行条例》规定登记注册的私营有限责任公司、私营股份有限公司、私营合伙企业和私营独资企业。

1. 私营独资企业：是指按《私营企业暂行条例》的规定，由一名自然人投资经营，以雇佣劳动为基础，投资者对企业债务承担无限责任的企业。

2. 私营合伙企业：是指按《合伙企业法》或《私营企业暂行条例》的规定，由两个以上自然人按照协议共同投资、共同经营、共负盈亏，以雇佣劳动为基础，对债务承担无限责任的企业。

3. 私营有限责任公司：是指按《公司法》、《私营企业暂行条例》的规定，由两个以上自然人投资或由单个自然人控股的有限责任公司。

4. 私营股份有限公司：是指按《公司法》的规定，由五个以上自然人投资，或由单个自然人控投的股份有限公司。

(八)其他企业：是指上述第(一)至第(七)之处的其他内资经济组织。

（九）合资经营企业（港或澳、台资）：是指港澳台地区投资者也内地的企业依照《中华人民共和国中外台资经营企业法》及有关法律的规定，按合同规定的比例投资设立、分享利润和分担风险的企业。

（十）合作经营企业（港和澳、台资）：是指港澳台地区投资者与内地企业依照《中华人民共和国中外合作经营企业法》及有关法律的规定，依照合作合同的约定进行投资或提供条件设立、分配利润和分担风险的企业。

（十一）港、澳、台商独资经营企业：是指依照《中华人民共和国外资企业法》及有关法律的规定，在内地由港澳台地区投资者全额投资设立的企业。

（十二）港、澳、台投资股份有限公司：是指根据国家有关规定，经外经贸部依法批准设立，其中港、澳、台商的股本占公司注册资本的比例达25%以上（含25%）的股份有限公司。凡其中港、澳、台商的股本占公司注册资本的比例小于25%的，属于内资企业中的股份有限公司。

（十三）中外合资经营企业，是指外国企业或外国人与中国内地企业依照《中华人民共和国外合资经营企业法》及有关法律的规定，按合同规定的比例投资设立、分享利润和分担风险的企业。

（十四）中外合作经营企业：是指外国企业或外国人与中国内地企业依照《中华人民共和国中外合作经营企业法》及有关法律的规定，依照合作合同的约定进行投资或提供条件设立、分配利润和分担风险的企业。

（十五）外资企业：是指依照《中华人民共和国外资企业法》及有关法律的规定，在中国内地由外国投资者全额投资设立的企业。

（十六）外商投资股份有限公司：是指根据国家有关规定，经外经贸部依法批准设立，其中外资的股本占公司注册资本的比例达25%以上（含25%）的股份有限公司。凡其中外资股本占公司注册资本的比例小于25%的，属于内部企业中的股份有限公司。

轻工业　指主要提供生活消费品和制作手工工具的工业。按其所使用的原料不同，可分为两大类：(1)以农产品为原料的轻工业，是指直接或间接以农产品为基本原料的轻工业。主要包括食品制造、饮料制造、烟草加工、纺织、缝纫、皮革和毛皮制作、造纸以及印刷等工业；(2)以非农产品为原料的轻工业，是指以工业品为原料的轻工业。主要包括文教体育用品、化学药品制造、合成纤维制造、日用化学制品、日用玻璃制品、日用金属制品、手工工具制造、医疗器械制造、文化和办公用机械制造等工业。

重工业　是指为国民经济各部门提供物质技术基础的主要生产资料的工业。按其生产性质和产品用途，可以分为下列三类：(1)采掘（伐）工业，是指对自然资源的开采，包括石油开采、煤炭开采、金属矿开采、非金属矿开采和木材采伐等工业；(2)原材料工业，指向国民经济各部门提供基本材料、动力和燃料的工业。包括金属冶炼及加工、炼焦及焦炭、化学、化工原料、水泥、人造板以及电力、石油和煤炭加工等工业；(3)加工工业，是指对工业原材料进行再加工制造的工业。包括装备国民经济各部门的机械设备制造工业、金属结构、水泥制品等工业，以及为农业提供的生产资料如化肥、农药等工业。

根据上述划分原则，修理业中以重工业产品为修理作业对象的划为重工业，反之划为轻工业。

工业总产值　是以货币表现的工业企业在一定时期内生产的已出售或可供出售工业产品总量，它反映一定时间内工业生产的总规模和总水平。它包括：在本企业内不再进行加工，经检验、包装入库（规定不需包装的产品除外）的成品价值，对外加工费收入，自制半成品、在产品期末初差额价值。工业总产值采用“工厂法”计算，即以工业企业作为一个整体，按企业工业生产活动的最终成果来计算，企业内部不允许重复计算，不能把企业内部各个车间（分厂）生产的成果相加。但在企业之间、行业之间、地区之间存在着重复计算。

轻重工业总产值的划分也是按“工厂法”计算的，即一个工业企业在正常情况下生产的主要产品的性质属于轻工业，则该企业的全部总产值作为轻工业总产值。如生产的主要产品的性质属于重工业，则该企业的全部总产值作为重工业总产值。

工业增加值　是指工业行业在报告期内以货币表现的工业生产活动的最终成果。

实收资本　指企业实际收到的投资人投入的资本。按投资主体可分为国家资本、集体资本、法人资本、个人资本、港澳台资本和外商资本等。

资产合计　指企业拥有或控制的能以货币计量的经济资源。包括各种财产、债权和其他权利。资产按其流动性划分为流动资产、长期投资、固定资产、无形及递延资产和其他资产。

(1)流动资产　指企业可以在一年内或者超过一年的一个生产周期内变现或耗用的资产合计。包括现金及各种存款、短期投资、应收及预付款项、存货等。

(2)固定资产　指企业固定资产净值、固定资产清理、在建工程、待处理固定资产损失所占用的资金合计。

(3)无形资产　指企业长期使用而没有实物形态的资产。包括专利权、非专利技术、商标权、著作权、土地使用权、商誉等。

负债合计　指企业承担的能以货币计量，将以资产或劳务偿付的债务。负债一般按偿还期长短分为流动负债和长期负债、递延税项等。

(1)流动负债　指企业在一年内或者超过一年的一个营业周期内需要偿还的债务合计，其中包括短期借款、应付及预收款项、应付工资、应交税金和应交利润等。

(2)长期负债　指企业在一年以上或者超过一年的一个营业周期以上需要偿还的债务合计，其中包括长期借款、应付债务、长期应付款项等。

所有者权益　指企业投资人对企业净资产的所有权。企业净资产等于企业全部资产减去全部负债后的余额，其中包括投资者对企业的最初投入，以及资本公积金、盈余公积金和未分配利润，对股份制企业即为股东权益。

固定资产原价 指企业在建造、购置、安装、改建、扩建、技术改造某项固定资产时所支出的全部货币总额。它一般包括买价、包装费、运杂费和安装费等。

固定资产净值 是指固定资产原价减去历年已提折旧额后的净额。

产品销售收入 指企业销售产品和提供劳务等主要经营业务取得的业务总额。

产品销售成本 指企业销售产品和提供劳务等主要经营业务的实际成本。

产品销售税金及附加 指企业销售产品和提供工业性劳务等主要经营业务应负担的城市维护建设税、消费税、资源税和教育费附加。

产品销售利润 指企业销售产品和提供工业性劳务等主要经营业务收入扣除其成本、费用、税金后的利润。

利润总额 指企业实现的利润。

应交增值税 指企业在报告期内应交纳的增值税额。

总资产贡献率 反映企业全部资产的获利能力，是企业经营业绩和管理水平的集中体现，是评价和考核企业盈利能力的核心指标。计算公式为：

总资产贡献率(%)＝(利润总额＋税金总额＋利息支出)/平均资产总额×100%

资产负债率 该指标既反映企业经营风险的大小，也反映企业利用债权人提供的资金从事经营活动的能力。计算公式为：

资产负债率(%)＝负债总额/资产总额×100%

工业成本费用利润率 指在一定时期内实现的利润与成本费用之比，是反映工业生产成本及费用投入的经济效益指标，同时也是反映降低成本的经济效益的指标。计算公式为：

工业成本费用利润率(%)＝利润总额/成本费用总额×100%

工业增加值率 指在一定时期内工业增加值占同期工业总产值的比重，反映降低中间消耗的经济效益。计算公式为：

工业增加值率(%)＝工业增加值(现价)/工业总产值(现价)×100%

流动资产周转次数 指在一定时期内流动资产完成的周转次数，反映流动资产的周转速度。计算公式为：

流动资金周转次数＝产品销售收入/全部流动资产平均余额

产品销售率 指报告期工业销售产值与同期全部工业总产值之比，是反映工业产品已实现销售的程度，分析工业产销衔接情况，研究工业产品满足社会需求程度的指标。计算公式为：

产品销售率(%)=工业销售产值/工业总产值(现价)×100%

全员劳动生产率 指根据产品的价值量指标计算的平均每一个从业人员在单位时间内的产品生产量。是考核企业经济活动的重要指标，是企业生产技术水平、经营管理水平、职工技术熟练程度和劳动积极性的综合表现。目前我国的全员劳动生产率是将工业企业的工业增加值除以同一时期全部从业人员的平均人数来计算的。计算公式为：

全员劳动生产率＝工业增加值/全部从业人员平均人数

利润总额=营业利润＋投资收益＋补贴收入＋营业外收入－营业外支出＋以前年度损益调整

利税总额 指企业产品销售税金及附加、利润总额和应交增值税之和。

资本金 指企业在工商行政管理部门登记的注册资金合计。企业资本金按投资主体可分为国家资本金、法人资本金、个人资本金和外商资本金等。资本金合计包括企业各种投资主体注册的全部资本金。

总资产 指企业拥有或控制的全部资产。包括流动资产、长期投资、固定资产、无形及递延资产、其他资产等，即为企业资产负债表的资产总计项。

13

建 筑 业

CONSTRUCTION

13-1 建筑业主要指标

MAIN INDICATORS OF CONSTRUCTION ENTERPRISES

指　　标	单位	2007年	2008年	2009年	2010年	2011年	2012年
汇总单位数	个	687	747	737	739	488	492
建筑业增加值	万元	1165283	1509502	1553274	2151997	1791905	2126738
建筑业总产值	万元	5869367	6687058	7800224	8943039	11291079	12094163
按隶属关系分							
中央属	万元	2425515	2791559	3473978	4111266	5258069	5597652
省属	万元	994161	795537	974431	1089652	1217025	1283292
市属	万元	1074816	1118838	1349695	1467098	1935696	2169003
县及县以下	万元	1374875	628573	680112	791904	1130731	1432745
其他	万元	0	1352551	1322008	1483119	1749558	1611471
按工程性质分							
建筑工程	万元	4473078	4541550	5617047	7040234	10000822	10688363
安装工程	万元	801842	1233279	2069364	1447613	928959	966527
其他产值	万元	594447	912229	113812	455192	361298	439273
竣工产值	万元	3313298	3703164	3473307	3994976	4742897	5172005
房屋施工面积	万平方米	3809	4013	4373	4655	5805	6556
#本年新开工	万平方米	1688	1708	1740	1943	2692	2570
房屋竣工面积	万平方米	1590	1602	1417	1306	1185	1638
#住宅	万平方米	1142	920	758	773	693	1081
自有机械设备总台数	台	55749	54928	80816	56478	51275	53481
自有机械设备总功率	万千瓦	156.65	122.45	127.08	129.85	154.95	154.18
自有机械设备净值	万元	219353	229913	299349	238903	390822	359498
所有者权益	万元	1364205	1622684	1680636	1963818	2287009	2516989
利润总额	万元	149017	237782	266340	414811	344352	433249
上缴税金	万元	179384	237743	274807	381884	366796	405920
工资总额	万元	649615	800835	824305	1109175	942251	1155489

注: 建筑业增加值2006年起采用以企业营业利润为主的收入法计算。下同。

13-2 建筑业增加值构成(2012年)

VALUE ADDED OF CONSTRUCTION BY STRUCTURE(2012)

单位:万元

指　　标	建筑业增加值	本年提取固定资产折旧	营业税金及附加	管理费中的税金	营业利润	应付职工薪酬(本年贷方累计发生额
总　计	2126738	141729	387899	18021	405984	1173105
其中:国有及国有控股企业	1382460	120873	255901	10915	253215	741556
一、按登记注册类型分组						
内资企业	2115424	139556	382140	17935	405274	1170519
国有企业	515828	55307	96934	7243	79771	276573
集体企业	76692	854	17269	1330	20042	37197
股份合作企业	4196	46	524	65	1275	2286
联营企业	429	5	227	4	17	176
其他联营企业	429	5	227	4	17	176
有限责任公司	1217796	73520	214995	7145	220906	701230
国有独资公司	287447	6756	55945	2180	56164	166403
其他有限责任公司	930350	66764	159051	4965	164743	534827
股份有限公司	119686	3902	21353	453	34066	59912
私营企业	174995	5639	30436	1693	48945	88281
私营独资企业	683	15	162	28	140	340
私营合伙企业	441	10	51	1	12	368
私营有限责任公司	155969	5316	28276	1641	46791	73946
私营股份有限公司	17902	298	1948	24	2004	13627
其他企业	5802	284	402	2	251	4864
港、澳、台商投资企业	10502	2168	5663	80	659	1933
合资经营企业(港或澳、台资)	10506	2168	5663	80	664	1931
港、澳、台商独资经营企业	-4	0	0	0	-6	2
外商投资企业	812	5	97	6	51	653
中外合资经营企业	823	4	94	3	81	642
外资企业	-11	1	3	3	-29	12
二、按国民经济行业分组						
房屋建筑业	1118143	24881	196540	7969	196987	691766
土木工程建筑业	834707	109905	159690	7652	154267	403192
建筑安装业	77603	3423	10819	1054	15156	47151
三、按隶属关系分组						
中央	868642	75470	159735	2423	152181	478832
省(自治区、直辖市)	184700	24938	35857	4888	40911	78106
地区(州、盟、省辖市)及其他	1073397	41321	192307	10710	212892	616167
四、按企业资质等级分组						
施工总承包	1948382	133524	355019	15572	355218	1089049
特级	208607	24628	45447	378	55128	83027
一级	1373196	100447	251729	10411	220415	790195
二级	210992	4741	39754	2755	38005	125738
三级以下	155586	3709	18090	2029	41669	90090
专业承包	178357	8205	32881	2449	50767	84056
一级	67944	2418	14089	939	16375	34124
二级	78756	3146	14191	804	31999	28616
三级以下	31656	2641	4601	706	2393	21316

13-3 建筑施工企业设备及

POWER OF MACHINERY AND MAIN ECONOMIC

指　　标 （总承包与专业承包）	增加值 （万元）	企业个数 （个）	自有机械设备净值 （万元）
总计	2126738	468	359498
其中：国有及国有控股企业	1382460	86	233385
一、按登记注册类型分组			
内资企业	2115424	461	340762
国有企业	515828	54	104471
集体企业	76692	39	7540
股份合作企业	4196	4	616
联营企业	429	1	19
其他联营企业	429	1	19
有限责任公司	1217796	173	161210
国有独资公司	287447	4	1755
其他有限责任公司	930350	169	159456
股份有限公司	119686	19	41121
私营企业	174995	165	19752
私营独资企业	683	2	0
私营合伙企业	441	1	0
私营有限责任公司	155969	154	17985
私营股份有限公司	17902	8	1767
其他企业	5802	6	6032
港、澳、台商投资企业	10502	2	18736
合资经营企业(港或澳、台资)	10506	1	18736
港、澳、台商独资经营企业	-4	1	0
外商投资企业	812	5	1
中外合资经营企业	823	4	1
外资企业	-11	1	0
二、按国民经济行业分组	0		
建筑安装业	77603	86	10393
建筑装饰业	78800	89	6068
三、按隶属关系分组	0		
中央	868642	22	156402
省(自治区、直辖市)	184700	41	62130
地区(州、盟、省辖市)及其他	1073396.9	405	140966
四、按企业资质等级分组			
施工总承包	1948382	242	323020
特级	208607	4	66678
一级	1373196	48	218052
二级	210992	71	18502
三级及以下	155586	119	19788
专业承包	178357	226	36478
一级	67944	23	14385
二级	78756	95	13314
三级及以下	31656	108	8780

主要经济效益指标（2012年）

INDICATORS OF CONSTRUCTION（2012）

自有机械设备总台数*（台）	自有机械设备总功率（千瓦）	年末从业人员（万人）	技术装备率（元/人）	动力装备率（千瓦/人）
53481	1541757	35.36	10167.3	4.36
28018	1057899	18.58	12560.9	5.69
53031	1519917	34.89	9766.9	4.36
21979	721233	6.35	16443.3	11.35
4113	22242	1.26	5963.5	1.76
123	120	0.09	6534.5	0.13
1	100	0.00	5305.6	2.78
1	100	0.00	5305.6	2.78
19051	489594	21.87	7371.3	2.24
159	7085	6.30	278.7	0.11
18892	482509	15.58	10237.9	3.10
1882	157425	1.13	36277.6	13.89
5537	121422	4.04	4886.5	3.00
0	0	0.02	0.0	0.00
0	0	0.01	0.0	0.00
5124	120657	3.58	5018.6	3.37
413	765	0.43	4081.8	0.18
345	7781	0.13	47089.8	6.07
448	21824	0.45	41561.9	4.84
448	21824	0.45	41635.8	4.85
0	0	0.00	0.0	0.00
2	16	0.02	33.3	0.09
2	16	0.02	33.7	0.09
0	0	0.00	0.0	0.00
6313	83831	1.32	7878.5	6.36
1730	25434	1.29	4716.2	1.98
11878	554254	12.00	13032.2	4.62
14624	375286	1.80	34474.7	20.82
26979	612217	21.55	52906.7	19.08
45613	1412391	32.49	9942.3	4.35
3315	236578	3.17	21040.7	7.47
31046	1004293	21.91	9950.3	4.58
4981	100701	4.12	4486.1	2.44
6271	70819	3.28	6029.4	2.16
7868	129366	2.87	12715.1	4.51
2002	47040	0.93	15481.2	5.06
4837	52493	1.25	10622.1	4.19
1029	29833	0.69	12792.5	4.35

13－4 建筑企业

ASSETS OF CONSTRUCTION

指　　标 （总承包与专业承包）	流动资产合计	存货	固定资产合计	固定资产原价
总　计	10822586	2747433	1238565	1534957
其中：国有及国有控股企业	7938672	1966850	913114	1124119
一、按登记注册类型分组				
内资企业	10537349	2709362	1219044	1502260
国有企业	3413050	831628	277943	516771
集体企业	178719	64339	20273	26087
股份合作企业	16472	1028	2072	2902
联营企业	2788	1329	19	42
其他联营企业	2788	1329	19	42
有限责任公司	4964133	1291409	456494	694373
国有独资公司	590986	144931	34020	49794
其他有限责任公司	4373147	1146478	422474	644579
股份有限公司	1323576	367996	360358	136298
私营企业	630307	150083	99203	122728
私营独资企业	10039	597	10	25
私营合伙企业	944	367	64	96
私营有限责任公司	594263	139426	91650	113578
私营股份有限公司	25060	9693	7480	9029
其他企业	8302	1550	2682	3060
港、澳、台商投资企业	275102	37078	19280	31907
合资经营企业（港或澳、台资）	274846	37072	19278	31897
港、澳、台商独资经营企业	256	6	1	9
外商投资企业	10135	994	242	790
中外合资经营企业	9786	994	241	740
外资企业	349	0	1	50
二、按国民经济行业分组				
房屋和土木工程建筑业	3734891	856872	280361	361189
建筑安装业	6455727	1739863	853465	1044269
建筑装饰业	297999	77666	53753	72458
其他建筑业	333969	73033	50987	57040
三、按隶属关系分组				
中央	4900353	1313430	687505	756555
省（自治区、直辖市）	1587754	399806	102750	195268
县（区、市）及其他	4334479	1034198	448311	583134
四、按企业资质等级分组				
施工总承包	9997365	2532383	1107410	1358067
特级	2809063	704967	442762	280830
一级	5988941	1512226	520564	880875
二级	892736	255417	74947	115210
三级以下	306625	59773	69137	81151
专业承包	825221	215050	131155	176890
一级	288385	94405	27174	43825
二级	261775	51181	42747	51416
三级以下	275061	69464	61234	81649

资 产 实 力 （2012年）

ENTERPRISES(2012)

单位:万元

流动负债合计	非流动负债合计	负债合计	所有者权益合计	
				国家资本
9826192	475347	10476263	2516989	468071
7568369	438711	8008447	1483479	446747
9553899	468254	10196878	2461396	462493
3233914	109209	3344486	631163	189893
152618	2059	158179	53182	2200
5028	80	7111	11465	0
1612	0	1612	1195	0
1612	0	1612	1195	0
4543857	174037	4807815	1153960	159335
573762	36450	610212	138353	66800
3970095	137587	4197603	1015608	92535
1267182	176215	1451422	244456	111065
344717	6655	421283	358302	0
52	0	11861	1168	0
680	0	680	328	0
330386	6655	395143	336853	0
13600	0	13600	19954	0
4970	0	4970	7673	0
267403	4393	271796	52805	5546
267403	4388	271791	52552	5250
0	5	5	252	296
4890	2700	7590	2788	32
4887	2700	7587	2441	32
3	0	3	347	0
3227470	77760	3443212	949517	116950
6174553	387258	6565862	1231586	328852
207063	6020	221176	157751	18790
217105	4310	246013	178136	3480
4694342	286233	4980576	868845	260403
1498601	44776	1543787	358899	29932
3633248	144339	3951901	1289244	177736
9218883	456923	9816346	2150486	446107
2710968	233362	2944330	521722	116250
5637167	211014	5884383	1170006	292473
660793	7558	754919	285944	26950
209955	4990	232715	172814	10435
607309	18424	659918	366503	21964
230231	4908	240312	91894	9677
151075	3338	169215	160539	9040
226003	10178	250391	114070	3248

13-5 建筑业施工产值构成(2012年)

OUTPUT VALUE OF CONSTRUCTION BY STRUCTURE(2012)

单位:万元

指标 (总承包与专业承包)	建筑业总产值				竣工产值
	合计	建筑工程	安装工程	其他产值	
总计	12074778	10688363	966527	419887	5172005
其中:国有及国有控股企业	8435054	7501760	599140	334155	3349008
一、按登记注册类型分组					
内资企业	11814071	10428798	965716	419557	5172005
国有企业	3488317	2719313	491913	277091	1609295
集体企业	292663	274916	17740	7	152882
股份合作企业	13780	8730	5050	0	6750
联营企业	6500	6500	0	0	5000
其他联营企业	6500	6500	0	0	5000
有限责任公司	6436961	6033589	337382	65991	2837292
国有独资公司	1320631	1314348	0	6283	509186
其他有限责任公司	5116330	4719241	337382	59708	2328106
股份有限公司	719137	662731	12363	44043	172220
私营企业	845124	715309	97452	32363	381786
私营独资企业	4151	0	3337	814	3517
私营合伙企业	1511	0	1511	0	1511
私营有限责任公司	791580	670127	89904	31549	361148
私营股份有限公司	47882	45182	2700	0	15610
其他企业	11590	7711	3817	62	6780
港、澳、台商投资企业	255306	255306	0	0	0
合资经营企业(港或澳、台资)	255306	255306	0	0	0
外商投资企业	5401	4260	811	330	0
中外合资经营企业	5401	4260	811	330	0
二、按国民经济行业分组					
建筑安装业	337384	117424	208800	11160	241347
建筑装饰和其他建筑业	601032	470974	52278	77780	273451
建筑装饰业	500719	389582	45413	65724	185629
其他未列明建筑业	12137	3190	819	8128	8515
三、按隶属关系分组					
中央	5597652	4994288	480158	123206	2130659
省(自治区、直辖市)	1283292	1003029	71220	209044	560423
地区(州、盟、省辖市)及其他	5193834	4691046	415150	87637	2480923
四、按企业资质等级分组					
施工总承包	11069403	10061363	772143	235897	4658438
特级	1757590	1713557	0	44033	202419
一级	7984019	7182142	624213	177664	3640111
二级	786203	676706	104256	5241	500474
三级及以下	541591	488957	43675	8959	315434
专业承包	1005375	627001	194384	183990	513567
一级	437320	231359	69562	136399	174884
二级	426513	319752	77433	29328	262857
三级及以下	141542	75890	47389	18263	75826

13-6 建筑企业损益及分配(2012年)

PROFIT LOSS AND DISTRIBUTION OF CONSTRUCTION ENTETPTISES(2012)

单位:万元

指 标 (总承包与专业承包)	营业收入	利税总额	营业利润	利润总额	应付职工薪酬(本年贷方累计发生额
总 计	11858720	927057	405984	433249	1173105
其中:国有及国有控股企业	8318135	585555	253215	263350	741556
一、按登记注册类型分组					
内资企业	11662170	920281	405274	432484	1170519
国有企业	3261773	204789	79771	82923	276573
集体企业	286175	40669	20042	19657	37197
股份合作企业	17303	2296	1275	1275	2286
联营企业	6500	254	17	17	176
其他联营企业	6500	254	17	17	176
有限责任公司	6428618	522523	220906	245461	701230
国有独资公司	1383495	133860	56164	60565	166403
其他有限责任公司	5045123	388663	164743	184896	534827
股份有限公司	728379	56539	34066	33755	59912
私营企业	921413	92521	48945	49135	88281
私营独资企业	4151	365	140	140	340
私营合伙企业	1511	65	12	12	368
私营有限责任公司	856129	87578	46791	46953	73946
私营股份有限公司	59621	4514	2004	2031	13627
其他企业	12009	691	251	262	4864
港、澳、台商投资企业	191144	6547	659	659	1933
合资经营企业(港或澳、台资)	191144	6552	664	665	1931
港、澳、台商独资经营企业	0	-6	-6	-6	2
外商投资企业	5406	229	51	106	653
中外合资经营企业	5406	183	81	65	642
外资企业	0	47	-29	41	12
二、按国民经济行业分组					
房屋建筑业	5328744	455547	196987	205276	691766
土木工程建筑业	5495098	370318	154267	173694	403192
建筑安装业	405549	30848	15156	14884	47151
建筑装饰和其他建筑业	629328	70344	39574	39395	30996
三、按隶属关系分组					
中央	5578964	346869	152181	154808	478832
省(自治区、直辖市)	1215225	92288	40911	41105	78106
地区(州、盟、省辖市)及其他	5064531	487900	212892	237337	616167
四、按企业资质等级分组					
施工总承包	10781138	826759	355218	381161	1089049
特级	1703361	106290	55128	55029	83027
一级	7674540	548451	220415	231686	790195
二级	865433	104093	38005	53014	125738
三级以下	537804	67925	41669	41432	90090
专业承包	1077582	100298	50767	52088	84056
一级	470374	35897	16375	16429	34124
二级	435751	53695	31999	31756	28616
三级以下	171458	10707	2393	3904	21316

13－7　施工工程个数及施工面积(2012年)

NUMBER OF PROJECTS AND SPACE UNDER CONSTRUCTION(2012)

指　　标 (总承包与专业承包)	房屋建筑施工面积(万平方米)	#本年新开工面积(万平方米)	房屋建筑竣工面积(万平方米)	#住宅房屋(万平方米)	竣工房屋价值(万元)
总　计	6556.12	2569.59	1637.74	1081.22	2694051
其中：国有及国有控股企业	3718.52	1220.20	806.09	437.28	1616632
一、按登记注册类型分组					
内资企业	6556.12	2569.59	1637.74	1081.22	2694051
国有企业	653.43	242.95	154.55	87.46	301607
集体企业	201.65	108.01	85.44	76.25	111766
股份合作企业	10.60	5.60	4.00	4.00	6200
有限责任公司	5083.44	1854.72	1201.82	760.85	2062440
国有独资公司	1582.49	504.94	252.40	136.18	505421
其他有限责任公司	3500.95	1349.78	949.42	624.68	1557019
股份有限公司	73.00	36.11	37.58	29.95	40638
私营企业	525.63	314.93	147.90	119.61	165254
私营有限责任公司	502.56	295.08	134.10	107.61	154584
私营股份有限公司	23.08	19.84	13.80	12.00	10670
其他企业	8.37	7.26	6.46	3.10	6145
二、按国民经济行业分组					
房屋建筑业	6383.95	2497.16	1558.72	1075.61	2551304
土木工程建筑业	140.44	47.63	62.96	0.00	116410
建筑安装业	31.74	24.79	16.07	5.61	26337
三、按隶属关系分组					
中央	2158.08	717.59	467.59	210.17	1110063
省(自治区、直辖市)	173.71	122.27	130.32	119.50	80339
地区(州、盟、省辖市)及其他	4224.34	1729.73	1039.83	751.56	1503649
四、按企业资质等级分组					
施工总承包	6532.29	2546.51	1622.91	1081.22	2675004
特级	233.63	104.68	57.06	38.65	151758
一级	5055.33	1764.83	1192.03	758.93	2059365
二级	743.99	379.12	181.38	131.86	245989
三级及以下	499.35	297.87	192.44	151.78	217891
专业承包	23.83	23.08	14.83	0.00	19047
二级	23.15	22.40	14.15	0.00	18781
三级及以下	0.68	0.68	0.68	0.00	266

13-8 济南市建筑业特级、一级资质企业一览表(2012年)

SUMMARY OF CONSTRUCTION ENTERPRISES ABOVE GRADE Ⅰ QUALIFICATION(2012)

企业名称	经济类型	隶属关系	所属行业
山东高速齐鲁建设集团公司	省	国有	房屋建筑业
山东三箭建设工程管理有限公司	市	国有	房屋建筑业
济南一建集团总公司	市	国有	房屋建筑业
山东正元建设工程有限责任公司	中央	国有	房屋建筑业
中建八局第一建设有限公司	中央	国有独资公司	房屋建筑业
山东三箭建设工程股份有限公司	市	国有独资公司	房屋建筑业
山东省建设建工（集团）有限责任公司	市	其他有限责任公司	房屋建筑业
中建八局第二建设有限公司	中央	其他有限责任公司	房屋建筑业
中铁十局集团建筑工程有限公司	中央	其他有限责任公司	房屋建筑业
普利置业有限公司	省	其他有限责任公司	房屋建筑业
济南二建集团工程有限公司	市	其他有限责任公司	房屋建筑业
济南四建集团有限责任公司	市	其他有限责任公司	房屋建筑业
济南建工总承包集团有限公司	市	其他有限责任公司	房屋建筑业
济南长兴建设集团有限公司	市	其他有限责任公司	房屋建筑业
山东港基建设集团有限公司	县	其他有限责任公司	房屋建筑业
山东长箭建设集团有限公司	县	其他有限责任公司	房屋建筑业
山东长泰建设集团有限公司	县	其他有限责任公司	房屋建筑业
山东平安建设集团有限公司	县	其他有限责任公司	房屋建筑业
济南铸诚建筑工程集团有限公司	县	其他有限责任公司	房屋建筑业
章丘市第二建筑安装(集团)有限责任公司	县	其他有限责任公司	房屋建筑业
福建省永泰建筑工程公司济南分公司	其他	其他有限责任公司	房屋建筑业
济南长箭建设劳务有限公司	县	其他有限责任公司	房屋建筑业
济南铸诚集团劳务管理有限公司	县	其他有限责任公司	房屋建筑业
济南福强建筑劳务有限公司	县	其他有限责任公司	房屋建筑业
济南永辰工程劳务有限公司	县	其他有限责任公司	房屋建筑业
济南平安建筑集团劳务有限公司	其他	其他有限责任公司	房屋建筑业
济南建华建筑施工有限公司	其他	其他有限责任公司	房屋建筑业
山东省城建工程集团公司	省	股份有限公司	房屋建筑业
济南英雄山建筑劳务有限公司	其他	股份有限公司	房屋建筑业
济南港基泰和劳务工程有限公司	市	股份有限公司	房屋建筑业
山东中恒建设集团有限公司	其他	私营有限责任公司	房屋建筑业
山东省建设集团有限公司	其他	私营有限责任公司	房屋建筑业

13-8续1

企业名称	经济类型	隶属关系	所属行业
济南舜联建设集团有限公司	其他	私营有限责任公司	房屋建筑业
济南勇拓建筑劳务有限公司	其他	私营有限责任公司	房屋建筑业
济南坤华建筑有限公司	其他	私营有限责任公司	房屋建筑业
济南中海建筑劳务有限公司	其他	私营有限责任公司	房屋建筑业
中铁十四局集团第四工程有限公司	中央	国有	铁路工程建筑
济南城建集团有限公司	市	国有	铁路工程建筑
中铁十局集团有限公司	中央	其他有限责任公司	铁路工程建筑
中铁十四局集团隧道工程有限公司	中央	其他有限责任公司	铁路工程建筑
中铁十局集团电务工程有限公司	中央	其他有限责任公司	铁路工程建筑
中铁十四局集团有限公司	中央	股份有限公司	铁路工程建筑
山东琴通路桥集团有限公司	市	其他有限责任公司	公路工程建筑
济南金曰公路工程有限公司	市	其他有限责任公司	公路工程建筑
济南通达公路工程有限公司	县	其他有限责任公司	公路工程建筑
中铁十局集团济南铁路工程有限公司	中央	其他有限责任公司	公路工程建筑
山东省公路建设(集团)有限公司	其他	与港澳台商合资经营	公路工程建筑
济南黄河路桥工程公司	市	国有	市政道路工程建设
济南汇通联合市政工程有限责任公司	中央	其他有限责任公司	市政道路工程建设
济南龙箭建筑劳务有限公司	其他	私营有限责任公司	其他道路、隧道和桥梁工程建筑
山东水利工程总公司	省	国有	河湖治理及防洪设施工程建筑
山东省水利工程局	省	国有	河湖治理及防洪设施工程建筑
山东黄河工程集团有限公司	中央	国有	港口及航运设施工程建筑
山东省工业设备安装总公司	省	国有	工矿工程建筑
山东省路桥集团有限公司	省	国有	架线及设备工程建筑
山东送变电工程公司	中央	国有	架线及设备工程建筑
山东电力建设第一工程公司	中央	国有	架线及设备工程建筑
山东电力建设第二工程公司	中央	国有	架线及设备工程建筑
山东电建建设集团有限公司	其他	其他有限责任公司	架线及设备工程建筑
中铁十四局集团电气化工程有限公司	中央	其他有限责任公司	架线及设备工程建筑
山东省邮电工程有限公司	其他	其他有限责任公司	架线及设备工程建筑
济南市黄河工程局	中央	国有	管道工程建筑
山东省华泰消防安全工程中心	省	国有	电气安装

13-8续2

企　业　名　称	经 济 类 型	隶 属 关 系	所 属 行 业
济钢集团山东建设工程有限公司	省	国有	电气安装
济南金鼎电力安装有限公司	县	其他有限责任公司	电气安装
山东宏雁电子系统工程有限公司	其他	私营有限责任公司	电气安装
山东华森建筑消防项目管理有限公司	其他	私营有限责任公司	电气安装
山东优士科技发展有限公司	其他	私营有限责任公司	电气安装
山东国舜建设集团有限公司	县	其他有限责任公司	管道和设备安装
济南建设设备安装有限责任公司	市	其他有限责任公司	管道和设备安装
济南福源劳务有限公司	县	其他有限责任公司	管道和设备安装
济南胜杰建设劳务有限公司	县	其他有限责任公司	其他建筑安装业
济南宏铁建筑装饰工程有限公司	中央	国有	建筑装饰业
山东省装饰集团总公司	省	国有	建筑装饰业
山东省齐鲁装饰设计院	省	其他联营	建筑装饰业
山东万得福装饰工程有限公司	其他	其他有限责任公司	建筑装饰业
山东剑桥装饰工程有限公司	省	其他有限责任公司	建筑装饰业
山东省鸿鑫工程有限公司	其他	私营有限责任公司	建筑装饰业
山东省永隆装饰工程有限公司	其他	私营有限责任公司	建筑装饰业
山东福缘来装饰有限公司	其他	私营有限责任公司	建筑装饰业
山东福思特建筑装饰有限公司	其他	私营有限责任公司	建筑装饰业
山东盛顺装饰有限公司	其他	私营有限责任公司	建筑装饰业
山东省鲁美建材装饰有限公司	其他	私营有限责任公司	建筑装饰业
山东德泰装饰有限公司	其他	私营有限责任公司	建筑装饰业
山东津单幕墙有限公司	其他	私营有限责任公司	建筑装饰业
山东海威装饰工程有限公司	其他	私营有限责任公司	建筑装饰业
山东省城乡建设勘察院	省	国有	其他工程准备活动
山东省机械施工有限公司	市	其他有限责任公司	其他工程准备活动
济南消防工程有限公司	市	其他有限责任公司	其他工程准备活动
济南诚谊建筑劳务有限公司	其他	其他有限责任公司	其他未列明建筑业
济南民惠劳务有限公司	其他	其他有限责任公司	其他未列明建筑业
济南建功建筑劳务有限公司	其他	私营有限责任公司	其他未列明建筑业
济南聚诚建筑劳务有限公司	其他	私营有限责任公司	其他未列明建筑业
济南祥瑞建筑安装有限责任公司	其他	私营有限责任公司	其他未列明建筑业

主要统计指标解释

EXPLANATORY NOTES ON MAIN STATISTICAL INDICATORS

建筑业统计单位 指从事房屋、构筑物建造和设备安装活动的法人企业。建筑业法人企业应同时具备的条件是：①依法成立，有自己的名称、组织机构和场所，能够承担民事责任；②独立拥有和使用资产，承担负债，有权与其他单位签订合同；③独立核算盈亏，能够编制资产负债表。

建筑业总产值(即自行完成施工产值) 是以货币表现的建筑安装企业在一定时期内生产的建筑业产品的总和。建筑业总产值包括：

⑴建筑工程产值：指列入建筑工程预算内的各种工程价值。

⑵设备安装工程产值：指设备安装工程价值，不包括被安装设备本身价值。

⑶房屋、构筑物修理产值：指房屋、构筑物修理所完成的价值，但不包括被修理房屋、构筑物本身的价值和生产设备的修理价值。

⑷非标准设备制造产值：指加工制造没有定型的、非标准的生产设备的加工费和原材料价值，以及附属加工厂为本企业承建工程制作的非标准设备的价值。

建筑业增加值 指建筑业企业在报告期内以货币表现的建筑业生产经营活动的最终成果。目前建筑业增加值采用分配法(收入法)计算，即从收入的角度出发，根据生产要素在生产过程中应得的收入份额计算。具体计算公式为：

建筑业增加值＝本年提取的固定资产折旧+应付工资+应付福利费+管理费用中的劳动待业保险金、税金+工程结算税金及附加+工程结算利润

房屋建筑施工面积 指在报告期内施工的全部房屋建筑面积，包括本期新开工的房屋面积、上期施工跨入本期继续施工的房屋面积、上期停缓建在本期恢复施工的房屋面积、本期竣工的房屋面积及本期施工后又停缓建的房屋面积。

房屋建筑竣工面积 指在报告期内房屋建筑按照设计要求全部完工，达到了住人和使用条件，经验收鉴定合格，正式移交使用单位的房屋建筑面积。

自有机械设备年末总台数 指归本企业所有，属于本企业固定资产的生产性机械设备年末总台数。包括施工机械、生产设备、运输设备以及其他设备。

自有机械设备年末总功率 指本企业自有施工机械、生产设备、运输设备以及其他设备等列为在册固定资产的生产性机械设备年末总功率，按设定能力或查定能力计算。包括机械本身的动力和为该机械服务的单独动力设备，如电动机等。计算单位用千瓦，动力换算可按1马力＝0.735千瓦折合成千瓦数。电焊机、变压器、锅炉不计算动力。

营业收入 指企业经营主要业务和其他业务所确认的收入总额。营业收入合计包括“主营业务收入”和“其他业务收入”。根据会计“利润表”中“营业收入”项目的本期总额数填报。

营业利润 指企业从事生产经营活动所取得的利润。执行2006年《企业会计准则》的企业，营业利润为营业收入减去营业成本、营业税金及附加、销售费用、管理费用、财务费用、资产减值损失，再加上公允价值变动收益和损益收益。未执行2006年《企业会计准则》的企业，营业利润为主营业务收入减去主营业务成本、主营业务税金及附加，加上其他业务利润后，再减支销售费用、管理费用、财务费用后的金额。

企业总收入 指与企业生产经营直接有关的各项收入，包括工程结算收入和其他业务收入。计算公式为：

企业总收入＝工程结算收入＋其他业务收入

14

运输与邮电

TRANSPORTATION POST AND TELECOMMUNICATION SERVICES

14-1 邮电业务量

POSTAL AND TELECOMMUNICATIONS SERVICES

指　　标	单位	2007年	2008年	2009年	2010年	2011年	2012年
国内分类业务量							
长途电话	万次	87188	89052	92892			
年末市内电话	万户	194.90	189.70	192	177.40	152.10	161.1
本地网电话通话量	万次	494268	504981	575369			
年末农村电话	万户	48.30	44.30	45.00	35.90	34.70	32.18
年末住宅电话	万户	187.30	156.90	138	137.50	117.39	120.26
年末移动电话用户	万户	407.8	505.5	582.1	857.6	931.1	978.0
宽带网及互联网拨号注册电话	户	826231	886818	1009065	1173000	1327000	1736200
每百人互联网用户数	户/百人	13.66	14.69	16.73	19.42	21.90	28.5
邮电局所	处	227	222	208	211	211	203
国际及港澳分类业务量							
函　件	万件	6.40	10.40	7.20	6.18	5.00	8.49
包　件	万件	1.10	1.10	1.20	1.36	1.48	1.48
特快专递	万件	3.70	7.40	15.40			
国际电话	万次	74.20	92.60	95.30			
港澳电话	万次	35.80	30.40	31.20			

14-2 邮电通信设备拥有量

TELECOMMUNICATIONS FACILITIES

年 份	交换机总容量(万门)	市 话	农 话	电话机(万部)	市 话	农 话
1978				2.68	2.27	0.41
1980				3.56	3.10	0.46
1981				3.69	3.22	0.47
1982				3.95	3.48	0.47
1983				4.57	4.08	0.49
1984	3.31	2.46	0.85	4.98	4.48	0.50
1985	3.75	2.82	0.93	6.16	5.65	0.51
1986	4.50	3.48	1.02	6.56	5.99	0.57
1987	5.57	4.46	1.11	7.60	7.00	0.60
1988	6.04	4.55	1.49	8.65	8.02	0.63
1989	6.08	4.56	1.52	8.97	8.31	0.66
1990	6.35	4.95	1.40	9.87	9.12	0.75
1991	9.37	7.88	1.49	10.48	9.64	0.84
1992	13.69	12.02	1.67	14.03	13.25	0.78
1993	18.36	15.27	3.09	19.44	18.05	1.39
1994	31.96	29.07	2.89	28.60	26.68	1.92
1995	50.16	42.43	7.73	39.18	36.48	2.70
1996	57.45	51.82	5.63	57.92	54.03	3.89
1997	72.43	57.70	14.73	64.34	59.44	4.90
1998	108.00	98.20	9.90	73.00	66.60	6.40
1999	124.00	95.00	29.00	89.75	71.55	18.20
2000	173.72	133.31	40.41	106.34	83.08	23.26
2001	176.80	130.44	46.36	131.62	97.33	34.29
2002	182.60	105.90	38.60	156.90	118.30	38.60
2003	212.00	162.09	49.91	203.30	161.10	42.20
2004	235.30	179.90	55.40	252.10	203.90	48.20
2005	253.95	195.66	58.29	258.90	206.30	52.60
2006	253.80	203.80	50.00	243.90	194.00	49.90
2007	224.50	197.50	48.00	243.20	194.90	48.30
2008	238.60	178.30	60.30	234.00	189.70	44.30
2009	237.20	192.20	45.00	237.00	192.00	45.00
2010	151.00	122.40	28.60	213.30	177.40	35.90
2011	—	—	—	186.80	152.10	34.70
2012	—	—	—	193.28	161.10	32.18

14-3 交通运输业基本情况

BASIC CONDITIONS OF TRANSPORTATION

指　　　标	2007年	2008年	2009年	2010年	2011年	2012年
客运量总计(万人)	15389	15899	14640	16465	14938	17334
铁　路	2518	2845	3072	3327	3340	3824
公　路	12630	12786	11246	12758	11165	13084
民　航	241	269	322	379	433	426
旅客周转量(亿人公里)	312	413	518	562	599	642
铁　路	245	265	278	308	312	344
公　路	67	70	144	139	144	140
民　航		78	96	116	143	158
货运量总计(万吨)	17184	21935	20858	22946	24631	26030
铁　路	7784	8344	9028	9913	10053	10104
公　路	9398	13588	11827	13029	14574	15922
民　航	2	2	3	3	4	4
货物周转量(亿吨公里)	939	1048	1254	1365	1374	1368
铁　路	878	966	1046	1132	1118	1090
公　路	61	81	207	232	254	275
公路通车里程(公里)						
公路通车里程	10273	11011	11347	11611	11940	12297
#高速公路	310	343	347	347	347	347
有铺装、简易铺装路面	9717	10531	10823	11191	11669	11997
未铺装路面	556	480	524	421	271	300
民用航空						
始发航线(条)	75	116	156	140	99	68
通航城市(个)	44	40	57	45	50	56
起飞架次(架次)	23175	52557	63602	69961	77856	78465
民用车辆(辆)						
民用汽车	460721	532549	659209	807378	928553	1059056
私人汽车	359025	422572	541943	671567	786802	910043
载客汽车	306689	374396	490449	627849	755966	897092
#大　型	8522	9895	10317	10928	11624	10949
普通载货汽车	73480	80668	100173	117994	126250	126393
#大　型	17948	19989	18052	22572	25614	22926
摩托车	531006	493790	460987	421347	380518	329476
其它机动车	80552	77485	68587	61535	46337	35571
载货挂车	3971	4259	5231	6382	7233	7085

注：1. 公路通里程自2006年起调整统计口径，增加了村道公路统计。
2. 民用航空的相关统计口径2007年有所调整。
3.自2009年5月起，全省实施新的运输量月度调查方案，调查范围较老口径有所扩大，与之相比的去年同期数据采用交通部反馈的2008年公路运输量专项调查反馈数据。2007公路客运量及公路旅客周转量口径调整。
4.因省交通厅公路局统计口径变化，自2012年起，公路通车里程按路面类型分为有铺装路面、简易铺装路面和未铺装路面。
5.铁路相关统计口径2011年有所调整。

14－4 独立核算公路交通运输企业财务指标(2012年)

MAIN INDICATORS OF ROAD ENTERPRISES WITH INDEPENDENT ACCOUNTING SYSTEM(2012)

指标	单位	合计			
			国有	集体	其他
单位个数	个	306	13	4	289
亏损个数	个	26	4	0	22
资本金合计	万元	635669	47872	1263	586535
流动资产合计	万元	856511	162205	2079	692227
其中：存货	万元	9088	5984	114	2990
固定资产合计	万元	1747076	81450	10723	1654904
固定资产原价合计	万元	2564562	334320	16433	2213809
累计折旧	万元	794944	197853	8869	588222
其中：本年折旧	万元	170489	29396	1518	139574
资产总计	万元	4220024	400574	11021	3808430
流动负债合计	万元	1386066	240469	7428	1138169
长期负债合计	万元	547371	60075	4	487292
负债合计	万元	1941043	305107	7432	1628504
所有者权益合计	万元	2285755	95491	3598	2186666
其中：股本	万元	587030	43982	2	543047
主营业务收入	万元	1225918	216697	6241	1002980
主营业务成本	万元	691116	233933	4614	452569
营运费用	万元	17878	1104	281	16494
业务税金及附加	万元	34845	7136	201	27509
主营业务利润	万元	325997	–58062	305	383755
管理费用	万元	98694	44777	953	52964
其中：税金	万元	2516	979	1	1537
财产保险费	万元	255	9	0	246
劳动、待业保险费	万元	1986	391	0	1595
财务费用	万元	78056	3637	–9	74429
利息支出	万元	48167	3439	9	44719
营业利润	万元	270419	–76645	162	346901
利润总额（亏损为–）	万元	309931	–29383	259	339055
应交所得税	万元	75616	1632	74	73910
转作奖金的利润	万元	24	0	0	24
应付利润	万元	1062	0	0	1062
其中：已分配股利	万元	270	0	0	270
本年应付工资总额	万元	157726	77105	444	80178
本年应付福利费总额	万元	8608	1810	28	6770

14-5 分地区公路交通(2012年)

ROAD TRANSPORTATION BY REGION(2012)

指　　标	济南市	市　区	平阴县	济阳县	商河县	章丘市
公路通车里程（公里）	12297	4518	1229	1905	2293	2352
#高速公路	347	264	36	0	0	47
有铺装、简易铺装路面	11997	4377	1209	1868	2272	2270
未铺装路面	300	141	19	37	21	82
公路客运量（万人）	13084	11531	295	395	185	678
旅客周转量（万人公里）	1402580	1294247	17085	36011	20238	34999
公路货运量（万吨）	15922	11796	1029	162	375	2560
货运周转量（万吨公里）	2753709	2113228	184996	36790	99061	319632

注：公路通里程自2006年起调整统计口径，增加了村道公路统计。

主要统计指标解释

EXPLANATORY NOTES ON MAIN STATISTICAL INDICATORS

公路里程　指在一定时期内实际达到《公路工程技术标准JTJ01-88》规定的等级公路，并经公路主管部门正式验收交付使用的公路里程数。包括大中城市的郊区公路以及通过小城镇街道部分的公路里程和桥梁、渡口的长度，不包括大中城市的街道、厂矿、林区生产用道和农业生产用道的里程。两条或多条公路共同经由同一路段，只计算一次，不得重复计算里程长度。它是反映公路建设发展规模的重要指标，也是计算运输网密度等指标的基础资料。

民用航空航线里程　指民航运输定期班机飞行的航线长度的总和。航线长度按机场之间的距离计算，通常有两种计算方法：一是将每条航线长度相加称为重复计算航线里程；一是将两线或两条以上航线经过同一区段里程，只计算一次航线长度称为不重复计算航线里程。一般常用的是后者，它能确切反映民航运输网的规模，是表明民航事业为国民经济服务和方便人民生活程度的主要指标。

货(客)运量　指在一定时期内，各种运输工具实际运送的货物(旅客)数量。它是反映运输业为国民经济和人民生活服务的数量指标，也是制定和检查运输生产计划、研究运输发展规模和速度的重要指标。货运按吨计算，客运按人计算。货物不论运输距离长短、货物类别，均按实际重量统计。旅客不论行程远近或票价多少，均按一人一次客运量统计；半价票、小孩票也按一人统计。

货物(旅客)周转量　指在一定时期内，由各种运输工具运送的货物(旅客)数量与其相应运输距离的乘积之总和。它是反映运输业生产总成果的重要指标，也是编制和检查运输生产计划，计算运输效率、劳动生产率以及核算运输单位成本的主要基础资料。计算货物周转量通常按发出站与到达站之间的最短距离，也就是计费距离计算。计算公式为：

货物(旅客)周转量＝Σ货物(旅客)运输量×运输距离

移动电话用户　指在移动电话营业部门登记，通过移动电话交换机进入移动电话网、占有移动电话号码的电话用户。用户数量以实际办理登记手续进入邮电部门移动电话网的户数进行计算，一部或一台移动电话统计为一户。

电话用户　指接入国家公众固定电话网，并按固定电话业务进行经营管理的电话用户。1997年以前，电话用户分为市内电话用户和农村电话用户。市内电话用户是指接入县城及县以上城市电话网上的电话用户；农村电话用户是指接入县邮电局农话台及县以下农村电话交换点，以县城为中心(除市话用户外)联通县、乡(镇)、行政村、村民小组的用户。从1997年起，电话用户数分组调整为以用户所在区域划分为“城市电话用户”和“乡村电话用户”，与过去的按市内电话和农村电话划分方法不同。而电话用户数、电话机部数统计方法不变。

15

国内贸易

DOMESTIC TRADE

15-1 各时期分行业社会消费品零售总额

TOTAL RETAIL SALES OF CONSUMER GOODS BY SECTION IN EACH PERIOD 单位:万元

年 份	社会消费品零售总额	批发零售业	住宿业	餐饮业	制造业	其 他	农民对非农业居民
1949	11426	7312		556	3514	–	44
1952	22248	16985		1223	3592	–	448
1957	34568	29279		1935	2381	3	970
1962	41436	35784		1655	2946	266	785
1965	40795	36470		1829	1856	287	353
1970	42993	39397		1537	1468	321	270
1975	60105	53239		2565	2914	1217	170
1978	81335	70661		2907	5120	2222	425
1979	96036	80703		4000	9060	823	1450
1980	119775	95121		4392	16489	1299	2474
"六五时期"							
1981	135236	103303		5388	21353	2157	3035
1982	152094	116241		8165	21398	2778	3512
1983	167948	127884		9225	23569	2953	4317
1984	200301	150233		11342	29563	4506	4657
1985	243080	181867		14823	32342	5535	8513
"七五时期"							
1986	294102	219730		17880	35565	5456	15471
1987	331504	240192		20305	45386	8963	16658
1988	425984	300090		30808	60463	12300	22323
1989	484392	343978		28634	71653	9729	30398
1990	528221	382047		25599	71505	10886	38184
"八五时期"							
1991	597989	424836		27443	78452	14186	53072
1992	732882	535080		37096	77951	21108	61647
1993	1013726	723914		56059	80101	28475	125177
1994	1454386	1037687		86141	99621	27914	203023
1995	1880151	1345321		133501	115105	42533	243691
"九五时期"							
1996	2256851	1570947		176100	141201	22261	346342
1997	2618976	1744014		216727	177219	50392	430624
1998	2911018	1893486		255616	207595	76994	477327
1999	3175983	2043078		305333	225132	83892	518548
2000	3547062	2287545		377550	233128	102535	546304
"十五时期"							
2001	3975320	2574216		485494	237545	118179	559886
2002	4464927	2935804		613178	231947	143702	540296
2003	5371750	4373831		741565	–	256354	–
2004	6984935	5691288	57973	940191	–	295483	–
2005	8078776	6575543	66490	1084425	–	352318	–
"十一五时期"							
2006	9393436	7571831	78098	1324135	–	419372	–
2007	11031462	8791908	86322	1648409	–	504823	–
2008	13566824	10684195	96391	2142271	–	643968	–
2009	15956509	12710608	105378	2438279	–	702244	–
2010	18024610	14022650	150810	3081114	–	770036	–
"十二五时期"							
2011	21142868	16338362	175067	3717616	–	911823	–
2012	24202475	18740304	187466	4308195	–	966510	–

15-2 各时期分经济类型社会消费品零售总额

TOTAL RETAIL SALES OF CONSUMER GOODS BY OWNERSHIP IN EACH PERIOD

单位:万元

年 份	社会消费品零售总额	国有经济	集体经济	个体私营经济	外商经济	其他经济
1949	11426	858	702	9817		49
1952	22248	4477	3729	13595		447
1957	34568	21263	10281	2056		968
1962	41436	26711	13026	914		785
1965	40795	26497	13073	874		351
1970	42993	28030	14493	201		269
1975	60105	37778	21946	211		170
1978	81335	52570	28140	199		426
1979	96036	62064	32363	159		1450
1980	119775	77023	39067	1211		2474
"六五时期"						
1981	135236	80674	49816	1710		3036
1982	152094	89154	55034	4395		3511
1983	167948	83740	67198	12694		4316
1984	200301	96029	82113	17501		4658
1985	243080	103846	103423	27297		8514
"七五时期"						
1986	294102	119937	119604	39090		15471
1987	331504	132402	142140	40304		16658
1988	425984	171523	181448	50690		22323
1989	484392	189207	207893	56893		30399
1990	528221	194266	235278	60492		38185
"八五时期"						
1991	597989	222732	246294	75892		53071
1992	732882	277528	285520	108186		61648
1993	1013726	359506	295086	151448		207686
1994	1454386	408523	376890	334396		334577
1995	1880151	461009	457112	524465		437565
"九五时期"						
1996	2256851	499440	509011	697406		550994
1997	2618976	392398	673909	892087		660582
1998	2911018	502099	625080	1020020		763819
1999	3175983	493841	656408	1177837		847897
2000	3547062	512597	691345	1392669		950451
"十五时期"						
2001	3975320	522287	717509	1599367		1136157
2002	4464927	535283	740616	1886842		1302186
2003	5371750	807107		3082963		1481680
2004	6984935	558795	279397	4608707	139699	1398337
2005	8078776	599845	298245	5403876	196676	1580134
"十一五时期"						
2006	9393436	674116	342016	6357187	250355	1769762
2007	11031462	892898	456440	9392382	289742	
2008	13566824	959144	489702	11704387	413591	
2009	15956509	2794510	1469647	11083176	609176	
2010	18024610	3180263	1590837	12476406	777104	
"十二五时期"						
2011	21142868					
2012	24202475					

15-3 限额以上批发零售贸易法人企业商品销售情况(2012年)

TOTAL PURCHASE SALES AND INVENTORY BY SECTOR ABOVE DESIGNATED SIZE(2012)　单位:万元

指　　标	商品销售总额	批　发	零　售
总　计	33939511	22926428	11013083
一、批发业	25064754	21896497	3168257
1.按批发行业小类分			
农、林、牧产品批发	401112	400103	1009
谷物、豆及薯类批发	34170	34170	
种子批发	12959	12954	5
饲料批发	40897	40897	
棉、麻批发	299484	299484	
牲畜批发	6154	6154	
其他农牧产品批发	7448	6444	1004
食品、饮料及烟草制品批发	2538036	2467491	70545
米、面制品及食用油批发	904856	891815	13041
糕点、糖果及糖批发	222108	222108	
果品、蔬菜批发	343723	293621	50102
肉、禽、蛋、奶及水产品批发	30540	27263	3277
盐及调味品批发	37091	37091	
酒、饮料及茶叶批发	102540	99742	2798
烟草制品批发	860310	860310	
其他食品批发	36869	35542	1327
纺织、服装及家庭用品批发	1509345	1419986	89359
纺织品、针织品及原料批发	38804	38804	
服装批发	91393	87024	4369
鞋帽批发	98122	91992	6130
化妆品及卫生用品批发	178478	121127	57351
厨房、卫生间用具及日用杂货批发	20626	16608	4018
家用电器批发	1081923	1064432	17492
文化、体育用品及器材批发	615283	582440	32844
文具用品批发	142977	132520	10457
体育用品及器材批发	4956	3826	1130
图书批发	290875	271622	19253
首饰、工艺品及收藏品批发	157091	157039	52
其他文化用品批发	19385	17433	1952
医药及医疗器材批发	3326323	2632248	694075
西药批发	2026150	1606707	419442
中药批发	922710	653819	268891
医疗用品及器材批发	377463	371721	5742
矿产品、建材及化工产品批发	12783625	10679903	2103722
煤炭及制品批发	2102510	1296809	805701
石油及制品批发	5097063	3947644	1149419
非金属矿及制品批发	174889	173159	1730
金属及金属矿批发	3574206	3427856	146350
建材批发	366674	366152	521

15-3续1

指　　　标	商品销售总额		
		批　发	零　售
化肥批发	642015	642015	
农药批发	119013	119013	
其他化工产品批发	707256	707256	
机械设备、五金产品及电子产品批发	3328788	3156224	172563
农业机械批发	52868	52868	
汽车批发	1012612	1002292	10320
汽车零配件批发	234526	220301	14225
摩托车及零配件批发	62698	62654	44
五金产品批发	112587	99587	13000
电气设备批发	517437	501929	15508
计算机、软件及辅助设备批发	281089	245092	35997
通讯及广播电视设备批发	200303	196894	3409
其他机械设备及电子产品批发	854669	774608	80061
贸易经纪与代理	67897	67897	
贸易代理	65248	65248	
其他贸易经纪与代理	2650	2650	
其他批发业	494344	490204	4140
再生物资回收与批发	15927	15911	15
其他未列明批发业	478418	474293	4125
2.按登记注册类型分			
内资企业	24105358	20962580	3142778
国有企业	7314358	6160245	1154113
集体企业	399600	346135	53465
股份合作企业	17129	16383	746
联营企业	2081	2081	
国有联营企业	2081	2081	
有限责任公司	7361191	6816257	544934
国有独资公司	907874	907874	
其他有限责任公司	6453317	5908383	544934
股份有限公司	530443	215658	314785
私营企业	6778386	6306008	472379
私营独资企业	193349	138024	55325
私营合伙企业	18187	18145	42
私营有限责任公司	6446926	6038228	408699
私营股份有限公司	119924	111611	8313
其他企业	1702170	1099813	602357
港、澳、台商投资企业	813286	787808	25479
合资经营企业(港或澳、台资)	1000	1000	
港、澳、台商独资经营企业	812286	786808	25479
外商投资企业	146109	146109	
中外合资经营企业	86310	86310	
中外合作经营企业	3033	3033	
外资企业	56766	56766	

15-3续2

指　　标	商品销售总额	批　发	零　售
二、零售业	8874757	1029931	7844826
1.按零售行业小类分			
综合零售	3378866	678008	2700858
百货零售	2335020	5318	2329702
超级市场零售	1024803	672691	352112
其他综合零售	19044		19044
食品、饮料及烟草制品专门零售	252716	58010	194706
粮油零售	14556	266	14291
糕点、面包零售	9304		9304
果品、蔬菜零售	13935	7420	6515
肉、禽、蛋、奶及水产品零售	42049	21995	20054
营养和保健品零售	80848	440	80408
酒、饮料及茶叶零售	61095	19707	41388
烟草制品零售	3984		3984
其他食品零售	26946	8182	18764
纺织、服装及日用品专门零售	188130	34466	153665
纺织品及针织品零售	2409	1551	857
服装零售	126777	28799	97978
鞋帽零售	4185		4185
化妆品及卫生用品零售	38137	3207	34930
钟表、眼镜零售	14775	908	13867
厨房用具及日用杂品零售	624		624
自行车零售	1224		1224
文化、体育用品及器材专门零售	138485	20356	118129
文具用品零售	9101	3862	5239
体育用品及器材零售	1680	504	1176
图书、报刊零售	17104	1291	15814
珠宝首饰零售	67869	4871	62998
工艺美术品及收藏品零售	5430		5430
乐器零售	2311	32	2280
照相器材零售	23443	2517	20926
其他文化用品零售	11547	7280	4267
医药及医疗器材专门零售	177053	17308	159745
药品零售	152234	9622	142612
医疗用品及器材零售	24820	7686	17133
汽车、摩托车、燃料及零配件专门零售	3594650	125043	3469607
汽车零售	2733973	90916	2643057
汽车零配件零售	187386	27320	160067
摩托车及零配件零售	13235	312	12923
机动车燃料零售	660056	6495	653560

15-3续3

指　　标	商品销售总额	批　发	零　售
家用电器及电子产品专门零售	715020	76816	638203
家用视听设备零售	171986	3717	168269
日用家电设备零售	192349	12348	180002
计算机、软件及辅助设备零售	169632	50124	119508
通信设备零售	150871	3754	147116
其他电子产品零售	30182	6873	23309
五金、家具及室内装饰材料专门零售	345204	12365	332839
五金零售	36155	6914	29242
家具零售	251082	2642	248440
涂料零售	7810		7810
木质装饰材料零售	1823		1823
陶瓷、石材装饰材料零售	8009	1329	6680
其他室内装饰材料零售	40325	1481	38844
货摊、无店铺及其他零售业	84633	7559	77074
邮购及电视、电话零售	49064		49064
生活用燃料零售	23313	3147	20166
其他未列明零售业	12256	4412	7844
2.按登记注册类型分			
内资企业	7652534	357024	7295510
国有企业	510283	10391	499892
集体企业	55803	6445	49359
股份合作企业	5127		5127
联营企业	3124		3124
集体联营企业	3124		3124
有限责任公司	2095327	88461	2006865
其他有限责任公司	2095327	88461	2006865
股份有限公司	2537953	32888	2505065
私营企业	2110441	211752	1898689
私营独资企业	78813	6709	72104
私营合伙企业	18160	6609	11551
私营有限责任公司	1975160	198283	1776877
私营股份有限公司	38307	150	38157
其他企业	334478	7088	327390
港、澳、台商投资企业	216676	216	216461
合资经营企业(港或澳、台资)	26483	216	26268
港、澳、台商独资经营企业	166545		166545
港、澳、台商投资股份有限公司	23648		23648
外商投资企业	1005546	672691	332855
中外合资经营企业	180326		180326
中外合作经营企业	772289	672691	99598
外资企业	52932		52932

15-4 限 额 以 上 批 发 零

CAPITAL POWER OF WHOLESALES AND RETAIL SALES TRADE

指 标	法人企业数（个）	流动资产合 计		固定资产原 价	累计折旧	
			存 货			本年折旧
总 计	1673	12744066	2628381	2590948	812198	157529
一、批发业	952	8578790	1718072	1405117	496765	84910
1.按批发行业小类分						
农、林、牧产品批发	21	419317	94047	37914	10333	698
谷物、豆及薯类批发	4	30609	24644	13395	3299	351
种子批发	3	9087	3602	2447	980	154
饲料批发	5	11740	1255	31	27	2
棉、麻批发	5	366571	64243	21618	5945	163
牲畜批发	1	553	12	133	63	21
其他农牧产品批发	3	755	290	289	19	7
食品、饮料及烟草制品批发	53	493676	125287	84336	31987	5195
米、面制品及食用油批发	9	181227	47847	39982	11970	2088
糕点、糖果及糖批发	3	36878	5309	2437	494	102
果品、蔬菜批发	13	11112	602	5094	2147	353
肉、禽、蛋、奶及水产品批发	5	14374	4496	912	626	89
盐及调味品批发	4	11786	845	4632	2091	265
酒、饮料及茶叶批发	9	38970	17014	1232	613	267
烟草制品批发	2	185108	44485	28504	13454	1903
其他食品批发	8	14223	4690	1543	592	128
纺织、服装及家庭用品批发	62	456180	210365	12415	2886	1096
纺织品、针织品及原料批发	3	2145	291	332	62	28
服装批发	15	77862	34013	1212	536	212
鞋帽批发	12	36532	6674	2408	550	182
化妆品及卫生用品批发	11	33913	16219	5062	1002	271
厨房、卫生间用具及日用杂货批发	4	11351	4996	1851	331	129
家用电器批发	17	294377	148172	1551	405	275
文化、体育用品及器材批发	32	259623	95583	87919	13318	3238
文具用品批发	15	25022	6136	6521	2173	285
体育用品及器材批发	2	3299	453	212	137	33
图书批发	5	201787	70864	80464	10538	2763
首饰、工艺品及收藏品批发	3	23623	17328	604	392	142
其他文化用品批发	7	5892	803	119	77	16
医药及医疗器材批发	108	1265015	209429	55810	20591	5916
西药批发	55	757041	144371	31048	10145	3800
中药批发	34	364587	47344	15892	5803	1181
医疗用品及器材批发	19	143387	17714	8870	4642	935
矿产品、建材及化工产品批发	418	3846279	710877	1050796	394815	61261
煤炭及制品批发	101	674341	38081	20190	7647	2582
石油及制品批发	31	1118426	400820	951713	356954	53158
非金属矿及制品批发	3	56682	11234	39	15	2
金属及金属矿批发	194	1135439	116576	36906	14782	3555
建材批发	22	122832	6294	7205	2462	352

售 贸 易 企 业 资 产 实 力 (2012年)

ABOVE DESIGNATED SIZE (2012)

单位:万元

资产合计	负债合计	所有者权益					
			实收资本	国家资本	集体资本	法人资本	个人资本
16763616	13093248	3670368	2388653	760180	43553	850036	514737
10845566	8323014	2522552	1652177	729774	35782	447679	294380
538419	425863	112556	34540	1767	22818	2292	7664
44414	35351	9063	2163	1767		366	30
11158	4218	6939	6518			296	6222
12714	9628	3086	3150		2000	890	260
468478	375401	93077	22480		20818	600	1062
623	431	193	50			40	10
1032	834	198	180			100	80
632109	333356	298753	31962	9491	1203	14861	6408
232502	188908	43594	10259	7203		2116	939
39033	33100	5933	4200			3410	790
14543	6401	8142	3029		881	986	1162
14871	15716	-846	1900	200	22	373	1305
16070	8229	7841	2069	1969			100
44063	35405	8658	7367		300	6515	552
254380	31128	223252	1119	119		1000	
16649	14469	2180	2020			460	1560
501216	472243	28973	37075		700	30602	5773
2415	1729	685	651			551	100
89663	87335	2328	2744			252	2492
39065	35397	3668	2921		500	2015	406
38047	29174	8873	6497			4827	1670
12995	11838	1157	1200			1100	100
319031	306770	12261	23062		200	21857	1005
507448	283902	223546	71463	255	3000	51428	16780
31021	17437	13584	7700		3000	1500	3200
3374	788	2586	2068			50	2018
442978	246292	196686	59085	50		47918	11117
24090	14289	9802	1400			1155	245
5985	5096	889	1210	205		805	200
1395700	1259739	135961	104020	1746	1840	73528	24339
825166	744237	80929	64675	746	80	47924	13658
415629	371318	44311	32252	1000	1760	23115	6378
154906	144184	10721	7093			2489	4304
5268164	3947590	1320574	1068605	712278	5406	181046	166233
759304	601116	158188	139109	14312	400	73200	51196
2196443	1262691	933752	734923	684253		44866	2162
58256	58916	-660	4000			1000	3000
1186723	1061756	124967	128716	5428	1700	46824	74764
147899	126239	21659	18973	5884	85	2260	10744

15-4续1

指　　标	法人企业数（个）	流动资产合　　计	存　货	固定资产原　　价	累计折旧	本年折旧
化肥批发	7	222692	70677	12533	6229	408
农药批发	8	81233	8471	2597	570	245
其他化工产品批发	52	434635	58724	19613	6155	959
机械设备、五金产品及电子产品批发	230	1666629	230796	62645	17879	6224
农业机械批发	10	18429	4937	2830	717	156
汽车批发	24	370022	79490	2731	1393	210
汽车零配件批发	24	69789	11129	22166	3316	2220
摩托车及零配件批发	8	15786	10800	841	396	96
五金产品批发	21	46582	6595	3857	1661	386
电气设备批发	19	446677	2414	3406	1093	294
计算机、软件及辅助设备批发	41	91462	9985	3275	1490	316
通讯及广播电视设备批发	13	93307	15218	2814	1084	279
其他机械设备及电子产品批发	70	514575	90227	20723	6729	2267
贸易经纪与代理	4	16262	4579	778	265	50
贸易代理	3	15818	4492	674	232	25
其他贸易经纪与代理	1	445	87	104	33	25
其他批发业	24	155810	37110	12505	4693	1232
再生物资回收与批发	5	1031	165	2060	107	23
其他未列明批发业	19	154779	36945	10445	4586	1209
2.按登记注册类型分						
内资企业	942	8123507	1627443	1381800	492550	82782
国有企业	37	1439307	195167	172705	46737	8246
集体企业	9	17935	4470	6705	2131	238
股份合作企业	3	5984	1698	623	324	111
联营企业	1	643	252	89	32	
国有联营企业	1	643	252	89	32	
有限责任公司	217	3128199	502805	141244	52961	7655
国有独资公司	5	201279	45968	28855	13624	1982
其他有限责任公司	212	2926919	456837	112389	39337	5674
股份有限公司	7	733937	364870	846351	320480	47339
私营企业	614	2402958	489291	128781	41181	11594
私营独资企业	25	33517	6525	4060	825	219
私营合伙企业	4	1967	735	169	101	46
私营有限责任公司	576	2131664	468511	110232	38631	10758
私营股份有限公司	9	235810	13520	14320	1625	571
其他企业	54	394545	68889	85303	28706	7598
港、澳、台商投资企业	6	379431	81017	20381	2391	1902
合资经营企业(港或澳、台资)	1	52	1			
港、澳、台商独资经营企业	5	379379	81016	20381	2391	1902
外商投资企业	4	75852	9612	2936	1824	226
中外合资经营企业	1	69153	9408	2749	1761	198
中外合作经营企业	1	1734	28	86	11	11

资产合计	负债合计	所有者权益					
			实收资本				
				国家资本	集体资本	法人资本	个人资本
258623	230288	28335	5979	2400		560	3019
94363	69565	24798	14702			6332	8370
566554	537019	29535	22202		3221	6004	12978
1815650	1471144	344507	267581	3169	686	67738	57635
22218	18662	3556	2148	3	185	960	1000
379083	288746	90337	65909	500		6286	3623
144034	43769	100265	90019	1	1	3796	3468
16270	14345	1926	1684			906	778
49492	41111	8381	7563			3603	3960
458856	440257	18599	13954			9336	4518
95544	65603	29941	19469		500	8286	10682
105632	84475	21158	17052			14430	2622
544520	474177	70344	49784	2665		20135	26984
16786	13609	3177	2500			1415	1085
16270	13402	2868	2200			1415	785
516	207	309	300				300
170074	115569	54506	34431	1068	130	24770	8463
3119	1151	1968	1340			1050	290
166955	114417	52538	33091	1068	130	23720	8173
10304302	7972862	2331440	1497187	728816	35782	438260	294330
1850030	1475088	374943	167265	51658	400	115195	12
24656	13160	11496	3531		3394	137	
6283	5113	1170	636			86	550
700	640	60	55			55	
700	640	60	55			55	
3644010	3036716	607294	239600	14045	31627	141631	52297
271661	44974	226686	4717	2070		2647	
3372350	2991742	380608	234883	11975	31627	138984	52297
1668558	917350	751208	664088	663023	185	800	80
2610687	2166182	444504	376985	1	86	159758	217140
39659	24216	15444	12074			6479	5596
2460	891	1569	1569			301	1268
2309174	1925077	384098	336241	1	86	139525	196629
259393	215999	43395	27100			13453	13647
499378	358612	140766	45027	88	90	20599	24251
459377	284410	174967	141170				50
52	2	50	50				50
459325	284408	174917	141120				
81887	65742	16145	13820	958		9420	
75012	60391	14621	12762			9420	
1809	527	1281	958	958			

15-4续2

指　　标	法人企业数（个）	流动资产合　计		固定资产原　价	累计折旧	
			存　货			本年折旧
外资企业	2	4966	177	101	51	18
二、零售业	721	4165276	910309	1185831	315433	72619
1.按零售行业小类分						
综合零售	47	2124263	232353	853580	225260	49807
百货零售	28	1789421	93910	793005	199310	43290
超级市场零售	15	330813	135837	59697	25459	6405
其他综合零售	4	4029	2606	878	491	112
食品、饮料及烟草制品专门零售	59	76113	21666	16208	6584	938
粮油零售	5	3855	373	3332	1954	135
糕点、面包零售	2	3214	505	844	261	1
果品、蔬菜零售	6	4911	838	4612	1393	319
肉、禽、蛋、奶及水产品零售	13	18570	7601	1294	516	147
营养和保健品零售	5	18566	3429	408	79	30
酒、饮料及茶叶零售	15	19013	6358	3982	1639	258
烟草制品零售	3	1036	174	27	18	3
其他食品零售	10	6947	2387	1709	724	44
纺织、服装及日用品专门零售	61	83533	36274	3712	1614	405
纺织品及针织品零售	4	7635	1119	211	164	17
服装零售	38	53801	23222	1990	829	218
鞋帽零售	3	2313	1436	61	15	5
化妆品及卫生用品零售	10	11204	6634	967	397	127
钟表、眼镜零售	4	8172	3714	484	211	38
厨房用具及日用杂品零售	1	12	9			
自行车零售	1	397	140			
文化、体育用品及器材专门零售	47	122589	87216	9045	3120	645
文具用品零售	5	1301	608	491	163	39
体育用品及器材零售	1	682	4	13	11	1
图书、报刊零售	13	13320	3231	2039	860	80
珠宝首饰零售	14	84391	78040	4893	1465	348
工艺美术品及收藏品零售	2	8347	2778	956	326	36
乐器零售	3	929	591	4	2	2
照相器材零售	6	3498	1587	298	167	57
其他文化用品零售	3	10121	379	350	126	81
医药及医疗器材专门零售	45	65449	17964	9498	3396	723
药品零售	29	48928	15282	8702	3050	598
医疗用品及器材零售	16	16521	2682	796	346	125
汽车、摩托车、燃料及零配件专门零售	266	1297346	449133	170918	46837	13226
汽车零售	179	1105689	327980	127014	37450	11347
汽车零配件零售	22	121258	104580	28138	3366	697
摩托车及零配件零售	7	2597	741	284	61	8
机动车燃料零售	58	67801	15832	15484	5959	1173

资产合计	负债合计	所有者权益					
			实收资本				
				国家资本	集体资本	法人资本	个人资本
5066	4824	242	100				
5918050	4770234	1147816	736477	30406	7771	402357	220357
3329098	2781758	547340	256680	16320	395	173558	25018
2937627	2414396	523232	205653	14820	395	165640	24299
386977	364254	22724	49664	1500		6618	656
4494	3109	1384	1363			1300	63
96877	68386	28491	37493	150	3388	14306	5153
9705	1433	8271	5232			4732	501
3812	2057	1755	1050			50	1000
8642	3854	4787	4212		3000	1051	161
21642	31986	-10344	5606	50		4918	638
18975	5368	13607	13622		45	50	1306
24925	17370	7554	5899			2271	1352
1045	563	482	152			31	121
8133	5754	2379	1721	100	343	1204	75
98156	96437	1719	10978		20	3320	7638
14816	15925	-1110	401		20	201	180
56645	56350	295	7574			1869	5705
2384	1913	470	480			60	420
14301	12630	1671	1342			310	1032
9403	9434	-31	760			660	100
211	10	201	201				201
397	175	222	220			220	
146180	57663	88517	23888	715	270	11406	11498
1630	613	1017	950			630	320
684	180	504	508				508
15239	9746	5493	2897	410		1171	1317
103787	28137	75649	15657		270	8370	7017
9048	5289	3759	1305	305			1000
935	826	109	151			101	50
3758	2924	834	1252			676	576
11099	9947	1152	1168			458	710
80920	58895	22024	20645	1367	10	15559	3709
62579	43767	18812	17382	1336	10	14777	1259
18340	15129	3212	3263	31		782	2450
1592833	1246200	346633	306883	5888	1600	140467	139228
1353835	1180732	173104	139927	728	734	67644	57858
149704	21508	128196	129737		250	51114	75374
2894	643	2252	1890			495	1395
86399	43318	43082	35329	5160	616	21214	4601

指　　标	法人企业数（个）	流动资产合　计	存　货	固定资产原　价	累计折旧	本年折旧
家用电器及电子产品专门零售	127	255933	45715	27334	5837	1469
家用视听设备零售	22	118227	10300	2561	1008	151
日用家电设备零售	44	51435	12958	21358	3739	1021
计算机、软件及辅助设备零售	37	39632	12660	1786	390	113
通信设备零售	15	37543	8657	1046	458	116
其他电子产品零售	9	9095	1141	583	243	67
五金、家具及室内装饰材料专门零售	46	93506	10578	88175	18333	4354
五金零售	26	21087	5525	1253	715	114
家具零售	12	66346	2173	85087	16962	4177
涂料零售	1	345	262	653	590	50
木质装饰材料零售	1	342	169	17	2	
陶瓷、石材装饰材料零售	4	3808	973	73	19	7
其他室内装饰材料零售	2	1578	1477	1092	46	6
货摊、无店铺及其他零售业	23	46544	9410	7361	4453	1053
邮购及电视、电话零售	1	24033	5247	2213	1535	124
生活用燃料零售	15	16560	2985	4726	2705	862
其他未列明零售业	7	5952	1178	422	213	68
2.按登记注册类型分						
内资企业	707	3785351	757062	1111858	288892	64204
国有企业	25	194700	40750	62587	19861	3861
集体企业	19	11494	3317	5340	2391	697
股份合作企业	3	1080	580	254	62	20
联营企业	1			430	220	50
集体联营企业	1			430	220	50
有限责任公司	179	513093	153262	124544	45472	8025
其他有限责任公司	179	513093	153262	124544	45472	8025
股份有限公司	23	2098123	173437	774027	187178	41394
私营企业	410	792409	259364	113362	29622	9188
私营独资企业	41	16783	5200	4307	994	285
私营合伙企业	8	5086	1827	199	122	19
私营有限责任公司	350	761364	249418	105769	27274	8652
私营股份有限公司	11	9177	2919	3088	1232	232
其他企业	47	174451	126352	31314	4086	970
港、澳、台商投资企业	7	64359	25135	36040	6669	5408
合资经营企业(港或澳、台资)	1	9705	3994	9633	496	484
港、澳、台商独资经营企业	5	42856	16785	14557	3459	2301
港、澳、台商投资股份有限公司	1	11798	4355	11850	2713	2624
外商投资企业	7	315566	128113	37934	19872	3006
中外合资经营企业	3	40337	12258	6906	2990	689
中外合作经营企业	1	267038	114286	20500	11515	1335
外资企业	3	8192	1569	10528	5368	983

资产合计	负债合计	所有者权益					
			实收资本				
				国家资本	集体资本	法人资本	个人资本
297175	225364	71811	38979	52	36	26558	12333
122869	103162	19706	4741	12	6	2321	2401
77099	56439	20660	9034			5884	3150
44106	21058	23048	17033	40	30	15103	1860
43201	38705	4496	4010			2490	1520
9901	5999	3902	4162			760	3402
214432	189335	25097	25938		2052	15704	8182
33204	30678	2526	4047		39	1476	2532
172628	154632	17996	17501		2013	12568	2920
595	210	385	334				334
357	207	150	150			150	
3867	2412	1454	1320			1310	10
3782	1196	2586	2586			200	2386
62380	46195	16184	14992	5915		1479	7598
24797	16378	8419	581	296		285	
31265	24320	6945	12356	5619		1094	5643
6318	5497	821	2055			100	1955
5466423	4393034	1073388	651089	30406	7771	392556	220357
306757	249065	57693	31728	15715		15719	294
15706	9503	6203	5296		4586	710	
1282	367	914	487		156	331	
241	200	41	41		41		
241	200	41	41		41		
676676	531931	144745	132458	4920	2448	93259	31831
676676	531931	144745	132458	4920	2448	93259	31831
3268704	2750137	518568	191206	9720		161069	20417
979602	771103	208499	151625	52	220	64337	87016
21605	13042	8563	7184			3581	3603
5248	3696	1552	701			510	190
941474	746489	194985	141639	52	220	60102	81265
11276	7876	3400	2101			143	1958
217455	80729	136727	138248		320	57130	80798
102686	90741	11945	34927			2869	
18878	16225	2653	3831			2869	
59916	32957	26959	18019				
23892	41558	-17666	13077				
348942	286459	62483	50461			6933	
49396	18070	31325	24573			5314	
276247	249978	26269	16388			1618	
23299	18410	4889	9500				

15-5 限额以上批发零售

PROFIT LOSS AND DISTRIBUTION OF WHOLESALES AND

指标名称	法人企业数（个）	主营业务收入	主营业务成本	主营业务税金及附加
总计	1673	39404636	36901319	145059
一、批发业	952	30829344	29171533	87757
1.按批发行业小类分				
农、林、牧产品批发	21	398110	379401	126
谷物、豆及薯类批发	4	34199	33670	5
种子批发	3	12722	11066	2
饲料批发	5	39434	38462	13
棉、麻批发	5	298273	283980	101
牲畜批发	1	5448	4908	7
其他农牧产品批发	3	8035	7316	
食品、饮料及烟草制品批发	53	2199567	1896985	46468
米、面制品及食用油批发	9	802166	795055	895
糕点、糖果及糖批发	3	189836	184455	36
果品、蔬菜批发	13	279636	213604	508
肉、禽、蛋、奶及水产品批发	5	27502	23514	40
盐及调味品批发	4	31556	26310	117
酒、饮料及茶叶批发	9	99166	81044	567
烟草制品批发	2	735308	541542	44270
其他食品批发	8	34397	31460	35
纺织、服装及家庭用品批发	62	1314060	1218951	17507
纺织品、针织品及原料批发	3	33403	32648	11
服装批发	15	81454	73606	102
鞋帽批发	12	85072	76999	281
化妆品及卫生用品批发	11	155236	122116	16472
厨房、卫生间用具及日用杂货批发	4	18082	15527	24
家用电器批发	17	940812	898057	617
文化、体育用品及器材批发	32	548024	500601	771
文具用品批发	15	136605	130368	108
体育用品及器材批发	2	5633	4282	18
图书批发	5	251607	218162	597
首饰、工艺品及收藏品批发	3	134908	129112	25
其他文化用品批发	7	19272	18678	23
医药及医疗器材批发	108	2943167	2794531	3412
西药批发	55	1794052	1718968	1701
中药批发	34	819799	782208	741
医疗用品及器材批发	19	329316	293355	971
矿产品、建材及化工产品批发	418	19769799	18953718	15399
煤炭及制品批发	101	2036010	1966087	2875
石油及制品批发	31	12458997	11853061	10152
非金属矿及制品批发	3	173898	171558	14
金属及金属矿批发	194	3371536	3304970	1178
建材批发	22	317702	308599	212

贸 易 企 业 损 益 及 分 配（2012年）

RETAIL SALES TRADE ABOVE DESIGNATED SIZE(2012)

单位：万元

销售费用	管理费用	财务费用	营业利润	利润总额	应交所得税	应付职工薪酬（本年贷方累计发生额）	应交增值税
1227089	643359	165697	511526	533003	129478	574896	491582
733091	363205	90909	421235	433358	95235	319866	339303
5772	5507	9077	-1447	2204	272	2492	646
395	1359	1373	-2573	392	3	745	17
665	714	169	106	369	8	306	19
593	210	170	-30	-29	-10	235	101
3210	2937	7362	998	1438	261	1114	460
424	63	3	43	26	8	45	50
485	224	1	9	9	2	48	
77461	64719	7146	124932	130736	28595	42144	49863
9960	6614	5036	-1235	5996	376	4405	1040
2627	601	1249	2807	3029	528	428	3169
37564	14761	519	12680	12680	184	2035	8285
3900	203	453	-610	-591	12	1981	320
1910	2224	-9	1273	1410	363	1310	931
11039	2768	934	2928	2844	737	3181	2744
9215	35731	-1049	107197	105478	26346	27981	33122
1247	1817	13	-109	-110	48	823	254
50245	15781	2714	13355	14263	5531	26616	73182
581	108	18	38	38	5	65	80
4497	2586	688	80	100	85	2045	1594
3029	3031	969	713	706	201	1853	2557
3900	5219	688	10626	11020	2716	2844	568
1673	789	-31	100	835	10	394	182
36565	4047	381	1798	1565	2515	19415	68200
18609	15416	2200	9983	14135	1764	13399	3344
2361	1799	960	1009	1008	271	5255	693
928	164	1	240	240	49	240	73
11907	13070	1163	6245	10454	795	6114	2216
2998	177	73	2522	2518	642	1591	241
414	206	4	-33	-85	8	199	121
70414	40385	15888	22142	20880	6113	28174	30492
24944	20899	9545	18636	17605	4727	14139	17107
17928	11008	5669	2848	2618	1125	7035	6703
27542	8478	674	659	657	261	7000	6682
376216	164320	42818	220745	215638	46058	170798	158517
36637	12133	12224	7821	8607	1730	5184	11768
274057	110190	2606	206953	199160	40449	148219	121504
1231	403	941	-250	-258	1	156	110
38002	19081	13608	-4007	-5096	1175	7058	11900
3270	2118	2810	1436	1528	280	1570	9870

15-5续1

指 标 名 称	法人企业数（个）	主营业务收入	主营业务成本	主营业务税金及附加
化肥批发	7	639695	626784	441
农药批发	8	123943	107855	22
其他化工产品批发	52	648019	614805	506
机械设备、五金产品及电子产品批发	230	3150919	2937557	3662
农业机械批发	10	48099	43427	350
汽车批发	24	971291	897651	146
汽车零配件批发	24	206821	195300	268
摩托车及零配件批发	8	61470	58569	56
五金产品批发	21	107667	97667	445
电气设备批发	19	512638	503908	216
计算机、软件及辅助设备批发	41	277507	256452	695
通讯及广播电视设备批发	13	175100	165845	124
其他机械设备及电子产品批发	70	790327	718738	1364
贸易经纪与代理	4	61460	58132	106
贸易代理	3	58810	56048	106
其他贸易经纪与代理	1	2650	2084	
其他批发业	24	444240	431657	305
再生物资回收与批发	5	10280	14004	143
其他未列明批发业	19	433960	417653	162
2.按登记注册类型分				
内资企业	942	29906787	28332217	87097
国有企业	37	6474715	6353632	3298
集体企业	9	379654	316131	502
股份合作企业	3	17519	15589	23
联营企业	1	1779	1434	5
国有联营企业	1	1779	1434	5
有限责任公司	217	6675686	6202728	49693
国有独资公司	5	775961	581587	44322
其他有限责任公司	212	5899726	5621142	5371
股份有限公司	7	8735582	8236124	8034
私营企业	614	6143022	5798744	24079
私营独资企业	25	176329	162259	946
私营合伙企业	4	16306	15635	13
私营有限责任公司	576	5842541	5529140	22685
私营股份有限公司	9	107846	91709	434
其他企业	54	1478830	1407834	1465
港、澳、台商投资企业	6	796729	726848	267
合资经营企业（港或澳、台资）	1	1000	900	1
港、澳、台商独资经营企业	5	795729	725948	266
外商投资企业	4	125828	112468	392
中外合资经营企业	1	73622	63652	330
中外合作经营企业	1	2593	1455	23

销售费用	管理费用	财务费用	营业利润	利润总额	应交所得税	应付职工薪酬（本年贷方累计发生额）	应交增值税
3097	2719	4982	1992	4362	360	930	679
5148	6900	463	3365	3444	872	3552	98
14775	10776	5184	3436	3891	1191	4130	2589
122888	51560	10638	28066	32056	5878	33684	20774
1768	1494	137	928	1600	47	519	419
52123	12482	2141	6829	8546	1359	5404	853
4629	5838	1144	1391	1343	492	2511	642
1557	1044	-26	270	269	74	594	1372
3857	4492	504	507	483	125	3214	1248
3840	3633	-17	1554	1554	925	2137	1788
5241	3636	905	9891	10055	240	3073	1412
4666	3828	1141	-398	731	185	1376	834
45206	15114	4708	7094	7474	2431	14856	12207
1967	159	34	1067	1092	270	158	176
1463	104	28	1065	1090	270	144	176
504	54	6	2	2	1	14	
9521	5358	395	2391	2356	754	2401	2310
198	197	67	837	843	157	152	200
9323	5161	327	1554	1514	597	2249	2110
679793	348067	86645	409637	420094	92723	313294	338145
56349	38506	14388	28606	34637	3743	25533	74164
43887	14132	1067	9104	9166	341	9085	9167
996	1073	55	144	144	36	517	182
	378	1	-38	-38		171	34
	378	1	-38	-38		171	34
147269	97165	38627	148830	149702	38453	80315	141470
9184	36938	-1062	106585	104979	26276	28359	33177
138085	60227	39689	42245	44723	12176	51956	108293
221465	95626	-4385	173266	173057	39108	125059	53401
165963	89241	30023	39562	42070	9769	53872	49025
7417	3425	701	2399	2753	635	1600	1642
122	402	23	111	111	3	169	48
150608	81751	28307	31798	32556	8983	48265	46821
7816	3663	992	5254	6650	148	3838	514
43864	11947	6869	10162	11355	1273	18743	10702
49613	12080	1098	8376	10103	1626	5155	548
4	1		94	94	18	1	36
49609	12079	1098	8282	10009	1608	5154	512
3685	3058	3166	3221	3161	886	1417	610
1972	2591	3088	2152	2067	550	380	227
40	240		835	854	226	40	23

15-5续2

指 标 名 称	法人企业数（个）	主营业务收入	主营业务成本	主营业务税金及附加
外资企业	2	49614	47361	40
二、零售业	721	8575291	7729786	57302
1.按零售行业小类分				
综合零售	47	3466154	3113828	19925
百货零售	28	2560494	2269029	18050
超级市场零售	15	889353	830728	1692
其他综合零售	4	16307	14071	182
食品、饮料及烟草制品专门零售	59	232672	180339	2111
粮油零售	5	14420	10321	81
糕点、面包零售	2	9304	7495	59
果品、蔬菜零售	6	13046	10774	95
肉、禽、蛋、奶及水产品零售	13	39771	32374	411
营养和保健品零售	5	69401	49290	400
酒、饮料及茶叶零售	15	56580	42563	995
烟草制品零售	3	3843	3468	5
其他食品零售	10	26307	24055	65
纺织、服装及日用品专门零售	61	162259	136956	467
纺织品及针织品零售	4	2307	1818	10
服装零售	38	106378	86116	350
鞋帽零售	3	3624	2823	3
化妆品及卫生用品零售	10	35390	33382	76
钟表、眼镜零售	4	12890	11401	26
厨房用具及日用杂品零售	1	624	503	1
自行车零售	1	1047	914	1
文化、体育用品及器材专门零售	47	125393	110116	1953
文具用品零售	5	7667	7198	6
体育用品及器材零售	1	1436	1363	2
图书、报刊零售	13	16988	13620	184
珠宝首饰零售	14	60034	51123	1666
工艺美术品及收藏品零售	2	5623	4961	20
乐器零售	3	2726	2566	21
照相器材零售	6	20496	19559	14
其他文化用品零售	3	10424	9727	41
医药及医疗器材专门零售	45	174141	138234	853
药品零售	29	151425	118978	770
医疗用品及器材零售	16	22716	19255	83
汽车、摩托车、燃料及零配件专门零售	266	3573086	3330318	26259
汽车零售	179	2822530	2654637	5673
汽车零配件零售	22	161497	113355	18880
摩托车及零配件零售	7	11516	10192	31
机动车燃料零售	58	577543	552134	1675

销售费用	管理费用	财务费用	营业利润	利润总额	应交所得税	应付职工薪酬（本年贷方累计发生额）	应交增值税
1674	227	79	235	240	110	997	360
493998	280154	74788	90292	99645	34243	255031	152280
251137	141261	35709	38781	42455	21316	92650	85139
190106	112372	36395	44774	47375	17949	71446	79004
60150	27936	−790	−6108	−5039	3355	20413	5892
881	953	105	115	119	11	791	244
25069	6355	1630	17068	16218	2778	8156	7552
2821	340	−18	1000	775	194	1142	62
1210	448	11	81	149	23	675	345
811	313	704	350	350	147	510	690
5671	952	462	−413	−484	605	1641	690
6858	506	−2	12355	12274	419	266	3376
6664	2585	421	3408	3021	1354	3026	2102
179	167	30	−5	5	3	96	36
855	1044	22	293	128	34	800	250
19442	6816	1148	2664	757	328	7856	2630
410	250	453	−604	−626	1	476	165
16624	4632	512	3309	1327	278	5811	1966
445	254	50	48	47	6	374	22
938	901	43	65	41	38	694	265
951	615	87	−164	−42	2	449	197
2	111		7	6	2	12	8
72	53	3	4	4	2	39	9
7830	4001	446	1313	1593	516	3622	1381
156	199	−41	188	123	15	208	53
	65	1	5	5	1	16	12
1613	923	2	660	661	71	920	260
4529	1560	335	827	1077	414	1744	765
326	563	−4	−244	−80	8	200	88
94	49	1	−6	−5	0	70	4
921	214	50	−228	−228	5	309	44
192	427	102	111	41	1	155	155
13805	17396	270	3393	3498	1150	7460	5023
12520	15653	83	3232	3308	1091	6939	4483
1285	1743	187	161	190	59	522	540
101232	71901	25518	18675	19929	5520	112316	39065
90929	58058	22770	−8967	−7527	4894	55301	27173
1006	2653	1247	24453	24325	161	48989	868
424	259	32	584	583	3	245	329
8873	10931	1469	2604	2549	462	7782	10696

15-5续3

指标名称	法人企业数（个）	主营业务收入	主营业务成本	主营业务税金及附加
家用电器及电子产品专门零售	127	621581	566248	1629
家用视听设备零售	22	145761	125713	516
日用家电设备零售	44	170772	152420	443
计算机、软件及辅助设备零售	37	152230	144629	295
通信设备零售	15	124847	117482	325
其他电子产品零售	9	27972	26005	50
五金、家具及室内装饰材料专门零售	46	146695	95246	3617
五金零售	26	31850	29921	215
家具零售	12	64083	28561	2551
涂料零售	1	7810	5150	547
木质装饰材料零售	1	1558	1357	1
陶瓷、石材装饰材料零售	4	6928	6338	13
其他室内装饰材料零售	2	34466	23919	290
货摊、无店铺及其他零售业	23	73311	58500	488
邮购及电视、电话零售	1	43585	33441	397
生活用燃料零售	15	19382	15875	53
其他未列明零售业	7	10344	9184	38
2.按登记注册类型分				
内资企业	707	7501835	6747006	54866
国有企业	25	410337	359774	2284
集体企业	19	50494	46348	258
股份合作企业	3	4693	4413	12
联营企业	1	3580	3300	4
集体联营企业	1	3580	3300	4
有限责任公司	179	1824728	1662587	5449
其他有限责任公司	179	1824728	1662587	5449
股份有限公司	23	3121589	2816284	19002
私营企业	410	1790029	1615526	8730
私营独资企业	41	72624	61105	1559
私营合伙企业	8	16368	15355	26
私营有限责任公司	350	1670436	1514242	6447
私营股份有限公司	11	30602	24824	698
其他企业	47	296385	238775	19127
港、澳、台商投资企业	7	202719	182628	624
合资经营企业(港或澳、台资)	1	22635	20550	16
港、澳、台商独资经营企业	5	156436	139324	608
港、澳、台商投资股份有限公司	1	23648	22754	
外商投资企业	7	870737	800151	1812
中外合资经营企业	3	155349	117693	789
中外合作经营企业	1	667913	642438	823
外资企业	3	47474	40020	199

销售费用	管理费用	财务费用	营业利润	利润总额	应交所得税	应付职工薪酬（本年贷方累计发生额）	应交增值税
40995	17318	1555	2378	7560	838	14374	6226
14055	4338	268	3856	3891	190	2900	1705
12269	5090	482	334	550	382	5221	2395
4851	2633	338	2585	3118	89	3246	390
8759	3568	442	−4129	267	155	2465	1410
1061	1689	25	−268	−266	22	541	326
25206	10855	8276	4722	5365	1403	6825	2297
883	1141	100	−411	−415	95	720	220
20151	6630	6221	1194	1817	618	5330	127
18	23		2072	2072	300	81	69
162	21	6	12	12	3	24	9
336	162	54	26	41	18	189	101
3655	2878	1895	1828	1838	368	480	1772
9283	4251	236	1298	2270	394	1772	2967
7179	1791	−42	1776	1950	323	116	2734
1400	2096	263	−519	281	59	1255	166
704	364	16	40	40	12	401	67
425093	250676	75224	77681	86732	30234	233892	139862
25718	15127	6071	3100	4270	1381	11859	4360
2061	1267	120	702	588	130	4729	758
149	207	1	5	3	3	144	45
200	15	6	55			41	30
200	15	6	55			41	30
96789	65522	9675	−5934	−3833	4122	46937	27262
96789	65522	9675	−5934	−3833	4122	46937	27262
192354	113149	38884	47701	50144	19123	74353	84156
99477	50856	18104	8520	11583	5257	44305	22079
1811	2381	1165	3719	3833	686	1049	1705
546	281	26	273	281	67	350	68
96119	47165	16767	1626	4571	3962	42128	20082
1002	1030	146	2902	2898	542	778	224
8345	4535	2363	23532	23978	219	51524	1173
31779	4573	779	−12802	−12019	639	6132	4141
1745	1167	419	−1262	−1200		382	101
17111	2262	107	518	−28	639	5288	4040
12923	1144	253	−12057	−10791		462	
37127	24905	−1215	25413	24932	3370	15007	8278
21098	6952	−165	13455	13512	741	8128	6095
9232	16957	−1448	11106	10597	2388	5148	1488
6796	995	397	852	822	241	1731	695

15-6 限额以上餐饮业

MAIN ECONOMIC INDICATORS OF ENTERPRISES IN

指标名称	法人企业数（个）	资产合计	负债合计	所有者权益合计	实收资本
总计	279	469481	394808	74673	93238
1.按餐饮业行业小类分					
正餐服务	265	428759	364192	64566	85658
快餐服务	12	37163	28332	8831	7020
饮料及冷饮服务	1	358	513	-155	50
咖啡馆服务	1	358	513	-155	50
其他餐饮业	1	3201	1770	1431	509
餐饮配送服务	1	3201	1770	1431	509
2.按登记注册类型分					
内资企业	273	443776	367751	76025	87204
国有企业	25	188841	147814	41026	31358
集体企业	5	3772	1923	1849	2689
股份合作企业	1	1484	492	991	967
有限责任公司	56	98516	84730	13786	16640
其他有限责任公司	56	98516	84730	13786	16640
股份有限公司	7	5121	6610	-1489	2620
私营企业	148	118577	103087	15490	28080
私营独资企业	28	16589	19308	-2719	3235
私营合伙企业	1	51	247	-196	30
私营有限责任公司	118	101761	83372	18389	24805
私营股份有限公司	1	176	161	16	10
其他企业	31	27466	23096	4370	4851
港、澳、台商投资企业	4	1702	502	1200	550
港、澳、台商独资经营企业	4	1702	502	1200	550
外商投资企业	2	24003	26554	-2552	5483
外资企业	2	24003	26554	-2552	5483

主 要 经 济 指 标 （2012年）

CATARING TRADES ABOVE DESIGNATED SIZE(2012) 单位:万元

主营业务收入	主营业务成本	销售费用	管理费用	财务费用	营业利润	利润总额	应付职工薪酬（本年贷方累计发生额）
386092	187962	130603	49701	6162	-6178	-10388	70006
332942	160505	107810	47378	5212	-4162	-7870	61680
50694	26113	22032	1906	920	-2051	-2499	7940
365	24	268	27	1	-156	-156	36
365	24	268	27	1	-156	-156	36
2091	1321	492	390	28	190	137	350
2091	1321	492	390	28	190	137	350
351701	174198	111126	48008	5168	-2757	-6487	63285
58224	26741	15353	11886	554	549	-725	7013
4348	1758	1412	807	99	52	52	948
1231	447	381	296		37	40	215
95098	45334	33236	12679	1723	-1654	-4583	19287
95098	45334	33236	12679	1723	-1654	-4583	19287
9163	4783	4414	369	76	-1024	-986	1962
146726	78169	44497	16709	2212	-1454	-1544	26496
26023	14811	6001	3541	179	192	168	4370
321	171	188	1	3	-61	-61	72
120174	63097	38308	13084	2029	-1607	-1673	21939
209	90		84	2	21	21	115
36912	16967	11833	5262	504	737	1259	7365
4241	2495	1078	260	14	156	164	1387
4241	2495	1078	260	14	156	164	1387
30150	11269	18399	1433	979	-3577	-4064	5334
30150	11269	18399	1433	979	-3577	-4064	5334

15-7 限额以上住宿业

MAIN ECONOMIC INDICATORS OF ENTERPRISES IN

指标名称	法人企业数（个）	资产合计	负债合计	所有者权益合计	实收资本
总计	103	690566	451306	239259	140806
1.按住宿业行业小类分					
旅游饭店	61	598091	354958	243133	127211
一般旅馆	39	90746	95430	-4684	13039
其他住宿业	3	1729	918	811	556
2.按登记注册类型分					
内资企业	99	670311	426545	243766	134267
国有企业	33	508035	344993	163042	66945
集体企业	6	11494	5717	5778	3675
股份合作企业	4	7027	4827	2200	1605
有限责任公司	19	89236	39602	49634	53692
其他有限责任公司	19	89236	39602	49634	53692
股份有限公司	4	888	599	289	416
私营企业	28	40505	24278	16228	6617
私营独资企业	2	1920	1683	237	237
私营合伙企业	2	1188	653	535	310
私营有限责任公司	23	36782	21377	15406	6020
私营股份有限公司	1	615	565	50	50
其他企业	5	13125	6530	6595	1317
港、澳、台商投资企业	3	19803	24364	-4561	6488
合资经营企业(港或澳、台资)	2	19745	24321	-4576	6473
港、澳、台商独资经营企业	1	58	43	15	15
外商投资企业	1	453	398	54	51
中外合资经营企业	1	453	398	54	51

主 要 经 济 指 标 （2012年）

QUARTERING TRADES ABOVE DESIGNATED SIZE（2012）

单位:万元

主营业务收　入	主营业务成　本	销售费用	管理费用	财务费用	营业利润	利润总额	应付职工薪酬（本年贷方累计发生额）
259912	78828	106440	69946	2963	-6599	-3138	49296
209526	69924	75708	58536	2453	-2548	1479	37560
47347	8158	28879	11129	501	-4021	-4745	11265
3039	746	1852	281	10	-31	128	471
252359	77683	104245	66553	2777	-6804	-3210	47799
160481	46984	66280	47365	1567	-10722	-8308	29247
4714	1556	1563	1574	-71	-168	-3	1360
6164	2424	1465	1433	228	244	279	625
31949	10702	17396	8048	468	-515	1388	8721
31949	10702	17396	8048	468	-515	1388	8721
2011	1021	634	234	15	-200	-194	355
26683	9276	11302	4573	330	245	-728	4889
2865	794	1052	1006	30	-213	-252	554
640	197	174	183	7	34	-51	177
22162	7806	9235	3326	278	-136	-70	3726
1017	479	841	59	15	561	-355	432
20358	5720	5607	3326	241	4313	4357	2601
7177	934	2134	3322	187	191	59	1425
6959	892	2127	3318	186	47	59	1369
219	42	7	5	0	145		56
376	210	60	71	-1	13	13	73
376	210	60	71	-1	13	13	73

15－8 商品交易市场分类情况(2012年)

FREE MARKETS IN URBAN AND RURAL AREAS (2012)

指　　标	合 计	城 市	农 村
商品交易市场个数总计(个)	432	263	169
消费品市场	358	210	148
消费品综合市场	33	11	22
农副产品市场	139	73	120
农副产品综合市场	151	58	93
农副产品专业市场	34	15	19
工业消费品市场	128	123	5
工业消费品综合市场	101	98	3
工业消费品专业市场	27	25	2
其　他	4	3	1
生产资料市场	74	53	21
生产资料综合市场	10	3	7
工业生产资料市场	42	34	8
农业生产资料市场	10	4	6
农业生产资料综合市场	6	2	4
农业生产资料专业市场	4	2	2
其　他	12	12	

15-9 销售过亿元的商品交易市场一览表(2012年)

SUMMARY OF CONSUMER GOODS MARKETS WITH ANNUAL TRANSACTION VALUE ABOVE RMB 100 MILLION YUAN(2012)

序号	市场名称	市场类别	年末营业面积(平方米)	市场总摊位数(个)	年成交额(万元)
1	济南科技市场	计算机及辅助设备市场	18000	479	266347
2	济南东门小商品批发市场	工业消费品综合市场	14000	1180	24400
3	济南市新世界商城	工业消费品综合市场	33000	1110	111910
4	济南海鲜大市场	水产品市场	30000	900	545000
5	济南市人防永新商城	服装市场	5000	235	22050
6	济南博茗茶叶市场	茶叶市场	82000	680	163800
7	济南段店润发商贸中心	其他综合市场	80000	1017	10660
8	华东汽车配件市场	摩托车市场	21363	270	18600
9	山东匡山汽车大世界	汽车市场	70000	78	803779
10	山东匡山钢材市场	金属材料市场	13000	80	25000
11	山东老屯汽车配件城	摩托车市场	33000	860	30000
12	山东老屯茶城	茶叶市场	8000	122	15000
13	济南西市场小商品批发市场	工业消费品综合市场	35000	806	12000
14	山东匡山农产品综合交易市场	农产品综合市场	21000	900	12000
15	槐荫区红旗钢材市场	金属材料市场	25300	110	110600
16	济南中恒商场	工业消费品综合市场	65000	2011	16500
17	山东齐鲁鞋城	鞋帽市场	11176	403	89510
18	济南泺口服装批发市场	服装市场	250000	4271	465000
19	济南众鑫鞋城	鞋帽市场	38765	375	87650
20	山东东亚金星家居	家具市场	71536	513	67254
21	山东灯具批发市场	灯具市场	40000	208	28800
22	济南黄台装饰材料市场	装饰材料市场	40000	470	11600
23	山东建材市场	建材市场	50000	500	190000
24	山东济南重汽配件城	摩托车市场	61938	435	355000
25	山东泉胜物流大市场	其他专业市场	236000	1200	25000
26	济南市堤口路果品批发市场	干鲜果品市场	100000	1000	175000
27	济南黄台家居广场	家具市场	20000	170	10300
28	七里堡蔬菜综合批发市场	农产品综合市场	165000	1360	614339
29	山东汽车城	摩托车市场	10900	108	76000
30	济南永君钢材市场	金属材料市场	37000	82	30000
31	山东济南维尔康肉类水产综合批发市场	水产品市场	8000	350	270000
32	济南高科技市场	计算机及辅助设备市场	5500	160	20900
33	平阴黄河市场管理有限公司	其他农产品市场	2000	484	33309
34	济阳县曲堤镇黄瓜批发市场	蔬菜市场	31000	765	233442
35	济阳县方正家具市场	家具市场	16100	79	21602
36	商河县小商品批发城	工业消费品综合市场	19000	300	15751
37	商河县富东农贸综合市场	农产品综合市场	11000	220	26131
38	商河县白桥大蒜市场	蔬菜市场	19000	310	31835
39	商河县尹巷棉花市场	棉麻土畜、烟叶市场	199800	44	20758
40	商河县商南农贸市场	蔬菜市场	6000	200	14692
41	章丘市刁镇蔬菜批发市场	蔬菜市场	40000	598	72450
42	章丘市绣惠钢铁设备交易中心	金属材料市场	85400	463	53182
43	章丘市秀水建筑装饰材料市场	装饰材料市场	65000	330	19046

15-10 限额以上住宿业和餐

MAIN ECONOMIC INDICATORS OF ENTERPRISES IN QUARTERING

指　　标	法人企业数（个）	从业人员期末人数（人）	营业额(万元)	客房收入
总　计	382	46854	654232	162979
一、住宿业	103	17328	265835	113642
1.按住宿业行业小类分				
旅游饭店	61	12285	215239	79333
一般旅馆	39	4874	47408	32767
其他住宿业	3	169	3187	1542
2.按登记注册类型分				
内资企业	99	16900	258283	110152
国有企业	33	10301	159949	63840
集体企业	6	451	4714	1817
股份合作企业	4	274	6192	2289
有限责任公司	19	2602	38636	18805
其他有限责任公司	19	2602	38636	18805
股份有限公司	4	162	2011	1249
私营企业	28	2273	26424	12490
私营独资企业	2	225	2877	961
私营合伙企业	2	61	640	487
私营有限责任公司	23	1657	21711	10535
私营股份有限公司	1	330	1196	508
其他企业	5	837	20358	9663
港、澳、台商投资企业	3	405	7177	3424
合资经营企业(港或澳、台资)	2	385	6959	3217
港、澳、台商独资经营企业	1	20	219	208
外商投资企业	1	23	376	66
中外合资经营企业	1	23	376	66
二、餐饮业	279	29526	388397	49337
1.按餐饮业行业小类分				
正餐服务	265	23890	334225	49075
快餐服务	12	5488	51342	262
饮料及冷饮服务	1	17	365	
咖啡馆服务	1	17	365	
其他餐饮业	1	131	2465	
餐饮配送服务	1	131	2465	
2.按登记注册类型分				
内资企业	273	25246	350395	49337
国有企业	25	4359	57374	17793
集体企业	5	379	4092	828
股份合作企业	1	110	1231	553
有限责任公司	56	6541	94279	9183
其他有限责任公司	56	6541	94279	9183
股份有限公司	7	755	9212	407
私营企业	148	10306	146565	15516
私营独资企业	28	2029	26654	2630
私营合伙企业	1	30	321	
私营有限责任公司	118	8199	119382	12740
私营股份有限公司	1	48	209	146
其他企业	31	2796	37643	5057
港、澳、台商投资企业	4	506	7354	
港、澳、台商独资经营企业	4	506	7354	
外商投资企业	2	3774	30647	
外资企业	2	3774	30647	

饮业法人企业经营情况（2012年）

TRADES AND CATARING TRADES ABOVE DESIGNATED SIZE(2012)

			客房数（间）	床位数（个）	餐位数（位）	年末餐饮营业面积（平方米）
餐费收入	商品销售收入	其他收入				
435200	15142	40911	29450	48839	134833	827396
115602	5499	31092	20250	32765	34294	314398
106074	4561	25273	8887	14752	25771	268697
8102	934	5606	10974	17302	8118	39561
1427	5	214	389	711	405	6140
113434	5433	29263	19656	31835	32514	251398
68427	3982	23700	12416	19847	19291	155560
2650	33	214	377	752	2002	9335
3522	287	95	303	562	810	4400
16991	487	2353	2759	4605	5074	28640
16991	487	2353	2759	4605	5074	28640
743	20		306	536	170	7453
11023	620	2290	2706	4246	3158	26980
1856	11	49	356	418	89	250
104		49	140	244	206	560
8418	609	2150	2036	3252	2749	16170
645		42	174	332	114	10000
10079	5	611	789	1287	2009	19030
1858	66	1829	558	860	1460	62500
1848	66	1829	468	740	1400	62000
11			90	120	60	500
310			36	70	320	500
310			36	70	320	500
319598	9643	9819	9200	16074	100539	512998
267089	9643	8418	9164	16016	81019	460095
50053		1028	36	58	13435	46703
365					85	200
365					85	200
2091		373			6000	6000
2091		373			6000	6000
281597	9643	9819	9200	16074	92486	486077
34767	1019	3795	2584	4736	11492	52669
3006	53	204	280	563	1260	8790
628	50		76	136	380	500
78927	2328	3840	1665	2999	28313	115336
78927	2328	3840	1665	2999	28313	115336
8686	107	12	93	93	2506	10900
124418	4760	1871	3599	6106	39992	236296
23605	420		446	806	8059	34147
321					330	800
100430	4341	1871	3070	5190	31403	199649
63			83	110	200	1700
31164	1327	96	903	1441	8543	61586
7354					1548	6147
7354					1548	6147
30647					6505	20774
30647					6505	20774

主要统计指标解释

EXPLANATORY NOTES ON MAIN STATISTICAL INDICATORS

社会消费品零售总额 指企业(单位、个体户)通过交易直接售给个人、社会集团非生产、非经营用的实物商品金额,以及提供餐饮服务所取得的收入金额。个人包括城乡居民和入境人员,社会集团包括机关、社会团体、部队、学校、企事业单位、居委会或村委会等。

商品销售总额 指对本单位以外的单位和个人出售的商品金额(包括售给本单位消费用的商品,含增值税),本指标反映批发和零售业在国内市场上销售商品以及出口商品的总量。

限额以上单位标准 指批发业年主营业务收入在2000万元及以上;零售业年主营业务收入在500万元及以上;住宿业、餐饮业年主营业务收入在200万元及以上。

零售业企业经营方式 (1)独立商店:指独立经营,未与其他商业单位建立连锁关系的商店。(2)连锁商店:指在核心企业或总店的领导下,由分散的、经营同类商品或服务的商业企业,通过规模化经营,实现规模效益的经济联合组织形式,也称为公司联号。一般连锁商店应由10个以上分店组成。其经营特征:①经营同类商品;②使用统一商号;③统一采购配送,采购与销售相分离。

零售业企业业态

——*便利店*:位于商业中心区、交通要道以及车站、医院、学校、娱乐场所、办公楼、加油站等公共活动区;商圈范围小,顾客步行5分钟内到达,目标顾客主要为单身者、年轻人,顾客多为有目的的购买;营业面积一般在100平方米左右,利用率高;以即时食品、日用小百货为主,有即时消费性、小容量、应急性等特点,商品品种在3000种左右,售价一般高于市场平均水平;商品销售方式以开架自选为主,结算在收银处统一进行;营业时间一般在16小时以上,提供即时性食品的辅助设施,开设多项服务项目;信息管理系统程度较高。

——*折扣店*:位于居民区、交通要道等租金相对便宜的地区;辐射半径2公里左右,目标顾客主要为商圈内的居民;自有品牌占有较大的比例,商品平均价格低于市场平均水平;以开架自选方式进行商品销售,并统一结算;用工精简,为顾客提供有限的服务;信息管理系统程度一般。

——*超市*:位于市、区商业中心、居住区;辐射半径2公里左右,目标顾客以居民为主;营业面积在6000平方米以下;经营包装食品、生鲜食品和日用品。食品超市与综合超市商品结构有所不同;采用自选销售,出入口分设,在收银台统一结算;营业时间12小时以上;信息管理系统程度较高。

——*大型超市*:位于市、区商业中心、城郊结合部、交通要道及大型居住区;辐射半径2公里以上,目标顾客以居民、流动顾客为主;实际营业面积在6000平方米以上;以大众化衣、食、日用品为主,品种齐全,注重自有品牌开发;采用自选销售方式,出入口分设,在收银台统一结算;设不低于营业面积40%的停车场;信息管理系统程度较高。

——*仓储会员店*:位于城乡结合部的交通要道;辐射半径5公里以上,目标顾客以中小零售店、餐饮店、集团购买和流动顾客为主;营业面积一般在6000平方米以上;以大众化衣、食、日用品为主,自有品牌占相当部分,商品在4000种左右,实行低价、批量销售;采用自选销售,出入口分设,在收银台统一结算;设相当于营业面积的停车场;信息管理系统程度较高并对顾客实行会员制管理。

——*百货店*:位于市、区级商业中心、历史形成的商业集聚地;目标顾客以追求时尚和品味的流动顾客为主;营业面积一般在6000平方米以上;综合性商品结构,门类齐全,以服饰、鞋类、箱包、化妆品、家庭用品、家用电器为主;采取柜台销售和开架面售相结合方式进行商品销售;注重服务,设餐饮、娱乐等服务项目和设施;信息管理系统程度较高。

——*专业店*:位于市、区级商业中心以及百货店、购物中心内;目标顾客以有目的选购某类商品的流动顾客为主;营业面积根据商品特点而定;以销售某类商品为主,体现专业性、深度性、品种丰富,选择余地大;采取柜台销售或开架面售方式进行商品销售;从业人员具有丰富的专业知识;信息管理系统程度较高。

——*专卖店*:一般位于市、区级商业中心、专业街以及百货店、购物中心内;目标顾客以中高档消费者和追求时尚的年轻人为主;以销售某一品牌系列商品为主,具有销售量少、质优、高毛利等特点;采取柜台销售或开架面售方式进行商品销售,商店陈列、照明、包装、广告讲究;注重品牌声誉,从业人员具备丰富的专业知识,提供专业性服务;信息管理系统程度一般。

——*家居建材商店*:位于城乡结合部、交通要道或消费者自有房产比较高的地区;目标顾客以拥有自有房产的顾客为主;营业面积一般在6000平方米以上;经营商品以改善、建设家庭居住环境有关的装饰、装修等用品、日用杂品、技术及服务为主;采取开架自选方式销售商品;提供一站式购足和一条龙服务,停车位一般在300个以上;信息管理系统程度较高。

——*厂家直销中心*:一般远离市区;目标顾客多为重视品牌的有目的的购买;单个建筑面积在100-200平方米左右;品牌商品生产商直接设立,商品均为本企业的品牌;采用自选式售货方式进行商品销售;各个租赁店使用各自的信息管理系统。

——*其　　他*:指上述未列明的零售业态。

批发零售贸易业 指不直接从事商品的生产,而是从农业、工业或其他的单位那里购买(或调拨)成品或半成品,未做任何加工,或只做简单的加工(如进行简单的分类、清洗、整理和包装等),通过转卖以获取利益的单位。

餐饮业 指在一定的场所(永久、半永久或临时性的设施)内,以烹饪、调制等手段,向购买者提供各种主要供现场消费的食品、饮料，并且所提供的这种服务要大于所提供的其他服务(如娱乐)的单位。

住宿业 指有偿为顾客提供临时住宿的服务活动。不包括提供长期住宿场所的活动(如出租房屋、公寓等)

批 发 指除零售以外的一切商品销售活动，包括对生产经营单位批发、对批发零售贸易业批发和出口。

零 售 指售给城乡居民直接用于生活消费的商品和社会集团直接用于公用消费的商品。包括:(1)售给城乡居民生活用的消费品;(2)售给机关、团体、学校、部队、企业、事业单位附设的专供本单位人员食用，不对外营业的食堂的各种食品、燃料;(3)售给部队干部、战士生活用的粮食、副食品、衣着品、日用品、燃料;(4)售给来华外国人、华侨、港澳台同胞的消费品;(5)售给行政事业单位、社会团体的办公、纸张、帐册、文印用品、计算工具、书报杂志和奖品;公共用品的纺织品、针织品;学校用的教学用品;文体用品;非专用的劳动保护用品，如工作服、套袖、围群、手套、毛巾、肥皂等;日用百货和杂品，包括职工食堂用的餐具、炊具、设备和清洁卫生工具等;家具、设备、日用电器、电讯设备、电影器材和照相器材，取暖用的设备和燃料，防暑、降温的饮料;供职工乘用的交通工具和油料;零星修理各种公用消费品、生活用房屋的各种零配件、材料、工具、建筑材料等;中、西药品、中药材和医疗器材;其他非生产性设备和用品。

16

对外贸易与国际旅游

FOREIGN ECONOMY TRADE
AND INTERNATIONAL
TOURISM

16-1 海关进出口商品总值

TOTAL VALUE OF IMPORTS AND EXPORTS BY CATEGORY OF COMMODITIES

单位:万美元

指 标	2011年 进出口总额	出 口	进 口	2012年 进出口总额	出 口	进 口
总 值	1041422	604456	436966	913286	571442	341844
按贸易方式分						
一般贸易	696025	372267	323758	665491	379428	286063
援助物资	822	814	8	1124	1124	0
捐赠物资	–	–	–	510	0	510
补偿贸易	–	–	–	–	–	–
来料加工装配贸易	9306	5264	4042	9033	5326	3707
进料加工贸易	72721	56731	15990	71387	60721	10666
对外承包工程出口货物	149297	149297	–	98700	98700	0
投资设备	2869	–	2869	4488	0	4488
出料加工贸易	–	–	–	–	–	–
海关特殊监管区域进口设备	67	–	67	159	0	159
海关特殊监管区域物流货物	28120	14250	13870	18753	14794	3959
易货贸易	–	–	–			
保税监管场所进出境货物	56139	5801	50338	39115	11230	27885
来料加工装配进口设备	–	–	–	–	–	–
租赁贸易	25673	–	25673	4080	0	4080
其他贸易	383	32	351	446	119	327
按运输方式分						
水路运输	909052	548712	360340	769056	511955	257101
铁路运输	6587	6263	324	6787	6787	0
公路运输	22779	17235	5544	25239	17721	7518
航空运输	74195	26187	48008	71912	28961	42951
邮件运输	3264	3134	130	144	46	98
其他运输	25545	2925	22620	40148	5972	34176
按企业性质分						
国有企业	453169	241907	211262	355658	181361	174297
集体企业	37178	24461	12717	29704	21610	8094
外商投资企业	262930	168104	94826	237280	152161	85119
中外合资	134276	77061	57215	127058	66350	60708
中外合作	5032	4907	125	5119	4933	186
外商独资	123622	86136	37486	105103	80878	24225
其 他	288145	169984	118161	290644	216310	74334

16-2　主要国别(地区)海关进出口商品总值

TOTAL VALUE OF IMPORTS AND EXPORTS OF MAIN COUNTRIES OR TERRITORIES BY CATEGOTY OF COMMODITIES　单位:万美元

国　别(地区)	2011年 进出口总值			2012年 进出口总值		
		出口	进口		出口	进口
总　值	1041422	604456	436966	913286	571442	341844
亚　洲	467584	338240	129344	359933	285750	74183
香　港	6319	5496	823	6912	6559	353
印　度	194359	176346	18013	128740	117428	11312
印度尼西亚	9293	6258	3035	12597	9757	2840
日　本	54569	36257	18312	53738	35200	18539
马来西亚	59468	8646	508822	13125	8318	4807
巴基斯坦	2840	2833	7	3058	3032	26
菲律宾	3468	3390	78	7336	7128	208
卡塔尔	2561	335	2226	2138	389	1749
沙特阿拉伯	5192	3298	1894	6265	4204	2061
新加坡	7488	3813	3675	18443	10640	7803
韩　国	32981	16942	16039	22793	14859	7934
泰　国	16597	15373	1224	12285	9881	2404
土耳其	6499	4853	1646	6064	4961	1103
阿拉伯联合酋长国	6153	3536	2617	8355	4688	3667
越　南	7634	7367	267	4926	4658	268
台湾省	13379	8177	5202	11477	7235	4242
非　洲	63242	48596	14646	73280	62774	10506
埃　及	3779	3769	10	3710	3641	69
南　非	18417	4624	13793	10413	5052	5361
尼日利亚	11023	10965	58	12117	12106	11
欧　洲	190611	107108	83503	146375	87256	59119
比利时	13658	12079	1579	7107	6566	541
英　国	14250	11592	2658	9823	7348	2475
德意志联邦共和国	57943	16185	41758	39570	12194	27376
法　国	7195	3930	3265	6215	3645	2570
意大利	16929	12688	4241	12007	8473	3534
荷　兰	17309	15477	1832	12905	11443	1462
西班牙	6243	5330	913	5709	4696	1013
芬　兰	1352	985	367	1589	1151	438
瑞　典	4763	1125	3638	5091	838	4253
瑞　士	3716	749	2967	3021	441	2580
俄罗斯	20432	12151	8281	16540	13155	3385
拉丁美洲	130854	54733	76121	106572	66527	40045
阿根廷	2068	1963	105	3450	3407	43
巴　西	45221	14100	31121	27375	9582	17793
智　利	31969	4256	27713	21201	4622	16579
墨西哥	7194	4376	2818	5406	5175	231
北美洲	119020	43123	75897	133991	57047	76944
加拿大	19439	4474	14965	18688	6899	11789
美　国	99580	38648	60932	115301	50146	65155
大洋洲	70111	12656	57455	93135	12088	81047
澳大利亚	64438	10638	53800	87400	10033	77367
新西兰	4330	678	3652	4333	666	3667

16-3 海关进出口商品分类金额

VALUE OF IMPORTS AND EXPORTS BY CATEGORY OF COMMODITIES　单位:万美元

商品类别	2011年		2012年	
	出口	进口	出口	进口
总　值	604456	436966	571442	341844
活动物;动物产品	44	3626	114	4171
活动物	–	–	0	0
肉及食用杂碎	–	56	0	185
鱼、甲壳动物、软体动物及其他水生无脊椎动物	–	667	13	770
乳品;蛋品;天然蜂蜜;其他食用动物产品	39	2900	40	3215
其他动物产品	5	3	61	1
植物产品	2736	1869	2921	2798
活树及其他活植物;鳞茎、根及类似品;插花及装饰用簇叶	5	3	7	64
食用蔬菜、根及块茎	1172	33	878	63
食用水果及坚果;柑桔属水果或甜瓜的果皮	953	438	1085	762
咖啡、茶、马黛茶及调味香料	219	71	253	104
谷　物	6	4	0	13
制粉工业产品;麦芽;淀粉、菊粉;面筋	149	8	285	13
含油子仁及果实;杂项子仁及果实;工业用或药用植物;稻草、秸秆及饲料	231	1203	413	1770
虫胶;树胶、树脂及其他植物液、汁	…	19	0	9
编结用植物材料;其他植物产品	…	90		
动、植物油、脂及其分解产品;精制的食用油脂;动、植物蜡	154	5594	150	2377
动、植物油、脂及其分解产品;精制的食用油脂;动、植物蜡	154	5594	150	2377
食品;饮料、酒及醋;烟草、烟草及烟草用品的制品	1948	2458	1592	1553
肉、鱼、甲壳动物、软体动物及其他水生无脊椎动物的制品	13	–	13	0
糖及糖食	7	10	8	10
可可及可可制品		…	0	174
谷物、粮食粉、淀粉或乳的制品;糕饼点心	159	1	150	12
蔬菜、水果、坚果或植物其他部分的制品	679	1	542	23
杂项食品	85	39	82	47
饮料、酒及醋		1377	0	952
食品工业的残渣及废料;配制的动物饲料	1005	1030	797	335
烟草、烟草及烟草代用品的制品				
矿产品	1911	205185	735	136086
盐;硫磺;泥土及石料;石膏料、石灰及水泥	1798	237	699	122
矿砂、矿渣及矿灰	2	149444	9	125990
矿物燃料、矿物油及其蒸馏产品;沥青物质;矿物蜡	111	55504	27	9974

16-3续1

商品类别	2011年		2012年	
	出口	进口	出口	进口
化学工业及其相关工业的产品	53758	8285	57261	5588
无机化学品；贵金属、稀土金属、放射性元素及其同位素的有机及无机化合物	1002	1906	699	1891
有机化学品	24090	2518	28783	617
药　品	8828	35	10576	31
肥　料	7018	17	2873	0
鞣料浸膏及染料浸膏；鞣酸及其衍生物；染料、颜料及其他着色料；油漆及清漆；油灰及其他胶粘剂；墨水、油墨	5585	817	5334	457
精油及香膏；芳香料制品及化妆盥洗品	19	17	26	592
肥皂、有机表面活性剂、洗涤剂、润滑剂、人造蜡、调制蜡、光洁剂、蜡烛及类似品、塑料用膏、"牙科用蜡"及牙料用熟石膏制剂	800	411	1408	284
蛋白类物质；改性淀粉；胶；酶	313	76	285	56
炸药；烟火制品；火柴；引火合金；易燃材料制品			0	0
照相及电影用品	…	24	5	17
杂项化学产品	6103	2464	7272	1643
塑料及其制品；橡胶及其制品	13954	20186	16515	22021
塑料及其制品	12468	18985	14947	21006
橡胶及其制品	1486	1201	1568	1015
生皮、皮革、毛皮及其制品；鞍具及挽具；旅行用品、手提包及类似容器、动物肠线（蚕胶丝除外）制品	1693	71	2902	54
生皮（毛皮除外）及皮革	–	63	2	45
皮革制品；鞍具及挽具；旅行用品、手提包及类似容器；动物肠线（蚕胶丝除外）制品	1407	2	2872	6
毛皮、人造毛皮及其制品	286	6	28	3
木及木制品；木炭；软木及软木制品；稻草、秸秆、针茅或其他编结材料制品；蓝筐及柳条编结品	2147	2854	2753	1499
木及木制品；木炭	924	2854	1607	1499
软木及软木制品	3	–	5	0
稻草、秸秆、针茅或其他编结材料制品；蓝筐及柳条编结品	1220	–	1141	0
木浆及其他纤维状纤维素浆；回收（废碎）纸或纸板；纸、纸板及其制品	1270	24784	2012	27615
木浆及其他纤维状纤维素浆；回收（废碎）纸或纸板	2	24167	0	26865
纸及纸板；纸浆、纸或纸板制品	1218	580	1944	723
书籍、报纸、印刷图画及其他印刷品；手稿、打字稿及设计图纸	50	37	68	27

16-3续2

商品类别	2011年		2012年	
	出口	进口	出口	进口
纺织原料及纺织制品	31282	12345	31928	7797
蚕　丝	322	–	155	0
羊毛、动物细毛或粗毛；马毛纱线及其机织物	–	113	139	75
棉　花	1004	9292	663	5090
其他植物纺织纤维；纸纱线及其机织物	4	1	8	0
化学纤维长丝	391	464	186	363
化学纤维短纤	2007	1250	2979	1094
絮胎、毡呢及无纺织物；特种纱线；线、绳、索、缆及其制品	846	550	1246	616
地毯及纺织材料的其他铺地制品	120	35	106	33
特种机织物；簇绒织物；花边；装饰毯；装饰带；刺绣品	73	211	122	133
浸渍、涂布、包覆或层压的纺织物；工业用纺织制品	244	62	965	43
针织物或钩编织物	21	151	60	101
针织或钩编的服装及衣着附件	15451	1	14723	1
非针织或非钩编的服装及衣着附件	6596	17	6476	8
其他纺织制成品；成套物品；旧衣着及旧纺织品；碎织物	4203	198	4100	240
鞋、帽、伞、杖、鞭及其零件；已加工的羽毛及其制品；人造花；人发制品	905	1	2571	1
鞋靴、护腿和类似品及其零件	148	–	821	0
帽类及其零件	317	…	918	0
雨伞、阳伞、手杖、鞭子、马鞭及其零件	…	…	27	0
已加工羽毛、羽绒及其制品；人造花；人发制品	440	1	805	1
石料、石膏、水泥、石棉、云母及类似材料的制品；陶瓷产品；玻璃及其制品	13852	582	16391	758
石料、石膏、水泥、石棉、云母及类似材料的制品	2284	196	2981	171
陶瓷产品	5458	20	6683	77
玻璃及其制品	6110	366	6727	510
天然或养殖珍珠、宝石或半宝石、贵金属、包贵金属及其制品；仿手饰；硬币	2730	2637	2500	2037
天然或养殖珍珠、宝石或半宝石、贵金属、包贵金属及其制品；仿手饰；硬币	2730	2637	2500	2037
贱金属及其制品	116819	8613	95395	5720
钢　铁	38935	803	20414	553
钢铁制品	73870	3280	69960	1582
铜及其制品	1162	2108	1342	1282
镍及其制品	19	14	7	15

16-3续3

商品类别	2011年		2012年	
	出口	进口	出口	进口
铝及其制品	1926	1209	2123	893
铅及其制品	9	2	1	2
锌及其制品	1	–	6	3
锡及其制品	2	–	2	1
其他贱金属、金属陶瓷及其制品	29	103	32	144
贱金属工具、器具、利口器、餐匙、餐叉及其零件	474	831	747	1046
贱金属杂项制品	392	263	761	199
机器、机械器具、电气设备及其零件;录音机及放声机、电视图像、声音的录制和重放设备及其零件、附件	228734	75130	196835	57960
核反应堆、锅炉、机器、机械器具及其零件	160796	53766	124875	38579
电机、电气设备及其零件;录音机及放声机、电视图像、声音的录制和重放设备及其零件、附件	67938	21364	71960	19381
车辆、航空器、船舶及有关运输设备	111503	37301	118904	34290
铁道及电车道机车、车辆及其零件;铁道及电车道轨道固定装置及其零件、附件;各种机械(包括电动机械)交通信号设备	1649	41	3195	102
车辆及其零件、附件,但铁道及电车道车辆除外	86196	5070	92456	2135
航空器、航空器及其零件	1683	32180	1537	31789
船舶及浮动结构体	21975	10	21716	264
光学、照相、电影、计量、检验、医疗或外科用仪器及设备、精密仪器及设备;钟表;乐器;上述物品的零件、附件	6804	24658	8274	29084
光学、照相、计量、检验、医疗或外科用仪器及设备、精密仪器及设备;上述物品的零件、附件	6587	24651	7888	29078
钟表及其零件	4	6	72	5
乐器及其零件、附件	213	1	314	1
武器、弹药及其零件、附件	–	–		
武器、弹药及其零件、附件	–	–	0	0
杂项制品	9195	775	11679	434
家具;寝具、褥垫、弹簧床垫、软坐垫及类似的填充制品;未列名灯具及照明装置;发光标志、发光铭牌及类似品;活动房屋	6648	606	8932	315
玩具、游戏品、运动用品及其零件、附件	1104	43	1541	8
杂项制品	1443	126	1206	111
艺术品、收藏品及古物	–	9	10	1
特殊交易品及未分类商品	3017	3	0	0

16-4 按企业性质分海关进出口商品总值(2012年)

IMPORT AND EXPORT VALUE OF COMMODITIES BY OWNERSHIP(2012) 单位:万美元

指标	合计	国有企业	外商投资企业				集体企业	其他
				中外合作	中外合资	外商独资		
进口商品总值	341844	174297	85118	186	60708	24225	8094	74334
一般贸易	286063	167814	56780	146	39356	17279	3457	58012
来料加工装配贸易	3707	0	1356	0	923	433	0	2351
进料加工贸易	10666	4136	3601	10	1362	2228	505	2424
租赁贸易	4080	0	4080	0	4080	0	0	0
海关特殊监管区域进口设备	159	66	87	0	0	87	0	6
海关特殊监管区域物流货物	3959	1883	1071	0	9	1062	0	1005
投资设备	4488	0	4488	30	1392	3066	0	0
保税监管场所进出境货物	27885	371	13420	0	13420	1	4120	9973
国际无偿援助和捐赠物资	510	0	0	0	0	0	0	510
其他贸易	327	27	235	0	166	69	12	53
出口商品总值	571442	181361	152161	4933	66350	80878	21610	216310
一般贸易	379428	49497	106255	4920	47475	53860	19763	203914
国际无偿援助和捐赠物资	1124	838	0	0	0	0	286	0
来料加工装配贸易	5326	30	1727	0	1008	719	0	3569
进料加工贸易	60721	32564	18573	13	6637	11923	1286	8298
对外承包工程出口货物	98700	98426	0	0	0	0	274	0
保税监管场所进出境货物	11230	0	11230	0	11230	0	0	0
海关特殊监管区域物流货物	14794	2	14268	0	0	14268	0	524
其他贸易	119	4	109	0	1	108	1	5

16-5 历年海关进出口总额

TOTAL IMPORTS AND EXPORTS BY CATEGORY(CUSTOMS STATISTICS) 单位:万美元

年份	进出口总额	进口总额	出口总额
1993	27446	21371	6075
1994	41746	23579	18167
1995	66587	29812	36775
1996	91347	48193	43154
1997	104230	52862	51368
1998	79943	45096	34847
1999	96125	60199	35926
2000	143935	86827	57108
2001	150143	90746	59397
2002	149264	79755	69509
2003	201554	117980	83545
2004	304678	167373	137305
2005	376213	198370	177843
2006	438930	194981	243949
2007	621804	278277	343527
2008	802699	342979	459720
2009	565704	260998	304706
2010	743776	338888	404888
2011	1041422	436966	604456
2012	913286	341844	571442

16-6 利 用 外 资 情 况

UTILIZATION OF FOREIGN CAPITAL

指 标	2007年	2008年	2009年	2010年	2011年	2012年
利用外资合同数(个)	129	69	74	87	86	84
对外借款	–	–	–	–	–	–
外商直接投资	129	69	74	87	86	84
外商其他投资	–	–	–	–	–	–
合同外资金额(万美元)	102667	146672	115165	120903	141440	162081
对外借款	–	–	–	–	–	–
外商直接投资	103667	146672	115165	120903	141440	162081
外商其他投资	–	–	–	–	–	–
实际使用外资(万美元)	61714	96441	98062	104011	110002	122016
对外借款	5643	9993	–	–	–	–
外商直接投资	56071	86448	98062	104011	110002	122016
外商其他投资	–	–	–	–	–	–

16-7 对 外 经 济 技 术 合 作

TECHNOLOGICAL COOPERATION WITH FOREIGN COUNTRIES OR TERRITORIES

指 标	单位	2007年	2008年	2009年	2010年	2011年	2012年
对外承包和劳务合作合同金额	万美元	195285	392137	336350	345291	385394	458996
对外承包	万美元	178742	378661	324203	329172	385394	458996
劳务合作	万美元	14797	13476	12147	16119	–	–
设计咨询	万美元	1746	–	–	–	–	–
对外承包和劳务合作合同项数	项	559	427	245	467	–	–
对外承包	项	58	30	28	47	–	–
劳务合作	项	493	397	217	420	–	–
设计咨询	项	8	–	–	–	–	–
对外承包和劳务合作营业额	万美元	84730	85655	154792	150697	216052	240406
对外承包	万美元	64374	67614	136805	135079	216052	240406
劳务合作	万美元	18886	18041	17987	15618	–	–
设计咨询	万美元	1470	–	–	–	–	–
外派劳务人数	人	–	–	–	–	9908	6187
境外投资企业数	个	–	–	–	–	44	42
中方协议投资额	万美元	–	–	–	–	24538	53412

16-8 出口1000万美元以上企业一览表(2012年)

SUMMARY OF ENTERPRISES WITH ANNUAL EXPORTS VALUE ABOVE 10 MILLION DOLLAR(2012) 单位:万美元

单位名称	出口额	单位名称	出口额
山东电力基本建设总公司	95714	章丘海尔电机有限公司	2034
中国重汽集团进出口有限公司	39408	济南弘正科技有限公司	2014
济南玫德铸造有限公司	29542	山东省冶金设计院股份有限公司	2005
中国电子进出口山东公司	21326	济南柯灵科技有限公司	2004
济钢集团国际贸易有限责任公司	16998	济南华尔重型汽车销售有限公司	1987
中国重汽集团济南港豪保税物流有限公司	14255	济南中天建材工业有限公司	1884
山东浪潮进出口有限公司	11243	济南大自然化学有限公司	1863
山东太古飞机工程有限公司	11230	山东中氟化工科技有限公司	1839
山东集鑫汽车销售有限公司	9716	浪潮网络科技公司	1699
齐鲁天和惠世制药有限公司	7798	济南圣泉海沃斯树脂有限公司	1564
济南澳海炭素有限公司	7475	济南元首进出口有限公司	1463
山东力诺光伏高科技有限公司	5918	济南博意达商贸有限公司	1449
山东冠世时装加工有限公司	5659	济南水玲珑贸易有限公司	1421
齐鲁安替制药有限公司	4958	济南邦和工贸有限公司	1394
山东源和电站工程技术有限公司	4811	山东百利通亚陶科技有限公司	1372
济南圣泉集团股份有限公司	4462	山东古泰进出口贸易有限公司	1350
山东绿霸化工股份有限公司	4211	济南实达紧固件有限公司	1338
山东齐发药业有限公司	4194	济南创凯科技有限公司	1298
中能华辰集团有限公司	4121	济南市冶金科学研究所	1287
济南二机床集团有限公司	3891	济南华辰实业有限责任公司	1258
山东华民钢球股份有限公司	3555	章丘市瑞烨机械有限公司	1252
济南裕兴化工有限责任公司	3475	济南艾伯特商贸有限公司	1250
浪潮集团有限公司	3439	山东金鲁阳重工有限公司	1241
济南秦工国际贸易有限公司	3412	章丘振宇锻造有限公司	1221
山东球墨铸铁管有限公司	3196	济南西门子变压器有限公司	1213
济南轻骑对外贸易有限责任公司	3052	海湾电子(山东)有限公司	1203
济南鲁东耐火材料有限公司	2998	山东东辰工程塑料有限公司	1143
山东冠世针织有限公司	2909	济南鑫耐锻造有限公司	1104
山东润科国际贸易有限公司	2836	山东威明汽车产品有限公司	1091
山东科赛怡锐化工有限公司	2791	济南思迈迩制衣有限公司	1051
山东省农业生产资料有限责任公司	2671	山东省华源经贸有限公司	1035
济南台有玻璃制品有限公司	2664	济南柏勒夫贸易有限公司	1029
济阳县华龙饰品有限公司	2521	济南华菱劲通钢管有限公司	1019
济南万方炭素有限责任公司	2428	济南嘉亚经贸发展有限公司	1008
济南金麒麟刹车系统有限公司	2351	齐鲁宏业纺织集团有限公司	1007
中集车辆(山东)有限公司	2244	济南宏创博展汽车销售有限公司	1002
济南轻骑标致摩托车有限公司	2041		

16-9 涉外宾馆接待国际旅游者

FOREIGN TOURISTS RECEIVED BY TOURIST HOTELS

指　　标	2007年	2008年	2009年	2010年	2011年	2012年
国际旅游者人数合计(人次)	160609	170263	187303	230985	289953	315949
外国人	97048	107487	116357	153327	193963	205606
#日　本	19826	22000	24848	27226	32498	30438
菲律宾	961	1464	1176	1262	2461	2351
新加坡	6204	6642	7519	9511	12323	13729
韩　国	22019	23665	26523	26501	31921	33734
加拿大	3421	3909	4088	4097	4986	5272
英　国	2557	2955	3110	7015	8284	9120
德　国	3632	3900	4113	10662	12393	13477
法　国	2559	2929	3024	4539	5404	6040
意大利	1300	1487	1541	2072	3282	3383
瑞　士	439	536	573	717	837	895
澳大利亚	2996	4008	4559	5198	7529	8441
新西兰	705	874	1149	1151	1445	1445
美　国	10930	12025	12000	13815	17860	19763
港澳和台湾同胞	63651	62776	70946	77658	95990	110343
#台湾同胞	20547	21782	24541	31243	39750	48898
国际旅游者人天数合计(人天)	334722	355482	424977	534367	678516	741043
外国人	231992	236716	267238	357446	446616	481859
港澳和台湾同胞	102730	118766	157739	176921	231900	589184
#台湾同胞	35528	44160	53971	68195	92831	113127
旅游外汇收入(亿美元)	0.71	0.83	0.93	1.14	1.42	1.60
#商品性收入	0.14	0.16	0.18	0.22	0.34	0.51
附:平均每天来济国际旅游人数(人次)	440	466	513	633	794	866
星级宾馆开房率(%)	70.5	63.8	63.3	65.2	68	64.8

16-10 济南与国外结成友好城市一览表(2012年末)

FOREIGN FRIENDLY CITIES OF JINAN(END OF 2012)

国别	城市	缔结日期
日本	和歌山市	1983.1.14
英国	考文垂市	1983.10.3
美国	萨克拉门托市	1985.5.29
日本	山口市	1985.9.20
加拿大	里贾纳市	1987.8.10
巴布亚新几内亚	首都地区	1988.9.28
韩国	水原市	1993.9.27
俄罗斯	下诺夫哥罗德市	1994.9.25
芬兰	万达市	2001.8.27
法国	雷恩市	2002.7.17
澳大利亚	郡德乐普市	2003.9.4
德国	奥格斯堡市	2004.10.10
乌克兰	哈尔克夫市	2007.5.23
以色列	卡法萨巴市	2009.5.11
白俄罗斯	维捷布斯克市	2009.9.20
佛得角	普拉亚市	2009.9.22
巴西	波多韦柳市	2011.10.13
土耳其	马尔马里斯	2011.10.21
印度尼西亚	徐图利祖	2012.09.21

16-11 济南与各友好城市交流

BASIC STATISTICS OF TRANSMISSION BETWEEN FOREIGN FRIENDLY CITIES AND JINAN

指标	2007年	2008年	2009年	2010年	2011年	2012年
出访交流考察						
批数	418	35	16	382	357	374
人次	1533	200	94	1700	1184	1250
派出进修生						
批数	–	–	–	–	–	–
人次	–	–	–	–	–	–
接待来访团组						
批数	282	35	31	295	259	280
人次	5128	450	185	3100	2782	2680

主要统计指标解释

EXPLANATORY NOTES ON MAIN STATISTICAL INDICATORS

海关进出口总额 指实际进出我国国境的货物总金额。包括对外贸易实际进出口货物，来料加工装配进出口货物，国家间、联合国及国际组织无偿援助物资和赠送品，华侨、港澳台同胞和外籍华人捐赠品，租赁期满归承租人所有的租赁货物，进料加工进出口货物，边境地方贸易及边境地区小额贸易进出口货物(边民互市贸易除外)，中外合资企业、中外合作经营企业、外商独资经营企业进出口货物和公用物品，到、离岸价格在规定限额以上的进出口货样和广告品(无商业价值、无使用价值和免费提供出口的除外)，从保税仓库提取在中国境内销售的进口货物，以及其他进出口货物。进出口总额用以观察一个国家在对外贸易方面的总规模。我国规定出口货物按离岸价格统计，进口货物按到岸价格统计。

利用外资 指我国各级政府、部门、企业和其他经济组织通过对外借款、吸收外商直接投资以及用其他方式筹措的境外现汇、设备、技术等。

对外借款 是我国利用外资的重要部分。指通过对外正式签订借款协议，从境外筹措的资金，包括外国政府贷款、国际金融组织贷款、外国银行商业贷款、出口信贷以及对外发行债券等。1996年及以前还包括对外发行股票。

外商直接投资 指外国企业和经济组织或个人(包括华侨、港澳台胞以及我国在境外注册的企业)按我国有关政策、法规，用现汇、实物、技术等在我国境内开办外商独资企业、与我国境内的企业或经济组织共同举办中外合资经营企业、合作经营企业或合作开发资源的投资(包括外商投资收益的再投资)。即“外方投资者的投资股本”和总投资与注册资本差额部分的“外方股东对企业的直接贷款”。

外商其他投资 指除对外借款和外商直接投资以外的各种利用外资的形式。包括企业在境内外股票市场公开发行的以外币计价的股票(目前主要是在香港证券市场发行的H股和在境内证券市场发行的B股)发行价总额，国际租赁进口设备的应付款，补偿贸易中外商提供的进口设备、技术、物料的价款，加工装配贸易中外商提供的进口设备、物料的价款，外商投资企业差额借款。

对外承包工程 指各对外承包公司以招标议标承包方式承揽的下列业务：⑴承包国外工程建设项目，⑵承包我国对外经援项目，⑶承包我国驻外机构的工程建设项目，⑷承包我国境内利用外资进行建设的工程项目，⑸与外国承包公司合营或联合承包工程项目时我国公司分包部分，⑹对外承包兼营的房屋开发业务。对外承包工程的营业额是以货币表现的本期内完成的对外承包工程的工作量，包括以前年度签订的合同和本年度新签订的合同在报告期内完成的工作量。

对外劳务合作 指以收取工资的形式向业主或承包商提供技术和劳动服务的活动。我国对外承包公司在境外开办的合营企业，中国公司同时又提供劳务的，其劳务部分也纳入劳务合作统计。劳务合作营业额按报告期内向雇主提交的结算数(包括工资、加班费和奖金等)统计。

对外设计咨询 指以服务成果向业主收费的技术服务项目。包括承担地形地貌测绘，地质资源勘探与普查，建设区域规划，提供设计文件、图纸、生产工艺技术资料和工程技术经济咨询，工程项目的可行性考察、研究和评估，进行技术指导和培训人员等；也包括承担国(境)内利用外资进行建设的工程项目的上述规定的设计咨询项目的收取外币部分。

旅游者人数 包括入境国际旅游者人数、出境居民人数和国内旅游者人数。

⑴入境国际旅游者人数：指来中国参观、访问、旅行、探亲、访友、休养、考察、参加会议和从事经济、科技、文化、教育、宗教等活动的外国人、华侨、港澳同胞和台湾同胞的人数。不包括外国在我国的常驻机构，如使领馆、通讯社、企业办事处的工作人员；来我国常住的外国专家、留学生以及在岸逗留不过夜人员。

⑵出境居民人数：指大陆居民因公务活动或私人事务短期出境的人数。公务活动出境居民人数包括在国际交通工具上的中国服务员工，因私出境居民人数不包括在国际交通工具上的中国服务员工。

⑶国内旅游者人数：指我国大陆居民和在我国常住1年以上的外国人、华侨、港澳台同胞离开常住地在境内其他地方的旅游设施内至少停留一夜，最长不超过6个月的人数。

国际旅游(外汇)收入 指入境旅游的外国人、华侨、港澳同胞和台湾同胞在中国大陆旅游过程中发生的一切旅游支出，对于国家来说就是国际旅游(外汇)收入。

国际旅行社 指经营对外招徕并接待外国人、华侨、港澳同胞和台湾同胞来中国、归国或回内地旅游业务的旅行社。

国内旅行社 指负责经营招徕、组团、接待国内旅客的旅游业务，以及不对外招徕，负责经营接待国际旅行社或其它涉外部门组织的外国人、华侨、港澳同胞和台湾同胞来中国、归国或回内地的旅游业务的旅行社。

涉外饭店 指经有关部门批准，允许接待外国人、华侨、港澳同胞和台湾同胞的饭店。

三资企业 指中外合资经营企业、中外合作经营企业、外资企业、港澳台与大陆合资经营企业、港澳台与大陆合作经营企业，港澳台独资企业。

建成投产企业 指已完成原企业合同中规定的基建规模后已投入正常生产，或已正式开业经营。

从业人员 指在三资企业中工作，并取得劳动报酬或经营收入的全部人员。

外国人 包括加入外国国籍的中国血统华人，外国人的国别按所持护照区分。

华侨 指定居在国外但未加入外国国籍的中国同胞。从2000年起，华侨统计在外国人内。

港澳同胞和台湾同胞 指居住在我国港澳地区和台湾省的中国同胞，凡已加入外国国籍或定居在其他国家、地区的港澳和台湾同胞，应列为“外国人”或“华侨”。

客房出租率 指报告期客房实际出租天数除以报告期客房可出租天数的百分数。

17

科　技

SCIENCE AND TECHNOLOGY

17-1 科技综合情况

BASIC STATISTICS ON SCIENCE AND TECHNOLOGY

指　　标	单位	2006年	2007年	2008年	2009年	2010年	2011年
R&D活动单位	个	324	308	327	413	445	401
R&D活动全时人员	人年	20102	23294	26693	30067	33389	37048
R&D活动经费内部支出	万元	420865	518560	576555	679824	814450	955341
基础研究	万元	9994	13274	16065	29891	42834	53609
应用研究	万元	36596	115545	65516	71432	92867	126146
试验发展	万元	362899	384176	484491	578501	678750	775586
日常性支出	万元	409489	512995	566072	59948	719001	852242
人员劳务费	万元	109961	146075	174301	168930	201119	266312
资产性支出	万元	126615	251122	147612	80340	95450	103101
仪器设备	万元	120177	234599	140704	72182	85139	96654
R&D活动经费外部支出	万元	43638	42731	51057	46702	41114	40140
科技成果情况							
专利申请数	件	1912	1908	2657	4487	4425	6301
#发明专利申请数	件	727	755	1240	1708	1770	2678
拥有发明专利数	件	1570	2928	1943	3348	3717	5624
科技项目（课题）情况							
项目（课题）数	项	9218	10356	11469	12980	13895	11174
项目参加人员折合全时当年	人年	22888	29329	31675	32956	30439	35518

17-2 科技投入情况(2011年)

BASIC STATISTICS ON SCIENCE AND TECHNOLOGICAL ITEMS(2011)

指标	单位	合计	科研机构	高等院校	规模以上工业企业	其他
有R&D活动单位数	个	401	69	30	210	92
R&D人员	人	51246	5095	10112	26241	9798
#研究人员	人	28722	3626	8532	12099	4465
博士生	人	3659	530	2690	361	78
硕士生	人	8730	1374	3285	3135	936
本科生	人	18756	2414	3017	11497	1828
其他	人	20101	777	1120	11248	6956
R&D人员折合全时人员	人年	36821	4196	5549	21455	5621
基础研究	人年	3612	782	2585	0	245
应用研究	人年	6760	1575	2550	1441	1194
试验发展	人年	26449	1839	414	20014	4182
R&D经费内部支出	万元	955341	82039	79030	678213	116060
基础研究	万元	53609	8325	35908	0	9376
应用研究	万元	126146	32857	33462	33923	25904
试验发展	万元	775586	40857	9659	644290	80780
日常性支出	万元	852242	61030	66942	645105	79165
#人员劳务费	万元	266312	31438	11718	191164	31992
资产性支出	万元	103101	21009	12087	65060	4945
#仪器和设备	万元	96654	16619	11490	63751	4794

17-3 规模以上工业企业科技活动情况(2012年)

MAIN INDICATORS OF INDUSTRIAL ENTERPRISES ABOVE DESIGNATED SIZE(2012)

单位:个

指　　标	企业数	有R&D活动的单位数	R&D活动项目数	企业办科技机构数
总　计	1647	253	2643	309
按登记注册类型分				
国有企业	52	12	166	10
集体企业	37	2	4	6
股份合作企业	14	1	3	3
国有联营企业	1	1	97	5
集体联营企业	2			1
国有与集体联营企业	1			
国有独资公司	15	5	420	14
其他有限责任公司	466	88	951	109
股份有限公司	58	24	323	49
私营独资企业	131	2	2	1
私营合伙企业	11			
私营有限责任公司	591	74	323	70
私营股份有限公司	38	9	97	13
其他企业	58	3	14	2
合资经营企业(港或澳、台资)	26	4	22	3
合作经营企业(港或澳、台资)	1			
港、澳、台商独资经营企业	23	5	26	2
港、澳、台商投资股份有限公司	1	1	12	1
中外合资经营企业	69	13	47	16
中外合作经营企业	6	1	6	1
外资企业	44	7	27	3
外商投资股份有限公司	2	1	5	
按工业行业大类分				
煤炭开采和洗选业	7			
石油和天然气开采业	2			
黑色金属矿采选业	2			
非金属矿采选业	12	1	11	3
农副食品加工业	67	5	30	5
食品制造业	47	7	54	9
酒、饮料和精制茶制造业	18	3	22	4

17-3续

指　　标	企业数	有R&D活动的单位数	R&D活动项目数	企业办科技机构数
烟草制品业	2			
纺织业	46	3	18	3
纺织服装、服饰业	29	1	40	2
皮革、毛皮、羽毛及其制品和制鞋业	6	1	10	1
木材加工和木、竹、藤、棕、草制品业	12			
家具制造业	11			
造纸和纸制品业	26			1
印刷和记录媒介复制业	33	2	31	4
文教、工美、体育和娱乐用品制造业	20			
石油加工、炼焦和核燃料加工业	15	2	12	4
化学原料和化学制品制造业	123	23	90	29
医药制造业	54	17	277	14
化学纤维制造业	2	1	3	1
橡胶和塑料制品业	57	4	29	3
非金属矿物制品业	164	17	89	23
黑色金属冶炼和压延加工业	30	2	102	5
有色金属冶炼和压延加工业	12	1	3	1
金属制品业	183	11	95	10
通用设备制造业	216	38	378	38
专用设备制造业	116	29	176	31
汽车制造业	75	8	268	16
铁路、船舶、航空航天和其他运输设备制造业	26	6	72	6
电气机械和器材制造业	84	21	229	26
计算机、通信和其他电子设备制造业	45	25	412	43
仪器仪表制造业	52	21	84	21
其他制造业	3			
废弃资源综合利用业	3			
金属制品、机械和设备修理业	4	1	4	
电力、热力生产和供应业	22	1	4	3
燃气生产和供应业	14			
水的生产和供应业	7	2	2	3

17-4 规模以上工业企业技术改造及引进吸收(2012年)

INNOVATION AND RESORB OF INDUSTRIAL ENTERPRISES ABOVE DESIGNATED SIZE(2012) 单位:万元

指　　标	技术改造经费支出	引进国外技术经费支出	引进技术的消化吸收经费支出	购买国内技术经费支出
总　计	542105	12999	27338	21062
按登记注册类型分				
国有企业	7854	39	110	356
集体企业	617		83	126
股份合作企业	1020			
国有联营企业	37686	2132	3547	6433
集体联营企业				
国有与集体联营企业				
国有独资公司	227700	3983	5142	1260
其他有限责任公司	80951	5512	1961	10682
股份有限公司	108874	1000	15258	382
私营独资企业				
私营合伙企业				
私营有限责任公司	12411	300	489	243
私营股份有限公司	57209		750	5
其他企业	4209			1500
合资经营企业(港或澳、台资)				
合作经营企业(港或澳、台资)				
港、澳、台商独资经营企业				
港、澳、台商投资股份有限公司				
中外合资经营企业	3295	32		74
中外合作经营企业				
外资企业	280			
外商投资股份有限公司				
按工业行业大类分				
煤炭开采和洗选业				
石油和天然气开采业				
黑色金属矿采选业				
非金属矿采选业	100			50
农副食品加工业	90			
食品制造业	2106	30		20
酒、饮料和精制茶制造业	500			180

17-4续

指　　标	技术改造经费支出	引进国外技术经费支出	引进技术的消化吸收经费支出	购买国内技术经费支出
烟草制品业				
纺织业	9000			
纺织服装、服饰业	1150			
皮革、毛皮、羽毛及其制品和制鞋业		15		
木材加工和木、竹、藤、棕、草制品业				
家具制造业				
造纸和纸制品业				
印刷和记录媒介复制业	2581			
文教、工美、体育和娱乐用品制造业				
石油加工、炼焦和核燃料加工业	100551		14562	300
化学原料和化学制品制造业	60570	15	50	115
医药制造业	18250	3300	659	9941
化学纤维制造业				
橡胶和塑料制品业	239			
非金属矿物制品业	7124	400	261	103
黑色金属冶炼和压延加工业	37686	2132	3547	6433
有色金属冶炼和压延加工业	200			
金属制品业	1044		233	155
通用设备制造业	23218	231	864	1516
专用设备制造业	2887	392	70	2
汽车制造业	216378	3543	5290	1188
铁路、船舶、航空航天和其他运输设备制造业	3248	1160	1502	564
电气机械和器材制造业	8913	1780	292	439
计算机、通信和其他电子设备制造业	40265			53
仪器仪表制造业	493		9	3
其他制造业				
废弃资源综合利用业				
金属制品、机械和设备修理业				
电力、热力生产和供应业	5493			
燃气生产和供应业				
水的生产和供应业	20			

17-5 规模以上工业企业技术资源(2012年)

TECHNICAL RESOURCES OF INDUSTRIAL ENTERPRISES ABOVE DESITNATED SIZE(2012)

指　　标	R&D经费内部支出合计（万元）	新产品产值（万元）	研究与试验发展活动（R&D）人员数（人）	R&D人员折合全时当量（人年）
总　计	673775	10062153	29712	21929.4
按登记注册类型分				
国有企业	23074	270446	1149	842.3
集体企业	805	21205	89	62.0
股份合作企业	774	33360	55	55.0
国有联营企业	80778	951700	2109	1622.3
集体联营企业		750		
国有与集体联营企业				
国有独资公司	197005	2477841	5781	4541.6
其他有限责任公司	242538	3905919	11605	8950.4
股份有限公司	30818	784267	3004	1820.3
私营独资企业	543	2382	57	55.2
私营合伙企业				
私营有限责任公司	29956	294726	2523	1391.4
私营股份有限公司	14680	365250	694	618.4
其他企业	1325	11069	88	32.4
合资经营企业(港或澳、台资)	4273	12359	137	125.1
合作经营企业(港或澳、台资)				
港、澳、台商独资经营企业	1450	10685	150	95.8
港、澳、台商投资股份有限公司	1175	41553	165	165.0
中外合资经营企业	10758	376346	1641	1259.0
中外合作经营企业	730	1565	100	66.9
外资企业	2049	729	319	207.1
外商投资股份有限公司	1229		46	19.2
按工业行业大类分				
煤炭开采和洗选业				
石油和天然气开采业				
黑色金属矿采选业				
非金属矿采选业	347	4440	28	1.3
农副食品加工业	3530	27435	147	82.6
食品制造业	2845	21904	312	125.9
酒、饮料和精制茶制造业	1925	4943	139	99.1

17-5续

指　　标	R&D经费内部支出合计（万元）	新产品产值（万元）	研究与试验发展活动（R&D）人员数（人）	R&D人员折合全时当量（人年）
烟草制品业				
纺织业	4012	144133	421	175.9
纺织服装、服饰业	1592	9120	29	19.4
皮革、毛皮、羽毛及其制品和制鞋业	530	4979	86	56.6
木材加工和木、竹、藤、棕、草制品业				
家具制造业				
造纸和纸制品业				
印刷和记录媒介复制业	1986	45167	226	212.8
文教、工美、体育和娱乐用品制造业				
石油加工、炼焦和核燃料加工业	644	4950	482	289.9
化学原料和化学制品制造业	20150	400424	1167	617.9
医药制造业	56901	600215	2139	2012.4
化学纤维制造业	212		30	13.9
橡胶和塑料制品业	2306	7378	157	111.9
非金属矿物制品业	16212	409710	1022	531.1
黑色金属冶炼和压延加工业	81215	951700	2143	1641.0
有色金属冶炼和压延加工业	774	26500	55	55.0
金属制品业	10474	365049	933	323.3
通用设备制造业	55785	585945	4050	3354.8
专用设备制造业	15014	146119	1747	1113.7
汽车制造业	172560	2393483	4085	3133.0
铁路、船舶、航空航天和其他运输设备制造业	17418	408527	1033	852.7
电气机械和器材制造业	29144	323631	1927	1223.4
计算机、通信和其他电子设备制造业	139187	2558985	5836	4776.9
仪器仪表制造业	6280	54645	675	452.8
其他制造业				
废弃资源综合利用业				
金属制品、机械和设备修理业	1565	30648	640	525.5
电力、热力生产和供应业	306	32124	41	37.3
燃气生产和供应业				
水的生产和供应业	1047		162	90

17-6 规模以上工业企业科技活动项目(2012年)

TECHNOLOGY PROJECT ACTIVITIES OF INDUSTRIAL ENTERPRISES ABOVE DESIGNATED SIZE(2012)

指标	R&D活动项目数(项)	R&D活动项目经费内部支出(万元)	新产品开发项目数(项)	新产品开发经费支出(万元)
总计	2643	615888	2869	662111
按登记注册类型分				
国有企业	166	19662	190	27841
集体企业	4	760	38	2154
股份合作企业	3	673	12	1966
国有联营企业	97	71798	68	52988
集体联营企业			1	457
国有与集体联营企业				
国有独资公司	420	194082	325	176473
其他有限责任公司	951	219183	977	239702
股份有限公司	323	28330	400	46988
私营独资企业	2	358		
私营合伙企业				
私营有限责任公司	323	26263	411	34765
私营股份有限公司	97	13517	126	16894
其他企业	14	1272	13	1030
合资经营企业(港或澳、台资)	22	3944	44	5499
合作经营企业(港或澳、台资)				
港、澳、台商独资经营企业	26	1450	14	1304
港、澳、台商投资股份有限公司	12	1137	20	1866
中外合资经营企业	47	10257	51	14070
中外合作经营企业	6	730	7	904
外资企业	27	1118	57	2423
外商投资股份有限公司	5	1129	5	1229
按工业行业大类分				
煤炭开采和洗选业				
石油和天然气开采业				
黑色金属矿采选业				
非金属矿采选业	11	332	11	347
农副食品加工业	30	3326	30	3189
食品制造业	54	2336	53	2827
酒、饮料和精制茶制造业	22	1596	29	1840

17- 6 续

指　　　标	R&D活动项目数（项）	R&D活动项目经费内部支出（万元）	新产品开发项目数（项）	新产品开发经费支出（万元）
烟草制品业				
纺织业	18	3793	21	4810
纺织服装、服饰业	40	1213	20	708
皮革、毛皮、羽毛及其制品和制鞋业	10	512	5	330
木材加工和木、竹、藤、棕、草制品业				
家具制造业				
造纸和纸制品业			22	797
印刷和记录媒介复制业	31	1947	46	2677
文教、工美、体育和娱乐用品制造业				
石油加工、炼焦和核燃料加工业	12	568	3	576
化学原料和化学制品制造业	90	16477	106	20679
医药制造业	277	43611	285	55951
化学纤维制造业	3	212	5	527
橡胶和塑料制品业	29	2241	35	2594
非金属矿物制品业	89	15057	97	16072
黑色金属冶炼和压延加工业	102	72025	75	54222
有色金属冶炼和压延加工业	3	673	6	1409
金属制品业	95	10226	115	10818
通用设备制造业	378	51578	337	35893
专用设备制造业	176	13023	199	17758
汽车制造业	268	171833	274	178431
铁路、船舶、航空航天和其他运输设备制造业	72	16948	91	22451
电气机械和器材制造业	229	27634	277	34784
计算机、通信和其他电子设备制造业	412	130830	483	146595
仪器仪表制造业	84	5834	123	10385
其他制造业				
废弃资源综合利用业				
金属制品、机械和设备修理业	4	1558	5	1866
电力、热力生产和供应业	4	61	6	15
燃气生产和供应业				
水的生产和供应业	2	217		

17-7 规 模 以 上 工 业

R&D FUNDS OF INDUSTRIAL

指　　标	R&D经费内部支出	按活动类型分组		按支出用途分组	
		应用研究支出	试验发展支出	经常费支出	资产性支出
总　计	673775	28363	645411	605406	68368
按登记注册类型分					
国有企业	23074		23074	21825	1249
集体企业	805		805	568	237
股份合作企业	774		774	664	110
国有联营企业	80778		80778	64833	15945
集体联营企业					
国有与集体联营企业					
国有独资公司	197005	19341	177664	186400	10605
其他有限责任公司	242538	7084	235455	221071	21467
股份有限公司	30818	199	30619	27541	3277
私营独资企业	543		543	208	335
私营合伙企业					
私营有限责任公司	29956	570	29386	26067	3889
私营股份有限公司	14680		14680	12162	2519
其他企业	1325		1325	1135	189
合资经营企业(港或澳、台资)	4273		4273	3634	639
合作经营企业(港或澳、台资)					
港、澳、台商独资经营企业	1450		1450	1450	0
港、澳、台商投资股份有限公司	1175		1175	766	409
中外合资经营企业	10758		10758	9010	1748
中外合作经营企业	730		730	730	
外资企业	2049		2049	2005	44
外商投资股份有限公司	1229		1229	1229	
按工业行业大类分					
煤炭开采和洗选业					
石油和天然气开采业					
黑色金属矿采选业					
非金属矿采选业	347		347	317	31
农副食品加工业	3530		3530	3169	361
食品制造业	2845		2845	2502	342
酒、饮料和精制茶制造业	1925	37	1888	1434	491

企 业 R&D 经 费 情 况（2012年）

ENTERPRISES ABOVE DESIGNATED SIZE(2012)

单位:万元

按资金来源分组				R&D经费外部支出
政府资金	企业资金	国外资金	其他资金	
34154	635525	1280	2816	25359
1492	21240	199	143	809
8	797			
	774			
90	80688			5040
9409	187283	312		5676
17901	223238	344	1056	7889
1073	28931	425	389	1534
10	524		9	
2053	27584		319	588
797	13044		840	356
56	1259		9	151
32	4241			860
30	1420			
9	1166			77
1001	9728		30	814
	730			
94	1938		17	3
100	1129			
20	327			
249	3246		36	
87	2748		9	189
82	1549		294	264

17-7续

指标	R&D经费内部支出	按活动类型分组		按支出用途分组	
		应用研究支出	试验发展支出	经常费支出	资产性支出
烟草制品业					
纺织业	4012		4012	3626	387
纺织服装、服饰业	1592		1592	1081	511
皮革、毛皮、羽毛及其制品和制鞋业	530		530	520	9
木材加工和木、竹、藤、棕、草制品业					
家具制造业					
造纸和纸制品业					
印刷和记录媒介复制业	1986		1986	1576	409
文教、工美、体育和娱乐用品制造业					
石油加工、炼焦和核燃料加工业	644	65	579	531	113
化学原料和化学制品制造业	20150	118	20033	17179	2971
医药制造业	56901		56901	42252	14649
化学纤维制造业	212		212	212	
橡胶和塑料制品业	2306		2306	2267	39
非金属矿物制品业	16212	526	15686	13550	2662
黑色金属冶炼和压延加工业	81215		81215	65039	16176
有色金属冶炼和压延加工业	774		774	664	110
金属制品业	10474	77	10397	8778	1696
通用设备制造业	55785	19115	36671	51980	3805
专用设备制造业	15014	283	14731	13109	1905
汽车制造业	172560	376	172185	164706	7854
铁路、船舶、航空航天和其他运输设备制造业	17418		17418	17086	332
电气机械和器材制造业	29144		29144	25334	3810
计算机、通信和其他电子设备制造业	139187	6597	132590	135662	3526
仪器仪表制造业	6280		6280	6068	213
其他制造业					
废弃资源综合利用业					
金属制品、机械和设备修理业	1565		1565	1303	262
电力、热力生产和供应业	306		306	306	
燃气生产和供应业					
水的生产和供应业	1047		1047	1045	2

按资金来源分组				R&D经费外部支出
政府资金	企业资金	国外资金	其他资金	
67	3945			55
33	1559			22
	530			35
39	1946			77
24	620			682
342	19586		222	632
3762	52895	199	46	5466
	212			
26	2280			1
1067	14653	212	281	552
90	81125			5040
	774			
134	10314		26	51
10160	44739		886	675
1654	12879	213	267	100
662	171621	20	257	5128
318	17100			303
1786	27057	292	9	1217
13083	125282	344	478	1574
449	5832			1485
17	1548			
	306			245
4	1043			3

17-8 规模以上工业企业办科技机构情况(2012年)

SCIENCE AND TECHNOLOGY INSTITUTIONS OF INDUSTRIAL ENTERPRISES ABOVE DESIGNATED SIZE(2012)

指标	机构数（个）	机构人员（人）				机构经费支出（万元）	仪器和设备原价（万元）
		合计	博士毕业	硕士毕业	本科毕业		
总　计	309	25316	413	3730	15904	483360	352361
按登记注册类型分							
国有企业	10	1625	17	277	1125	18856	16260
集体企业	6	216	10	40	110	1084	1497
股份合作企业	3	198	2	10	46	1687	412
国有联营企业	5	2344	17	258	1896	79538	17560
集体联营企业	1	13	1	9	3	290	195
国有与集体联营企业							
国有独资公司	14	2806	17	325	1672	59068	70059
其他有限责任公司	109	11041	162	1694	6727	234652	159817
股份有限公司	49	2831	47	512	1847	31434	48462
私营独资企业	1	7			7	8	
私营合伙企业							
私营有限责任公司	70	2350	91	300	1434	22023	12114
私营股份有限公司	13	788	28	180	470	19996	14716
其他企业	2	102	6	7	31	1000	794
合资经营企业(港或澳、台资)	3	160	1	26	77	748	487
合作经营企业(港或澳、台资)							
港、澳、台商独资经营企业	2	63			7	536	
港、澳、台商投资股份有限公司	1	153		7	75	1806	5313
中外合资经营企业	16	545	12	57	360	9616	4656
中外合作经营企业	1	44		25		1004	
外资企业	3	30	2	3	17	15	19
外商投资股份有限公司							
按工业行业大类分							
煤炭开采和洗选业							
石油和天然气开采业							
黑色金属矿采选业							
非金属矿采选业	3	22	2	4	10	15	28
农副食品加工业	5	146	5	20	52	3231	2295
食品制造业	9	264	15	37	174	2772	14059
酒、饮料和精制茶制造业	4	205	2	4	64	1921	2286

17-8续

指　　标	机构数（个）	机构人员（人）				机构经费支出（万元）	仪器和设备原价（万元）
		合计	博士毕业	硕士毕业	本科毕业		
烟草制品业							
纺织业	3	142	2	20	110	6252	11854
纺织服装、服饰业	2	8		1	5	420	100
皮革、毛皮、羽毛及其制品和制鞋业	1	92	1	10	25	532	61
木材加工和木、竹、藤、棕、草制品业							
家具制造业							
造纸和纸制品业	1	130		23	57	432	174
印刷和记录媒介复制业	4	292	9	45	167	2188	5855
文教、工美、体育和娱乐用品制造业							
石油加工、炼焦和核燃料加工业	4	77	2	16	34	630	1085
化学原料和化学制品制造业	29	1685	34	214	1100	28268	14692
医药制造业	14	2068	52	580	1048	50517	52315
化学纤维制造业	1	10			3	3	
橡胶和塑料制品业	3	175	5	9	58	2148	1154
非金属矿物制品业	23	1060	26	108	595	14029	35880
黑色金属冶炼和压延加工业	5	2344	17	258	1896	79538	17560
有色金属冶炼和压延加工业	1	180		5	35	1226	300
金属制品业	10	472	13	43	280	4445	5356
通用设备制造业	38	3358	29	322	2168	31305	22498
专用设备制造业	31	1368	18	71	1049	11798	10532
汽车制造业	16	1789	15	217	977	45905	56171
铁路、船舶、航空航天和其他运输设备制造业	6	675	11	69	441	19324	13717
电气机械和器材制造业	26	1910	43	225	968	26869	37531
计算机、通信和其他电子设备制造业	43	5891	75	1298	3893	143507	43930
仪器仪表制造业	21	848	36	121	611	5800	2923
其他制造业							
废弃资源综合利用业							
金属制品、机械和设备修理业							
电力、热力生产和供应业	3	51		2	49	37	
燃气生产和供应业							
水的生产和供应业	3	54	1	8	35	248	5

17-9 规模以上工业企业自主知识产权及相关情况(2012年)

INDEPENDENT INTELLECTUAL PROPERTY RIGHTS OF INDUSTRIAL ENTERPRISES ABOVE DESIGNATED SIZE (2012)

指 标	专利申请数（件）	发明专利（件）	有效发明专利数（件）	发表科技论文（篇）	拥有注册商标数（件）	境外注册（件）	形成国家或行业标准数（项）
总 计	4628	1766	1774	881	2907	444	251
按登记注册类型分							
国有企业	235	63	110	81	20	1	61
集体企业	15	3	3	6	5		9
股份合作企业	28	14	7	1	14	1	2
国有联营企业	167	83	31	258	167	13	12
集体联营企业	3	1			2		
国有与集体联营企业							
国有独资公司	691	108	254	55	404	9	25
其他有限责任公司	1874	881	567	170	1087	302	44
股份有限公司	489	158	191	130	410	47	29
私营独资企业	12	8			9		
私营合伙企业							
私营有限责任公司	611	198	285	125	244	44	30
私营股份有限公司	206	144	149	27	170	12	15
其他企业	8	3	1	2	13	1	2
合资经营企业(港或澳、台资)	47	6	40		247	8	5
合作经营企业(港或澳、台资)							
港、澳、台商独资经营企业	5	1	2		2		
港、澳、台商投资股份有限公司	37	14	12		16	2	5
中外合资经营企业	134	63	112	22	75	1	12
中外合作经营企业	6	6	6	2			
外资企业	60	12	4	2	22	3	
外商投资股份有限公司							
按工业行业大类分							
煤炭开采和洗选业							
石油和天然气开采业							
黑色金属矿采选业							
非金属矿采选业	9	8	2				1
农副食品加工业	29	27	2	8	69	1	
食品制造业	45	17	25	6	50		7
酒、饮料和精制茶制造业	8		4	1	70		

17-9续

指　　标	专利申请数（件）	发明专利（件）	有效发明专利数（件）	发表科技论文（篇）	拥有注册商标数（件）	境外注册（件）	形成国家或行业标准数（项）
烟草制品业							
纺织业	30	10	22	2	21	9	2
纺织服装、服饰业	3	1	1	32	38	4	4
皮革、毛皮、羽毛及其制品和制鞋业	2	1			6		
木材加工和木、竹、藤、棕、草制品业					1		
家具制造业					6		
造纸和纸制品业	9	4	4		4		5
印刷和记录媒介复制业	95	34	17	8	33	3	7
文教、工美、体育和娱乐用品制造业					2		
石油加工、炼焦和核燃料加工业	14	5	1		9		
化学原料和化学制品制造业	224	169	159	97	280	17	22
医药制造业	141	102	208	45	631	33	18
化学纤维制造业	2		2				
橡胶和塑料制品业	29	4	2	2	23	1	5
非金属矿物制品业	185	74	62	32	131	77	13
黑色金属冶炼和压延加工业	180	84	32	258	169	13	12
有色金属冶炼和压延加工业	12	2	1		1		
金属制品业	88	34	36	9	111		2
通用设备制造业	393	140	351	72	146	12	81
专用设备制造业	323	72	138	69	41	11	27
汽车制造业	817	109	107	46	442	9	
铁路、船舶、航空航天和其他运输设备制造业	159	56	33	43	38	2	1
电气机械和器材制造业	287	68	132	37	32	1	26
计算机、通信和其他电子设备制造业	1228	691	293	61	489	251	6
仪器仪表制造业	151	24	115	3	62		12
其他制造业							
废弃资源综合利用业							
金属制品、机械和设备修理业	27	5	5				
电力、热力生产和供应业	127	23	18	48	1		
燃气生产和供应业					1		
水的生产和供应业	11	2	2	2			

主要统计指标解释

EXPLANATORY NOTES ON MAIN STATISTICAL INDICATORS

科技活动：是指在自然科学、农业科学、医药科学、工程与技术科学、人文与社会科学领域（简称科学技术领域）中，与科技知识的产生、发展、传播和应用密切相关的有组织的活动。在企（事）业中只有列入单位工作计划的科技活动才予以统计，而独立发明人等在企（事）业外或计划外进行的科技活动不在统计范围之内。科研活动可分为研究与试验发展（简称R&D，包括基础研究、应用研究和试验发展）、研究与试验发展（R&D）成果应用及相关的科技服务三类活动。

基础研究：是指为了获得关于现象和可观察事实的基本原理的新知识（揭示客观事物的本质、运动规律，获得新发现、新学说）而进行的实验性或理论性研究。基础研究属于科学研究范畴。从研究目的看，基础研究不以任何专门或特定的应用或使用为目的，它只是通过试验分析或理论性研究对事物的特性、结构和各种关系进行分析，加深对客观事物的认识，解释现象的本质，揭示物质运动的规律或提出和验证各种设想、理论和定律。从研究结果看，基础研究的结果具有一般的或普遍的正确性，通常表现为一般的原则、理论和规律，其成果以科学论文和科学著作为主要形式。

应用研究：是指为获得新知识而进行的创造性研究，主要针对某一特定的目的或目标。应用研究也属于科学研究范畴。从研究目的看，应用研究是探索基础研究成果的可能用途，或是为达到预定的目标探索应采取的新方法（原理性）或新途径，为解决实际问题提供科学依据。从研究结果看，应用研究的成果一般只影响科学技术的某些领域和有限范围，并具有专门的性质，针对具体的领域、问题或情况，其成果形式以科学论文、专著、原理性模型或发明专利等为主。

试验发展：是指利用从基础研究、应用研究和实际经验所获得的现有知识，为产生新的产品、材料和装置，建立新的工艺、系统和服务，以及对已产生和建立的上述各项做实质性的改进而进行的系统性工作。在社会科学领域，试验发展是指通过把基础研究、应用研究获得的知识转变成可以实施的计划（包括为检验和评估实施示范项目）的过程。

科技活动人员合计：指企业内部直接参加科技项目以及项目的管理人员和直接服务的人员。不包括全年累计从事科技活动时间不足制度工作时间10%的人员。

科技活动人员合计中全时人员：指企业科技活动人员中在报告期实际从事科技活动的时间占制度工作时间90%及以上的人员。在企业科技活动管理部门（科研管理处、部、科等）专职从事科技管理工作的人员、企业办科技机构中专职从事科技活动以及管理和直接服务人员，以及上述人员以外在报告期主要从事科技项目活动的人员可视作全时人员。

企业内部用于科技活动的经费支出：指在报告期企业内部用于全部科技活动的直接支出，以及用于科技活动的管理费、服务费以及外协加工费等支出。不包括生产性活动支出、归还贷款支出以及与外单位合作或委托外单位进行科技活动而转拨给对方的经费支出，也不包括来自政府部门的科技活动资金和当年形成用于科技活动的固定资产，以及购买专利等无形资产支出。

企业内部用于科技活动的经费支出中人员人工费（包括各种补贴）：指企业在报告期支付给科技活动人员的工资薪金，包括基本工资、奖金、津贴、补贴、各种保险、年终加薪、加班工资以及与科技活动人员任职或者受雇有关的其他支出。

当年形成用于科技活动的固定资产中的仪器和设备：指企业在报告期形成的用于科技活动的固定资产中的仪器和设备原价，其中设备包括用于科技活动的各类机器和设备、试验测量仪器、运输工具、工装工具等。

全部科技项目数：指企业在报告期当年立项并开展研究工作、以前年份立项仍继续进行的科技项目数，包括当年完成和年内研究工作已告失败的科技项目，但不包括委托外单位进行的科技项目数。

全部科技项目经费内部支出：指企业内部在报告期进行科技项目研究和试制等的实际支出。包括劳务费、原材料费、设备购置费、其他日常支出、外协加工费等，不包括委托或与外单位合作进行项目研究而拨付给对方使用的经费，企业科技活动管理部门的费用，用于科技活动目的的基建支出，以及为科技活动提供间接服务人员的费用等。

专利申请数：指企业在报告期内向国内外知识产权行政部门提出专利申请并被受理的件数。

专利申请数中发明专利：指企业在报告期内向国内外知识产权行政部门提出发明专利申请并被受理的件数。

新产品产值：指报告期企业生产的新产品的产值。新产品是指采用新技术原理、新设计构思研制、生产的全新产品，或在结构、材质、工艺等某一方面比原有产品有明显改进，从而显著提高了产品性能或扩大了使用功能的产品。新产品产值、新产品销售收入既包括经政府有关部门认定并在有效期内的新产品，也包括企业自行研制开发，未经政府有关部门认定，从投产之日起一年之内的新产品。

拥有注册商标：指企业在报告期末拥有的注册商标件数。包括在境内和境外注册的商标件数，一件商标在境内外同时注册时只统计一件。

技术改造经费支出：指企业在报告期进行技术改造而发生的费用支出。技术改造指企业在坚持科技进步的前提下，将科技成果应用于生产的各个领域（产品、设备、工艺等），用先进工艺、设备代替落后工艺、设备，实现以内涵为主的扩大再生产，从而提高产品质量、促进产品更新换代、节约能源、降低消耗，全面提高综合经济效益。

18

教育与文化

EDUCATION AND CULTURE

18-1 教 育 事 业

BASIC STATISTICS

指　　标	1952年	1957年	1962年	1965年	1970年	1975年	1980年
学校数(所)	2679	3106	3731	4318	5359	5412	5066
高等教育	5	4	12	8	2	4	11
中等教育	37	67	112	410	1204	922	759
中等职业学校	16	16	15	15	17	21	30
职业中专	-	-	4	227	151	112	6
普通中学	21	51	93	159	1024	783	710
小　学	2636	3034	3606	3899	4152	4485	4295
专任教师(人)	8555	13452	19606	26760	32508	42432	49608
高等教育	671	1325	2598	2451	922	2468	3744
中等教育	1108	2569	3418	5321	9607	15274	19062
中等职业学校	311	787	765	685	914	985	1338
职业中专	-	-	24	975	118	640	50
普通中学	797	1782	2629	3502	8445	13571	17294
小　学	6773	9550	13571	18971	21954	24654	26775
在校学生（万人）	26.87	31.95	49.82	68.27	80.20	90.28	83.56
高等教育	0.43	0.82	1.65	1.40	0.30	0.61	1.58
中等教育	2.73	5.14	5.80	10.43	18.97	25.43	20.24
中等职业学校	0.69	0.93	0.51	0.65	0.12	0.58	0.31
职业中专	-	-	0.07	2.08	1.04	0.92	0.04
普通中学	2.04	4.21	5.22	7.50	17.81	23.86	19.63
小　学	23.70	25.98	42.35	56.42	60.91	64.22	61.47
各类学校毕业生数(万人)	4.38	8.58	10.60	10.45	12.09	22.66	18.07
高等教育	0.14	0.11	0.31	0.43	-	0.20	0.03
中等教育	0.60	1.14	1.72	1.90	1.02	11.83	8.41
中等职业学校	0.13	0.14	0.32	0.03	-	0.20	0.46
普通中学	0.46	1.00	1.40	1.80	0.38	11.58	7.89
每一教师负担学生数(人)	31.41	23.75	25.41	23.27	24.67	21.28	16.84
高等教育	6.41	6.19	6.35	5.71	3.25	2.47	4.22
中等教育	24.64	20.01	16.97	19.60	19.75	16.65	10.62
中等职业学校	22.33	11.84	6.64	9.51	1.36	5.95	2.29
普通中学	25.63	23.64	19.84	21.41	21.09	17.58	11.35
小　学	34.99	27.20	31.21	29.74	27.74	26.05	22.96
平均每万人口在校学生(人)	843	922	1418	1829	1968	2062	1822
#大学生	14	24	47	38	7	14	34
中专生	22	27	14	17	3	13	7
中学生	64	122	150	256	463	566	429
小学生	743	750	1206	1513	1494	1466	1339

注：2011年高等教育不包括社会力量办学。

基 本 情 况

ON EDUCATION

1985年	1990年	1995年	2000年	2005年	2008年	2009年	2010年	2011年	2012年
4511	3924	3360	1725	1251	1092	1059	1025	1010	996
16	16	16	16	59	66	66	66	72	70
593	529	440	423	348	315	309	302	295	301
40	39	41	40	91	76	72	73	70	67
44	48	57	55	27	22	24	23	25	23
491	417	312	297	247	221	218	209	205	206
3899	3368	2890	1273	832	699	672	645	631	613
46806	55978	58779	62869	77334	81287	82940	83106	84697	86350
4614	7245	7500	8269	24341	28475	29312	29526	30752	32253
17530	21618	23946	26817	27435	27675	28191	28370	29950	29017
2367	2890	2941	2916	4738	4505	4574	4511	4195	3956
1032	1747	1845	1948	1818	1696	1777	1801	2319	2123
13572	16065	17621	20585	21915	21522	21738	21943	23767	22280
24579	26922	27417	27417	25201	24746	25036	24801	23584	24678
78.38	79.48	91.69	95.79	129.28	140.52	142.66	144.6	145.15	151.00
3.02	3.73	5.66	9.30	48.71	60.78	63.26	64.25	63.96	65.99
25.34	28.08	36.64	44.99	42.50	40.07	32.96	41.76	42.04	45.80
1.92	2.51	4.79	5.75	9.88	8.7	8.21	8.1	9.21	9.00
1.63	2.32	2.84	3.80	3.17	3.24	3.2	2.9	3.36	3.86
21.49	22.45	27.15	33.82	30.91	28.56	29.2	30.18	30.47	30.92
49.98	47.57	49.23	41.40	37.88	39.51	39.06	38.4	38.97	39.00
17.31	17.12	20.88	23.65	33.58	36.52	36.91	38.1	40.1	40.20
0.45	1.03	1.68	1.55	13.49	16.46	17.12	17.57	19.64	19.97
7.36	8.24	10.39	10.80	14.03	13.61	13.12	13.55	13.72	13.00
0.52	0.62	1.16	1.84	3.29	3.54	3.11	3.13	2.90	2.73
6.39	6.66	7.78	8.16	10.40	9.27	8.92	9.20	9.7	9.60
16.75	14.20	15.60	15.24	16.72	17.29	17.2	17.4	17.14	17.49
6.55	5.15	7.54	11.25	20.01	21.34	21.58	21.76	20.8	20.43
14.46	12.99	15.30	16.78	15.49	14.48	11.69	14.72	14.04	15.79
8.12	8.69	16.30	18.84	20.86	19.3	17.95	17.96	21.95	22.50
15.83	13.98	15.41	16.43	14.1	13.27	10.11	13.75	12.82	13.87
20.33	17.67	18.20	15.10	15.03	15.97	15.6	15.48	16.52	15.79
1605	1518	1691	1702	2177	2325	2363	2395	2398	2484
62	71	104	165	820	1006	1048	1064	1057	1085
39	48	88	102	195	191	182	192	191	243
473	473	553	601	521	472	364	500	503	509
1024	908	908	736	638	654	647	636	644	642

18－2 普通高等院校一览表(2012年)

BASIC STATISTICS ON INSTITUTIONS OF HIGHER EDUCATION(2012)

单位:人

指标	在校学生数	毕业生数	招生数	教职工人数	专任教师	正高级	副高级	中级
总计	504704	148235	156604	42420	29649	3794	7896	11498
综合性大学								
山东大学	57471	16111	15719	7883	4092	1162	1376	1211
济南大学	34649	7898	8581	2650	1981	285	604	1010
济南大学泉城学院	4886	1237	1047	522	388			202
山东青年政治学院	10215	2438	3529	786	540	54	154	230
山东女子学院	9657	1580	3223	743	486	46	122	220
理工院校								
山东建筑大学	24253	5667	6663	2016	1323	166	446	695
山东轻工业学院	23862	5583	6756	1616	1393	158	443	625
山东交通学院	18399	4340	5560	1254	918	79	268	471
山东电力高等专科学校	1410	1737	483	270	147	28	61	29
医药院校								
山东中医药大学	19683	4201	5494	1131	906	150	268	291
济南护理学院	2463		1668	332	199		62	85
师范院校								
山东师范大学	34168	7858	8229	2647	1899	351	580	638
齐鲁师范学院	9745	3045	3234	705	465	58	93	194
济南幼儿师范专科学校	587		312	411	252		94	119
山东师范大学历山学院	3148	804	862	236	181	23	64	66
财经院校								
山东财经大学	33582	10677	8270	2549	1924	299	651	894
山东财经大学燕山学院	6638	1466	1946	406	370	44	137	189
山东财经大学东方学院	6315							
政法院校								
山东警察学院	3561	1335	1155	497	276	25	99	141
山东司法警官职业学院	4245	1302	1861	195	146	2	34	48
山东政法学院	11170	2404	3304	754	524	44	134	284
体育院校								
山东体育学院	7007	1895	1783	832	582	61	197	279
艺术院校								
山东艺术学院	8679	2238	2630	891	703	64	179	362
山东工艺美术学院	7315	2040	2015	689	480	63	84	256
职业技术学院								
山东协和学院	11896	3498	4481	1020	731	106	148	234
山东商业职业技术学院	15533	5520	5105	1172	608	21	164	242
山东劳动职业技术学院	9568	3278	2725	734	472	21	98	207
山东职业学院	14969	4591	4715	903	534	14	101	277
山东力明科技职业学院	12215	5062	4056	834	608	23	129	169
山东圣翰财贸职业学院	8137	2960	2060	763	406	35	81	174
山东英才学院	14557	3730	5649	1157	832	106	145	335
山东外事翻译职业学院	7895	2510	2427	680	452	90	48	128
山东杏林科技职业学院	7977	2715	2817	701	476	55	114	186
山东旅游职业学院	5665	2054	2252	480	364	10	76	131
济南工程职业技术学院	8732	3512	3299	517	405	10	84	118
山东电子职业技术学校	6869	2662	2140	453	378	3	128	149
济南职业学院	9396	4030	3627	675	534	14	101	137
山东现代职业学院	9386	3603	3444	933	594	60	121	209
山东凯文科技职业学院	5966	2334	2073	564	345	50	65	51
山东城市建设职业学校	9296	2686	3432	523	380	9	102	122
山东传媒职业学院	2653	677	899	296	251	5	41	90

注:山东经济学院与山东财政学院合并为山东财经大学。

18－3 中等专业学校一览表(2012年)

BASIC STATISTICS ON SPECIALIZED SECONDARY SCHOOLS (2012)

单位:人

指标	在校学生数	毕业生数	招生数	教职工人数	专任教师	副高级	中级
总计	29802	8042	11298	1508	1079	317	470
工科学校							
山东省邮电学校				95	34	22	5
济南信息工程学校	1616	385	800	228	155	40	76
山东省特殊教育学校	1279	380	556	104	60	20	32
山东省环境保护学校	591	180	240	86	47	24	12
济南电子机械工程学校	2176	1002	986	301	261	67	138
医药学校							
济南卫生学校	4875	1494	1611				
师范学校							
济南幼儿师范专科学校	1869	500	626				
财经学校							
山东省商贸学校	4290	1023	1598	286	199	64	103
体育学校							
济南市体育运动学校	236	96	525				
艺术学校							
山东省电影学校	646	27	129	110	90	12	17
济南艺术学校	953	202	194	180	127	32	47
山东济南艺术设计学校	148		106	52	52	17	22
其它学校							
山东省人口学校				20	12	6	5

18－4 分县(市)区儿童学前教育基本情况(2012年)

STUDENT ENROLLMENT IN ADULT SCHOOLS BY TYPE(2012)

指标	幼儿园数(所)	在园人数(人)	入园人数(人)	教职工数(人)	专任教师(人)
全市	1354	158471	58561	17112	9766
历下区	92	18797	5025	2786	1397
市中区	101	17753	4895	2308	1302
槐荫区	105	17223	5170	2069	1008
天桥区	79	17465	5372	2285	1058
历城区	205	26544	8439	2888	1789
长清区	199	11837	7740	1021	720
平阴县	118	9010	3464	672	498
济阳县	113	9302	6035	701	419
商河县	193	16057	7466	945	606
章丘市	149	14483	4955	1437	969

18-5 图书及出版事业

BASIC STATISTICS ON BOOKS AND PUBLISHING

指　　标	单　位	2007年	2008年	2009年	2010年	2011年	2012年
公共图书馆							
机构数	个	11	12	12	12	12	12
从业人员	人	407	417	420	423	426	421
总藏量	千册(件)	7882	8761	9084	9412	9890	10764
建筑面积	千平方米	67.0	72.0	69.7	69.7	70	70
#书　库	千平方米	23.0	25.0	24.0	24.0	25	25
阅览室	千平方米	20.0	22.0	21.1	22.0	22	22
阅览室席位数	千个	4.2	4.3	4.5	4.4	4.6	4.5
书刊外借人次	万人次	110.0	135.3	98.0	101.2	123.0	136.4
书刊外借册数	万册次	213.5	215.2	192.2	203.9	230.2	251.0
出版事业							
出版单位							
图　书	个	15	15	15	15	15	15
报　纸	个	53	52	52	52	52	49
杂　志	个	152	152	152	152	149	151
出版种类							
图　书	种	5886	4559	6370	6586	8305	8490
报　纸	种	53	52	52	52	54	49
杂　志	种	152	152	152	158	155	157
出版数量							
图　书	万册，万份	39999	21607	23810	26603	31087	28693
报　纸	万册，万份	145423	144236	156026	184706	157553	155994
杂　志	万册，万份	6318	7281	6697	6995	8284	8158
报纸出版总印张数							
总　计	万印张	1030849	1065227	899593	900483	660146	732009
综合报	万印张	600464	514920	705436	857132	595239	691797
专业报	万印张	430385	550307	194157	43351	64907	40212
省级报	万印张	899545	1043994	832232	847019	558451	603236
综合报	万印张	486376	507890	647124	811675	493544	563023
专业报	万印张	413169	536104	185108	35344	64907	40213
市级报	万印张	131304	21233	67361	53464	101695	128774
综合报	万印张	114088	7031	58312	45456	101695	128774
专业报	万印张	17216	14202	9049	8008	0	0

18-6 文化事业机构和人员

NUMBER OF INSTITUTIONS AND PERSONS IN CULTURE

指标	2007年	2008年	2009年	2010年	2011年	2012年
机构数(个)						
电影业	13	13	9	12	15	22
艺术业	26	26	24	29	28	25
文物业	19	21	26	24	22	32
图书馆业	11	12	12	12	12	12
广播电视业	24	10	10	10	9	9
群众文化业	141	145	146	151	152	153
艺术教育业	1	1	1	1	1	1
文艺科研业	2	2	2	2	2	2
非文化产业	2	2	3	3	3	3
从业人员数(人)						
电影业	439	439	382	470	458	561
艺术业	1780	1757	1697	1891	1841	1703
文物业	750	799	812	809	799	957
图书馆业	407	417	420	423	426	421
广播电视业	3591	3309	8546	8855	15898	15948
群众文化业	478	492	583	552	679	697
艺术教育业	88	93	98	104	107	111
文艺科研业	65	66	70	72	63	65
非文化产业	46	46	46	44	45	34

主要统计指标解释

EXPLANATORY NOTES ON MAIN STATISTICAL INDICATORS

普通高等学校 指按照国家规定的设置标准和审批程序批准举办，通过国家统一招生考试，招收高中毕业生为主要培养对象，实施高等教育的全日制大学、独立设置的学院和高等专科学校、短期职业大学。

小学学龄儿童入学率 指调查范围内已入小学学习的学龄儿童占校内外学龄儿童总数(包括弱智儿童，不包括盲聋哑儿童)的比重。计算公式为：

小学学龄儿童入学率＝已入学的小学学龄儿童数 / 校内外小学学龄儿童总数×100%

文化事业机构 指从事专业文化工作和为专业文化工作服务的独立建制的单位。不包括这些单位另外举办独立核算的其他机构和各部门的业余文化组织。

电影放映单位 指具有放映机器设备、固定或不固定的放映场所与专职或兼职的放映技术人员，经有关部门登记批准，经常为一定的观众对象放映电影的机构。包括经批准对外开放进行营业，并与电影发行放映管理机构分帐的专用放映单位和军委系统租片单位。

19

体育卫生

SPORTS AND PUBLIC HEALTH

19－1 体 育 事 业

STATISTICS OF SPORTS INSTITUTIONS

指 标	单 位	2007年	2008年	2009年	2010年	2011年	2012年
体育部门职工人数	人	725	743	656	696	660	632
#业余体育学校	人	460	393		247	234	148
总计中:教练员	人	232	232	199	210	208	216
等级裁判员	人	66	35				
一级裁判员	人	13	10				
二级裁判员	人	53	25	30	206	175	292
三级裁判员	人	–			1178	263	
二级运动员发展人数	人	542	380	377	351	372	351
少年儿童业余体校在校学生	人	600	475				692
业余体校	所	4	6	12	12	12	3
运动员获奖牌数	枚	340	459	398	713	633	507
#世界级 金 牌	枚	16	9	6	15	18	10
银 牌	枚	3	8	3	6	8	3
铜 牌	枚	2	0	5	3	5	2
#洲际 金 牌	枚	6	2	12	17	0	2
银 牌	枚	3	1	2	3	0	7
铜 牌	枚	0	0		8	0	0
#全国 金 牌	枚	40	28	17	37	19	42
银 牌	枚	50	27	10	20	19	32
铜 牌	枚	37	18	12	19	30	32
#全省金牌	枚	72	121	119	347	172	132
银 牌	枚	58	115	10	112	190	145
铜 牌	枚	53	130	12	126	172	100
体育设施							
体育场	个	5	5	8	12	12	12
体育馆	个	3	5	10	9	9	9
游泳馆	个	3	2	2	5	5	5
室内外游泳池	个	2	3	3	2	2	2
有固定看台的灯光球场	个	2	2	2	2	2	2

注:等级裁判员为当年新评定的人数。

19-2 各时期卫生事业情况

STATISTICS OF HEALTH INSTITUTIONS IN MAJOR YEARS

年份	卫生机构(个)	医院及卫生院	卫生工作人员(人)	卫生技术人员	卫生机构床位(张)	医院及卫生院
1952	208	22	6277	4778	3160	1906
1957	708	45	10740	7991	5972	3401
1962	1191	98	13705	9648	7917	5662
1965	1144	114	18885	14881	9035	6438
1970	682	130	13273	10341	7878	6462
1975	934	137	20021	14956	9066	8050
1978	1017	148	24949	19198	11496	9856
1979	1078	152	26385	20110	11902	10781
1980	1091	151	27843	21295	12301	11052
"六五"时期						
1981	1188	152	29597	22559	12428	11436
1982	1159	151	30636	22814	12379	11383
1983	1177	156	31924	23948	12966	11674
1984	1160	157	32967	24502	13728	12960
1985	1175	165	34232	26185	14356	13791
"七五"时期						
1986	1184	167	35803	27360	14757	14165
1987	1137	166	37129	28159	15457	14721
1988	1103	171	38384	29167	16165	15580
1989	1137	180	39926	29878	16698	16176
1990	1300	178	41444	31130	18214	17216
"八五"时期						
1991	1233	177	40957	30815	18439	17538
1992	1331	180	41996	31541	18818	18178
1993	1285	193	43274	32871	20243	19320
1994	1228	213	43630	33007	20001	19064
1995	1185	216	43648	32848	20747	19534
"九五"时期						
1996	1674	214	45765	35219	20428	19716
1997	1567	220	44664	34188	21422	20706
1998	1574	227	45110	34596	21965	21130
1999	1570	226	45121	34000	21735	21086
2000	1414	231	45166	35669	21698	20830
"十五"时期						
2001	1414	231	45296	35790	21906	21033
2002	1708	243	39386	31945	21576	21042
2003	1868	246	41925	33803	22674	22262
2004	1917	243	41625	33998	24044	22588
2005	2138	246	41499	34129	24695	23524
"十一五"时期						
2006	2285	240	43023	35124	27695	26101
2007	2265	243	42513	34579	26055	25328
2008	5092	286	44416	36143	28939	27555
2009	5163	281	46311	37648	30920	28749
2010	5086	277	54711	39366	31947	29844
"十二五"时期						
2011	5159	262	58590	42116	34920	31545
2012	5239	243	60426	44331	38834	35194

19-3 卫 生 事 业 机 构 及 床 位

NUMBER OF HEALTH INSTITUTIONS AND BEDS

指　　标	2007年	2008年	2009年	2010年	2011年	2012年
各类卫生机构数(个)	2265	5092	5163	5086	5159	5239
医院	158	202	199	196	200	167
社区卫生服务中心(站)	115	137	222	252	253	259
卫生院	85	84	82	81	62	76
门诊部	30	28	22	90	43	41
急救中心(站)	1	1	1	1	1	2
采血供应机构	3	3	3	3	4	4
妇幼保健院(所、站)	12	12	12	11	12	12
专科疾病防治院(所、站)	8	8	8	8	8	8
疾病预防控制中心(防疫站)	13	12	12	12	12	12
医学科学研究机构	7	7	0		0	0
其他卫生机构	2	2	2	25	6	6
各类卫生机构病床数(张)	26055	28939	30920	31947	34920	38834
医院	20847	22496	23631	24707	27984	32000
社区卫生服务中心(站)	82	714	743	1317	2625	2465
卫生院	4481	5059	5118	5137	3561	3194
门诊部	53	55	47	77	89	219
急救中心(站)	–	–	–	–	0	0
采血供应站	–	–	–	–	0	0
妇幼保健院(所、站)	492	524	614	618	563	758
专科疾病防治院(所、站)	100	91	91	91	98	198
疾病预防控制中心(防疫站)	–	–	–	–	0	0
医学科学研究机构	–	–	–	–	0	0
其他卫生机构	0	0	0	0	0	0
千人拥有量						
平均每千人拥有病床(张)	4.31	4.79	5.12	5.29	5.77	6.40
每千人拥有卫生技术人员(人)	5.72	5.98	6.24	6.52	6.96	7.28
每千人拥有医生(人)	2.47	2.57	2.73	2.91	3.03	3.20
每千人拥有护士(人)	2.00	2.12	2.22	2.30	2.54	2.65

注:2011年以前“医院”包含卫生院。

19-4 分地区卫生事业机构及床位(2012年)

NUMBER OF HEALTH INSTITUTIONS AND BEDS BY DISTRICT(2012)

指标	全市	市区	平阴县	济阳县	商河县	章丘市
各类卫生机构数(个)	5239	3259	266	630	302	782
医院	167	150	3	2	3	9
疗养院	0	0	0	0	0	0
社区卫生服务中心(站)	259	223	6	3	5	22
卫生院	76	36	6	8	12	14
门诊部	41	35	5	0	0	1
诊所、卫生所、医务室	1322	1116	74	15	23	94
急救中心(站)	2	1	0	0	0	1
采血供应机构	4	2	0	0	0	2
妇幼保健院(所、站)	12	8	1	1	1	1
专科疾病防治院(所、站)	8	4	1	1	0	2
疾病预防控制中心(防疫站)	12	8	1	1	1	1
卫生监督所	13	9	1	1	1	1
医学科学研究机构	0	0	0	0	0	0
其他卫生构	6	5	0	0	0	1
各类卫生机构病床数(张)	38834	30070	1344	1317	1231	4872
医院	32000	27202	925	1017	724	2132
疗养院	0	0	0	0	0	0
社区卫生服务中心(站)	2465	1379	0	30	0	1056
卫生院	3194	678	393	252	489	1382
门诊部	219	199	0	0	0	20
妇幼保健院(所、站)	758	561	6	18	18	155
专科疾病防治院(所、站)	198	51	20	0	0	127
千人拥有量						
平均每千人拥有病床(张)	6.40	8.57	3.61	2.37	1.97	4.79
每千人拥有卫生技术人员(人)	7.28	9.94	3.93	2.97	2.60	4.65
每千人拥有医生(人)	3.2	4.38	1.61	1.37	1.02	2.07
每千人拥有护士(人)	2.65	3.70	1.24	1.02	1.01	1.44

19－5 分地区卫生技术人员分类情况(2012年)

MEDICAL TECHNICAL PERSONNEL BY REGION(2012)

单位:人

指标	全市	市区	平阴县	济阳县	商河县	章丘市
各类卫生机构工作人员合计	60426	45370	2367	2557	2639	7493
#卫生技术人员小计	44331	34863	1461	1650	1626	4731
医生	19451	15353	600	760	635	2103
执业医师	17677	14405	504	598	494	1676
执业助理医师	1774	948	96	162	141	427
注册护士	16126	12997	462	570	631	1466
药剂人员	3054	2418	140	92	113	291
检验人员	2442	1935	84	91	78	254
其他	3258	2160	175	137	169	617
在合计中:						
医院工作人员合计	35890	30479	861	1209	1040	2301
#卫生技术人员小计	29421	24879	681	1017	921	1923
医生	12242	10362	292	412	308	868
执业医师	11854	10082	274	387	292	819
执业助理医师	388	280	18	25	16	49
注册护士	12067	10167	262	462	472	704
药剂人员	1891	1627	65	47	55	97
检验人员	1696	1484	30	55	46	81
其他	1525	1239	32	41	40	173
卫生院工作人员合计	3490	901	516	425	520	1128
#卫生技术人员小计	3145	777	470	401	470	1027
医生	1384	373	189	194	210	418
执业医师	968	287	128	105	132	316
执业助理医师	416	86	61	89	78	102
注册护士	794	181	139	88	107	279
药剂人员	356	113	52	39	41	111
检验人员	211	55	34	18	27	77
其他	400	55	56	62	85	142

注:检验人员包括技师(士)。

19－6 医院、卫生院工作情况

BASIC STATISTICS ON HOSPITALS AND HEALTH INSTITUTIONS IN RURAL AREAS

指　　标	单　位	2007年	2008年	2009年	2010年	2011年	2012年
医　院							
单位数	个	158	202	199	196	200	167
诊疗人次数	万人次	1427	1553	1655	1680	1809	2097
#门诊人次数	万人次	1239	1380	1418	1491	1652	1907
急诊人次数	万人次	72	76	79	83	81	97
健康检查人数	万人次	78	79	75	89	94	97
入院人数	万人	44.9	53.2	57.9	61.3	65.8	80.1
出院人数	万人	44.2	53.0	55.1	61.3	65.9	80.2
平均开放病床数	张	19219	20979	21887	23724	26090	29890
病床使用率	%	82.78	83.71	84.22	85.72	84.18	86.33
病床周转次数	次	23.00	25.30	25.17	25.84	25.30	26.8
出院者平均住院日	日	12.70	11.80	12.00	12.10	12.30	11.7
卫生院							
单位数	个	85	84	82	81	62	76
诊疗人次数	万人次	247	322	286	313	261	256
#门诊人次数	万人次	229	306	272	298	240	238
急诊人次数	万人次	8.7	7.3	5.5	5.3	4.7	8.3
健康检查人数	万人次	22.0	15.4	12.8	25.3	36.6	34.5
入院人数	万人	4.5	4.9	7.0	7.6	7.1	8.9
出院人数	万人	5.1	5.8	7.7	7.8	7.1	8.9
平均开放病床数	张	2551	3057	5019	4490	3309	3086
使用率	%	38.10	40.59	31.28	42.67	43.48	52.36
病床周转次数	次	20.10	19.00	15.54	17.41	21.40	28.8
出院者平均住院日	日	6.60	6.10	5.71	7.63	6.40	6.10

注：2011年以前“医院”包含卫生院。

19-7 医疗机构收入与支出(2012年)

REVENUE AND EXPENDITURE IN HEALTH INSITITUTIONS(2012)

单位:万元

机构分类	总收入				总支出			总支出中:人员支出(万元)
	合计	财政补助收入	上级补助收入	业务收入/事业收入	合计	财政专项支出	业务支出/事业支出	
合计	1970683	255829	7209	1664443	1932088	135894	1451724	440335
医院	1695652	156474	0	1506313	1659543	94347	1288098	358886
社区卫生服务中心(站)	59247	14469	2975	40424	74199	0	60091	18412
卫生院	54638	21617	1185	30018	52327	0	50643	19583
门诊部	5848	0	0	4735	5075	0	0	1822
诊所.卫生所.医务室	14861	0	0	12208	11044	0	0	5008
急救中心(站)	1157	1094	23	39	1339	613	113	596
妇幼保健院(所、站)	41313	5983	0	35060	36608	4320	27131	12412
专科疾病防治院(所、站)	10640	3424	0	6938	9275	1507	2803	1696

主要统计指标解释

EXPLANATORY NOTES ON MAIN STATISTICAL INDICATORS

等级裁判员人数 指经考核正式批准授予等级裁判员称号的人数。裁判员等级分为国际裁判、国家级裁判、一级裁判、二级裁判、三级裁判。

体育场 指有400米跑道(中心含足球场),有固定道牙,跑道6条以上,并有固定看台的室外田径场地。体育场按看台容纳观众人数分为:甲级25000人以上,乙级15000-25000人,丙级5000-15000人,丁级5000人以下。

体育馆 指有固定看台,可供篮球、排球、羽毛球、乒乓球、体操等项目训练比赛活动用的室内运动场地。体育馆按看台容纳观众人数分为:甲级6000人以上,乙级4000-6000人,丙级2000-4000人,丁级2000人以下。

医院 指设有固定床位,能收容病人住院并能为病人提供医疗、护理服务的医疗机构,包括县及县以上医院、农村乡卫生院和其他医院三部分。医院按所属性质不同分为卫生部门、工业及其他部门和集体经济单位三类。县及县以上医院按业务性质不同分为综合医院和专科医院。

卫生技术人员 指卫生事业机构支付工资的全部职工中现任职务为卫生技术工作的专业人员,包括中医师、西医师、中西医结合高级医师、护师、中药师、西药师、检验师、其他技师、中医士、西医士、护士、助产士、中药剂士、西药剂士、检验士、其他技士、其他中医、护理员、中药剂员、西药剂员、检验员和其他初级卫生技术人员。

医生 指经卫生部门审查合格,从事医疗工作的专业人员。分为中医医生和西医医生。包括卫生技术人员中的中医师、西医师、中西医结合高级医师、中医士、西医士和其他中医。

卫生机构:指从卫生行政部门取得《医疗机构执业许可证》,或从民政和工商行政、机构编制管理部门取得法人单位登记证书,为社会提供医疗保健、疾病控制、卫生监督或从事医学科研和教育等工作的单位。包括医院、疗养院、社区卫生服务中心(站)、乡镇(街道)卫生院、门诊部、诊所(卫生所、医务室)、村卫生室、急救中心(站)、采供血机构、妇幼保健院(所、站)、专科疾病防治院(所、站)、疾病预防控制中心(防疫站)、卫生监督机所(中心)、医学科研机构、医学在职培训机构、健康教育所(站)等其他卫生机构。

医疗机构:指从卫生行政部门取得《医疗机构执业许可证》的机构,包括医院、疗养院、社区卫生服务中心(站)、乡镇(街道)卫生院、门诊部、诊所(卫生所、医务室)、村卫生室、妇幼保健院(所、站)、专科疾病防治院(所、站)、急救中心(站)和临床检验中心。

事业收入:事业单位开展专业业务活动及辅助活动所取得的收入。包括单位收到的从财政专户核拨的预算外资金和部分经财政部门核准不上缴财政专户管理的预算外资金。

20

民政、司法和其它

SOCIAL WELFARE CIVIL ADMINISTRATION AND OTHERS

20-1 社会治安主要指标
MAIN INDICATORS OF SOCIAL OFFENSE

指标	单位	2007年	2008年	2009年	2010年	2011年	2012年
刑事案件							
当年全部立案数	起	32400	40936	60953	53290	53770	50680
当年全部破案数	起	18784	25953	28920	24249	29560	25306
治安案件							
受理数	件	31349	55181	76630	94248	177322	139252
查处数	件	26633	51761	73624	90271	168373	136769
城市交通事故							
交通事故	起	1501	1235	860	774	762	1453
伤亡人数	人	2113	1690	1269	1121	838	1713
#死亡人数	人	324	290	264	263	259	272
损失折款	万元	264	271	253	189	247	632
火灾事故							
火灾起数	起	1883	863	795	791	571	246
伤亡人数	人	4	8	5	9	1	
#死亡人数	人	3	5	5	6	1	2
损失折款	万元	201	182	250	462	773	395

20-2 分地区社会治安主要指标(2012年)

MAIN INDICATORS OF SOCIAL OFFENSE BY DISTRICT (2012)

指标	单位	全市	市区	平阴县	济阳县	商河县	章丘市
刑事案件							
当年全部立案数	起	50680	42532	1462	1165	851	4670
当年全部破案数	起	25306	20952	1010	460	325	2559
治安案件							
受理数	起	139252	103665	6528	6178	6694	16187
查处数	起	136769	101471	6465	5991	6667	16175
城市交通事故							
交通事故	起	1453	1353	21	25	35	19
伤亡人数	人	1713	1565	73	32	39	4
#死亡人数	人	272	198	30	14	10	20
损失折款	万元	632	446	166	4	6	10
火灾事故							
火灾起数	起	246					
伤亡人数	人	2					
#死亡人数	人						
损失折款	万元	395					

注:当年全部立案数为公安数据。

指　标	单　位	济南市(汇总)	济南市（省本级）	济南市(市本级)	历下区	市中区
优抚情况						
享受定期抚恤金人数	人	2058			65	107
#城镇享受人数	人	339			35	42
享受定期补助人数	人	38793			290	972
#在乡复员军人	人	8254			91	305
参战退役人员	人	4962			87	183
社会救济情况						
城镇居民最低生活保障人数	人	40070			4447	7515
农村居民最低生活保障人数	人	75978				2496
民政经费	万元	181170		75364	10696	13739
退役安置费	万元	54566		39163	2980	3746
城市居民最低生活保障费	万元	17126			2313	3417
农村最低生活保障费	万元	12973				568
其它社会救助费	万元	7303		2214	11	267
社会福利费	万元	19928		16664	60	575
自然灾害生活救助费	万元	1529		214		25
医疗救助费	万元	5579			271	605
社会办收养性单位						
收养性单位总数	个	163	3	4	13	16
职工人数	人	2974	964	273	257	149
床位数	张	23508	1200	1780	1369	1905
收养人数	人	14856	877	1070	710	993
#老人	人	14117	741	467	710	993
社会保障及扶贫						
建立社会保障服务网络的乡镇数	个	55				
城市市区居民最低生活保障金标准	元				480	480

保障和救济（2012年）

RECEIVING RELIEF FLINDS BY DISTRICT（2012）

槐荫区	天桥区	历城区	长清区	高新区	平阴县	济阳县	商河县	章丘市
39	50	383	186	14	193	363	387	271
16	17	37	4		18	20	109	41
558	1228	5192	4855	365	3082	6666	6051	9534
111	232	2348	354	67	660	1489	960	1637
147	224	459	836	68	418	875	575	1090
5661	10687	1823	2392	49	1380	1652	1496	2968
1079	2489	8862	11488	756	4600	12332	16379	15497
8258	12146	11331	9366	990	6919	10310	9082	12968
1740	1432	595	908	35	674	962	791	1540
2523	4418	899	857	24	411	642	669	951
222	462	1671	2063	140	1195	2037	2441	2174
93	142	622	785	107	528	745	770	1020
268	83	305	116	55	717	482	111	492
20		242	235		226	220	140	207
151	709	759	532	33	447	556	724	792
16	14	29	13	2	9	10	12	22
249	256	206	120	16	81	180	78	145
1224	1659	2545	2395	59	1590	2788	1972	3022
715	1214	1570	1499	48	887	1293	1972	2008
715	1214	1570	1499	48	887	1293	1972	2008
2	2	6	6		6	8	11	14
480	480	480	450	480	400	400	360	400

20-4 社 会 办 福

BASIC STATISTICS ON SOCIAL

指　　标	单　位	济南市（汇总）	济南市（省本级）	济南市（市本级）	历下区	市中区
福利企业						
单位数	个	65	2	2	2	4
职工人数	人	3440	162	177	39	167
#残疾职工	人	1419	20	76	21	68
纳税总额	万元	4707	716	54	36	110
#增值税总额	万元	1152	510	22	18	49
盈利总额	万元	2389	863	13	24	78
亏损总额	万元					
福利工厂						
单位数	个	64	1	2	2	4
职工人数	人	3311	33	177	39	167
#残疾职工	人	1415	16	76	21	68
纳税总额	万元	4031	40	54	36	110
#增值税总额	万元	678	36	22	18	49
盈利总额	万元	1582	56	13	24	78

利 企 业 情 况(2012年)

WELFARE INSTITUTIONS(2012)

槐荫区	天桥区	历城区	长清区	高新区	平阴县	济阳县	商河县	章丘市
4	8	11	4	2	6	8		12
110	286	628	435	374	246	390		426
45	121	349	124	149	89	194		163
103	95	261	681	545	1093	866		147
47	40	139	55	45	96	72		59
101	85	160	170	117	80	552		145
4	8	11	4	2	6	8		12
110	286	628	435	374	246	390		426
45	121	349	124	149	89	194		163
103	95	261	681	545	1093	866		147
47	40	139	55	45	96	72		59
101	85	160	170	117	80	552		145

20-5 社会保障和救济

BASIC STATISTICS ON SOCIAL SECURITY AND RECEIVING RELIEF FLINDS

指　　标	单 位	2007年	2008年	2009年	2010年	2011年	2012年
优抚情况							
享受定期补助人数	人	22830	24105	23895	23996	38982	38793
#在乡红军老战士等	人						
在乡复员军人	人	11806	11788	11610	11552	10965	8254
带病回乡退伍军人	人	4880	5836	5897	6086		
社会救济情况							
城镇居民最低生活保障人数	人	64030	58974	61096	59840	55868	40070
农村居民最低生活保障人数	人	66796	66785	73481	79174	82562	75978
收养性单位情况							
收养性单位总数	个	118	97	107	159	158	163
职工人数	人	1359	1819	2050	2280	2621	2974
床位数	张	14738	15432	17564	22591	23016	23508
收养人数	人	13703	13998	15839	17224	16307	14856
#老　人	人	13133	13488	15250	16790	15704	14117
社会保障及扶贫							
建立社会保障服务网络的乡镇数	个	61	61	61	55	55	55
城市市区居民最低生活保障金标准	元	280	300	330	360	400	480

20-6 律师、公证、司法基本情况(2012年)

BASIC STATISTICS ON LAW、NOTARIZATIONS AND MENDIATION(2012)

指　　标	单 位	全 市					
			市 区	平阴县	济阳县	商河县	章丘市
律师工作							
律师事务所	个	231	219	2	3	2	5
执业律师	人	3234	3125	18	17	11	63
#专职律师	人	2991	2882	18	17	11	63
担任常年法律顾问	家	2790	2450	39	53	53	195
民事诉讼代理	件	15518	14369	140	233	264	512
刑事诉讼辩护及代理	件	4463	4123	36	94	76	134
行政诉讼代理	件	287	287	0	0	0	0
非诉讼法律事务	件	4353	4353	0	0	0	0
公证工作							
公证处	个	11	7	1	1	1	1
公证处人员	人	202	174	7	7	4	10
#公证员	人	93	78	3	3	3	6
办理公证总数	件	69026	56898	6375	1017	1718	3018
#国内民事公证	件	23484	19501	506	522	316	2639
国内经济公证	件	38241	30096	5869	495	1402	379
涉外公证	件	7301	7301	0	0	0	0
办理经济公证涉及金额	亿元	223.97	218.64	3.11	0.23	0.49	1.50
基层司法工作							
人民调解委员会	个	5463	2206	363	898	995	1001
人民调解员	人	18986	8032	1362	2969	3153	3470
调解纠纷总数	件	33310	16581	1815	4622	6609	3683
#调解成功	件	32630	16014	1784	4597	6607	3628
法律事务所	个	120	89	9	6	3	13
基层法律工作者	人	711	549	41	45	13	63
担任法律顾问	家	1485	972	134	144	8	227
民事诉讼代理	件	10210	5750	1721	1055	172	1512
非诉讼代理	件	5879	4892	404	260	254	69
挽回经济损失	万元	28894	21449	2813	3420	112	1100
法律援助工作							
法律援助机构	个	11	7	1	1	1	1
执业人员	人	22	18	0	1	0	3
办理法律援助案件	件	5046	3524	289	418	397	418

主要统计指标解释

EXPLANATORY NOTES ON MAIN STATISTICAL INDICATORS

社会福利事业单位收养人数 包括民政部门管理和城镇、农村集体举办的社会福利事业单位中收养的老人、少年儿童、缺乏生活自理能力的残疾人员和精神病人。

社会福利企业单位 指以安置城镇有一定劳动能力的盲、聋、哑和肢体残疾人员就业为目的，享受国家减免税待遇的国有或集体企业。包括福利工厂、福利商业和服务业、假肢厂和安置农场等单位。

律师 指受聘参加法律顾问处工作，担任法律顾问、刑(民)事代理人、刑事辩护人，办理非诉讼事件、解答法律询问，代写法律事务文书等主要从事律师业务的专职法律工作者和兼职律师。

公证人员 指在国家公证机关依法办理公证事务的司法人员，包括公证员、助理公证员和在公证处工作的其他人员。

调解人员 指在人民调解委员会担负调解民间一般民事纠纷和轻微违法行为引起纠纷的工作人员，包括调解委员会的委员和调解小组的调解员。

立案 指检察机关对犯罪线索进行初步调查后，认为存在职务犯罪事实并需要追究刑事责任时，依法决定作为刑事案件进行侦查的诉讼活动，是追究犯罪的开始。

附 录

APPENDIX

十 五 副 省 级

MAIN STATISTICAL INDICATORS

城市名称	生产总值(亿元)	第一产业(亿元)	第二产业(亿元)	#工业增加值(亿元)	第三产业(亿元)	固定资产投资额(亿元)	#房地产开发投资额(亿元)	地方公共财政预算收入(亿元)	地方公共财政预算支出(亿元)	金融机构人民币存款余额(亿元)	#城乡储蓄人民币存款余额(亿元)	金融机构人民币贷款余额(亿元)
济　南	4803.7	252.9	1938.1	1603.1	2612.6	2186.1	663.3	380.8	465.7	9798.5	2888.7	7406.2
沈　阳	6606.8	315.2	3389.1	3052.9	2902.5	5625.4	1943.0	715.0	765.1	10275.4	4318.8	7852.7
大　连	7002.8	451.4	3634.8	3207.4	2916.7	5624.4	1396.5	750.1	891.0	10322.3	4160.5	8127.4
长　春	4456.6	317.5	2291.5	1922.1	1847.6	3172.9	649.7	340.8	555.5	6578.3	2767.4	5727.2
哈尔滨	4550.1	506.8	1638.9	1127.9	2404.4	3950.0	772.0	354.7	643.6	7360.3	3381.2	5558.0
南　京	7201.6	184.6	3170.8	2748.5	3846.2	4558.5	1015.8	733.0	769.8	16131.4	4465.4	12314.4
杭　州	7804.0	255.9	3626.9	3190.3	3921.2	3722.8	1597.4	860.0	786.3	19599.9	6022.0	17215.9
宁　波	6524.7	270.0	3516.7	3170.0	2738.0	2901.4	884.4	725.5	828.4	11602.3	4176.0	11300.3
厦　门	2817.1	25.2	1374.0	1163.9	1417.9	1332.6	518.9	422.9	460.7	5151.4	1680.2	4555.9
青　岛	7302.1	324.4	3402.2	3041.3	3575.5	4153.9	930.1	670.2	766.0	9435.0	3758.0	7947.0
武　汉	8003.8	301.2	3869.6	3203.7	3833.1	5031.3	1574.9	828.6	874.8	12929.3	4683.4	10627.6
广　州	13551.2	220.7	4713.2	4256.7	8617.3	3758.4	1370.5	1102.3	1343.8	29007.0	11310.7	18023.0
深　圳	12950.1	5.6	5737.6	5355.9	7206.9	2314.4	736.8	1482.1	1565.7	27378.6	8661.0	18020.1
成　都	8138.9	348.1	3790.6	3149.6	4000.3	5890.1	1890.0	781.0	982.3	20354.0	7060.0	15630.0
西　安	4369.4	195.6	1893.8	1340.8	2280.0	4243.4	1281.9	397.0	597.5	12125.5	4787.0	8635.2
济南位次	11	10	12	12	11	14	13	13	14	11	13	12

城 市 资 料 （2012年）

OF 15 LARGEST CITIES（2012）

规模以上工业增加值(亿元)	规模以上工业利润总额(亿元)	社会消费品零售总额(亿元)	进出口总额(海关)(亿美元)	#出口总额(亿美元)	外商直接投资(亿美元)	城市居民人均可支配收入(元)	城市居民人均消费性支出(元)	农民人均纯收入(元)	居民消费价格指数(%)
	253.1	2420.2	91.3	57.1	12.2	32570	20032	11786	102.4
3304.7	716.1	2802.2	127.5	59.7	58.0	26431	20002	13045	103.0
2822.2	349.4	2224.0	641.1	346.8	123.5	27539	20417	15990	103.4
1822.3	623.2	1739.6	196.8	29.0	8.5	22970	17863	8570	102.3
677.4	103.2	2394.6	53.3	18.6	19.0	22499	17615	11443	103.2
2572.0	551.3	3080.6	552.4	319.0	41.3	36322	23493	14786	102.7
2393.6	751.8	2944.6	616.8	412.6	49.6	37511	22800	17017	102.5
2132.5	520.3	2329.3	965.7	614.5	28.5	37902	23288	18475	101.7
1072.6	227.8	882.1	744.9	454.0	17.8	37576	24922	13455	102.1
	743.6	2564.5	732.1	407.9	46.0	32145	20391	13990	102.7
2711.5	361.8	3432.4	203.5	107.5	44.4	27061	18813	11190	102.8
		5977.3	1171.3	589.1	45.8	38054	30490	16898	103.0
5091.4	1064.8	4008.8	4667.9	2713.7	52.3	40742	26728		102.8
2589.0	581.3	3317.7	475.4	303.6	85.9	27194	19054	11301	103.0
1144.3	132.8	2236.1	130.1	73.0	24.8	29982	21434	11442	102.8
	11	9	14	13	14	7	10	9	12

二十六省会城市

MAIN STATISTICAL

城市名称	生产总值(亿元)	第一产业(亿元)	第二产业(亿元)	#工业增加值(亿元)	第三产业(亿元)	固定资产投资额(亿元)	#房地产开发投资额(亿元)	地方公共财政预算收入(亿元)	地方公共财政预算支出(亿元)	金融机构本外币存款余额(亿元)
济南	4803.7	252.9	1938.1	1603.1	2612.6	2186.1	663.3	380.8	465.7	9893.8
石家庄	4500.2	452.2	2240.7	1993.6	1807.3	3673.3	833.2	272.3	458.1	7706.4
太原	2311.4	36.0	1035.6	784.3	1239.8	1320.6	364.7	215.7	277.5	8976.9
呼和浩特	2475.6	120.5	902.3	737.6	1452.8	1301.4	448.0	178.6	276.3	3841.4
沈阳	6606.8	315.2	3389.1	3052.9	2902.5	5625.4	1943.0	715.0	765.1	10441.6
长春	4456.6	317.5	2291.5	1922.1	1847.6	3172.9	649.7	340.8	555.5	6643.3
哈尔滨	4550.1	506.8	1638.9	1127.9	2404.4	3950.0	772.0	354.7	643.6	7513.2
南京	7201.6	184.6	3170.8	2748.5	3846.2	4558.5	1015.8	733.0	769.8	16540.4
杭州	7804.0	255.9	3626.9	3190.3	3921.2	3722.8	1597.4	860.0	786.3	20148.0
合肥	4164.3	229.1	2303.9	1813.9	1631.4	3803.0	913.8	389.5	572.1	7075.2
福州	4218.3	367.6	1917.0	1493.5	1933.7	3234.8	972.3	382.0	409.4	7909.6
南昌	3000.5	147.2	1735.9	1333.1	1117.5	2623.0	344.4	240.0	345.5	5769.0
郑州	5547.0	142.4	3208.4	2874.8	2196.1	3561.0	1095.1	606.7	700.6	10697.6
武汉	8003.8	301.2	3869.6	3203.7	3833.1	5031.3	1574.9	828.6	874.8	13131.6
长沙	6399.9	272.3	3592.5	3051.9	2535.1	4012.0	1032.0	490.7	616.6	8800.7
广州	13551.2	220.7	4713.2	4256.7	8617.3	3758.4	1370.5	1102.3	1343.8	30186.6
南宁	2503.6	324.1	959.0		1220.5	2517.6	362.7	229.7	364.0	5627.2
海口	820.6	57.7	201.7	136.7	561.2	510.4	175.6	73.2	113.8	2637.7
成都	8138.9	348.1	3790.6	3149.6	4000.3	5890.1	1890.0	781.0	982.3	20724.0
贵阳	1700.3	72.3	717.3	534.7	910.7	2482.6	908.5	241.2	351.4	4416.0
昆明	3011.1	159.2	1378.5	1008.4	1473.5	2345.9	919.1	378.4	525.5	8909.0
西安	4369.4	195.6	1893.8	1340.8	2280.0	4243.4	1281.9	397.0	597.5	12286.0
兰州	1564.4	45.1	744.7	562.4	774.6	1239.2	223.3	103.7	202.4	4589.3
西宁	851.1	31.2	439.5	377.2	380.4	635.0	158.2	54.8	185.3	2374.5
银川	1140.8	51.1	624.9	474.3	464.9	918.7	275.7	113.1	189.5	2118.3
乌鲁木齐	2060.0	25.0	878.0	750.0	1157.0	1003.0	216.3	252.0	295.6	4846.5
济南位次	9	11	12	12	7	19	16	12	14	9

主要经济指标 （2012年）

INDICATORS OF 26 CITIES(2012)

金融机构本外币贷款余额(亿元)	规模以上工业增加值(亿元)	社会消费品零售总额(亿元)	进出口总额(海关)(亿美元)	#出口总额(亿美元)	实际利用外资(亿美元)	城市居民人均可支配收入（元）	城市居民人均消费性支出(元)	农民人均纯收入(元)	居民消费价格指数(%)
8632.8		2420.2	91.3	57.1	12.2	32570	20032	11786	102.4
4052.8	1800.2	1894.8	129.5	73.4	8.8	23038	13378	8993	102.8
6452.2	783.0	1129.5	84.7	42.4	7.8	22587	13970	10079	102.1
3793.5		1022.3	17.0	8.3	6.2	32646	21095	11361	103.1
8070.7	3304.7	2802.2	127.5	59.7	58.0	26431	20002	13045	103.0
5828.3	1822.3	1739.6	196.8	29.0	36.8	22970	17863	8570	102.3
5880.4	677.4	2394.6	53.3	18.6	19.0	22499	17615	11443	103.2
13079.3	2572.0	3080.6	552.4	319.0	41.3	36322	23493	14786	102.7
18090.9	2393.6	2944.6	616.8	412.6	49.6	37511	22800	17017	102.5
6462.5	1653.5	1293.6	176.4	136.3	16.6	25434	18758	9081	102.2
7054.3	1436.4	2259.0	311.3	211.5	13.4	30073	20571	11492	102.0
4800.7	967.3	1116.5	82.9	64.7	19.0	23602	16450	9730	102.7
6963.7	2613.8	2289.9	358.3	202.6	34.3	25301	16779	12531	102.7
11575.8	2711.5	3432.4	203.5	107.5	44.4	27061	18813	11190	102.8
8518.9	2309.6	2454.7	86.8	51.7	29.8	30288	19460	15763	102.3
19936.5		5977.3	1171.3	589.1	45.8	38054	30490	16898	103.0
5501.3	633.7	1255.6	41.5	25.2	5.0	23253	15292	6777	102.9
2924.4	126.5	436.3	42.2	18.0	4.5	22331	15736	8134	103.3
16148.0	2589.0	3317.7	475.4	303.6	85.9	27194	19054	11301	103.0
3521.3	480.2	683.2	50.5	42.1	4.7	21796	15718	8488	102.6
8459.7		1493.8	144.1	56.9	15.9	25706	16989	8040	103.1
8808.0	1144.3	2236.1	130.1	73.0	24.8	29982	21434	11442	102.8
3672.9	538.2	749.1	33.9	26.9	0.8	18443	14168	6224	102.6
2334.1	323.1	317.5	9.3	6.6	0.3	17634	12114	7802	102.7
2313.9	430.0	316.0	13.6	10.8	1.5	21900	16390	8068	102.6
3276.3	680.0	834.4	104.0	80.6	1.9	18385	13785	10356	103.4
7		8	15	14	16	5	7	7	21

附录三

山东省十七城市

MAIN STATISTICAL INDICATORS

城市名称	生产总值(亿元)	第一产业(亿元)	第二产业(亿元)	第三产业(亿元)	固定资产投资额(亿元)	#房地产开发投资额(亿元)	地方公共财政预算收入(亿元)	地方公共财政预算支出(亿元)	金融机构本外币存款余额(亿元)	#城乡储蓄本外币存款余额(亿元)	金融机构本外币贷款余额(亿元)
全省	50013.2	4281.7	25735.7	19995.8	30319.8	4708.3	4059.4	5901.7	55386.4	26494.1	42899.9
济南市	4803.7	252.9	1938.1	2612.6	2186.1	663.3	380.8	465.7	9893.8	2909.9	8632.8
青岛市	7302.1	324.4	3402.2	3575.5	4153.9	930.1	670.2	766.0	9818.3	3809.4	8632.8
淄博市	3557.2	123.8	2101.2	1332.3	1743.3	155.7	236.3	290.9	3191.4	1696.3	2162.6
枣庄市	1702.9	133.0	991.3	578.6	1044.6	178.6	116.4	187.2	1146.7	695.1	916.5
东营市	3000.7	104.3	2126.0	770.3	1963.0	147.7	158.7	208.4	2394.0	946.6	1806.0
烟台市	5281.4	377.3	2985.1	1919.0	3043.9	573.5	357.4	476.9	5286.0	2787.0	3560.2
潍坊市	4012.4	390.5	2166.2	1455.7	3012.9	468.8	306.1	425.6	4437.8	2459.1	3531.9
济宁市	3189.4	372.0	1673.5	1143.9	1809.7	219.1	245.6	362.6	3191.8	1735.3	1986.7
泰安市	2547.0	233.1	1290.5	1023.4	1774.5	108.9	158.9	242.7	1948.0	1190.4	1240.1
威海市	2337.9	180.1	1249.3	908.4	1595.5	366.2	158.4	244.3	2060.6	1217.3	1376.1
日照市	1352.6	117.6	724.1	510.9	922.4	66.0	78.9	138.0	1469.1	661.9	1303.7
莱芜市	631.4	44.2	365.2	222.0	441.1	35.2	42.0	66.7	725.4	379.0	567.5
临沂市	3012.8	291.3	1463.5	1258.0	2016.7	233.5	170.1	349.0	3043.5	1945.3	2150.2
德州市	2230.6	244.4	1208.6	777.5	1401.6	141.3	120.2	242.1	1646.9	1110.6	1119.4
聊城市	2146.8	257.8	1186.4	702.6	1260.7	108.7	104.5	217.0	1687.7	1020.0	1289.2
滨州市	1987.7	189.5	1045.6	752.6	1262.7	135.3	150.5	226.6	1697.7	711.2	1495.1
菏泽市	1787.4	241.0	974.2	572.1	687.1	176.3	140.3	281.5	1607.8	1219.9	1062.3
济南位次	3	7	6	2	4	2	2	3	1	2	2

主要经济指标 （2012年）

OF 17 CITIES IN SHANDONG（2012）

规模以上工业主营业务收入(亿元)	规模以上工业利税总额(亿元)	规模以上工业利润总额(亿元)	社会消费品零售总额(亿元)	出口总额(亿美元)	实际到帐外资金额(亿美元)	城市居民人均可支配收入(元)	城市居民人均消费性支出(元)	农民人均纯收入(元)	农民人均生活费支出(元)	居民消费价格指数(%)
116222.0	12090.7	7443.3	19175.3	1287.3	123.5	25755	15778	9446	6776	102.1
4455.0	498.2	253.1	2420.2	57.1	12.2	32570	20032	11786	6932	102.4
14013.7	1316.7	743.6	2564.5	407.9	46.0	32145	20391	13990	8653	102.7
10327.8	1279.9	780.1	1363.6	53.2	5.0	28189	16917	12378	7334	102.3
3224.2	342.2	191.4	552.4	9.4	1.4	22960	14917	9606	5640	101.9
10292.8	1898.3	1177.6	516.1	49.8	1.6	30953	18001	11489	7102	102.4
12627.0	1274.4	971.1	1859.8	283.6	14.1	30045	20315	13298	6603	101.8
10684.4	837.4	545.5	1551.6	109.7	7.7	25817	16100	11797	7487	101.7
4884.7	501.2	304.1	1300.1	32.0	7.7	25454	16810	10002	5437	102.1
5524.6	670.5	418.5	928.3	12.2	1.7	25659	16734	10194	5588	101.9
5542.6	453.6	278.7	923.1	106.6	8.0	28630	18549	13962	7547	101.8
2365.9	111.1	65.4	420.1	38.8	4.2	22817	14458	10026	4897	102.4
1603.5	34.2	6.6	228.1	7.3	1.2	26589	15664	10887	6093	101.3
7289.4	621.4	420.0	1571.9	39.0	2.4	27624	14525	9149	5536	101.3
6448.1	726.8	404.7	872.3	18.7	2.1	22440	14179	9602	4938	101.5
6677.0	650.3	440.8	724.1	18.5	1.2	23685	15350	8872	5190	101.7
5994.4	423.2	273.8	581.5	28.3	5.4	25810	16008	10047	6994	102.1
4502.4	607.0	375.2	894.2	15.3	1.7	19140	12452	8187	4696	101.7
14	12	14	2	5	3	1	3	6	7	2

中国统计出版社最新图书简目

(仅供参考,以最后出书为准)

统计资料

中国统计年鉴-2013
中国统计摘要-2013
国际统计年鉴-2013
2013中国发展报告
中国第三产业统计年鉴-2013
中国区域经济统计年鉴-2013
中国劳动统计年鉴-2013
中国社会统计年鉴-2013
中国城市统计年鉴-2013
中国建筑业统计年鉴-2013
中国人口和就业统计年鉴-2013
中国工业经济统计年鉴-2013
中国商品交易市场统计年鉴-2013
中国房地产统计年鉴-2013
中国能源统计年鉴-2013
中国民政统计年鉴-2013
中国贸易外经统计年鉴-2013
2013中国地区经济监测报告
中国科技统计年鉴-2013
中国农村统计年鉴-2013
中国农产品价格调查年鉴-2013
中国高技术产业统计年鉴-2013
中国教育经费统计年鉴-2013
中国农村贫困监测报告-2013
全国农产品成本收益资料汇编-2013
中国科学技术协会统计年鉴-2013
工业企业科技活动资料-2013
大中型批发零售和住宿餐饮企业统计年鉴-2013
中国价格统计年鉴-2013
第二次全国R&D资源清查资料汇编一工业企业卷
中国住户调查年鉴-2013
中国县域统计年鉴-2013
中国农村全面建设小康监测报告-2013
第二次全国R&D资源清查资料汇编一综合卷
中国人才资源统计报告-2011
中国民族统计年鉴-2013
中国零售和餐饮连锁企业统计年鉴-2013
2010年中国第六次人口普查公报

2013年省级综合统计年鉴系列

北京 天津 河北 山西 内蒙古 辽宁 吉林 黑龙江 上海 江苏 浙江 安徽 福建 江西 山东
河南 湖北 湖南 广东 广西 海南 重庆 四川 贵州 云南 西藏 陕西 甘肃 青海 宁夏
新疆 新疆生产建设兵团

2013年市(县)级综合统计年鉴系列

天津滨海新区 石家庄 唐山 邯郸 太原 大同 长治 阳泉 晋城 朔州 晋中
运城 忻州 临汾 呼和浩特 包头 通辽 沈阳 大连 长春 吉林市 四平 哈尔滨 黑龙江垦区
上海浦东新区 南京 苏州 无锡 常州 徐州 南通 盐城 镇江 淮安 宿迁 泰州 连云港 江阴 丹阳
杭州 宁波 绍兴 台州 温州 金华 嘉兴 衢州 舟山 福州 福州经济技术开发区
厦门经济特区 宁德 南昌 上饶 济南 青岛 潍坊 郑州 洛阳 南阳 三门峡 商丘 平顶山 武汉 宜昌
十堰 荆州 荆门 咸宁 长沙 广州 东莞 惠州 深圳 桂林 南宁 柳州 来宾 河池 海口 三亚 成都 绵阳
贵阳 昆明 西安 兰州 庆阳 银川 乌鲁木齐

2010年人口普查资料系列

中国2010年人口普查资料 北京 天津 河北 山西 内蒙古 辽宁 吉林 黑龙江 上海 江苏
浙江 安徽 福建 江西 山东 河南 湖北 湖南 广东 广西 海南 重庆 四川 贵州 云南
西藏 陕西 甘肃 青海 宁夏 新疆 新疆生产建设兵团 河南省各市2010年人口普查资料丛书
中国分县2010年人口普查资料
中国分乡镇、街道2010年人口普查资料
中国分民族2010年人口普查资料

“十一五”规划教材

统计学(“十二五”规划,黄良文)
抽样调查理论与实践(“十二五”规划,冯士雍)
统计学(“十二五”规划,单微)
试验设计(“十二五”规划,茆诗松)
贝叶斯统计(“十二五”规划,茆诗松)
统计学:从数据到结论(十二五规划,吴喜之)
医学统计学(陆守曾)
非参数统计(吴喜之)
概率论与数理统计(茆诗松)
现代金融投资统计分析(李腊生)
多元统计分析(任雪松)
应用时间序列分析(王振龙)
统计指数理论及应用(徐国祥)
经济计量学教程(贺铿)
质量管理统计方法(茆诗松)
统计实验系列教材(许涤龙)
社会统计学(蒋萍)
市场调查与预测(蒋志华)
统计学原理(非统计专业用,朱胜)
国民经济核算教程(杨灿)
概率论与数理统计(经济、管理类专业使用,朱胜)

重点图书

挑大学选专业2013—高考志愿填报指南
挑大学选专业2013—考研择校指南

中国统计出版社发行部电话:(010)63376907,63376908 同椲行书店电话:68783171,68783172

通讯地址:北京市西城区三里河月坛南街57号 邮政编码:100826

网址:http://csp.stats.gov.cn